W9-CKU-568

REPRESENTATIVE SPANISH AUTHORS

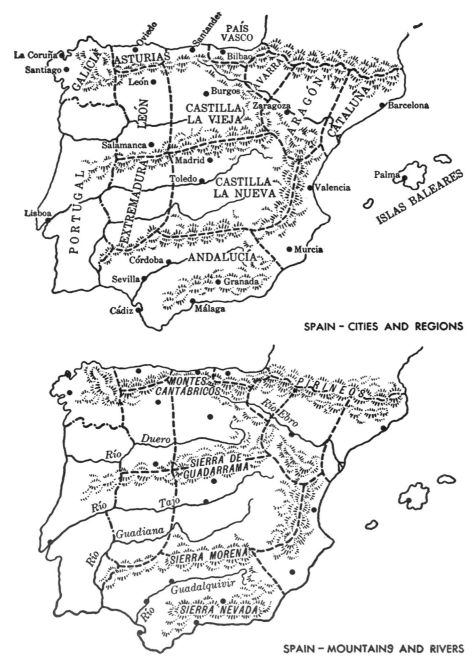

SPAIN – CITIES AND REGIONS

SPAIN – MOUNTAINS AND RIVERS

(Note to student: Cover the upper map; then name the cities and regions on the lower one. Next try naming the rivers and mountains on the upper map without looking at the lower one.)

Representative Spanish Authors

WALTER T. PATTISON
University of Minnesota

DONALD W. BLEZNICK
University of Cincinnati

IN TWO VOLUMES
VOLUME ONE
THIRD EDITION

New York
OXFORD UNIVERSITY PRESS
London   Toronto
1971

Preface to the Third Edition

This revision remains faithful to the original concept and format which contributed to the considerable success of the two previous editions. The second edition's editorial materials have been carefully scrutinized and amended in a number of places, e.g. the section "How To Read Spanish Poetry." It is hoped that this edition, with its new selections, improved headnotes, abundant footnotes, and extensive end vocabulary, will continue to elicit the excellent reception from colleagues and students that the work has enjoyed for almost three decades.

Volume I of *Representative Spanish Authors* now extends from the Middle Ages through the eighteenth century and many of the selections are new. A major change is the inclusion of Lope de Vega's *Fuenteovejuna* in its entirety. The medieval *jarchas,* Gonzalo de Berceo and Feijoo are now represented for the first time in this anthology. Passages of substantial length have been added to several important works: the *Poema del Cid, El libro de buen amor, La Celestina,* and *Don Quijote.* The poetry of Quevedo appears for the first time and more poems have been added to those of Luis de León and Góngora.

The substantial revision of Volume II will be especially noticed in our expanded coverage of the twentieth century. This volume now begins with Romanticism which features the complete version of José Zorrilla's classic *Don Juan Tenorio.* The headnote on Naturalism has been redone and Clarín (Loepoldo Alas) is included for the first time. The section on the Generation of 1898 has been reorganized and the introductory material to the various authors has been reworked. We have added an abridged version of *Paradox rey,* Pío Baroja's timeless dialogued novel. José Ortega y Gasset is now represented by an essay from the important *La rebelión de las masas*. More twentieth-century poetry has been provided: Jorge Guillén is represented for the first time; Lorca's famous *Llanto por Ignacio Sánchez Mejías* has been included in its entirety; and there are more examples of the poetry of Antonio Machado and Juan Ramón Jiménez. Our anthology has been enriched by the addition of two of the most significant and influential works in the contemporary period: Camilo José Cela's novel *La familia de Pascual Duarte,* and Antonio Buero Vallejo's drama *Historia de una escalera.*

We wish to thank all our colleagues—too numerous to mention here—who have made useful comments and suggestions. Mr. George Allen, the foreign language editor of Oxford University Press, has always generously offered his valued assistance and encouragement.

W. T. P.
D. W. B.

Contents

Volume One

The Land and People of Spain

Aside from Switzerland, no country in Europe is as high as Spain, but, unlike Switzerland, Spain rises directly out of the sea. It is a high tableland surrounded on practically all sides by a ring of mountains and crossed internally by several principal mountain ranges. The average altitude of the country is about 2500 feet. The central regions, known as the *meseta central,* are a vast tableland tipped towards the southwest and west. Thus, four of the principal rivers of Spain, the Guadalquivir, the Guadiana, the Tajo, and the Duero, flow into the Atlantic in a southwesterly or westerly direction. Only one important river of Spain flows to the east, the Ebro, which cuts a rapid and precipitous course through mountainous regions. All of these rivers are unnavigable, with the exception of the lower seventy miles of the Guadalquivir, as far as Sevilla. In fact, the Guadalquivir is the only Spanish river which has formed a true valley.

Within Spain the greatest diversity exists. The mountain ranges and swift-flowing rivers break the country up into sharply contrasting regions, having the greatest diversity of climate, rainfall, fertility, and even, in the human aspect, of language, dress, and customs. The Mediterranean coastal region of Valencia, Alicante, and Málaga is generally similar to California. It is a region of little rainfall, but under irrigation it produces amazing crops. Warm temperatures—for snow is practically unknown here—permit the raising of oranges, lemons, and rice, as well as numerous crops of ordinary vegetables. As a rule, as many as three or four crops a year may be grown on the same piece of land.

Contrasting with this low-lying coastal plain, the central Castilian plateau is a high, semi-arid, stern region, presenting a forbidding aspect to anyone

1

who sees it for the first time. There is little of 'sunny Spain' and the romantic, guitar-strumming Spaniard to be found here. Such rainfall as there is is largely confined to the winter, and heavy snowfalls are quite common in the northern part of the region. One has a feeling of being near the sky, which takes on a steely quality; or again, on a cloudy day, the whole land is plunged into a somber gloom. The barrenness of the earth permits its chalky and ochre colors to show through, and the landscape always seems to be limited by a distant range of mountains.

At the north coast, one arrives at another wholly different region—a land of rolling, green mountains, of frequent rainfall, of misty, poetic landscapes and mild winters. The climatic conditions of this area are caused by Atlantic currents which bring warm waters near the coast of Spain.

Finally, there are the broad valleys of Andalucía, where the great Spanish plateau comes down to sea level. Here, in unirrigated portions, are vast pasture lands and olive groves, while, under irrigation, the land produces with almost the same abundance which we found on the Mediterranean coast. Again subtropical vegetation appears. The winters are mild and there is little rainfall.

It is not surprising that in a land divided by mountain ranges and cut by the gorges of unnavigable rivers, its diversity should be reflected by an equal diversity of the inhabitants. The Iberian Peninsula shows this variety linguistically in its four languages: Catalan, Basque, Castilian, and Portuguese (of which the Galician dialect spoken in Spain is a variety). We find the same sharp contrast between the taciturn, somber, introspective Castilian and the animated, talkative, extroverted Andalusian. An equally marked difference can be seen between the dwellers of the Mediterranean coast, with their love of color, form, and of material things (as evidenced by their business acumen), and the gallegos, who reflect their misty, poetic landscape in a lyrical, soft, and dreamy nature.

It will be easy to understand that with such a diversity existing among the Spaniards of various regions, easy generalizations about Spanish mentality must necessarily be precarious. However, one fact has always been pointed out by those who have written on Spanish psychology. There is little question that the dominant character trait of the Spaniard is emotion. By this we mean that the Spaniard is not given to rational thought as a basis of his activity, but rather depends upon his feeling. It is often said that a Spaniard thinks with his whole body, not just with his mind, and he usually acts on the dictates of his instinct or intuition. From this general proposition we can derive certain conclusions.

First, a Spaniard's reaction to a situation is unpredictable. Just as two people standing before a picture and judging it from the emotional point of view may have completely different reactions, so two Spaniards confronted by the same situation may react in quite different ways. Or even one Spaniard, meeting the same situation at two different times, may react entirely differently on the two occasions. This characteristic explains the existence of the many inconsistencies, or faults of logic, to be found in Spanish authors who are nevertheless following a certain emotional pattern.

In the second place, a Spaniard, stirred by emotion, is capable of the greatest activity, whereas, unmoved by his feelings, he is apt to sit inactively and watch life pass him by. How are we to explain the contradiction between the reputed indolence of the Spaniards and the superhuman activity of the *conquistadores* and of such an author as Lope de Vega, who wrote as much as the entire literature of a nation? This paradox is resolved when we remember that a Spaniard may pass many years of relative inactivity and then, stirred by an ideal, may accomplish the most astounding feats.

The final conclusion we take from the predominance of emotion in the Spaniard's character is that his personal reactions are all-important to him. Of all the qualities of the human being, emotion is the most personal. If we think logically, we come to the same conclusions whether we are from China, Spain, or America. But the emotional reactions of members of these three nations are entirely different. From emotion, then, springs the much discussed individualism of the Spaniard. It shows itself in politics as a desire for complete individual freedom, which is anarchy, and which has been held up as the ideal of government by even the mildest of Spanish thinkers. We often read in Spanish authors that the least government is the best—that is, the government which gives the greatest liberty to the individual. Individualism showing itself in the field of law demands, not a legal retribution from the offender, but a personal one—the satisfaction of a duel; hence we have, springing from emotion and individualism, the Spanish concept of honor, or the taking of the law into one's own hands.

The old proverb says that the extremes touch each other, and in the extreme individualist we are not surprised to find the most unselfish and most altruistic point of view. Hence, when our Spanish individualist ceases to think in terms of his personal feelings, he swings to the greatest generosity and gives up completely his own personal rights. A second aspect of this swing away from self is the Spaniard's insistence upon the universal point of view, or more specifically, the religious view of things. Here, instead of thinking in terms of his own person, or even in those of his nation and time, the Spaniard takes a point of view which embraces all people in all times and seems to merge his own soul with the spirit of all things. While in older

Spanish literature this attitude shows up primarily in the mystics, in the contemporary period, the same way of thinking, but without the religious aspect, is prevalent in such men as Unamuno and Ortega y Gasset.

Thus, we may conclude that both Spain as a land and the Spaniards as people are capable of the greatest contrasts. We see in Spanish literature the same apparent contradictions, the paradox which we find in the characters of Don Quijote, the idealist, and Sancho Panza, the realist, who can still get along on the best of terms. We may expect a Spaniard to define himself as the great modern philosopher Unamuno did when he said: 'I am a man of contradiction and of strife.'

The Middle Ages in Spain

The fascinating and varied period known as the Middle Ages covers about a thousand years, from the break-up of the Roman Empire (476) to the beginning of our modern times (1492). Throughout these ten centuries runs a unique concept of the world and man's relation to it, which brings an element of unity into the infinite variety of detail which we should naturally expect in so long a period of time. But before going into an analysis of the mentality of the Middle Ages, let us see what historical factors brought them into being and what individual peculiarities they had in Spain.

Although the Roman Empire disintegrated because of the invasions of the Germanic hordes from the north and east, Roman civilization continued to exist. The Germanic tribes rapidly adopted many Roman ways. The influence of Rome was particularly strong in Spain, where Romanization of the original Iberian inhabitants had been very thorough. This we can see from the language itself, as only a few words of Iberian origin remain today in Spanish speech, while, on the other hand, Latin, the Roman speech, is the source of over 90 per cent of Spanish words. Furthermore, throughout Spain are scattered ruins of Roman cities, aqueducts, roads, baths, temples, and theaters; all the Latin authors of the so-called Silver Age (the first 130 years after Christ)—Seneca, Martial, Lucan, et cetera—were Spanish; and three emperors of Rome during the same period—Tiberius, Trajan, Hadrian— were also of Spanish origin. In addition, the Visigoths, the particular Germanic tribe which invaded Spain in 414, had already lived for many years within the Roman Empire and were already Christianized. They formed only a ruling class in Spain and rapidly adopted the Latin language.

Spain might have become even more Roman than Italy had it not been

for an event which gives a peculiar local color to the Middle Ages in Spain—
the invasion of the Moors (711). The Mohammedan religion had been
spread by the Arabs through Egypt and across North Africa and was now
brought into Spain by an army consisting mainly of North African converts,
that is, Berber tribesmen. They swept over the country in a few years, passing
even the Pyrenees and invading France, where, in 732, Charles Martel checked
their onrush at the battle of Poitiers. In Spain a Christian chieftain named
Pelayo held out against the Moors in the mountain fastnesses of Asturias.
Other nuclei of resistance formed in the Pyrenees and gradually enlarged
their territories until they became the small kingdoms of Navarra and Aragón.
From Asturias, the Christians pushed over the mountains to form the kingdom
of León, of which Castilla itself was originally a dependency. This period of
reconquering Spain from the Moors is known as the *Reconquista*. It is
wrong to think of it as a holy crusade, pursued diligently for purely idealistic
motives. The Christian states, indeed, often fought against one another and
made alliances with Moorish states against other Christians. Individual
knights from Christian territories often sold their services to the Moors,
while Mohammedans not infrequently fought for the Christian kings in
conquering new lands. As we shall see in the *Poema del Cid,* the desire for
wealth and power was the prime motive of the *Reconquista,* although a
vague concept of the natural unity of all territory in the peninsula had
already developed even in Roman times.

The cultural importance of the Moslems in Spain is tremendous. At the
time of their invasion, they were uncultivated, but they soon acquired a high
civilization of Oriental character, as they were in constant communication
with the great centers of learning in Cairo, Damascus, and Bagdad. Much
of the important Greek philosophy, hitherto unknown in Western Europe,
was translated into Arabic and brought into Spain, as were many tales from
Persia and India, and books of mathematics, botany, chemistry, music, and
astronomy from Arabia and the Near East. The Arabs contributed many
important words to the Spanish language, although when all are counted,
they do not comprise more than 2 per cent of the entire vocabulary. Almost
all of them are nouns, names of things or institutions which the Moors introduced into Spain. Many of them are the names of agricultural products
(*algodón, azúcar, arroz, aceituna, alfalfa,* et cetera); others relate to manufacturing or trade (*almacén, alquiler, aduana, albañil*); and another group
consists of articles of luxury (*alfombra, almohada, ajuar*). Scientific terms,
found in chemistry (*alquimia, álcali, alcohol*), mathematics (*álgebra*),
botany, astronomy, and legal or governmental terms (*alcalde, alguacil*) make
up the balance.

Since the Arabs contributed these things and their names to the Spanish Christians, we can form some idea of the advanced state of their civilization as compared with Christian Spain and Europe in general at that time. They introduced the industries of silk weaving, fine leather work, and ornamental metal work into Spain. Their architecture is still seen in the typical Spanish house built around a patio. In learning, their influence was especially great after the recapture of Toledo (1085). At that time Christian scholars, not only from Spain but from all over Europe, swarmed to this city, where they hired bilingual Moors or Jews to translate the Arabic works of learning for them. To a large degree, the rebirth of knowledge which took place in twelfth-century Europe is due to infiltration from Spain of the learning brought there by the Moors.

A third historical factor peculiar to Spain in the Middle Ages was that the feudal system, dominant in the rest of Europe, had to be severely modified in the Iberian Peninsula. Because the frontier regions had to be defended against Moorish attack, small communities could not possibly survive. Consequently, Spain became the land of castles and fortified cities, as the name Castilla (land of castles) itself declares. These cities did not fit well into the feudal system, since their dwellers could easily hold out against the power of the king or overlord, and therefore they always enjoyed a degree of liberty. They had their representatives in the *cortes,* or council of nobles of the realm. Furthermore, in order to induce settlers to take up frontier lands, the monarchs had to offer them special privileges (*fueros*) and exemptions from taxes. Thus, the monarchs themselves gave away many of their feudal rights and sources of income.

The social organization of feudalism recognized only three classes—nobles, priests, and peasants—which were also the basis of social organization in medieval Spain. An old Spanish poem refers to them as *luchadores* (fighters—the warrior class), *oradores* (pray-ers), and *labradores* (farmers). The city dwellers were numerous but had no definite place in this simple scheme. Moreover, the Moorish invasion complicated the situation. Many Christians lived among the Moors, who, contrary to the general belief in their intolerance, allowed them to have their churches, bishops, and the Spanish language, except in periods when orthodox reformers invaded Moslem Spain from Africa (for example, the *Almorávides* and *Almohades*). These Christians, cut off from contact with the states of the north, were called *mozárabes.* They naturally took over much of the Moorish way of life and culture. In a similar way, Moors dwelt in territories reconquered by the Spaniards. *Mudéjares,* as they were called, were at first allowed to retain their religion, dress, and speech. It was not until the Middle Ages were drawing to a close that intolerance manifested itself, and the *mudéjares* were presented with the choice of becoming Christians or leaving the country. Most of them pretended to be converted. They were known as *cristianos nuevos* or *moriscos* and were subjected to special restrictive laws which became more and more severe. After a revolt of the *moriscos* (1568–71), they were all banished from Spain (1609–14), and the country lost its last direct contact with Islam.

But with all these factors so different from our modern life, the chief differentiation between those days and ours is an intellectual one. The medieval man believed that the world had always been, was, and would be exactly the same as he saw it. He never conceived of change or evolution in either society or himself. The real basis of his concept was religion. In the Bible he read that God made the world and that God would destroy it. The Day of Judgment he felt was not far off; he confidently expected it to arrive within a few years. Hence there was no logic in evolution or change, and, furthermore, it was futile to strive for things of this world. This world, indeed, he was taught to believe, was a mere vale of tears, and its attractions but snares and delusions to take one's mind away from the only true life. It is, therefore, perfectly logical that medieval man frequently sought the salvation of his own soul in a monastery, that he felt that art and profane literature would lead him to perdition, and that he gave no thought to what we call 'social problems.' His literature and art, indeed, were for the most part handmaidens of the church, and they themselves taught him to beware of their pagan sisters. But his carefully planned structures, especially fortifications and cathedrals, prove that he was just as intelligent as we are. He merely directed his mind into other channels (theology, for example), where no one has succeeded in improving on his work.

Throughout the early Middle Ages the Latin spoken in Spain was gradually changing. While there was no definite break in the language spoken from one day to the next, insensibly the sum total of a million little changes resulted in the development of Spanish out of Latin. It is generally believed that Latin ceased to be Latin and became Spanish about the eighth century, but this spoken language was then looked upon as merely a corrupted form of Latin itself. Consequently, it was never written, except when a poorly educated author introduced an occasional vernacular word into his Latin text. Latin continued to be used for most serious writing, such as theological, legal, or learned discourses, down to the beginning of modern times. But as Spanish grew further and further away from Latin, poets and authors who wished to reach the people had to compose in the language of the people.

The Genesis of Spanish Literature: *Las jarchas*

Our notions about the beginnings of Spanish literature have changed radically since 1948. In that year the Hebrew scholar Samuel M. Stern published twenty *jarchas,* short lyric poems written in very archaic Spanish, which he had unearthed in a Cairo synagogue. This discovery of Spanish poetry written probably before 1042 invalidated the long-held belief that Spanish literature began, like other European literatures, with an epic poem, the *Poema del Cid* (written around 1140). Moreover, this poetry antedated the earliest European lyric poetry, composed in Provençal by the troubadours of southern France. Stern and the Spanish scholar Emilio García Gómez since 1948 have found more *jarchas* and, at present the sum total of these poems is a little more than fifty.

The *jarcha* is the final three- or four-lined strophe of the *muwassaha,* a verse form cultivated by Arabic and Hebrew poets in Spain from the eleventh to the thirteenth century. The language of the *muwassaha* is Arabic or Hebrew, but the *jarcha* is written in Mozarabic (*mozárabe*)—the Romance dialect spoken by the Christians who lived in Moslem Spain and by bilingual Arabs. Some *jarchas* remain partially or completely indecipherable for several reasons. Scholars have experienced difficulty in transliterating the *jarchas,* which were written in Arabic or Hebrew characters, since both of these languages lacked certain vowel signs. In addition, we cannot always be sure of the accuracy of the scribes who transliterated the *jarchas.* Finally, our deficient knowledge of Mozarabic also hinders efforts to interpret them fully.

The *jarchas* generally are laments of love spoken by women of the lower classes who tell of their waiting and longing for an absent sweetheart.

9

These short poems are probably popular in origin since they exhibit thematic, stylistic, and metrical similarities to other popular Spanish and European medieval poetry, notably the Galician-Portuguese *cantigas de amigo,* the French *chansons de femme* of the thirteenth and fourteenth centuries, and the German *Frauenlied.* Other manifestations of this folk poetry are found in the *cancioneros* and in the poetry and plays of Golden Age writers. Popular poems have persisted to the present in the form of *coplas* and *villancicos,* and they have inspired some of the poetry of twentieth-century poets such as García Lorca and Alberti.

JARCHAS

Original	*Modernized Version*
¡Tant' amare, tant' amare,	¡Tanto amar, tanto amar,
habib, tant' amare!	amado, tanto amar!
Enfermaron welyos gayos,	Enfermaron mis ojos antes alegres,[1]
ya duelen tan male.	y duelen tan fuertemente.

Joseph the Scribe (composed before 1042)

¿Qué faré, mamma?
Mio *al-habib* est ad yana

5 ¿Qué haré, madre?
Mi amado está a la puerta.

Yosef ben Saddiq (d. 1149)

Mio sidi Ibrahim, ya nuemne dolche,
vente mib de nohte.
In non, si non quieres, ireime tib:
garme a ob legarte.

Señor mío Ibrahim, oh dulce nombre,
vente a mí de noche.
Si no, si no quieres, iréme a ti:
10 dime dónde encontrarte.

Muhammad ibn Ubada de Málaga (late eleventh century)

Vaise mio corachón de mib;
¡ya Rab!, ¿si se me tornarad?
¡Tan mal mio doler *li-l-habib*!
Enfermo yed, ¿cuánd sanarad?

Vase mi corazón de mí;
¡oh Señor!, ¿acaso tornará?
¡Tan grande es mi dolor por el amado!
Enfermo está, ¿cuándo sanará?

Yehudá Haleví (c. 1075–c. 1170)

1. *Enfermaron . . . alegres,* My eyes, formerly happy, have been sick

¡*Amán, ya habibi*!
al-wahs me no farás.
Bon, becha mia boquiella:
eo sé que te no irás.

¡Merced,[2] oh amado mío!
Solo no me has de dejar.
Hermoso,[3] besa mi boquita:[4]
yo sé que no te irás.

(Arabic, anonymously composed)

Gar, ¿qué farey (o)?
¿cómo vivreyo?
Est' *al-habib* espero,
por él morreyo.

5 Dime, ¿qué haré?
¿cómo viviré?
A este amado espero,
por él moriré.

Abraham ben Ezra (c. 1092–c. 1167)

2. Have mercy!
3. The girl is addressing her *amado*.

4. diminutive of *boca*.

The *Poema del Cid* and Epic Poetry

The *Poema del Cid* is sharply differentiated from other European epics in that it portrays a real man, not greatly idealized and in no way aided by supernatural beings, who moves among people most of whom existed, and whose battles, conquests, and everyday life are almost all rigorously historical. It could hardly be otherwise when the poet, writing about 1140, was describing a man who had died only some forty years before (1099). Even the geography of the poem is very exact; there are none of the fantastic places, with weird inhabitants, which appear in most epic poems. Thus the first great work of Spanish literature shows one of the characteristics which is constantly to reappear throughout Spanish literature—realism.

This early Spanish epic is divided into three parts or cantos. In the first, Ruy Díaz de Bivar, called the Cid by the Moors (in Arabic *Sidi* means *My Lord*), who has been sent into Moorish territory to collect tributes owed to his king, Alfonso VI of León, is accused by an enemy of holding back money and is exiled from León and Castilla by the king. He places his wife and two daughters in safety in the Monastery of Cardeña, where he takes heartfelt leave of them, saying that he hopes some day to be able to marry his daughters well. The rest of the canto deals with raids in Moorish territory in the region southwest of Zaragoza. The Cid and his followers take much booty and gradually enrich themselves. At the beginning of the second canto, the Cid extends his operations to the Mediterranean coast, where he captures the great city of Valencia. He now brings his wife and daughters there to live with him. Meanwhile, the Infantes (princes) de Carrión, the nephews of the enemy who caused the Cid's exile, scheme to marry his daughters as a means of acquiring a share of the Cid's wealth.

12

An interview between Alfonso VI and the Cid is held on the banks of the Tajo, where the king, acting for the Infantes, pardons the Cid and arranges the marriages. The Cid has forebodings that the marriages will come to no good.

The third division shows the cowardice of the Infantes in battles against the Moors. Soon the Cid's vassals and relatives begin to make light of them. The Infantes can think of no other vengeance than an affront to their wives. They take leave of the Cid, carrying with them their wives' dowries and great presents (including two beautiful swords) from their father-in-law, and set out for Carrión. Upon reaching the oak grove of Corpes, they order their escort to precede them and then they administer a terrific beating to the two women, whom they leave for dead. One of the escort suspects treachery, returns, and takes the young women to safety. Immediately the Cid seeks redress for his wrongs from the king. The nobles of the realm are convoked in Toledo, and before them the Cid demands, first, the priceless swords he has given the Infantes; second, a restitution of his daughters' dowries. At this moment the proceedings are interrupted by messengers from the kings of Navarra and Aragón, proposing marriage between Cid's daughters and their sons. The trial is resumed. The Cid now demands a judicial duel between his champions and the Infantes de Carrión. The Cid's men defeat the treacherous princes, and the daughters are married to the heirs of Aragón and Navarra.

As an artistic composition, some people have claimed that the poem sins by combining two themes, first, the conquest of Valencia, and second, the marriage of the Cid's daughters. Yet, in a larger sense, the whole work develops a single theme—the struggles and trials of an exiled man, absolutely without resources and dishonored to boot, to rehabilitate himself economically and to recover his place of honor in the king's entourage. The story of his conquest is one part of this main theme, but the marriages of his daughters and the recognition of his innocence by the king are just as much parts of this same narrative. The final marriage of the daughters to the princes of Aragón and Navarra, the Cid's return to the king's favor, and his conquest of great wealth are all brought together in the last verses of the poem.

From the artistic point of view the poem perhaps suffers from that very realism which we have noted as so characteristic of it and so original among poems of this type. Everything the author narrates is told with such sobriety that he seldom develops much drama or conflict within his work. Even his traitors, who in most medieval epics are terrible and powerful personages, are in this case the weak and cowardly Infantes de Carrión.

Another fault is that many important elements of the poem are not introduced until the work is about one-third completed. This is true of the Infantes themselves, the Bishop Jerónimo, who is one of the Cid's chief vassals whom he makes Bishop of Valencia, and also of the Cid's famous horse, Babieca. But much of what the poem loses in dramatic intensity it gains in what we may call archeological interest. Here we actually are present at scenes of everyday life, as the Cid takes leave of his family and home, as he talks and jokes with his vassals, as he rides down the dusty Castilian roads or through the lush *huerta* of Valencia. We see a typical trial scene in the court of the king, the natural fears which the Cid's wife has for his safety, and the rejoicing with which he greets her arrival in Valencia and shows her, from the top of a tall tower, the great heritage he has conquered for her.

The Cid himself is characterized as an exalted, although unidealized, hero. The Castilian knights, many of whom follow him at the loss of their own lands, hold him in the highest esteem. He has the admiration of the populace; as he rides forth to exile, the people of Burgos exclaim: «¡Dios, qué buen vasallo si hubiese[1] buen señor!» His love for his family and constant care for their well-being, his generosity with booty towards his own men and even towards the conquered Moors, the love which he inspires in these same Moors, who weep when he leaves their conquered towns, his loyalty and forgiveness towards Alfonso, his religious fervor (tinged, however, with a superstitious belief in augury) are all important elements of his character and typical medieval virtues. But any attempt to make him into the great hero of Christianity in a crusade against the Moors is an exaggeration. The main reason for his raids on the Moors is, as we have just seen, to rehabilitate, vindicate, and enrich himself. He constantly promises his men great booty in battles, and the poet gloats over the immense riches he wins. Furthermore, he is on perfectly friendly terms with many Moorish potentates.

The poem is written in a very peculiar verse form. It has assonance[2] instead of rhyme, as did most of the oldest poetical compositions in all the romance languages. But the lines vary greatly in length, the most common length being fourteen syllables. Many theories have been advanced to account for this irregularity. It has been called the work of a poorly trained scribe, or the attempt of a scribe to make over the ballad meter into Alexandrines. Others have seen in it an imitation of the Germanic system

1. Modern Spanish, *tuviese*.
2. For the technical terms of Spanish poetry, see pp. 37–40.

(cf. *Beowulf*), where the number of syllables is not fixed, the only require-
ment being a fixed number of accents in each half line. The medieval
Spanish poets called this type of verse *mester de juglaría* (verse form of the
minstrels).

As implied by the expression *mester de juglaría,* poems in this form were
sung by minstrels (*juglares*) before audiences composed sometimes of nobles
in the hall of a castle, and sometimes of peasants and craftsmen in the
market place or inn. In those days few people knew how to read; the
juglares chanted the epic poems to them, repeating monotonously the same
tune. This literature was addressed to the uneducated people, both high
and low. Here again we find a characteristic which is to appear frequently
in Spanish literature—the 'popular' element.

The *Poema del Cid* is the only Spanish epic preserved in an original
form, and it is known today only in one manuscript. There were, however,
several other epic legends which existed in medieval Spain, all of whose
original manuscripts have been destroyed and which we know only from
later reworkings. Sometimes later poets retold the original story; sometimes
historians, more credulous than those of today, believing the epic poem
to be actual history, worked a prose version of it into their chronicles. Indeed, in some cases we can still find many lines of verse mixed with the
prose of some of these accounts. The principal lost epics are the following:

1. *Rodrigo, el último godo,* which tells the legend of how Rodrigo, the
last king of the Goths, lost his throne to the Moors. They were invited
into Spain by Conde Julián, whose daughter Rodrigo had seduced. Although
this legend constantly reappears in Spanish literature, the existence of the
epic poem is not so sure as in the following cases.

2. *Fernán González,* the story of the feudal wars by which Fernán
González won the independence of Castilla from León.

3. *Bernardo del Carpio,* a reworking of the *Chanson de Roland,* which
makes Bernardo, a Spanish hero in alliance with the Moors, the slayer of
Roland.

4. *Los siete infantes de Lara* (or *de Salas*), which tells how seven
Castilian heroes are betrayed to the Moors by their treacherous uncle, and
later avenged when their half-brother, Mudarra, slays the uncle.

It is not improbable that some of these poems in their original form,
especially the *Infantes de Lara,* were greater artistic creations than the
Poema del Cid. Nevertheless, the sober and intimate account of everyday
life which the *Poema del Cid* presents to us is a worthy early manifestation
for a great literature.

Selections from the *Poema del Cid*

I. *The Cid meets his wife (Jimena) and his daughters, who have come to join him in Valencia.*

Al cabo del cosso[1]   mío Cid descabalgaba,
adeliñó[2] a su mujer   y a sus hijas ambas;
cuando lo vio doña Jimena,   a[3] pies se le echaba:
«Merced, Campeador,[4]   ¡en buena hora ceñisteis espada![5]
Sacada me habéis   de muchas vergüenzas[6] malas;   5
heme aquí, señor,   yo y vuestras hijas ambas,
con[7] Dios y convusco[8]   buenas son y criadas.»[9]
A la madre y a las hijas   bien las abrazaba,
del gozo que habían[10]   de los sus ojos lloraban.
Todas las sus mesnadas[11]   en gran deleite estaban,   10
armas tenían   y tablados[12] quebrantaban.
Oíd lo que dijo   el que en buena ciñó espada:
«Vos, doña Jimena,   querida mujer y honrada,
y ambas mis hijas   —mío corazón y mi alma—
entrad conmigo   en Valencia la casa,[13]   15
en esta heredad   que yo os he ganada.»
Madre e hijas   las manos le besaban.
A[14] tan gran honra   ellas a Valencia entraban.
   Adeliñó mío Cid   con ellas al alcázar,
allá las subía[15]   en el más alto lugar.   20
Ojos vellidos[16]   catan a todas partes,
miran Valencia   como yace la ciudad,
y de la otra parte   a ojo[17] han el mar,
miran la Huerta[18]   espesa[19] es y grand
y todas las otras cosas   que eran de solaz;   25
alzan las manos   para Dios rogar,[20]
de esta ganancia   como es buena y grand.

1. run, dash. The Cid is putting a new horse through its paces, as a part of the celebration.
2. *se dirigió*
3. Supply, *sus*. Notice the subordination of woman reflected here.
4. champion, conqueror
5. All epic poems have frequently repeated phrases, called 'epic tags,' of which this is one. Translate, in a good (lucky) hour you girded on your sword!
6. Jimena has been scorned by other noble-women because of the dishonor of her husband (the loss of the king's favor).
7. Supply, *la ayuda de*.
8. *con vos;* cf. *contigo;* modern Spanish, *con vosotros*
9. well-reared
10. In old Spanish, *haber* is often used for *tener*.
11. household of vassals, etc.
12. wooden targets used in warlike games
13. the inhabited part, within the walls
14. with
15. he took them up
16. beautiful
17. in sight. Valencia lies about two miles from the Mediterranean.
18. The 'Garden' or fertile plain around Valencia, still called *la Huerta*.
19. thickly populated
20. Here, to thank God

II. *While the Cid is sleeping peacefully, one of his lions escapes. The cowardly Infantes de Carrión hide and the Cid singlehandedly terrifies the beast into submission. This blatant cowardice of the Infantes becomes the subject of jokes in the Valencian Court.*

En Valencia sedí[21]   Mío Cid con todos los sos,[22]
con él ambos sus yernos   infantes de Carrión.
Yacía en un escaño,   dormía el Campeador,
mala sobrevienta,[23]   sabed que les cuntió,[24]
salióse de la red[25]   y desatóse el león.   5
En gran miedo se vieron,   por medio de la cort;[26]
embrazan[27] los mantos   los del Campeador,
y cercan el escaño,   y hincan sobre su señor.[28]
Fernán González,   Infante de Carrión,
no vio allí dos alzase,[29]   ni cámara abierta, ni torre: 10
metióse sol[30] escaño,   tanto hubo el pavor.
Diego González   por la puerta salió,
diciendo de la boca;   "¡No veré Carrión!"[31]
Tras una viga lagar[32]   metióse con gran pavor;
el manto y el brial   todo sucio lo sacó.[33]   15
    En esto despertó   el que en buena hora nació;
vio cercado el escaño   de[34] sus buenos varones:
"¿Qué es esto, mesnadas,   oh qué queréis vos?"
"Ya[35] señor honrado,   rebata[36] nos dio el león."
Mío Cid hincó el codo,[37]   en pie se levantó,   20
el manto trae al cuello,[38]   y adeliñó para el león;
el león cuando lo vio,   así se envergonzó[39]
ante mío Cid la cabeza   premió y el rostro hincó.[40]
Mío Cid don Rodrigo   al[41] cuello lo tomó,
y llévalo adestrando,[42]   en la red le metió.   25
A maravilla lo han   cuantos que y son,[43]
y tornáronse[44] al palacio   para la cort.

21. *estaba*
22. *suyos*
23. surprise
24. happened
25. cage
26. *Por medio de la cort,* throughout the Court; *cort = corte*
27. they seize
28. *y hincan sobre su señor,* and lean over their lord (to protect his sleep)
29. *no vio allí dos alzase,* did not find a place to hide
30. under the
31. *¡No veré Carrión!",* "I'll never see Carrión again!" This cry is used by the Infantes throughout the poem whenever they are frightened or in trouble.
32. *una viga lagar,* a beam of a wine press

33. i.e. he got his outer clothing filthy
34. *por*
35. Oh!
36. fright, scare
37. *hincó el codo,* leaned on his elbows (to push himself up)
38. *el . . . cuello,* he throws his mantle over his shoulder
39. *así se envergonzó* became so frightened
40. *la cabeza . . . hincó,* he lowered his head and rested his muzzle on the ground
41. *por el*
42. *y llévalo adestrando,* and seizing him by the neck, as if he were wearing a rein
43. *a . . . son,* everyone there is amazed by the incident, i.e. by the lion's incredible obedience to the Cid; *y = allí*
44. returned

Mío Cid por sus yernos   demandó y no los halló;
maguer[45] los están llamando,   ninguno no responde.
Cuando los hallaron,   así vinieron sin color;   30
no visteis tal juego,[46]   como iba por la cort;
mandólo vedar[47]   mío Cid el Campeador.
Muchos tuvieron por embaídos   infantes de Carrión,[48]
fiera cosa les pesa[49]   esto que les cuntió.

45. *aunque*
46. jesting
47. forbade it (jesting)

48. *Muchos . . . Carrión,* The Infantes were very much ashamed
49. *fiera cosa les pesa,* it bothers them immensely

III. *The Cid's forces attack the camp of Búcar, King of Morocco, who has come to take Valencia from them.*

El obispo don Jerónimo   priso a espolonada[50]
e íbalos herir   a cabo de la albergada.[51]
Por la su ventura   y Dios que le amaba
a los primeros golpes   dos moros mataba.
El astil ha quebrantado   y metió mano a la espada.   5
Ensayábase[52] el obispo   ¡Dios, qué bien lidiaba!
Dos mató con lanza   y cinco con la espada.
Moros son muchos,   alderredor le cercaban,
dábanle grandes golpes,   mas no le falsan las armas.
El que en buena hora nació   los ojos le hincaba   10
embrazó[53] el escudo   y abajó el asta,
aguijó a Babieca,   el caballo que bien anda,
íbalos herir   de corazón y de alma.
En las haces primeras   el Campeador entraba,
abatió a siete   y a cuatro mataba.   15
Plugo[54] a Dios,   aquesta fue la arrancada.[55]
Mío Cid con los suyos   cae en alcanza;
veríais quebrantar tantas cuerdas   y arrancarse las estacas
y acostarse los tendales   con huebras eran tantas.
Los de mío Cid a los de Búcar   de las tiendas los sacan.   20
Sácanlos de las tiendas   cáenlos en alcance:
tanto brazo con loriga   veríais caer a parte,
tantas cabezas con yelmos   que por el campo caen,
caballos sin dueños   salir a todas partes.
Siete millas cumplidas   duró el segudar.[56]   25
Mío Cid al rey Búcar   cayóle en alcance:
«¡Acá torna, Búcar!   viniste de allende mar,

50. *priso a espolonada,* began the spurring forward, i.e. the attack
51. camp
52. to strike the first blows

53. to fix on the arm
54. Preterite of *placer*.
55. the rout (of the enemy)
56. to pursue

verte has[57] con el Cid,   el de la barba grant,[58]
saludarnos hemos ambos,   y tajaremos amistad.»[59]
Repuso Búcar al Cid: «¡Confunda Dios tal amistad!   30
Espada tienes en mano   y te veo aguijar;
Así como semeja,[60]   en mí la quieres ensayar.
Mas si el caballo no estropieza[61]   o conmigo no cae,
no te juntarás conmigo   hasta dentro de la mar.»
Aquí repuso mío Cid: «Esto no será verdad.»   35
Buen caballo tiene Búcar   y grandes saltos hace,
mas Babieca el de mío Cid   alcanzándolo va.
Alcanzólo el Cid a Búcar   a tres brazas del mar,
arriba alzó Colada,[62]   un gran golpe dádole ha,
los carbunclos del yelmo   tollidos[63] se los ha,   40
cortóle el yelmo   y, librado[64] todo lo al,[65]
hasta la cintura   la espada llegado ha.
Mató a Búcar,   al rey de allende mar,
y ganó a Tizón[66]   que mil marcos de oro vale.
Venció la batalla   maravillosa y grant,   45
aquí se honró mío Cid   y cuantos con él están.

57. *te verás,* you must have an interview with
58. Another epic tag. A well-developed beard was a most cherished possession; knights often swore by their beards; and to 'beard' a man (tweak his beard) was a deadly insult.
59. *tajar amistad,* to make friends
60. *parece*
61. to stumble
62. The name of one of the Cid's precious swords.
63. to cut away
64. sliced through
65. *lo demás*
66. Búcar's sword

IV. *The Infantes de Carrión leave the Cid's daughters for dead, but their cousin Félix Muñoz rescues them.*

Lleváronales[67] los mantos   y las pieles armiñas,
más[68] déjanlas marridas[69]   en briales y en camisas,
y a las aves del monte   y a las bestias de la fiera guisa.[70]
Por muertas las dejaron,   sabed, que no por vivas.
¡Cuál ventura sería   si asomase esora[71] el Cid Ruy Díaz!   5
Infantes de Carrión   por muertas las dejaron.
Por los montes donde iban,   ellos íbanse alabando:
«De nuestros casamientos   agora somos vengados.
No las debíamos tomar por barraganas[72]   si no fuésemos rogados.»[73]
Alabándose iban   Infantes de Carrión.   10

67. They (the Infantes) took away from them (their wives)
68. furthermore
69. Here, in a faint
70. kind; translate *bestias de la fiera guisa,* wild animals
71. at that time
72. *No las . . . barraganas,* we should not have taken them even for concubines
73. By the king, whose wishes are hard to refuse. Of course this is not true, as the Infantes asked for the hands of the young women, but now, because of their anger at the Cid, they exalt their inherited rank over the intrinsic worth of the Cid and his family. They are seeking some compensation for the inferiority they have manifested by their cowardly acts.

Mas yo os diré   de aquel Félix Muñoz;
sobrino era   del Cid Campeador;
mandáronle[74] ir adelante,   mas de su grado no fo.[75]
En la carrera do[76] iba   dolióle el corazón,
de todos los otros   aparte se salió,   15
en un monte espeso   Félix Muñoz se metió,
hasta que viese venir   sus primas ambas a dos[77]
o qué han hecho   Infantes de Carrión.
Violos venir   y oyó una razón,
ellos no le veían   ni de ende[78] sabían ración;[79]   20
sabed bien que si ellos le viesen,   no escapara de muort.[80]
     Vanse los infantes,   aguijan a espolón.[81]
Por el rastro   tornóse Félix Muñoz,
halló sus primas   amortecidas ambas a dos.
Llamando: «¡Primas, primas!»,   luego[82] descabalgó,   25
arrendó[83] el caballo,   a ellas adeliñó;
«Ya[84] primas, las mis primas,   doña Elvira y doña Sol,
¡mal se ensayaron   Infantes de Carrión!
A Dios plazca que de ende prendan[85]   ellos mal galardón!»
Las va tornando[86]   a ellas ambas a dos;   30
tanto son de traspuestas[87]   que nada decir no puoden.[88]
Partiéronsele las telas[89]   de dentro del corazón,
llamando: «¡Primas, primas,   doña Elvira y doña Sol!
¡Despertéis, primas,   por amor del Creador!
mientras es de día,   antes que entre la noche,   35
los ganados fieros   ¡no nos coman en aqueste[90] monte!»
Van recordando[91]   doña Elvira y doña Sol,
abrieron los ojos   y vieron a Félix Muñoz.
«Esforzáos, primas,   ¡por amor del Creador!
De que[92] no me hallaren[93]   Infantes de Carrión,   40
a gran prisa   seré buscado yo;
si Dios no nos vale,   aquí moriremos nos.»[94]
Tan a gran[95] duelo   hablaba doña Sol:
«Si os lo merezca,[96] mío primo,   nuestro padre el Campeador,
dadnos del[97] agua,   si os valga el Creador.»[98]   45

74. Subject, *Infantes de Carrión*. The Cid has sent an escort with the princes, but they get rid of it by sending it on ahead.
75. *fue*
76. *donde*
77. *ambas a dos*, both. The *a* is unexplained.
78. *de ende*, about it (his presence)
79. a thing, a bit
80. *muerte*
81. *aguijar a espolón*, to urge (their horses) on with spurs
82. *en seguida*
83. to tie up by the reins
84. Oh!
85. to get
86. to bring to one's senses

87. unconscious
88. *pueden*
89. (heart)-strings
90. *este*
91. to awake, come to consciousness
92. *después que*
93. Future subjunctive
94. *nosotros*
95. *tan a gran*, with very great
96. *si os lo merezca nuestro padre*, as our father merits it from you
97. some. Old Spanish had this construction (partitive) found in modern French and Italian.
98. *si . . . Creador*, so may the Creator help you

Con un sombrero   que tiene Félix Muñoz—
nuevo era y fresco   que de Valencia lo sacó[99]—
cogió del agua en él   y a sus primas la dio;
mucho son lazradas[100]   y ambas las hartó.
    Tanto las rogó   hasta que las asentó.[101]   50
Las va confortando   y metiendo corazón
hasta que se esfuerzan   y ambas las tomó
y privado[102]   en el caballo las cabalgó;
con el su manto   a ambas las cubrió,
el caballo prendió por la rienda   y luego de ende las partió.[103]   55

99. Notice the quaint realism in these details. 102. *en seguida*
100. wounded   103. *las partió,* he took them away
101. to raise to sitting position

V. The Cid's champions defeat the Infantes de Carrión. The poem ends happily with the marriage of the Cid's daughters to the heirs of Aragón and Navarra.

    El rey a los de mío Cid   de noche los envió,
que no les diesen salto[104]   ni huviesen pavor
A guisa de membrados[105]   andan días y noches,
helos en Valencia   con mío Cid el Campeador.
Por malos[106] los dejaron   a Infantes de Carrión,   5
cumplido han el deudo[107]   que les mandó su señor;
alegre fue de aquesto   mío Cid el Campeador.
Gran es la biltanza[108]   de los Infantes de Carrión.
Quien buena dueña escarnece   y la deja después
atal le contesca   o siquiera peor.[109]   10
    Dejémonos de pleitos   de Infantes de Carrión,[110]
de lo que han preso   mucho han mal sabor;[111]
hablemos nos de aqueste   que en buena hora nació.
Grandes son los gozos   en Valencia la mayor,
porque tan honrados   fueron los del Campeador.   15
Prísose la barba[112]   Ruy Díaz su señor:
"¡Grado[113] al rey del cielo,   mis hijas vengadas son!

104. King Alfonso had the Cid's victorious champions leave Carrión at night lest they be assaulted.
105. *a guisa de membrados,* since they were prudent
106. *por malos,* thoroughly defeated
107. duty
108. humiliation
109. *atal . . . peor,* such be his fate, or even worse
110. *dejémonos . . . Carrión,* let's forget the trouble with the Infantes de Carrión; i.e. let's turn to something else
111. *de . . . sabor,* they are very distressed at the punishment they have received (*preso*)
112. *prísose la barba,* he took hold of his beard. In the *Cid* this gesture is usually a sign of satisfaction.
113. *gracias*

¡Ahora las hayan quitas   heredades de Carrión![114]
Sin vergüenza las casaré   o a quien pese o a quien no."[115]
    Anduvieron en pleitos[116]   los de Navarra y de Aragón,   20
hubieron su ajunta[117]   con Alfonso el de León.
Hicieron sus casamientos   doña Elvira y doña Sol;
los primeros fueron grandes,[118]   mas aquestos son mejores;
a mayor honra las casa   que lo que primero fo.[119]
Ved cual honra crece   al que en buena hora nació,   25
cuando señoras son sus hijas   de Navarra y de Aragón.
Hoy los reyes de España   sus parientes son,
a todos alcanza honra   por el que en buena nació.
    Pasado es deste siglo[120]   mío Cid de Valencia señor
el día de cinquaesma;[121]   de Cristo haya perdón!   30
¡Así hagamos nos todos[122]   justos y pecadores!
    Estas son las nuevas[123]   de mío Cid el Campeador;
en este lugar   se acaba esta razón.[124]

114. *ahora . . . Carrión,* now they are free (*quitas*) from the Carrión inheritance. This is an ironical statement since the girls never quite received their share of the property.
115. *o . . . no,* whether it displease anyone or not
116. *Anduvieron en pleitos,* They made their negotiations
117. *hubieron su ajunta,* they had a discussion
118. Allusion to the first wedding festivities of the Cid's daughters to the Infantes de Carrión.
119. *fue*
120. i.e. he died
121. Pentecost, a Christian festival celebrated fifty days after Easter in commemoration of the descent of the Holy Spirit.
122. *así hagamos nos todos,* may this also be our fate
123. great and famous deeds
124. poem

Berceo and the *Mester de clerecía*

The thirteenth century saw the rise of a new type of Castilian narrative poetry, the *mester de clerecía* (verse form of the learned poets, usually clerics). Unlike the cultivators of the *mester de juglaría* who apparently were not concerned with the varying length of the lines in their poems, the learned poets counted their syllables and made every effort to achieve regular lines and perfect rhymes. They used the Alexandrine line (14 syllables) and consonantal rhyme in stanzas of four lines each. This type of poetry, also known as the *cuaderna vía* (the fourfold way), was borrowed from France and flourished until the end of the fourteenth century.

The poets of the *mester de clerecía,* deriving their raw material from scholarly texts, usually in Latin, were transmitters of Christian legends, lives of saints and tales from classical antiquity. The minstrels recited this poetry as well as the epic poems to the people in the public plazas. Didacticism and erudition are the chief traits that distinguish this poetry from the *mester de juglaría.*

Gonzalo de Berceo, the first Castilian poet known by name, was the most outstanding cultivator of the *mester de clerecía.* Little is known of this priest who was born towards the end of the twelfth century and died around the middle of the thirteenth. He spent his whole life in the La Rioja district, now the province of Logroño (northern Spain), and was attached to the monasteries of San Millán de la Cogolla and Santo Domingo de Silos. All his works are religious in nature and scarcely interest the modern reader except for the *Milagros de Nuestra Señora* and *Vida de Santa Oria.* The selection chosen for this anthology is from his masterful *Milagros de Nuestra Señora,* a collection of twenty-five narrations which demonstrate how the Virgin Mary performs miracles to help her devotees who are in danger of losing their souls or in other dire straits. Berceo's primitive but charming style breathed new life into the stories extracted from the Latin texts he faithfully followed. His poetry has attracted the admiration of twentieth-century poets and critics.

Three anonymous compositions belonging to the *mester de clerecía* that have survived from the thirteenth century are:

1. *Libro de Apolonio,* written during the first half of the thirteenth century, is based on a Byzantine novel which recounts the numerous, complicated and marvellous adventures of Apollonius, King of Tyre, who finally succeeds in recovering his long-lost wife Luciana, and daughter Tarsiana. This sentimental, chivalresque tale was very popular in other literatures of medieval Europe.

2. *Libro de Alexandre,* written around the middle of the thirteenth century, has more than 10,000 verses and is the longest poem of the *mester de clerecía.* This work used classical and medieval stories in portraying the life of Alexander the Great from his childhood to the time of his assassination. The author of this poem displays an extraordinarily vast knowledge of the European culture of his time.

3. *Poema de Fernán González,* written by a monk around the middle of the thirteenth century, is the only example of a poem in *cuaderna vía* that has a traditional epic theme. The central part of the narration deals with the exploits of Fernán González, a Castilian hero of the tenth century, who achieved the independence of Castilla from León.

In the fourteenth century, the outstanding poet Juan Ruiz—we include him in a later chapter on lyric poetry—used *cuadernia vía* in the narrative parts of his *Libro de buen amor.* Seeking to vary the monotony of the Alexandrine, he introduced lines of sixteen syllables. Pero López de Ayala (1332–1407), the last important cultivator of the *mester de clerecía,* adopted the line of sixteen syllables and made other modifications in the *cuaderna vía* in his *Rimado de palacio,* a satire on contemporary life.

GONZALO DE BERCEO

El ladrón devoto

Era un ladrón malo que más quería hurtar
que ir a la iglesia ni a puentes alzar;[1]

---

1. *ni . . . alzar,* to build bridges, i.e. to do virtuous work. Bridge-builders were considered men of great virtue and often became saints. Cf. the title of the Pope, *Pontifex Maximus.*

sabía de mal porcalzo[2] su casa gobernar,
uso malo que prisó[3] no lo podía dejar.

Si hacía otros males, esto no lo leemos;
sería mal condenarlo por lo que no sabemos;
mas abúndenos[4] esto que dicho os habemos:
si al[5] hizo, perdónele Cristo en quien creemos.

Entre las otras malas había una bondad
que le valió en cabo[6] y diole salvedad:[7]
creía en la Gloriosa[8] de toda voluntad,
saludábala siempre contra la su majestad.[9]

Decía Ave María y más de escritura:[10]
siempre se inclinaba contra la su figura;
decía Ave María y más de escritura,
tenía su voluntad con esto más segura.

Como quien en mal anda en mal ha a[11] caer,
hubiéronlo con hurto este ladrón a prender,
no hubo nul consejo con que se defender,[12]
juzgaron que lo fuesen en la horca poner.

Llevólo la justicia para la crucejada[13]
do estaba la horca por el concejo[14] alzada,
Prisiéronle los ojos con toca bien atada,[15]
alzáronlo de tierra con soga bien tirada.

Alzáronlo de tierra cuanto alzar quisieron,
cuantos cerca estaban por muerto lo tuvieron:
si antes lo supiesen lo que después supieron,
no le hubieran hecho eso que le hicieron.

La Madre Gloriosa, ducha de acorrer,[16]
que suele a sus siervos en las cuitas valer,
a este condenado quísole pro tener,[17]
membróle[18] el servicio que le solía hacer.

Metióle so los pies do estaba colgado,
las sus manos preciosas: túvolo aliviado,
no se sintió de cosa ninguna embargado,[19]
no fue más vicioso nunca, ni más pagado.

Ende[20] al día tercero vinieron los parientes,
vinieron los amigos y los sus conocientes,[21]

2. *modo*
3. acquired
4. it is more than sufficient for us (to know)
5. anything else
6. *en cabo = al cabo*
7. salvation
8. i.e. Virgin Mary
9. *saludábala siempre contra la su majestad,* he would always bow in reverence in front of the statue of the Virgin
10. *Decía Ave María y más de escritura,* he recited the Ave Maria and portions of the Bible.
11. *ha a = ha de*

12. *no hubo . . . defender,* there was no way in which he could be defended; *nul = ningún*
13. crossroads
14. city council which acted as a court of justice
15. *prisiéronle . . . atada,* they put a tight blindfold over his eyes
16. *ducha de acorrer,* skillful in lending assistance
17. *pro tener,* protect
18. she remembered
19. overcome, choked (by the rope)
20. from then on
21. *conocidos,* acquaintances

venían por descolgarlo rascados[22] y dolientes;
sedía mejor la cosa que metían ellos mientes.[23]   40

Trobáronlo[24] con alma alegre y sin daño,
no sería tan vicioso[25] si yaciese en baño;
decía que so los pies tenía un tal escaño,[26]
no sentiría mal ninguno si colgase un año.

Cuando lo entendieron los que lo ahorcaron   45
tuvieron[27] que el lazo falso se lo dejaron:
fueron mal rependidos[28] que no lo degollaron:
tanto gozarían de eso cuanto después gozaron.

Fueron en un acuerdo toda esa mesnada,[29]
que fueron engañados en la mala lazada,[30]   50
más que lo degollasen con hoz[31] o con espada;
por un ladrón no fuese tal villa afontada.[32]

Fueron por degollarlo los mancebos más livianos,
con buenos serraniles grandes y adianos:[33]
metió Santa María entre medio las manos,   55
hincaron los gorgueros de la gorguiella sanos.[34]

Cuando esto vieron que no lo podían nocir,[35]
que la Madre Gloriosa lo quería encubrir,
hubiéronse con tanto del pleito a partir,[36]
hasta que Dios quisiese, dejáronlo vivir.   60

Dejáronlo en paz, que se fuese su vía,
ca ellos no querían ir contra Santa María,
mejoró en su vida, partióse de folía:[37]
cuando cumplió su curso murióse de su día.[38]

Madre tan piadosa de tal benignidad,   65
que en buenos y en malos hace su piedad,
debemos bendecirla de toda voluntad:
los que la bendijeron ganaron gran rictad.[39]

Las mañas de la Madre con las del que parió,[40]
semejan bien calañas qui bien las conoció:[41]   70
El por buenos y malos por todos descendió:
Ella si la rogaron, a todos acorrió.[42]

22. It was customary for relatives and friends of a deceased person to demonstrate their sorrow by scratching their faces with their fingernails.
23. *Sedía . . . mientes,* It was a better thing than they had expected.
24. they found him
25. happy
26. seat or bench
27. they thought
28. *arrepentidos,* repentant
29. group of people
30. slip-knot
31. sickle
32. *deshonrada*
33. *serraniles, adianos,* sharp, cutting instruments

34. *hincaron . . . sanos,* his throat remained unharmed, i.e. the Virgin Mary saved his throat (*gorguiella*) from being slashed.
35. harm (him)
36. *hubiéronse . . . partir,* they decided to abandon the quarrel
37. *partióse de folía,* he abandoned his folly
38. *cuando . . . día,* he died when the course of his life was spent
39. wealth and nobility
40. *Las mañas . . . parió,* the skills of the Mother (the Virgin) with those of the one she bore (Christ)
41. *semejan . . . conoció,* are quite the same for anybody who knew them well
42. helped

Spanish Prose of the Middle Ages

We have seen that poetry preceded prose as a literary medium. In fact, the latter does not appear in any notable works in Spain until the middle of the thirteenth century, during the reign of Alfonso X, called *el Sabio,* of Castilla (ruled 1252–84). This monarch possessed a studious disposition and gathered around him many learned men from Spain and foreign countries, as well as poets, musicians, and prose writers. Prepared under his direction, and probably revised by the monarch himself, are a whole series of works, among which is *Las siete partidas,* a compilation of the laws of Castilla and the first modern law book in any land to be written in the language of the people. Not only is this book the ultimate source of law throughout Spain, South America, and even in the southwest of the United States, but it also gives us an excellent picture of the times. From the laws concerning selling of merchandise in the markets, the production of plays, the kinds of poems which could be sung, the status of wives and concubines, the taxes to be paid by the peasants, and the rights and privileges of the nobles, we gain a vivid impression of how people lived in those remote days. Its wide and excellently chosen vocabulary and robust, direct style bring it within the realm of literature.

Another of Alfonso's undertakings is *La primera crónica general,* the history of Spain from the creation of the world to the end of the reign of Alfonso's father, San Fernando. It is the first national history ever written, a great compendium of information from Latin and Arabic historians and epic poems. This work is not to be confused with the even longer *General estoria,* in which Alfonso and his collaborators retold the history of the entire world. Besides these works, Alfonso caused two books to be prepared

27

on astronomy, a book on precious stones, one on hunting, and one on chess. Today he is regarded as the father of Spanish prose.

A nephew of Alfonso el Sabio, Don Juan Manuel (1282–1348), wrote the masterpiece of medieval Spanish prose, *El conde Lucanor*. Juan Manuel was governor of a frontier district near Murcia, and at this post came to know the Arabic language and literature well. The form of his famous book is a direct imitation of the collections of apologues, or moral stories, so common among the Arabs, which form had already been used once in Spain in a translation from the Arabic, *Calila y Dimna*, done at the order of Alfonso el Sabio. We sometimes call the scheme he employs a 'framing tale,' for it holds together a number of short stories within one general narration. Juan Manuel's device is to imagine that the Conde Lucanor seeks advice from a trusted old counselor, Patronio. Patronio does not give his advice directly, but tells a story from which the Conde Lucanor can derive a moral applicable to his situation. Juan Manuel is the author of several other books, such as *El libro de los estados,* giving a picture of the social classes of his time, and *El libro del caballero y escudero,* a set of philosophical discussions; but none of his books has achieved the immortality accorded to *El conde Lucanor.*

At the very close of the Middle Ages, Fernando del Pulgar (1436–1490?) excelled in a newly developed type of prose, the verbal portrait. In his *Claros varones de Castilla* he gives us animated pictures of twenty-four of his distinguished contemporaries, delving into their psychological and moral natures as well as drawing for us their physical traits. As the official historian of Fernando and Isabel, he had ample opportunity to observe his subjects at first hand in the royal antechambers. His eye-witness accounts of their appearance, combined with his penetrating insight into their characters, give these little sketches a vividness and freshness which time has not withered.

DON JUAN MANUEL

Selection from *El conde Lucanor*

Ejemplo II: De lo que aconteció a un hombre bueno con su hijo.

Otra vez acaeció que el conde Lucanor hablaba con Patronio, su consejero, y díjole: como estaba en gran cuidado y en gran queja de un hecho que quería hacer; ca,[1] si por aventura lo hiciese, sabía que muchas gentes le trabarían en

1. for

ello, y otrosí, si no lo hiciese, que él mismo entendía, que le podrían trabar en ello con razón. Y díjole cuál era el hecho y rogóle que le consejase lo que entendía que debía hacer sobre ello.

—Señor conde Lucanor—dijo Patronio—bien sé yo que vos hallaréis muchos que os podrían consejar mejor que yo, y a vos dio Dios muy buen entendimiento, que sé que mi consejo os hace muy pequeña mengua, mas pues lo queréis, deciros he lo que ende[2] entiendo. Señor conde Lucanor—dijo Patronio—mucho me placería que paraseis mientes[3] a un ejemplo de una cosa que acaeció una vegada[4] a un hombre bueno con su hijo.

Y el conde le rogó que le dijese, que como fuera aquello.

Y Patronio dijo:

—Señor, así aconteció, que un hombre bueno había[5] un hijo; y como quier que[6] era mozo según sus días, era asaz[7] de sutil entendimiento. Y cada que[8] el padre alguna cosa quería hacer, porque pocas son las cosas en que algún contrario no puede acaecer, decíale el hijo: que en aquello que él quería hacer, que veía él, que podría acaecer el contrario. Y por esta manera le partía[9] de algunas cosas que le cumplían para su hacienda. Y bien creed que cuanto los mozos son más sutiles de entendimiento, tanto son más aparejados[10] para hacer grandes yerros para sus haciendas; ca han entendimiento para comenzar la cosa, mas no saben la manera como se puede acabar, y por esto caen en grandes yerros, si no hay quien los guarde de ellos. Y así, aquel mozo por

la sutileza que había del entendimiento y que le menguaba la manera de saber hacer la obra cumplidamente, embargaba a su padre en muchas cosas que había de hacer. Y de que[11] el padre pasó gran tiempo esta vida con su hijo, lo uno[12] por el daño que se le seguía de las cosas que se le embargaban de hacer, y lo al,[12] por el enojo que tomaba de aquellas cosas que su hijo le decía, y señaladamente lo más,[13] por castigar su hijo y darle ejemplo como hiciese en las cosas que le acaeciesen adelante, tomó esta manera según aquí oiréis.

El hombre bueno y su hijo eran labradores y moraban cerca de una villa. Y un día que hacían y[14] mercado dijo a su hijo: que fuesen ambos allá para comprar algunas cosas que habían menester: y acordaron de llevar una bestia en que lo trajesen: y yendo ambos a mercado llevaban la bestia sin ninguna carga e iban ambos de pie y encontraron unos hombres que venían de aquella villa donde ellos iban. Y de que hablaron en uno[15] y se partieron los unos de los otros, aquellos hombres que encontraron, comenzaron a departir ellos entre sí y decían que no les parecían de buen recaudo[16] aquel hombre y su hijo, pues llevaban la bestia descargada e ir entre ambos[17] de pie. Y el hombre bueno, después que aquello oyó, preguntó a su hijo que[18] qué le parecía de aquello que decían. Y el hijo dijo, que decían verdad, que pues la bestia iba descargada que no era buen seso ir entre ambos de pie: y entonces mandó el hombre bueno a su hijo que subiese en la bestia.

---

2. of it
3. *parar mientes*, to fix one's attention (on)
4. *vez*
5. *haber* for *tener*, as elsewhere in this text
6. *como quier que*, although
7. quite
8. *cada (vez) que*
9. to keep (from)
10. prone

11. *de que*, after
12. *lo uno . . . lo al*, partly . . . partly
13. *señaladamente lo más*, especially
14. there (cf. French *y*)
15. *en uno*, together
16. sense
17. *entre ambos*, both of them
18. The first *que* introduces an indirect question; omit in translation.

Y yendo así, por el camino hallaron otros hombres: y de que se partieron de ellos, comenzaron a decir que lo errara mucho aquel hombre bueno, porque iba él de pie que era viejo y cansado, y el mozo que podría sufrir laceria iba en la bestia. Preguntó entonces el hombre bueno a su hijo que qué le parecía de lo que aquéllos decían; y él díjole que le parecía que decían razón. Y entonces mandó a su hijo, que descendiese de la bestia y subió él en ella.

Y a poca pieza toparon con otros, y dijeron que hacía muy desaguisado de dejar el mozo que era tierno y no podría sufrir laceria, ir de pie e ir el hombre bueno que era usado[19] de pararse[20] a las lacerias, en la bestia. Y entonces preguntó el hombre bueno a su hijo que qué le parecía de esto que éstos decían. Y el mozo díjole que según él cuidaba,[21] que decían verdad. Y entonces mandó el hombre bueno a su hijo que subiese en la bestia porque no fuese ninguno de ellos de pie.

Y yendo así, encontraron otros hombres y comenzaron a decir que aquella bestia en que iban era tan flaca que a ves[22] podría andar bien por el camino, y pues así era, que hacían muy gran yerro en ir entrambos en la bestia. Y el hombre bueno preguntó a su hijo, que qué le semejaba de aquello que aquellos hombres buenos decían: y el mozo dijo a su padre, que le semejaba verdad aquello. Y entonces el padre respondió a su hijo en esta manera:

—Hijo, bien sabes que, cuando salíamos de nuestra casa que ambos veníamos de pie y traíamos la bestia sin carga ninguna: y tú decías, que te semejaba que era bien. Y después, hallamos hombres en el camino que nos dijeron que no era bien, y mandéte yo subir en la bestia y finqué de pie; y tú dijiste, que era bien. Y después hallamos otros hombres que dijeron que no era bien, y por ende descendiste tú y subí yo en la bestia, y tú dijiste que era aquello lo mejor. Y porque los otros que hallamos dijeron que no era bien, mandéte subir en la bestia conmigo; y tú dijiste que era mejor que no fincar tú de pie e ir yo en la bestia. Y ahora estos que hallamos, dicen que hacemos yerro en ir entre ambos en la bestia; y tú tienes[23] que dicen verdad. Y pues que así es, ruégote que me digas qué es lo que podemos hacer en que las gentes no puedan trabar; . . . pues en ninguna guisa no[24] puede ser que alguna de estas cosas no hagamos y ya todas las hicimos, y todas dicen que son yerros. Y esto hice yo porque tomases ejemplo de las cosas que te acaeciesen en tu hacienda; ca cierto soy que nunca harás cosa de que todos digan bien; ca si fuere buena la cosa, los malos y aquéllos a que no se sigue pro de aquella cosa, dirán mal de ella; y si fuera la cosa mala, los buenos que se pagan del[25] bien, no podrían decir que es bien el mal que tú hiciste. Y por ende, si tú quieres hacer lo mejor y más a tu pro, cata que hagas lo mejor y lo que entendieres que te cumple más, y sólo que no sea mal, no dejes de hacerlo por recelo del dicho de las gentes, ca cierto es que las gentes a lo demás siempre hablan en las cosas a su voluntad, y no catan lo que es más a su pro.

Y vos, señor conde Lucanor, en esto que me decís que queréis hacer y que receláis que os trabarán las gentes en ello, y si no lo hacéis que eso mismo harán, pues me mandáis que os conseje en ello, el mi consejo es éste: que antes que comencéis el hecho, que cuidéis toda

---

19. used (to)
20. to bear
21. to think
22. *a ves,* hardly

23. Here, to hold, maintain
24. Notice the double negative even before a verb; omit in translation.
25. *pagarse de,* to be pleased with

la pro y el daño que se os puede ende seguir, y que no os fiéis en vuestro seso, y que os guardéis que no os engañe la voluntad, y que os consejéis con los que entendieseis que son de buen entendimiento, y leales y de buena poridad.[26] Y si tal consejero no hallareis, guardad que no os arrebatéis a lo que hubiereis a hacer, a lo menos, hasta que pase un día y una noche, si fuere cosa que no se pierda por tiempo. Y de que estas cosas guardareis en lo que hubiereis de hacer, y lo hallareis que es bien y vuestra pro, conséjoos yo que nunca lo dejéis de hacer por recelo de lo que las gentes podrían de ello decir.

Y el conde tuvo por buen consejo lo que Patronio le consejaba. E hízolo así, y hallóse ende bien.

Y cuando don Juan halló este ejemplo, mandólo escribir en este libro, e hizo estos versos en que está abreviadamente toda la sentencia de este ejemplo. Y los versos dicen así:

Por dicho de las gentes, sól que no sea mal
Al pro tened las mientes, y no hagais al.[27]

26. secret; *de buena poridad,* capable of keeping a secret
27. *Por dicho . . . hagais al,* In spite of what people say, fix your mind on your own advantage, provided it isn't evil, and don't do anything else

FERNANDO DEL PULGAR

Selections from *Claros varones de Castilla*

El maestre don Rodrigo Manrique, conde de Paredes

Don Rodrigo Manrique,[1] conde de Paredes y maestre de Santiago, hijo segundo de Pedro Manrique, adelantado mayor del reino de León, fue hombre de mediana estatura, bien proporcionado en la compostura de sus miembros; los cabellos tenía rojos y la nariz un poco larga. Era de linaje noble castellano.

En los actos que hacía en su menor edad pareció ser inclinado al oficio de la caballería.[2] Tomó hábito y orden de Santiago, y fue comendador[3] de Segura, que es cercana a la tierra de los moros: y estando por frontero[4] en aquella su encomienda, hizo muchas entradas en la tierra de los moros, donde hubo fama de tan buen caballero, que el adelantado su padre, por la estimación grande en que este su hijo era tenido, apartó de su mayorazgo la villa de Paredes, y le hizo donación de ella, y el rey don Juan le dio título de conde de aquella villa.

Este varón gozó de dos singulares virtudes: de la prudencia, conociendo los tiempos, los lugares, las personas, y las otras cosas que en la guerra conviene que sepa el buen capitán. Fue asimismo dotado de la virtud de la fortaleza; no por aquellas vías en que se muestran fuertes los que fingida y no verdaderamente lo son; mas así por su buena composición[5] natural, como por los muchos actos que

1. Whom we shall see in the *Coplas* of Jorge Manrique, his son. He was a nephew of the Marqués de Santillana.
2. knighthood, military life
3. One who has an *encomienda,* the government of and income from a town owned by the religious order.
4. as a border commander
5. endowments

hizo en el ejercicio de las armas, asentó tan perfectamente en su ánimo el hábito de la fortaleza, que se deleitaba cuando le ocurría lugar en que la debiese ejercitar. Esperaba con buen esfuerzo[6] los peligros, acometía las hazañas con grande osadía, y ningún trabajo de guerra a él ni a los suyos era nuevo. Preciábase mucho que sus criados fuesen dispuestos para las armas. Su plática con ellos era la manera del defender y del ofender el enemigo, y ni se decía ni hacía en su casa acto ninguno de molleza,[7] enemiga del oficio de las armas. Quería que todos los de su compañía fuesen escogidos para aquel ejercicio, y no convenía a ninguno durar en su casa si en él fuese conocido punto de cobardía; y si alguno venía a ella que no fuese dispuesto para el uso de las armas, el gran ejercicio que había y veía en los otros, le hacía hábil y diestro en ellas. En las batallas, y muchos recuentros[8] que hubo con moros y con cristianos, este caballero fue el que mostrando gran esfuerzo a los suyos, hería primero en los contrarios: y las gentes de su compañía, visto el esfuerzo de su capitán, todos le seguían y cobraban osadía de pelear. Tenía tan gran conocimiento de las cosas del campo,[9] y proveíalas[10] en tal manera, que donde fue el principal capitán nunca puso su gente en lugar do se hubiese de retraer, porque volver las espaldas al enemigo era tan ajeno de su ánimo, que elegía antes recibir la muerte peleando, que salvar la vida huyendo.

Este caballero osó acometer grandes hazañas: especialmente, escaló una noche la ciudad de Huesca,[11] que es del reino de Granada; y como quier que[12] subiendo la escala los suyos fueron sentidos de los moros, y fueron algunos derribados del adarve, y heridos en la subida; pero el esfuerzo de este capitán se imprimió a la hora tanto en los suyos, que pospuesta la vida y propuesta la gloria, subieron el muro peleando, y no fallecieron de sus fuerzas defendiéndolo, aunque veían los unos derramar su sangre, los otros caer de la cerca. Y en esta manera matando de los moros, y muriendo de los suyos, este capitán, herido en el brazo de una saeta, peleando entró en la ciudad y retroxo[13] los moros hasta que los cercó en la fortaleza: y esperando el socorro que le harían los cristianos, no temió el socorro que venía a los moros. En aquella hora los suyos, vencidos de miedo, vista la multitud que sobre ellos venía por todas partes a socorrer los moros, y tardar el socorro que esperaban de los cristianos, le amonestaron que desamparase la ciudad, y no encomendase a la fortuna de una hora la vida suya, y de aquellas gentes, juntamente con la honra ganada en su edad pasada; y requeríanle que, pues tenía tiempo para se proveer, no esperase hora en que tomase el consejo necesario, y no él que ahora tenía voluntario.[14] Visto por este caballero el temor que los suyos mostraban, «No—dijo él—suele vencer la muchedumbre de los moros al esfuerzo de los cristianos cuando son buenos, aunque no sean tantos: la buena fortuna del caballero crece creciendo su esfuerzo: y si a estos moros que vienen cumple socorrer a su infortunio, a nosotros conviene permanecer en nuestra victoria hasta la acabar o morir, porque si el miedo de los moros nos hiciese desamparar esta ciudad, ganada ya con tanta sangre, justa culpa nos pondrían los cristianos por no haber esperado su socorro; y es mejor que sean ellos culpados por no venir, que nosotros por no esperar.»

6. fortitude
7. Modern Spanish, *molicie* (softness)
8. Modern Spanish, *encuentro*
9. terrain
10. The antecedent of *las* is *gentes* (l. 26)
11. Huéscar

12. *como quier que,* although
13. he pushed back
14. *no esperase . . . voluntario,* that he should not wait until he would be forced to take a line of action, and not that which he could now choose willingly

«De una cosa—dijo él—sed ciertos: que entre tanto que Dios me diere vida, nunca el moro me pondrá miedo, porque tengo tal confianza en Dios y en vuestras fuerzas, que no fallecerán peleando, viendo vuestro capitán pelear.» Este caballero duró,[15] e hizo durar a los suyos combatiendo a los moros que tenía cercados, y resistiendo a los moros que le tenían cercado por espacio de dos días, hasta que vino el socorro que esperaba, y hubo el fruto que suelen haber aquéllos que permanecen en la virtud de la fortaleza.

Ganada aquella ciudad, y dejado en ella por capitán a un su hermano llamado Gómez Manrique,[16] ganó otras fortalezas en la comarca; socorrió muchas veces algunas ciudades y villas y capitanes cristianos en tiempo de extrema necesidad; e hizo tanta guerra en aquellas tierras, que en el reino de Granada el nombre de Rodrigo Manrique fue mucho tiempo a los moros gran terror.

Cercó asimismo este caballero la fortaleza de Alcaraz, por la reducir a la corona real. Cercó la fortaleza de Uclés, por la reducir a la su orden de Santiago. Esperó en estos dos sitios las gentes que contra él vinieron a socorrer estas fortalezas: y como quier que la gente contraria vio ser en mucho mayor número que la suya, mostró tal esfuerzo, que los contrarios no le osaron acometer, y él consiguió con gran honra el fin de aquellas empresas que tomó: do se puede bien creer que venció, más con el esfuerzo de su ánimo, que con el número de su gente.

Hubo asimismo este caballero otras batallas y hechos de armas con cristianos y con moros, que requerrían gran historia si de cada una por extenso se hubiese de hacer mención: porque toda la mayor parte de su vida trabajó en guerras y en hechos de armas.

Hablaba muy bien, y deleitábase en recontar los casos que le acaecían en las guerras.

Usaba de tanta liberalidad, que no bastaba su renta a sus gastos; ni le bastara si muy grandes rentas y tesoros tuviera, según la continuación[17] que tuvo en las guerras.

Era varón de altos pensamientos, e inclinado a cometer grandes y peligrosas hazañas, y no podía sufrir cosa que le pareciese no sufridera, y de esta condición se le siguieron grandes peligros y molestias. Y ciertamente por experiencia vemos pasar por grandes infortunios a muchos que presumen forzar la fuerza del tiempo, los cuales, por no sufrir una sola cosa, les acaece sufrir muchas, y a muchos a quien de fuerza han de tener contentos para conseguir su poco sufrimiento.[18]

Era amado por los caballeros de la orden de Santiago, los cuales, visto que concurrían en él todas las cosas dignas de aquella dignidad, le eligieron por maestre en la provincia de Castilla por fin del[19] maestre don Juan Pacheco.

Murió con gran honra en edad de setenta años.

Del obispo de Ávila

Don Alfonso, obispo de Ávila, fue hombre de mediana estatura, el cuerpo espeso, bien proporcionado en la compostura de sus miembros: tenía la cabeza grande, y el gesto[20] robusto, el pescuezo corto.

Era natural de la villa de Madrigal, de linaje de labradores. Desde su niñez tuvo inclinación a la ciencia, y creciendr

---

15. Here, to remain
16. Well-known as a poet, especially in works which criticized the bad government of the times. Gómez Manrique was also a courtier and a soldier.
17. persistence, constant devotion
18. *a quien . . . sufrimiento,* whom people perforce flatter to obtain what little sufferance they have
19. *por fin de,* after
20. Here, face

en días, creció más en deseo de aprender.
Era hombre agudo y de gran memoria:
hubo principios[21] en filosofía y teología:
aprendió en el estudio[22] de Salamanca,
donde recibió hábito clerical. Fue obser-
vantísimo en la orden que recibió, y de
edad de veinte y cinco años hubo el
grado de magisterio:[23] y tanto resplandecía en ciencia y en vida honesta, que
como quier que había otros de mayor
edad, y de gran suficiencia,[24] pero por
sus méritos fue elegido para leer[25] las
cátedras de teología y filosofía: y tuvo
gran continuación[26] y perseverancia en
el estudio, tanto que el tiempo que se
pasaba siempre lo tenía presente, porque
gozaba en la hora presente de lo que en
la pasada había deprendido.[27]

Tuvo muchos discípulos, y después que
fue maestro nunca halló mostrador:[28]
porque ni se excusó jamás de aprender,
ni fue acusado de haber mal aprendido.
El papa, movido por la habilidad interior
de este claro varón, más que por suplicación exterior de otro, le proveyó de
maestrescuela de Salamanca. Siendo gran
maestro en artes y teología, se puso a
aprender derecho canónico y civil, y fue
en aquellas facultades bien instruto,[29] y
tan grande era la fama de su saber en
todas ciencias, que estando en aquel estudio[22] duró gran tiempo que[30] venían
a le ver hombres doctos, también de los
reinos extraños, como de los reinos de
España. Cierto es que ningún hombre,
dado que[31] viva largos tiempos, puede
saber la perfección y profundidad de
todas las ciencias, y no quiero decir que
este sabio prelado las alcanzó todas; pero
puédese creer de él, que en la ciencia de
las artes, y teología, y filosofía natural y
moral, y asimismo en el arte de la astrología y astronomía, no se vio en los reinos
de España, ni en otros extraños se oyó
haber otro en sus tiempos que con él se
comparase.

Era hombre callado y resplandecía más
en él la lumbre de la ciencia que el
florear[32] de la lengua. Fue a Roma,
donde sostuvo conclusiones[33] de gran
ciencia, y alcanzó fama de varón muy
sabio, y fue mirado por el papa y por
todos los cardenales como hombre singular en la iglesia de Dios. Éste hizo
muchos tratados de filosofía y teología,
y escribió sobre el texto de la Sacra
Escritura una muy copiosa declaración y
de gran doctrina, que está hoy en el
monasterio de Guadalupe y en el estudio
de Salamanca: en la cual verá quien bien
la mirare cuánto este prelado abundaba
en todas ciencias, y cómo es verdad lo que
de él aquí se predica.

El rey don Juan, que era un príncipe
a quien placía oir lecturas y saber de-
claraciones y secretos de la Sacra Escritura, le tuvo cerca de sí, y le hizo de su
consejo, y suplicó al papa que le pro-
veyese del obispado de Ávila. Duró prelado en aquel obispado seis años, y
murió de edad de cincuenta y cinco conociendo a Dios, y con fama del más sabio
hombre que en sus tiempos hubo en la
iglesia de Dios.[34]

21. elementary studies
22. Here, school, university
23. master's degree (which in those days was
a license to teach)
24. ability
25. to teach
26. See n. 17
27. *aprendido*
28. accuser, detractor
29. Modern Spanish, *instruido*
30. *duró gran tiempo que;* modern Spanish,
hacía mucho tiempo que

31. *dado que* even in the case that
32. to speak prettily
33. theses, arguments
34. This learned bishop, whose full name was
Alfonso de Madrigal, is commonly called *el
Tostado,* a nickname he owed to his sun-
burned complexion. His learning and
scholarly productivity—his works, all in
Latin, fill twenty-four large volumes—are
still remembered in the proverbial phrase
sabio como el Tostado.

Lyric Poetry of the Middle Ages

Beside the *jarchas,* two other streams of lyric poetry appear during the Middle Ages in Spain. The first has a native or popular source, springing from the folk-songs sung by the common people; and the second is courtly poetry of the nobles, almost all taken over from Provençal literature of the south of France, although there is also some influence of Arabic verse. Strangely enough, very little lyric poetry of the early period in the Castilian language is recorded, although this may be because of the destruction of manuscripts. Some of the earliest works we possess are written in the dialect of Galicia, a form of old Portuguese which, because of its soft and melodious nature, lent itself well to lyricism. We are surprised to find even poets born in Castilla using *gallego* for their lyric writings. Among them was the famous Alfonso el Sabio, who composed, in Galician, a series of three hundred poems (every tenth one being in praise of the Virgin while the others narrate miracles she performed), known as *Las cantigas de Santa María.*

One of the great Spanish poets of all times was Juan Ruiz, the Archpriest of Hita (a small town north of Guadalajara), who wrote during the first half of the fourteenth century. This outstanding lyricist has been compared to Chaucer, to Rabelais, and to Boccaccio. Although living in the extremely spiritual medieval times, he was filled with the joy of living, always seeking out the pleasures of this world, principally wine, women, and song. He himself tells us that he was born under the sign of Venus, and in his only work, *El libro de buen amor,* informs us that while he is depicting idealistic love, he will nevertheless, since it is a human thing to sin, describe some cases of earthly love. We are not surprised to discover that the Archbishop of Toledo saw fit to put Juan Ruiz in jail and that it was there, removed from his beloved world, that he beguiled his forced leisure by writing of the things he loved so much.

His whole book is narrated in the first person and is usually taken to be autobiographical. Yet a considerable number of parts of the book are directly imitated from earlier sources. There are three translations: from Ovid, from a medieval Latin poem known as the *Pseudo-Ovid,* and from an anonymous *Debate between Flesh and Lent;* there are satires, like the one we have included here on the power of money; there are songs of blind men and of begging students; there are little poems called *serranillas* about the encounters between the poet and mountain shepherdesses; there are twenty-nine fables, and a sermon on Christian armor; and finally, a number of lyric poems in praise of the Virgin. Thus, we are forced to conclude that the autobiographical element in Juan Ruiz's story is mainly a framework tale which permits him to include many of his lyric and narrative compositions. This conclusion is supported by Juan's own boasting about his prowess as a poet and his statement of his intention in writing the book: '*Y compúsele otrosí a dar a algunos lección y muestra de metrificar y rimar. . . .*'

Juan Ruiz is a thoroughly realistic author. In his pages we see the happy-go-lucky crew of beggars, dancing girls, and poverty-stricken students whom he knew so well. He depicts for the first time the female go-between, or arranger of love affairs (*Trotaconventos*), the chief character of *La Celestina.* His rascally male servant, and even the archpriest himself, foreshadow the *pícaro* who is to be the hero of the novel of roguery. Yet all this realism is mellowed and tempered by a certain sympathy for human weaknesses, which leads Juan Ruiz to smile at human foibles. Critics have always been severe with him on account of his confessed freedom of morals. We admit that he was a bad priest, but, as men go, he was hardly a bad man.

After Juan Ruiz disappeared (about 1350), a school of courtly poets began to develop throughout Castilla, which reached its high point about the middle of the fifteenth century. In no other century have there been so many versifiers in Spain, because writing poetry became a popular diversion of the nobles and a courtly accomplishment. The king, Juan II, himself a poet, did much to foster this poetical school. Beginning about 1445, the works of these poets were gathered into various manuscript volumes, known as *cancioneros,* of which the most famous is the *Cancionero de Baena.* These gentlemen had ceased to be the rough nobles of the time of the Cid and had become silken-clothed courtiers who found in love their greatest amusement. All of their poetry turns upon this subject, but love itself had, like the poets, become over-delicate, filled with complaints and sighs. The poets suffer for years before receiving the slightest recognition from their ladies, and in subtly complicated verses protest the ladies' harshness.

Nevertheless, two poets of this century are well worth our attention. Íñigo López de Mendoza, the Marqués de Santillana (1398–1458), of a high noble family much involved in the civil wars of the time, is a good example of the new influences which were coming in to break up the old mentality of the Middle Ages. In addition to medieval inspiration in Christian faith and chivalry, the marqués shows a considerable familiarity with Latin authors and a thorough acquaintance with the works of Dante and Petrarch. He was the first to introduce the sonnet into Spanish literature, although he had no followers for over a century. At other times, as in his *Serranilla*, he takes his inspiration directly from the poetry of the common people. To our modern taste his greatest successes were in this latter vein, where he shows charm, simplicity, and vivacity.

The last great poet of the Middle Ages, with whom, we may say, the period comes to a close, is Jorge Manrique (1440–78), a young nobleman killed in battle at the age of thirty-eight. His masterpiece, possibly the masterpiece of elegiac poetry in Spanish literature, is a lament for the death of his father, *Coplas que hizo por la muerte de su padre.* Instead of merely indulging his own grief and pouring out his own bitterness at his bereavement, Jorge Manrique generalizes his personal feelings, pointing out that not only must human beings pass on, but all things necessarily come to an end. Thus he succeeds in giving an eternal expression to a universal human feeling and achieves a classic point of view, in the best sense of the word classic. He remains, however, of the Middle Ages, in that he finds his ultimate peace in religion, and from it draws both calm and faith in the future. There is no suggestion of bitterness or revolt before the inevitability of change.

How To Read Spanish Poetry

The meter in English verse depends on the number of feet that there are in a line. Each foot consists of a strongly accented syllable accompanied by a definite number of unaccented syllables. But Spanish verse depends upon an entirely different principle. There are no regularly repeated feet in Spanish verse. A line has to have a definite number of syllables, but the accented syllables may be distributed freely within the line, varying from line to line. Only the accents at the end of the line and before a caesura are fixed in position. Here and there Spanish verse may take on the same swing that we have in English verse, apparently having a constantly repeated foot or measure, but this is usually only accidental or a deliberate imitation of a foreign meter. This system gives a much subtler rhythm to Spanish verse than we usually have in English.

Since most words in Spanish end in an unaccented syllable preceded by an accented one (*abrigo, mesa,* etc.), we take this rhythm as the normal way of ending a line of poetry. This line of verse is called *verso llano.* If the last word of the line ends in an accented syllable (*verso agudo*), we count another non-existent syllable after it to make it conform to the norm. If it should happen that the last word of the line has two unaccented syllables after an accented syllable (*verso esdrújulo*), we count one syllable less in the line in order to maintain the normal manner of terminating a verse.

Examples of 8-syllable verses:

An/da/mos / mien/tras / vi/vi/mos	(*verso llano*)	8
Ved / de / cuán / po/co / va/lor	(*verso agudo*)	7 + 1 = 8
des/de / las / to/rres / de / Cór/do/ba	(*verso esdrújulo*)	9 − 1 = 8

An important principle of reading Spanish poetry is synalepha (*sinalefa*) which consists of the obligatory formation of a single syllable from the fusion of the final vowel of a word and the initial vowel of the next word. Syneresis (*sinéresis*) accomplishes within a word what synalepha achieves between words, i.e. it combines into a single syllable, vowels which normally form separate syllables.

Examples:

A aumentar la ansiedad y la agonía (synalepha, 11-syllable line)

Cantando alegre en la popa (synalepha, 8-syllable line)

Que el poeta en su misión (synalepha and syneresis, 8-syllable line,

verso agudo)

Occasionally a poet wishes to form separate syllables of vowels that are usually slurred together to form one syllable by synalepha or syneresis. This phenomenon is called hiatus (*hiato*) between words and dieresis (*diéresis*) within a word. In the latter case, we would find a dieresis (¨) over one of the vowels, *rïela* (3 syllables) instead of *riela* (2 syllables), for example.

One of the commonest forms used in Spanish verse is the 8-syllable line (called *versos octosílabos*), which comes down from medieval times and is still used, especially in the ballad, or *romance.* A modern example of this line occurs in Espronceda, *Canción del pirata* (Vol. II); for old ballads see the section on *romances.* The 14-syllable line, imported at an early date from France (called *alejandrinos*), is common in medieval and modern Spanish literature in narrative or didactic poetry.

During the Renaissance the 7-syllable (*versos heptasílabos*) and the Italian-nate 11-syllable (*versos endecasílabos*) verses (the latter with one fixed accent on the fourth or sixth syllable and another on the tenth) were introduced into Spain from Italy, and have been used ever since, especially in lyric poetry. A mixture of these two verse forms will be found in the *Égloga primera* of Garcilaso de la Vega. Other forms are possible, but it is rare to have a line longer than 16 syllables, or shorter than 3.

There are two types of rhyme in Spanish: the first, exactly like English, which we may call consonantal rhyme; for example, *estaba—hablaba,* or *acción—nación.* The second is assonance, or vowel rhyme, in which the consonants are completely ignored, and the last accented vowel and the unstressed vowel following it must be the same; for example, *negros—creo—velo,* or *hablo—canto.* If a diphthong occurs in assonance, it is counted as an 'a,' 'o,' or 'e,' if one of these vowels occurs in the combination; thus *bueno* assonates with *creo* and *sabia* with *llama.* If the diphthong does not contain one of these vowels, it counts as if it were only the second vowel; thus *cuido* and *bendito* assonate, as do also *viuda* and *mula.*

Spanish verse admits many stanza forms known also in English poetry, such as the sonnet (*soneto*), consisting of fourteen 11-syllable lines which usually rhyme a-b-b-a, a-b-b-a, c-d-c, d-c-d, although the two tercets at the end may follow other patterns (examples, Vol. I, pp. 46 and 77); royal octave (*octava real*) which rhymes a-b-a-b-a-b-c-c and is generally made up of *ende-casílabos* (see Vol. II, Espronceda, *El diablo mundo*); and blank verse (*versos sueltos*). Other common verse forms, not similar to English, are:

The ballad (called *romance*), which consists of 8-syllable lines having the same assonance in the second, fourth, sixth, etc., lines throughout the whole poem, with no division into stanzas and of no fixed length. It can also be written as 16-syllable lines with the assonance at the end of every line. This is the only verse form described here having assonance instead of consonantal rhyme. Examples of this verse form will be found in the section on *romances.*

The *redondilla,* a 4-line stanza, usually of *octosílabos,* rhyming a-b-b-a, c-d-d-c, et cetera. See Vol. I, p. 170.

The *quintilla,* a 5-verse stanza, with 2 rhymes variously distributed and usually of *octosílabos;* for example, a-a-b-b-a or a-b-b-a-b. This occurs in Zorrilla's *Don Juan Tenorio,* included in Vol. II. These last two forms are frequently used in long descriptive poems or narrations.

Combinations of 7- and 11-syllable lines (called *silvas*), rhyming according to the author's fancy, are very frequent in lyric productions. Many other verse forms exist, or can be made up by Spanish poets. However, the ones we have named here are some of the most common of the traditional types.

JUAN RUIZ, ARCIPRESTE DE HITA

Selections from *El libro de buen amor*

I. *Ejemplo[1] de la propiedad[2] que el dinero ha.[3]*

Mucho hace el dinero, mucho es de amar;
Al torpe hace bueno y hombre de prestar,[4]
Hace correr al cojo y al mudo hablar;
El que no tiene manos, dineros quier' tomar.
    Sea un hombre necio y rudo labrador   5
Los dineros le hacen hidalgo y sabidor,
Cuanto más algo[5] tiene, tanto es de más valor;
El que no ha dineros, no es de sí señor.[6]

      ·   ·   ·

    Yo vi allá en Roma, do es la santidad,[7]
Que todos al dinero hacíanle humildad,   10
Gran honra le hacían con gran solemnidad:
Todos a él se humillan como a la majestad.
    Hacía muchos priores, obispos y abades,
Arzobispos, doctores, patriarcas, potestades;
A muchos clérigos necios dábales dignidades;[8]   15
Hacía verdad mentiras y mentiras verdades.
    El dinero quebranta las cadenas dañosas,
Tira cepos y grillos, prisiones peligrosas;
Al que no da dineros, échanle las esposas:[9]
Por todo el mundo hace cosas maravillosas.   20
    Vi hacer maravillas a do él mucho usaba:[10]
Muchos merecían muerte, que la vida les daba,
Otros eran sin culpa, que luego los mataba:
Muchas almas perdía, muchas almas salvaba.
    Hace perder al pobre su casa y su viña;   25

1. fable. It should be noted that this selection is an example of the *mester de clerecía* described on pp. 23–24, but in order to get the 14-syllable line it is necessary to avoid synalepha in many cases. This device is called hiatus. But, even so, some of the lines are still irregular, containing eight syllables in the half verse or hemistich.
2. qualities
3. *haber* in sense of *tener*
4. *hombre de prestar,* man of worth
5. property, wealth
6. *no es de sí señor,* is not master of himself, of his own destiny
7. the Pope
8. honor, position
9. handcuffs
10. to play an important part
11. lands

Sus muebles y raíces[11] todo lo desaliña,[12]
Por todo el mundo cunde su sarna y su tiña,
Do el dinero juzga, allí el ojo guiña.
   Él hace caballeros de necios aldeanos,
Condes y ricos-hombres de algunos villanos.   30
Con el dinero andan todos hombres lozanos,[13]
Cuantos son en el mundo le besan hoy las manos.
   Vi tener al dinero las mayores moradas,
Altas y muy costosas, hermosas y pintadas,
Castillos, heredades, villas entorreadas:[14]   35
Al dinero servían, y suyas eran, compradas.
   Comía muchos manjares de diversas naturas,
Vestía nobles paños, doradas vestiduras,
Traía joyas preciosas en vicios[15] y holguras,
Guarnamientos extraños, nobles cabalgaduras.   40
   Yo vi a muchos monjes en sus predicaciones
Denostar al dinero y a sus tentaciones;
Al cabo, por dineros otorgan los perdones,
Absuelven los ayunos y hacen oraciones.

II. *De las propiedades que las dueñas[16] chicas han.*

   Quiero abreviaros, señores, la mi predicación,
Ca siempre me pagué de pequeño sermón
Y de dueña pequeña y de breve razón:
Ca lo poco y bien dicho hinca[17] en el corazón.
       .   .   .
   En pequeña gironza[18] yace gran resplandor,   5
En azúcar muy poco, yace mucho dulzor;
En la dueña pequeña yace muy gran amor:
Pocas palabras cumple[19] al buen entendedor.
   Es pequeño el grano de la buena pimienta,
Pero más que la nuez conforta y más calienta: 10
Así dueña pequeña, si todo amor consienta,
No hay placer del mundo, que en ella no se sienta.
   Como en la chica rosa está mucho color
Y en oro muy poco gran precio y gran valor,
Como en poco bálsamo yace gran buen olor,   15
Así en chica dueña yace muy gran amor.
   Como rubí pequeño tiene mucha bondad,
Color, virtud[20] y precio, nobleza y claridad;
Así dueña pequeña tiene mucha beldad,

---

12. to disarrange, upset
13. haughty, grand
14. with towers (on the walls)
15. idleness
16. woman

17. to penetrate
18. precious stone
19. to suffice
20. Medieval men thought that curative powers resided in precious stones.

Hermosura y donaire, amor y lealtad.   20
    Chica es la calandria, y chico el ruiseñor,
Pero más dulce canta que otra ave mayor;
La mujer, por ser chica, por eso no es peor:
Con doñeo[21] es más dulce que azúcar ni flor . . .
    En la mujer pequeña no hay comparación;   25
Terrenal paraíso es, y consolación,
Solaz y alegría, placer y bendición
¡Mejor es en la prueba que en la salutación![22]
    Siempre quis'[23] mujer chica más que gran ni mayor:
No es desaguisado de gran mal ser huidor;[24]   30
«Del mal, tomar lo menos»—dícelo el sabidor.
¡Por end' de las mujeres la menor es mejor!

III.   De cómo los escolares demandan[25] por Dios.

Señores, dad al escolar
Que os viene demandar.
    Dad limosna y ración—
Haré por vos oración
Que[26] Dios os dé salvación—   5
Quered por Dios a mí dar.
    El bien, que por Dios hiciereis,
La limosna, que a mí diereis,
Cuando de este mundo saliereis,
Esto os habrá de ayudar.   10
    Cuando a Dios diereis cuenta

De los algos y de la renta,
Excusaros ha de afrenta
La limosna por Dios far.[27]
    Por una ración que deis   15
Vos ciento de Dios toméis
Y en paraíso entréis:
¡Así lo quiera Él mandar!
    Catad que el bienhacer
Nunca se ha de perder   20
Poderos ha estorcer
Del infierno, mal lugar.

21. courting
22. Here, first meeting
23. For *quise*
24. one who flees
25. to beg. The Spanish students frequently had to beg their way through college. Many slept in the streets. They carried a wooden bowl hanging by a string from their belts and a wooden spoon stuck through the folds of their caps, with which they ate the soup that charitable persons were accustomed to give them.
26. so that
27. *hacer*

IV.   Aquí dice de cómo fue hablar con Doña Endrina el arcipreste[1]

    ¡Ay! cuán hermosa viene Doña Endrina[2] por la plaza!
    ¡Qué talle, qué donaire, qué alto cuello de garza!

1. Juan Ruiz paraphrased the *Pamphilus de amore*, an anonymous Latin poem of the late twelfth century, in the following and other passages that deal with the courtship of don Melón de la Huerta—the Arcipreste de Hita himself—and Doña Endrina de Calatayud. In the Latin work, Pamphilus employs the services of Venus and a crafty old hag to seduce the lovely Galatea. The Arcipreste enlists the help of the talented go-between Trotaconventos to win Doña Endrina's love. The interview which follows is the first encounter between the impassioned Arcipreste and the coy Endrina.
2. *Endrina* also is a wild plum. Here the lady's name is symbolic of the delicacy of feminine honor for even the slightest touch of the plum's skin will cause it to bruise.

¡Qué cabellos, qué boquilla, qué color, que buenandanza![3]
con saetas de amor hiere cuando los[4] sus ojos alza.

Pero tal lugar no era para hablar en amores;[5]   5
a mí luego me vinieron muchos miedos y temblores,
los mis pies y las mis manos no eran de sí señores,
perdí seso,[6] perdí fuerza, mudáronse mis colores.[7]

Unas palabras tenía pensadas por le decir,[8]
el miedo de las compañas me hacen al departir;[9]   10
apenas me conocía ni sabía por do ir,
con mi voluntad mis dichos no se podían seguir.[10]

Hablar con mujer en plaza es cosa muy descubierta,[11]
a veces mal atado el perro tras la puerta;[12]
bueno es jugar hermoso, echar alguna cubierta;[13]   15
ado es lugar seguro es bien hablar cosa cierta.[14]

"Señora, la mi sobrina, que en Toledo seía,[15]
se os encomienda mucho, mil saludos os envía;
si hubiese lugar y tiempo, por cuanto de vos oía,
desea mucho veros y conoceros querría.   20

Querían mis parientes casarme esta sazón[16]
con una doncella rica, hija de don Pepión;[17]
a todos di por respuesta que no la quería, non:
de aquella será mi cuerpo que tiene mi corazón."

Bajé más la palabra,[18] díjele que en juego hablaba,   25
porque toda aquella gente de la plaza nos miraba;
desque[19] vi que eran idos, que ome y no hincaba,[20]
comencéle a decir mi queja de amor que me ahincaba:[21]

.   .   .[22]

"En el mundo no es cosa que yo ame a par de vos,[23]
tiempo es pasado ya, de los años más de dos,   30

3. graceful way of walking
4. Don't translate *los;* cf. *los mis pies* and *las mis manos* three lines below.
5. Modern Spanish, *de amores*
6. *perdí seso,* I became faint
7. *mudáronse mis colores,* I turned pale
8. Modern Spanish, *para decirle*
9. *el . . . departir,* my fear of the people around us (i.e. I was afraid that they could hear us), made me say something else.
10. *con . . . seguir,* my words did not reflect what I really wanted to say
11. i.e. people will hear what you say, no matter how softly you speak
12. *a veces . . . puerta,* sometimes the dog who is not tied securely will escape through the door. The Arcipreste is reinforcing what he has said in the previous verse, i.e. one must take proper precaution with regard to what escapes from his lips in a public place just

as he must exert sufficient care to prevent his dog from escaping.
13. *bueno . . . cubierta,* the best thing to do is to pretend to be talking about something else, to "cover up" what you really mean.
14. *ado . . . cierta,* speak frankly only in a place safe from prying ears; *ado = donde*
15. *estaba*
16. *tiempo* or *época*
17. *hija de don Pepión,* supposedly the daughter of any rich man, but since *pepión* is also the name of an old Castilian coin of little value, this remark could be taken as ironical.
18. *Bajé más la palabra,* I lowered my voice
19. *desque = desde que*
20. *que . . . hincaba,* that none remained there; *ome = hombre, y = allí*
21. troubled me
22. missing quatrain
23. *a par de vos,* as much as you

que por vuestro amor me pena: os amo más que a Dios;
no oso poner persona que lo hable entre nos.[24]

. . .

Señora, yo no me atrevo a deciros más razones
hasta que me respondáis a estos pocos sermones;
decidme vuestro talante,[25] veremos los corazones."   35
Ella dijo: "Vuestros dichos no los precio dos piñones.[26]
    Bien así engañan muchos a otras muchas Endrinas,
el hombre es engañoso y engaña a sus vecinas;
no cuidéis[27] que soy loca por oir vuestras parlinas,[28]
buscad a quien engañéis con vuestras falsas espinas."   40
    Yo le dije: . . .
    "El yerro que otro hizo a mí no me haga mal;
habed[29] por bien que os hable allí so aquel portal,
no os vean aquí todos los que andan por la cal;[30]
aquí os hablé uno, allí os hablaré al."[31]   45
    Paso a paso doña Endrina so el portal es entrada,
bien lozana y orgullosa, bien mansa y sosegada,
los ojos bajó por tierra, en el poyo[32] asentada;
yo torné en la mi habla,[33] que tenía comenzada:

. . .

    "¡Id y venid a la habla otro día, por mesura![34]   50
pues que hoy no me creéis o no es mi ventura;
id y venid a la habla: esa creencia tan dura;[35]
usando[36] oir mi pena entenderéis mi quejura."[37]

. . .

    Esto dijo doña Endrina, esta dueña de prestar:[38]
"Honra y no deshonra es cuerdamente hablar;   55
las dueñas y mujeres deben su respuesta dar
a cualquiera que las hablare o con ellas razonar.
    Cuanto esto a vos otorgo o a otro cualquiere:[39]
hablad vos, salva mi honra,[40] cuanto hablar quisieres,
de palabras en juego dirélas si las oyere;[41]   60

24. *no oso . . . nos,* I do not dare rely on some-
body else to tell you this on my behalf
25. wish
26. *piñón,* a worthless thing; literally, seed of
the pine tree
27. *penséis*
28. barrage of words
29. *tened*
30. *calle*
31. *aquí . . . al,* here I spoke to you one way,
there I shall speak in another (way)
32. stone bench
33. *yo torné en la mi habla,* I resumed my conversation
34. The implication is that the Arcipreste
wants to have repeated conversations with

Doña Endrina until she succumbs to his
advances; *por mesura = por favor.*
35. *esa creencia tan dura,* (now as for) that
obstinacy (of yours)
36. by dint of
37. complaint
38. *dueña de prestar,* distinguished lady
39. *Cuanto . . . cualquiere,* This is as much as
I will grant you or anybody else; *cualquiere*
is used instead of *cualquiera* to fit the
rhyme.
40. *salva mi honra,* providing my honor remains intact
41. *de . . . oyere,* I will return mockery with
mockery

no os consentiré engaño cada vez que lo entendiere.

Estar sola con vos solo, esto yo no lo haría,[42]
no debe mujer estar sola en tal compañía,
nace dende[43] mala fama y mi deshonra sería;
ante testigos que nos vean, os hablaré algún día."   65

.   .   .

Fuese la mi señora, de la habla, su vía;[44]
desque yo fui nacido, nunca vi mejor día,
solaz tan placentero y tan grande alegría:
quísome Dios bien guiar y la ventura mía.

Cuidados muchos me aquejan, a que no hallo consejo: 70
si mucho uso la dueña con palabras de trebejo,[45]
puede ser tanta la fama que saliera a concejo;[46]
así perdería la dueña que sería pesar sobejo.[47]

Si no la sigo, no uso,[48] el amor se perderá;
si ve que la olvido, ella otro amará.   75
El amor con uso crece, desusando menguará;[49]
do[50] la mujer olvidares, ella te olvidará.

V. The Arcipreste, deciding to hasten the conquest of Doña Endrina, seeks the help of a crafty go-between, Trotaconventos

Busqué trotaconventos,[51] cual me manda el Amor,[52]
de todas las maestras escogí la mejor;
Dios y lá mi ventura que me fue guiador:
acerté en la tienda del sabio corredor.[53]

Hallé una tal vieja cual había menester,   5
artera y maestra y de mucho saber:
Doña Venus por Pánfilo[54] no pudo más hacer
de cuanto hizo ésta por me hacer placer.

Era vieja buhona[55] de las que venden joyas;
éstas echan el lazo, éstas cavan las hoyas,[56]   10
no hay tales maestras como estas viejas troyas,[57]

42. *Estar . . . haría,* I would not permit us to be alone together
43. *de eso*
44. *Fuese . . . vía,* My lady went home after this conversation
45. *si . . . trebejo,* if I continuously entreat her with words of love
46. *que saliera a concejo,* that it would spread
47. immense
48. *Si . . . uso,* If I don't pursue and court her
49. *El amor . . . menguará,* Love thrives on attention, without it, it dies
50. *cuando*
51. Notice that the word *trotaconventos* is not capitalized. The word is not yet used as a proper noun, but is still just a way of describing the old woman's occupation, i.e. she goes from convent to convent, from house to house, carrying love messages.
52. Reference to an earlier passage in the *Libro de buen amor,* in which Don Amor and Doña Venus advise the Arcipreste to seek the help of an old woman to act as go-between.
53. go-between
54. direct allusion to the *Pamphilus.* See n. 1.
55. peddler
56. *estas . . . hoyas,* these (women) snare (their victims) and they also dig the graves (in which their victims are buried); *hoya* may also be construed to mean "pitfall."
57. vicious, evil

éstas dan la mazada,[58] si has orejas, oyas.[59]
Como lo han de uso[60] estas tales buhonas,
andan de casa en casa vendiendo muchas donas,[61]
no se reguardan de ellas, están con las personas,[62]   15
hacen con mucho viento andar las tahonas.[63]

58. blow
59. *si as orejas, oyas = si tienes orejas, oye*
60. *Como lo han de uso,* As is their custom
61. objects intended for gifts
62. *no . . . personas,* people are not wary of them and they are found everywhere.

63. This is a very graphic image of the power of these women to cause love matches to flourish. The energy with which they ply their trade is compared to the force of the wind which energizes windmills (*tahonas*).

ÍÑIGO LÓPEZ DE MENDOZA, MARQUÉS DE SANTILLANA

Soneto hecho al itálico modo

Hoy ¿qué diré de ti, triste hemisferio,[1]
O patria mía, que veo del todo
Ir todas cosas ultra[2] el recto[3] modo,
Donde se espera inmenso lacerio? . . .
    ¡Tu gloria y laude[4] tornó[5] vituperio   5
Y la tu clara fama en escureza! . . .
Por cierto, España, muerta es tu nobleza,
Y tus loores tornados hacerio.
    ¿Dó es la fe? . . . ¿Dó es la caridad? . . .
¿Dó la esperanza? . . . Ca por cierto ausentes   10
Son de las tus regiones y partidas.
    ¿Dó es justicia, templanza, igualdad,
Prudencia y fortaleza? . . . ¿Son presentes? . . .
Por cierto no: que lejos son huidas.

Serranilla

Moza tan hermosa
No vi en la frontera,
Como una vaquera
De la Finojosa.
    Haciendo la vía   5
Del Calatraveño[6]
A Santa María,[6]
Vencido del sueño

Por tierra fragosa
Perdí la carrera,[7]   10
Do vi la vaquera
De la Finojosa.
    En un verde prado
De rosas y flores,
Guardando ganado   15
Con otros pastores,

1. hemisphere. Here referring to Spain, which occupied, according to ancient geographers, the western hemisphere.
2. out of, beyond.
3. straight, right

4. praise
5. has become
6. Name of a town
7. way

La vi tan graciosa
Que apenas creyera
Que fuese vaquera[8]
De la Finojosa. 20
   No creo las rosas
De la primavera
Sean tan hermosas
Ni de tal manera;
Hablando sin glosa,[9] 25
Si antes supiera[10]
De aquella vaquera
De la Finojosa,
   No tanto mirara[11]
Su mucha beldad, 30

Porque[12] me dejara
En mi libertad.
Mas dije: «Donosa
(Por saber quién era),
¿Dónde es[13] la vaquera 35
De la Finojosa? . . .»
   Bien como riendo,
Dijo: «Bien vengáis;[14]
Que ya bien entiendo
Lo que demandáis: 40
No es deseosa
De amar, ni lo espera,
Aquesa[15] vaquera
De la Finojosa.»

8. The Marqués could scarcely believe that a cowherd could have such charm.
9. without verbiage, frankly
10. Translate, if I had known about
11. Translate, I should not have looked at

12. so that, in order that (she)
13. Modern Spanish, *está*
14. welcome
15. *esa*

JORGE MANRIQUE

Coplas que hizo por la muerte del maestre de Santiago don Rodrigo Manrique, su padre

   Recuerde el alma dormida,
Avive el seso y despierte
Contemplando
Cómo se pasa la vida,
Cómo se viene la muerte 5
Tan callando:
Cuán presto se va el placer,
Cómo después, de acordado,[1]
Da dolor,[2]
Cómo a nuestro parecer 10
Cualquiera tiempo pasado
Fue mejor.
   Y pues vemos lo presente
Como en un punto es ido
Y acabado, 15
Si juzgamos sabiamente,

Daremos lo no venido[3]
Por pasado.
No se engañe nadie, no,
Pensando que ha de durar 20
Lo que espera
Más que duró lo que vio,
Porque todo ha de pasar
Por tal manera.
   Nuestras vidas son los ríos 25
Que van a dar en la mar,
Que es el morir;
Allí van los señoríos
Derechos a se acabar
Y consumir; 30
Allí los ríos caudales,
Allí los otros medianos

1. when remembered
2. These two lines are imitated from Dante, who said: 'There is no greater grief than remembering happy times in days of misery.'

3. the future

Y más chicos,
Allegados,[4] son iguales,
Los que viven por sus manos　　　35
Y los ricos.
　　Dejo las invocaciones
De los famosos poetas
Y oradores;
No curo de sus ficciones,　　　40
Que traen hierbas secretas[5]
Sus sabores.
A aquél solo me encomiendo
Aquél solo invoco yo
De verdad,　　　45
Que en este mundo viviendo,
El mundo no conoció
Su deidad.
　　Este mundo es el camino
Para el otro, que es morada　　　50
Sin pesar;
Mas cumple tener buen tino
Para andar esta jornada
Sin errar.
Partimos cuando nacemos,　　　55
Andamos mientras vivimos,
Y llegamos
Al tiempo que fenecemos;
Así que, cuando morimos,
Descansamos.　　　60
　　Este mundo bueno fue
Si bien usásemos de él
Como debemos,
Porque, según nuestra fe,
Es para ganar aquel　　　65
Que atendemos.
Y aun el Hijo de Dios,
Para subirnos al cielo,
Descendió

A nacer acá entre nos,　　　70
Y vivir en este suelo
Do murió.
　　Ved de cuán poco valor
Son las cosas tras que andamos
Y corremos;　　　75
Que en este mundo traidor
Aun primero que muramos
Las perdemos:
De ellas[6] deshace la edad,[7]
De ellas casos desastrados　　　80
Que acaecen,
De ellas, por su calidad,
En los más altos estados[8]
Desfallecen.
　　Decidme: la hermosura,　　　85
La gentil frescura y tez
De la cara,
La color y la blancura,
Cuando viene la vejez
¿Cuál se para?[9]　　　90
Las mañas y ligereza
Y la fuerza corporal
De juventud,
Todo se torna graveza
Cuando llega al arrabal[10]　　　95
De senectud.
　　Pues la sangre de los godos,[11]
El linaje y la nobleza
Tan crecida,
¡Por cuántas vías y modos　　　100
Se pierde su gran alteza
En esta vida!
Unos por poco valer,
!Por cuán bajos y abatidos
Que los tienen![12]　　　105
Otros que por no tener,[13]

4. having arrived
5. poisonous herbs. Jorge Manrique has in mind the great literary men of Roman days, but he does not look to their works for inspiration since the beauties of those pagan works may poison the purity of his Christian beliefs. Here we have the typical medieval attitude towards Latin literature, which was not so much unknown as feared for its very beauty.
6. some of them

7. time
8. *en . . . estados,* at the highest point
9. to remain
10. quarter of town; figuratively, region, time
11. Goths. The greatest nobles of Spain traced their lineage back to them. It is similar to Norman blood in England, or to having ancestors who arrived in the Mayflower in New England.
12. to consider
13. Supply, wealth

Con oficios no debidos
Se mantienen.
    Los estados y riqueza
Que nos dejan a deshora[14]   110
¿Quién lo duda?
No les pidamos firmeza,
Pues que son de una señora
Que se muda.
Que bienes son de Fortuna[15]   115
Que revuelve con su rueda
Presurosa,
La cual no puede ser una,[16]
Ni ser estable ni queda[17]
En una cosa.   120
    Pero digo[18] que acompañen[19]
Y lleguen hasta la huesa
Con su dueño;
Por eso no nos engañen,
Pues se va la vida apriesa[20]   125
Como sueño;
Y los deleites de acá
Son (en que nos deleitamos)
Temporales,
Y los tormentos de allá   130
Que por ellos esperamos,
Eternales.
    Los placeres y dulzores
De esta vida trabajada
Que tenemos,   135
¿Qué son sino corredores,[21]
Y la muerte la celada[22]
En que caemos?
No mirando a nuestro daño
Corremos a rienda suelta[23]   140
Sin parar;
Desque vemos el engaño

Y queremos dar la vuelta,
No hay lugar.
    Si fuese en nuestro poder   145
Tornar[24] la cara hermosa
Corporal,
Como podemos hacer
El alma tan gloriosa
Angelical,   150
¡Qué diligencia tan viva
Tuviéramos cada hora,
Y tan presta,
En componer la cautiva[25]
Dejándonos la señora[26]   155
Descompuesta!
    Estos reyes poderosos
Que vemos por escrituras
Ya pasadas,
Con casos tristes, llorosos,   160
Fueron sus buenas venturas
Trastornadas:
Así que no hay cosa fuerte;
Que a papas y emperadores
Y prelados   165
Así los trata la muerte
Como a los pobres pastores
De ganados.[27]
Dejemos a los troyanos,
Que sus males no los vimos,   170
Ni sus glorias;
    Dejemos a los romanos,
Aunque oímos y leímos
Sus historias.
No curemos de saber   175
Lo de aquel siglo pasado
Qué fue de ello;
Vengamos a lo de ayer,

14. *a deshora*, when least expected
15. Fortune, in mythology, is a **goddess** mounted on a wheel, whose constant turning raises the lowly and casts down the lofty.
16. still
17. quiet
18. I say (as an example), I suppose
19. Subject, wordly goods and rank
20. Modern, *a prisa*
21. hunting dogs; skirmishers
22. the hunter's blind, ambush
23. *a rienda suelta*, swiftly

24. *tornar hermosa*, to make beautiful
25. the wretched one, i.e. body
26. the soul
27. This passage recalls a medieval type of poem called the 'dance of death,' in which the fact that death takes both the mighty and the humble is stressed. The same theme was used in church painting by depicting a row of figures dancing hand in hand; every other one was a skeleton, symbolizing death, while the other figures represented nobles, peasants, bishops, beggars, etc., showing the leveling power of death.

Que también es olvidado
Como aquello.   180
   ¿Qué se hizo[28] el rey Don Juan?[29]
Los Infantes[30] de Aragón
¿Qué se hicieron?
¿Qué fue de tanto galán,
Qué fue de tanta invención[31]   185
Como trajeron?
Las justas y los torneos,
Paramentos, bordaduras
Y cimeras,
¿Fueron sino[32] devaneos?   190
¿Qué fueron sino verduras
De las eras?
¿Qué se hicieron las damas,
Sus tocados, sus vestidos,
Sus olores?[33]   195
¿Qué se hicieron las llamas
De los fuegos encendidos
De amadores?
¿Qué se hizo aquel trobar,[34]
Las músicas acordadas   200
Que tañían?
¿Qué se hizo aquel danzar
Y aquellas ropas chapadas[35]
Que traían?
   Pues el otro su heredero,   205
Don Enrique;[36] ¡qué poderes
Alcanzaba!
¡Cuán blando, cuán halagüero
El mundo con sus placeres
Se le daba!   210
Mas verás cuán enemigo,

Cuán contrario, cuán cruel
Se le mostró;
Habiéndole sido amigo,
¡Cuán poco duró con él   215
Lo que le dio!
   Las dádivas desmedidas,
Los edificios reales
Llenos de oro,
Las vajillas tan fabridas,[37]   220
Los enriques[38] y reales
Del tesoro;
Los jaeces y caballos
De su gente y atavíos
Tan sobrados,   225
¿Dónde iremos a buscallos?[39]
¿Qué fueron sino rocíos
De los prados?
   Pues su hermano[40] el inocente,
Que en su vida sucesor   230
Se llamó,
¡Qué corte tan excelente
Tuvo y cuánto gran señor
Que le siguió!
Mas como fuese mortal,   235
Metióle la muerte luego
En su fragua,
¡O jüicio divinal!
Cuando más ardía el fuego
Echaste agua.[41]   240
   Pues aquel gran condestable,[42]
Maestre que conocimos
Tan privado,[43]
No cumple que de él se hable,

---

28. happened to, became of
29. Juan II of Castilla (1406–54), whose reign
    was noted for its luxury.
30. Cousins of Juan II, who fought against him.
31. clever ideas
32. anything but
33. François Villon, a French contemporary of
    Jorge Manrique, uses this same thought in
    his famous *Ballad of the Ladies of Bygone
    Days*. Each stanza asks where are several of
    the beauties who are now dead, and ends
    with the refrain, 'But where are the snows
    of yesteryear?'
34. writing of poetry (cf. *trobador*)
35. studded (with jewels)
36. Enrique IV, whose reign started auspiciously,
    but who was supplanted by his brother.
    Jorge Manrique fought in the civil wars

as a partisan of the brother, Alfonso. The
young pretender was killed by poison after
one year of rule.
37. well-wrought
38. a gold coin, made by Enrique IV
39. Common in old Spanish for an infinitive
    plus a pronoun beginning with 'l'.
40. See n. 36.
41. *Cuando . . . agua,* When things were going
    best for him, you (divine judgment) brought
    it all to an end.
42. Don Álvaro de Luna, Condestable de
    Castilla, Maestre de Santiago, and favorite
    of the king Juan II. His estates were larger
    than those of the king himself. Nonetheless,
    the king, at the instigation of the con-
    destable's enemies, had him beheaded.
43. *tan privado,* so great a favorite

Sino sólo que le vimos 245
Degollado.
Sus infinitos tesoros,
Sus villas y sus lugares,
Su mandar,
¿Qué le fueron sino lloros? 250
¿Qué fueron sino pesares
Al dejar?
   Pues los otros dos hermanos, 44
Maestres tan prosperados
Como reyes, 255
Que a los grandes y medianos
Trajeron tan sojuzgados
A sus leyes;
Aquella prosperidad
Que tan alta fue subida 260
Y ensalzada,
¿Qué fue sino claridad
Que cuando más encendida
Fue amatada?
   Tantos duques excelentes, 265
Tantos marqueses y condes
Y barones
Como vimos tan potentes,
Di, Muerte, ¿dó los escondes
Y los pones? 270
¿Y sus muy claras hazañas
Que hicieron en las guerras
Y en las paces?
Cuando tú, cruel, te ensañas,
Con tu fuerza los atierras 275
Y deshaces.
   Las huestes innumerables,
Los pendones y estandartes
Y banderas,
Los castillos impugnables, 280
Los muros y baluartes
Y barreras,
La cava honda45 chapada46
O cualquier otro reparo47
¿Qué aprovecha? 285

Cuando tú vienes airada,
Todo lo pasas de claro48
Con tu flecha.
   Aquél de buenos abrigo,
Amado por virtuoso 290
De la gente,
El maestre49 Don Rodrigo
Manrique,50 tan famoso
Y tan valiente,
Sus grandes hechos y claros 295
No cumple que los alabe,
Pues los vieron,
Ni los quiero hacer caros,51
Pues el mundo todo sabe
Cuáles fueron. 300
   ¡Qué amigo de sus amigos!
¡Qué señor para criados
Y parientes!
¡Qué enemigo de enemigos!
¡Qué maestre de esforzados 305
Y valientes!
¡Qué seso para discretos!
¡Qué gracia para donosos!
¡Qué razón!
¡Cuán benigno a los sujetos, 310
Y a los bravos y dañosos
Un león!
   En ventura, Octaviano;52
Julio César en vencer
Y batallar; 315
En la virtud, Africano;
Aníbal en el saber
Y trabajar:
En la bondad, un Trajano;
Tito en liberalidad 320
Con alegría;
En su brazo, un Archidano;
Marco Tulio en la verdad
Que prometía.
   Antonio Pío en clemencia; 325
Marco Aurelio en igualdad

---

44. The Pacheco brothers, intriguing nobles who led the civil wars against **Enrique IV.**
45. *cava honda,* dungeon
46. studded (with nails); lined with sheet iron
47. hiding place
48. *pasar de claro,* to pass through

49. Grand Master of the military order of Santiago
50. Jorge Manrique finally comes to the specific aim of his poem—his father's death.
51. *hacer caros,* to laud, praise
52. Jorge now compares his father to a series of great men of the past, mostly Romans.

Del semblante:
Adriano en elocuencia;
Teodosio en humanidad
Y buen talante: 330
Aurelio Alexandre fue
En disciplina y rigor
De la guerra;
Un Constantino en la fe;
Camilo en el gran amor   335
De su tierra.
   No dejó grandes tesoros,
Ni alcanzó muchas riquezas
Ni vajillas,
Mas hizo guerra a los moros,   340
Ganando sus fortalezas
Y sus villas;
Y en las lides que venció,
Caballeros y caballos
Se prendieron,   345
Y en este oficio ganó
Las rentas y los vasallos
Que le dieron.
   Pues por su honra y estado
En otros tiempos pasados   350
¿Cómo se hubo?[53]
Quedando desamparado,
Con hermanos y criados
Se sostuvo.
Después que hechos famosos   355
Hizo en esta dicha guerra,
¿Qué hacía?
Hizo tratos tan honrosos,
Que le dieron muy más[54] tierra
Que tenía.   360
   Estas sus viejas historias
Que con su brazo pintó
En la juventud,
Con otras nuevas victorias
Agora las renovó   365
En la senectud.

Por su gran habilidad,
Por méritos y ancianía
Bien gastada
Alcanzó la dignidad   370
De la gran caballería
De la Espada.[55]
   Y sus villas y sus tierras
Ocupadas de tiranos
Las halló,   375
Mas por cercos y por guerras
Y por fuerzas de sus manos
Las cobró.
Pues nuestro rey natural[56]
Si de las obras que obró   380
Fue servido,
Dígalo el de Portugal,[57]
Y en Castilla quien siguió
Su partido.
   Después de puesta la vida   385
Tantas veces por su ley[58]
Al tablero;[59]
Después de tan bien servida
La corona de su rey
Verdadero;   390
Después de tanta hazaña
A que no puede bastar
Cuenta[60] cierta,
En la su villa de Ocaña[61]
Vino la Muerte a llamar   395
A su puerta.
   (Habla la Muerte)
   Diciendo: «Buen caballero,
Dejad el mundo engañoso
Y su halago;
Muestre su esfuerzo famoso   400
Vuestro corazón de acero
En este trago;[62]
Y pues de vida y salud
Hiciste tan poca cuenta
Por la fama,   405

---

53. *¿Cómo se hubo?*, How did he bear himself?
54. Modern Spanish, *mucho más*
55. cf. n. 49.
56. lawful
57. Rodrigo's lands were occupied by the King of Portugal, when the latter was attacking Castilla. Rodrigo aided both his king and himself by driving out the invader.

58. religion
59. gaming table
60. *bastar cuenta*, of which one cannot keep account
61. A town near Madrid, to the southeast.
62. draught (of death)

Esfuércese la virtud[63]
Para sufrir esta afrenta
Que os llama.
   «No se os haga tan amarga
La batalla temerosa   410
Que esperáis,
Pues otra vida más larga
De fama tan glorïosa
Acá dejáis:
Aunque esta vida de honor   415
Tampoco no es eternal
Ni verdadera,
Mas con todo es muy mejor
Que la otra temporal
Perecedera.   420
   «El vivir que es perdurable
No se gana con estados
Mundanales,
Ni con vida deleitable
En que moran los pecados   425
Infernales;
Mas los buenos religiosos
Gánanlo con oraciones
Y con lloros;
Los caballeros famosos   430
Con trabajos y afliciones
Contra moros.
   «Y pues vos, claro varón,
Tanta sangre derramasteis
De paganos,   435
Esperad el galardón
Que en este mundo ganasteis
Por las manos;
Y con esta confianza
Y con la fe tan entera   440
Que tenéis,
Partid con buena esperanza
Que esta otra vida tercera
Ganaréis.»

(Responde el Maestre)
   «No gastemos tiempo ya   445
En esta vida mezquina
Por tal modo,
Que mi voluntad está
Conforme con la divina
Para todo;   450
Y consiento en mi morir
Con voluntad placentera,
Clara, pura,
Que querer hombre vivir
Cuando Dios quiere que muera,   455
Es locura.»

(Oración)
   «Tú que por nuestra maldad
Tomaste forma civil[64]
Y bajo nombre;
Tú que en tu divinidad   460
Juntaste[65] cosa tan vil
Como el hombre;[66]
Tú que tan grandes tormentos
Sufriste sin resistencia
En tu persona,   465
No por mis merecimientos,
Mas por tu sola clemencia
Me perdona.[67]»

(Cabo)
   Así con tal entender,
Todos sentidos humanos   470
Conservados,
Cercado de su mujer,
De hijos y de hermanos
Y criados,
Dio el alma a quien se la dio,   475
(El cual la ponga en el cielo
Y en su gloria),
Y aunque la vida murió,
Nos dejó harto consuelo
Su memoria.   480

63. manly virtue
64. human
65. *juntar en,* here, to join to

66. human form (God chose to become man
    for our salvation)
67. Modern, *perdóname* (imperative)

The Background of the Spanish Renaissance and *Siglo de oro*

The Renaissance (meaning 'rebirth,' particularly of literature) and the *Siglo de oro* cannot very well be separated in Spain. The term *Siglo de oro* has traditionally referred to the period when the greatest Spanish literature was written (1492–1681). The word *siglo* must not be taken literally, as the period covers almost two centuries. Recent critics divide the *Siglo de oro* into two sub-periods, the Renaissance, an intellectual upsurge due primarily to a new intellectual curiosity and gusto in living, and the Baroque period, an epoch in which Spaniards puzzled out a reconciliation between the new concepts and values of the Renaissance and the authoritarian spirit of their religion. The Renaissance man was intoxicated with new wine; the Baroque man tried to put the new wine into old bottles.

The dividing line between the Renaissance and the Baroque is hazy, as the former gave way gradually to the latter. We can, however, say that about 1545 the trend towards authoritarianism was well-established and the Baroque period had begun. The fullest flowering of the Baroque took place in the seventeenth century.

As early as the first half of the fifteenth century, the Marqués de Santillana had introduced into Spanish literature Italian meters and an interest in the literature of ancient Rome, two things which are characteristic of the Renaissance. In fact, all through the fifteenth century, we find hints that a change is going to take place and a new point of view towards life is to develop. Yet we cannot say that this new spirit really reaches Spain until approximately 1492.

Just as we found that the greatest difference between the Middle Ages and our own times was an emphasis on different factors in life and a stressing of different values, so the Renaissance was primarily not a period characterized by historical events but rather by a mental attitude. The greatest point is that much more importance was attached to the physical existence. In this, the Renaissance contradicted flatly the attitude of the Middle Ages. People began to feel that one should enjoy this life and that its legitimate pleasures held no harm. As one indication of this new attitude, we see that the human body, regarded as a force of evil in the Middle Ages, is now regarded with approval. We discover that in describing the perfect man of the Renaissance, Baltasar Castiglione insists on physical grace and ease in military exercises, equitation, and dancing. We note also that the human body is re-introduced into art, and the nude becomes a favorite subject of Renaissance painters.

Joy in living, however, extended into many other fields than mere physical well-being. An immense curiosity about this world provoked man's explorations of remote regions, and similar curiosity led him to new studies of the beautiful literature of Rome and Greece—the same literature which we have seen Jorge Manrique avoiding because its beauties conceal 'secret poisons.'

The primary study of the Middle Ages was 'divine' letters, the writings of the great theologians and church fathers, but now man turned to 'human' letters, those which have little to do with religion and from which we get our expression 'the humanities.' In Spain, as in all other countries, the Renaissance began with a wave of scholarship. Spain produced Antonio de Nebrija, a famous grammarian of both Latin and Spanish, whose *Gramática sobre la lengua castellana* (1492) is the first grammar of any modern language; Juan Luis Vives; and the two brothers Juan and Alfonso Valdés, all of whom were followers of the great Dutch philosopher and anticlerical critic, Erasmus. Vives, now recognized as one of the greatest philosophers and humanists of the Renaissance, became for a time a professor at Oxford. He is noted for his advocacy of education for women.

But the desire for knowledge was by no means confined to a few great scholars. The newly invented art of printing, which was introduced into Spain by German craftsmen in 1474, had put books within the reach of even poor students and had made the delight of reading accessible to all. Spain boasted free public schools, the first in any nation, and its thirty-two universities were teeming with students eager for knowledge. The registers of Salamanca show that it alone had 7,000 students a year. A new university was founded at Alcalá de Henares by the great Cardinal Cisneros, one of the most famous humanists of the whole world. Although the university buildings still stand at Alcalá, attesting to its prominence during the sixteenth century, the university itself was later moved to Madrid and became the nucleus of the present *Universidad Central.*

In respect to letters and social customs, the influence of Italy was a factor as potent as that of antiquity. The Renaissance developed first in Italy, during the fourteenth century. Since Spain had come to own the southern part of Italy (called the Kingdom of the Two Sicilies, with Naples as its capital) and the Duchy of Milan in the north, a constant stream of Spaniards went to Italy to partake in wars and in the administration of the Spanish territories. Almost all the important literary men, from the beginning of the Renaissance down through the Golden Age, spent some time in Italy, and most of them praised the ease and grace of Italian life.

It becomes evident, then, that the love of knowledge and the great curiosity which men now felt towards this world were only a part of their larger concept of enjoying to the utmost the good things of the world. Perhaps no better expression of their attitude can be found than the exclamation of Ulrich von Hutten: *'O saeculum, o literae! Juvat vivere!'* (Oh this secular life! Oh literature! It's a delight to be alive!).

But we must not believe that the spirit of the Renaissance went unopposed in Spain. In fact, at the same time the Renaissance developed, a countercurrent was also swelling to oppose it—the counter-reform, or Catholic reaction. To understand fully this reaction, we must first realize that the only binding force within the realms of Spain, which had now been united as one nation by the marriage of Fernando and Isabel, was Catholicism. But each region of Spain, even during the high period of Spain's history, was considered as a separate kingdom and governed as an entirely separate entity. All of these regions, however, had the same desire to see their religion triumphant throughout the world. Religion and nationality, as much as the latter concept existed, were one and only one idea. Therefore, the Spaniards as a people resented the Protestant revolts in the Netherlands as treachery to the state as well as rebellion against religion. A series of events, beginning with the establishment of the Inquisition (1481) and ending with the expulsion of the Moriscos (1609–14) shows the constant efforts of the Spanish nation to rid itself of unhomogeneous elements which were felt to be inimical to the religious and national unity of the nation, as well as to the program of upholding Catholicism throughout Europe. The Inquisition was planned to maintain the faith of the many newly converted Jews and Moors and to deal with Christians who, led on by the new spirit of investigation and curiosity about things of this world, permitted their minds to question the authority of the church or adopted beliefs contrary to its teachings. Those peoples who were not Christians were dealt with in different ways. The Jews were expelled in 1492, although a goodly number of them became converts in order to remain in Spain; and the Moriscos, after having first been forcibly converted to Catholicism, were expelled from the country because of their refusal to be assimilated into the Spanish mass by giving up their distinctive dress, Arabic speech, and customs. Two other primarily Spanish efforts to combat originality in religious thought were: the Council of Trent (1545–63), dominated by Spanish theologians, in which Catholic dogma was purified and codified; and the foundation of the Jesuit order by the Spaniard Ignacio de Loyola (1534). The purpose of the Jesuit order was to combat the Protestant revolt and the individual freedom of interpretation of religion which the Renaissance sponsored.

Thus, Spain began the sixteenth century with a period of considerable freedom of thought, and gradually became more and more authoritarian until few authors dared speak out in open criticism of church or state. A purely political occurrence which paralleled this growth of authoritarianism in religion was the suppression of the *comuneros* by Carlos V. Heretofore, the *comunidades,* or Spanish cities, had had their representatives in the king's *Cortes* (parliament). Thus, Spain enjoyed, for the times, a considerable degree of democracy, which, had it grown unimpeded as in the case of the English Parliament, might have ultimately resulted in true national democratic institutions. When Carlos V refused to abide by a decision of his Cortes, the cities revolted in defense of their long-established rights, but the rebellion was put down by the monarch's forces and democracy had to give way to absolutism.

The Renaissance, as a movement of free investigation, was effectively killed in Spain. It gave way to the Baroque, which expressed the beauties of the secular world, but literature was restricted by the condition that the authors should bring no controversial issues into their writings. Thus we find that no author in Spain discusses philosophical or religious problems except from a purely orthodox point of view. There is no doubt that many of the great writers of the Golden Age resented the censorship of the Inquisition, but to protect their own lives, they were ·forced to keep their unorthodox thoughts to themselves. But we must not forget that during the same period, other countries showed a similar intolerance. Wars between Catholics and Protestants resulted in thousands of deaths in France and England; men and women were burned or hanged for unorthodox views all over the world, even in our own land.

Up to this point we have considered merely the intellectual background of the sixteenth century. We should also note that Spain during this same period rose to its greatest power both in Europe and across the seas. With the marriage (in 1469) of Fernando, King of Aragón and later of the Kingdom of the Two Sicilies, to Isabel, Queen of Castilla and later of the Spanish possessions in America, Spain took on at least the semblance of a united nation. The last Moorish kingdom in Spain was destroyed (1492). We should not forget, however, that Isabel continued to rule her own possessions while Fernando was sovereign within his realms. Their heiress, Juana, nicknamed *la Loca,* was married to a Hapsburg, Felipe *el Hermoso,* who brought the Low Countries and Burgundy to the Spanish crown. The next of the line, Carlos I of Castilla (1515–56), was elected Emperor of the Holy Roman Empire (the small states which now form Germany and Italy) under the title of Carlos V, and by his marriage to Isabel of Portugal brought both Portugal and the Portuguese dominions throughout America, Africa, India, and China into the Spanish orbit. As the ultimate result of this marriage, Portugal was united to Spain from 1580 to 1640. Spain reached its highest point of military and economic prestige at the time of the battle of Lepanto (1571), in which the Spaniards destroyed a great Turkish fleet off the coast of Greece. Spanish arms had, at this time, also been very successful in France, Italy, and the Low Countries, and Felipe II's reign (1556–98) seemed destined to surpass that of his father in glory. But the great defeat of the Spanish Armada (1588), which the king insisted on sending against England to bring that country again to Catholicism, was the turning point of Spanish power. Felipe himself, with his belief in his mission as God's vicar upon earth and his unwillingness to entrust any power to his subordinates, did much to hasten the decline of Spain. Under Felipe III and Felipe IV, the kings no longer attempted to rule, but handed over their authority to favorites. Spain met reverses in every field. The Hapsburg line itself petered out in the person of Carlos II (died 1700), a half-imbecilic and impotent ruler.

·　·　·

The spirit of the expansionist movement of Spain at the height of the empire of Felipe II is beautifully caught and expressed in the following sonnet by Hernando de Acuña (1520?–1580?).

Al rey nuestro señor

Ya se acerca, señor, o ya es llegada
la edad gloriosa en que proclama el cielo
un pastor y una grey sola en el suelo
por suerte a vuestros tiempos reservada.
Ya tan alto principio en tal jornada

5

os muestra el fin de vuestro santo celo
y anuncia al mundo, para más consuelo,
un monarca, un imperio y una espada.
   Ya el orbe de la tierra siente en parte
y espera en todo vuestra monarquía   10
conquistada por vos en justa guerra.
   Que a quien ha dado Cristo su estandarte,
Dará el segundo, más dichoso día,
en que, vencido el mar, venza la tierra.

The *Romances*

With the advent of the Renaissance, not all aspects of the Middle Ages came to a sudden end. Many of the outstanding creations of the earlier period continued to be appreciated and cultivated. Among the forms which held over, none is more charming or beautiful than the ballad or *romance* —one of the most delicate products of Spanish genius. Although the *romances* probably existed considerably before the middle of the fifteenth century when they are first mentioned by the Marqués de Santillana in depreciatory tones, they were not written down or published until the early part of the sixteenth century.

The men of the Renaissance had not only a consuming curiosity for intellectual things of the past; their attention was also drawn to the arts of the people, of which the ballad is one. In fact, we do not know who the authors of the ancient *romances* were, as all of the poems appeared anonymously, and to such an extent were the *romances* identified with the common people that they were passed down orally from father to son among the peasant class. This explains the name *romance viejo tradicional* applied to the old, orally transmitted ballads.

The very oldest ballads we have are almost all on the same subjects as the Spanish epic poems and, in meter, bear a close resemblance to these earlier works. Their authors used the 16-syllable assonant line. These striking similarities, plus the fact that most of the oldest *romances* begin and end very abruptly, preserving only a short fragment (20 to 30 lines) of what seems to have been a longer poem, have led scholars to believe that they are in reality passages from older poems. When the *juglares* were reciting the adventures of the epic heroes in the market places, the populace must have called for the repetition of certain favorite passages. These bits stuck in the memory of some of the people and thus passed into oral tradition. It is curious to see that even in America and among the Spanish-speaking Jews of the Balkan countries, exiled from Spain in 1492, these *romances* are still recited.

The type of *romance* we have just described can be called a *romance épico,* but other varieties soon developed. The *juglares* sometimes summarized the complete story of a longer epic poem in a work of some 100 to 300 lines. These poems frequently have the heroes of the French epic legends as their subject, and are generally less rough and warlike in tone. We call these summaries *romances juglarescos.*

Many other types of *romances* can be distinguished, but we shall content ourselves with naming two more, perhaps the most charming of all the types. In the fifteenth century the wars against the Moorish Kingdom of Granada brought the Spanish poets in contact with its picturesque and luxurious civilization. Against this background the Spanish poets depicted the brave deeds of the heroes of both sides as well as their chivalrous deportment and their love adventures. In fact, the knights of this type of ballad are generally more wrapped up in love and gallantry than they are in military conquest. The spirit of this type of ballad is not unlike the poetry written at the court of Juan II, which we have already described (see p. 36). We know this type of ballad as the *romance fronterizo,* or frontier ballad.

Finally, we have ballads which have nothing to do with feats of arms and which show no trace of epic origin. These works generally take as their subject some theme of folk-song. Although they are not often segregated into an individual class, we have chosen to call them *romances líricos.*

All these types of *romances* had been developed before the beginning of the sixteenth century and had been passed down by word of mouth. But after the ballads were collected and printed in books known as *romanceros,* about the middle of the sixteenth century, the poets of the time began to imitate the old ballad in much the same way that Walter Scott, for example, wrote ballads in imitation of the traditional ballads of Scotland. Almost all the famous poets from then to the present time have used the ballad form in some of their compositions, often reworking the same materials found in the traditional *romances.*

Only Spain and England produced ballads in any great number. Those of Spain have fascinated poets and literary men of all nations and have frequently been imitated by French and English authors. Their freshness, delicacy, and charm please as much today as they did four centuries ago.

ROMANCES ÉPICOS

I. *Romance del conde Fernán González*

—Buen conde Fernán González,—el rey envía por vos,
que vayades[1] a las cortes—que se hacían[2] en León;
que si vos allá vais, conde,—daros han[3] buen galardón;
daros ha a Palenzuela—y a Palencia la mayor;
daros ha las nueve villas,—con ellas a Carrión;   5
daros ha a Torquemada,—la torre de Mormojón.
Buen conde, si allá no ides,—daros hían[4] por traidor.
Allí respondiera el conde—y dijera esta razón:
—Mensajero eres, amigo,—no mereces culpa, no;[5]
que yo no he miedo al rey,—ni a cuantos con él son.[6]   10
Villas y castillos tengo,—todos a mi mandar son,
de ellos[7] me dejó mi padre,—de ellos me ganara yo:
los que me dejó mi padre—poblélos de ricos-hombres,
las que yo me hube ganado—poblélas de labradores;
quien no tenía más de un buey,—dábale otro, que eran dos;   15
al que casaba su hija—dóle[8] yo muy rico don:
cada día que amanece,—por mí hacen oración;
no la hacían por el rey,—que no la merece, non;[9]
él les puso muchos pechos,[10]—y quitáraselos yo.

II. *Los infantes de Lara*

A cazar[11] va don Rodrigo,—y aun don Rodrigo de Lara;[12]
con la gran siesta[13] que hace—arrimádose ha a una haya,
maldiciendo a Mudarrillo,[14]—hijo de la renegada,[15]
que si a las manos le hubiese,—que le sacaría el alma.
El señor estando en esto—[16] Mudarrillo que asomaba: 5
—Dios te salve, caballero,—debajo la verdẹ haya.
—Así haga a ti, escudero,—buena sea tu llegada.

1. Modern Spanish, *vaydís* (used as singular for polite form of address). We have retained the old spelling in all the *romances*.
2. Notice that the tenses are used indiscriminately in the *romances*.
3. *os darán*
4. *os darían;* translate, they will consider you
5. A line often appearing in the old ballads. The Count would like to vent his wrath at receiving the vexatious news by striking the messenger, but restrains his natural impulse.
6. Modern Spanish, *están*
7. *de ellos,* some of them
8. *le doy*
9. Modern Spanish, *no*
10. tax
11. A common conventional way of beginning old ballads.
12. The treacherous uncle of the seven Infantes, who betrayed them to the Moors (see p. 15).
13. heat
14. The half-brother of the seven Infantes.
15. Moorish woman. Mudarra was the son of Gonzalo Gustos and a Moorish princess, who had been his jailor when he was a captive in Córdoba.
16. Supply, behold.

—Dígasme tú, el caballero,—¿cómo era la tu gracia?[17]
—A mí dicen don Rodrigo,—y aun don Rodrigo de Lara,
cuñado de Gonzalo Gustos,[18]—hermano de doña Sancha;[19]   10
por sobrinos me los hube—los siete infantes de Salas.[20]
Espero aquí a Mudarrillo,—hijo de la renegada;
si delante lo tuviese,—yo le sacaría el alma.
—Si a ti dicen don Rodrigo,—y aun don Rodrigo de Lara,
a mí Mudarra González,—hijo de la renegada,   15
de Gonzalo Gustos hijo,—y alnado[21] de doña Sancha:
por hermanos me los hube—los siete infantes de Salas:
tú los vendiste, traidor,—en el val de Arabiana;
mas si Dios a mí me ayuda,—aquí dejarás el alma.
—Espéresme, don Gonzalo,—iré a tomar las mis armas.   20
—El espera[22] que tú diste—a los infantes de Lara:
aquí morirás, traidor,—enemigo de doña Sancha.—

ROMANCES FRONTERIZOS

III. *Abenámar*

—¡Abenámar, Abenámar,—moro de la morería,
el día que tú naciste—grandes señales había!
Estaba la mar en calma,—la luna estaba crecida:
moro que en tal signo nace,—no debe decir mentira—.
Allí respondiera el moro,—bien oiréis lo que decía: 5
—Yo te la diré, señor,—aunque me cueste la vida,
porque soy hijo de un moro—y una cristiana cautiva;
siendo yo niño y muchacho—mi madre me lo decía:
que mentira no dijese,—que era grande villanía:
por tanto, pregunta, rey,—que la verdad te diría.   10
—Yo te agradezco, Abenámar,—aquesa tu cortesía.
¿Qué castillos son aquéllos?—¡Altos son y relucían!
—El Alhambra era, señor,—y la otra la mezquita;
los otros los Alixares,—labrados a maravilla.
El moro que los labraba—cien doblas[23] ganaba al día,   15
y el día que no los labra—otras tantas se perdía.
El otro es Generalife,—huerta que par no tenía;
el otro Torres Bermejas,—castillo de gran valía—.
Allí habló el rey don Juan,[24]—bien oiréis lo que decía:

17. name
18. Father of the seven Infantes and their half-brother, Mudarra.
19. The Infantes' mother.
20. The Infantes were also known by this name, as they were from the town of Salas de Lara.
21. stepson
22. respite
23. doubloon
24. Juan II carried his raids into Moorish territory as far as the very gates of Granada in 1431. This *romance* must refer to that time.

—Si tú quisieses, Granada,—contigo me casaría;[25]   20
daréte en arras y dote—a Córdoba y a Sevilla.
—Casada soy, rey don Juan,—casada soy, que no viuda;
el moro que a mí me tiene,—muy grande bien me quería.

IV. *Romance que dice: yo me era mora Morayma*

Yo me era mora Morayma,—morilla de un bel catar:[26]
cristiano vino a mi puerta,—cuitada,[27] por me engañar.
Háblome en algarabía—como aquel que la bien sabe:
—Ábrasme las puertas, mora,—si Alá te guarde de mal.
—¿Cómo te abriré, mezquina,[28]—que no sé quién te serás?   5
—Yo soy el moro Mazote,—hermano de la tu madre
que un cristiano dejo muerto;—tras mí venía el alcalde.
Si no me abres tú, mi vida,—aquí me verás matar.—
Cuando esto oí, cuitada,—comencéme a levantar,
vistiérame una almejía[29]—no hallando mi brial,   10
fuérame para la puerta—y abríla de par en par.[30]

ROMANCES LÍRICOS

V. *Romance de la infantina*

A cazar va el caballero,—a cazar como solía;
los perros lleva cansados,—el falcón perdido había,
arrimárase a un roble,—alto es a maravilla.
En una rama más alta,—viera estar una infantina;
cabellos de su cabeza—todo el roble cobrían.   5
—No te espantes, caballero,—ni tengas tamaña grima.[31]
Fija[32] soy yo del buen rey—y de la reina de Castilla:
siete fadas me fadaron,[33]—en brazos de una ama mía,
que andase los siete años—sola en esta montiña.
Hoy se cumplían los siete años,—o mañana en aquel día:[34]   10
por Dios te ruego, caballero,—llévesme en tu compañía,
si quisieres por mujer,—si no, sea por amiga.
—Esperéisme vos, señora,—fasta[35] mañana, aquel día,
iré yo tomar consejo—de una madre que tenía.—
La niña le respondiera—y estas palabras decía: 15
—¡Oh mal haya[36] el caballero—que sola deja la niña!

25. The king offers to marry the city, an Oriental figurative way of saying he would like to possess it. The fact that the city refuses his offer indicates a certain sympathy for the Moorish cause. We believe that some of the *romances fronterizos* were written by Christians enrolled in the armies of Granada, of whom there were a considerable number.
26. appearance
27. woe is me
28. wretched me
29. cloak
30. *de par en par*, wide
31. astonishment
32. Modern Spanish, *hija*
33. Modern Spanish, *hadas me hadaron*
34. *en aquel día*, at the latest
35. Initial 'h' in modern Spanish
36. *mal haya*, curses upon

Él se va a tomar consejo,—y ella queda en la montiña.
Aconsejóle su madre—que la tomase por amiga.
Cuando volvió el caballero—no la hallara en la montiña:
vídola[37] que la llevaban—con muy gran caballería.　　　　20
El caballero desque la vido—en el suelo se caía:
desque en sí hubo tornado—estas palabras decía:
—Caballero que tal pierde,—muy gran pena merecía:
yo mesmo seré el alcalde,—yo me seré la justicia:
que le corten pies y manos—y lo arrastren por la villa.　　　　25

VI. *Romance del conde Arnaldos*

¡Quién hubiese[38] tal ventura—sobre las aguas de mar,
como hubo el conde Arnaldos—la mañana de San Juan!
Con un falcón en la mano—la caza iba cazar,
vio venir una galera—que a tierra quiere llegar.
Las velas traía de seda,—la ejercia de un cendal,[39]
marinero que la manda—diciendo viene un cantar　　　　5
que la mar facía[35] en calma,—los vientos hace amainar,[40]
los peces que andan 'nel[41] hondo—arriba los hace andar,
las aves que andan volando—en el mástel las face[35] posar.[42]
Allí fabló[35] el conde Arnaldos,—bien oiréis lo que dirá:
—Por Dios te ruego, marinero,—dígasme ora[43] ese cantar.—　　　　10
Respondióle el marinero,—tal respuesta le fue a dar:
—Yo no digo esta canción—sino a quien conmigo va.[44]

37. Modern Spanish, *la vio*
38. *Quién hubiese,* would I had
39. silk cord
40. to die down
41. *en el*
42. to alight

43. Modern Spanish, *ahora*
44. This ballad has charmed many modern poets by the very fact that it leaves off abruptly, allowing the poetic mood to continue in the reader's imagination.

Lyric Poetry of the Sixteenth Century

We already know that the Marqués de Santillana wrote sonnets in the Italian fashion and that other poets of the fifteenth century found inspiration in Latin and Italian works. This trend did not become general until the works of Juan Boscán and Garcilaso de la Vega were published (in the same volume) in 1543. By that time both of these poets were dead.

Boscán had been the tutor of the young Duque de Alba, later to become famous as a general in Flanders. While at the court of Carlos V at the time of the emperor's marriage to Isabel of Portugal (1526), Boscán met the Ambassador of Venice, Navagero. The latter suggested to him that he attempt to adapt to Spanish some of the Italian rhythms (such as the 11-syllable line) and Italian verse forms (such as the sonnet, blank verse, *octava real*[1]). Boscán did make this attempt, but his lack of true lyric feeling resulted in a formal and outward imitation of the Italians. He himself realized his shortcomings, saying that innovators 'do enough by beginning.'

It was left for Garcilaso de la Vega (1501?–36) to carry to completion the reforms begun and suggested to him by his friend Boscán. Garcilaso was an example of the perfect Renaissance gentleman: a warrior who fought for his emperor on many fields; a scholar who wrote Latin and Italian besides his native tongue; an accomplished musician, playing both the harp and violin; an intelligent and witty conversationalist, graceful and easy in his manner; a diplomat entrusted with difficult missions. He incarnated the ideal of the well-rounded man. Probably at the request of his emperor, he married (1525) one year before he met the fascinating young woman who was to dominate the rest of his life. In the suite of Isabel of Portugal was a

1. See p. 39 for an explanation of this term.

young Portuguese noblewoman, Isabel Freire, with whom the poet fell hopelessly in love. Two or three years later she married Antonio de Fonseca, nicknamed *el Gordo,* whereupon Garcilaso's despair increased. Isabel died in 1533, while Garcilaso was in exile in Naples because of having displeased the emperor. Most of Garcilaso's work was written after her death, in the next three years. In 1536 he was killed while recklessly attacking without armor a fortified tower on the Mediterranean coast of France.

The total amount of Garcilaso's production is small, ten poems of moderate length and thirty-eight sonnets. But as a master of verse, few have ever come up to Garcilaso. Perhaps this is the reason he has been called a 'poet's poet.' It seems incredible that the man who introduced a number of new verse forms, employed for the first time in Spanish, should use them with such exquisite rhythm and perfect mastery.

Although his life was a stormy one, his poetry has only one note, a gentle, melancholy yearning for his loved one. In Garcilaso's works we find no vigorous strain and no allusion to violent deeds of war. In fact, his wish was to escape from the strife of his everyday life to an imaginary, poetic region. There, amid nature, somewhat conventionalized and idealized, he imagines himself a shepherd in the sweet springtime, resting on a flowery meadow or in a cool retreat, singing gently of his love. Yet, when we look behind the conventionalized exterior of Garcilaso's poems, we discover the real emotions of a man who loved and suffered.

The reforms instigated by Boscán and Garcilaso were accepted by almost all the poets of the sixteenth century. They continued to write in the native Spanish meters, but practically all of them also adopted the new forms. One of the greatest followers of the new style was Fernando de Herrera, a priest of Sevilla, most noted for his patriotic verse. Often copying in spirit and tone the prophets of the Bible, he sings the praises of God and of God's agent, the Spanish nation, which triumphs over all misbelievers. His best-known poem is his *Canción por la victoria de Lepanto.*

A typical follower of Garcilaso was Gutierre de Cetina. His chief theme was love, which he treats in pliable, elegant verses, full of reminiscences of Italian and Latin authors. He invented the *madrigal,* a type of lyric poem, always on love, characterized by its clever twist of thought. Cetina was a soldier. His career took him to Italy, then to Mexico, where he was killed in Puebla by a jealous rival one night as he was talking to a lady at her window.

Quite a different note is struck by Fray Luis de León, a poet who was also a professor at the University of Salamanca. Although Fray Luis was taciturn and given to melancholy, his passionate, vehement temperament caused him to be involved in many of the disputes and fights of his time. The university in those days was filled with dissension. Fray Luis himself had, for example, to bring a lawsuit in order to substantiate his claim to his professor's chair. His opponent was none other than a son of Garcilaso de la Vega who had entered the church. Fray Luis made many bitter enemies and had few, but very warm, friends. Ostensibly for having translated the Song of Songs from the Latin Bible into Castilian, but more probably because of intrigues by his enemies to get him out of the way, Fray Luis was imprisoned by the Inquisition and had to wait five years to prove his innocence.

It was during his imprisonment that Fray Luis began to write, not only in verse, but also in prose. In the latter vehicle he composed *De los nombres de Cristo,* a long theological and mystical treatise on the meaning of the various names given to Christ in the Bible, such as *Prince of Peace, Son of Man, Emmanuel,* et cetera. He also wrote a handbook for wives, entitled *La perfecta casada,* in which he outlines how married women should act from what the Bible has to say on the subject.

But it is mainly as a poet that Fray Luis claims our attention. He attained a perfect blend of the new Renaissance spirit towards life and the Spanish mystic aspiration towards the universal, which makes him, if not the greatest, at least one of the very best poets of all Spanish literature. The number of his poems is not very large. Frequently he too, like Garcilaso, wishes to escape from the hubbub and strain of a toilsome, everyday existence. For Fray Luis, the escape is to the quiet and simplicity of country life. Here he observes the beauties of nature, each one of which turns his thoughts towards God. We see this attitude when the poet contemplates the starry heavens and his thoughts fly up to the Lord. When thus stimulated by the beauties of God's creation, Fray Luis would like to cast aside this earthly body and allow his unencumbered soul to return to the Creator.

The attitude we have just described is what we call 'mysticism'—in its purest form, a feeling of direct communication with God. Spanish literature is filled with persons who have described such experiences for us. In poetry, San Juan de la Cruz ranks high as an interpreter of mysticism, and in prose, Santa Teresa de Jesús is its greatest exponent. We shall study the works of these two saints in another chapter. Meanwhile, Fray Luis, with his love for the good things of both heaven and earth, which he expressed with supreme artistry, wins a high place in our esteem.

GARCILASO DE LA VEGA

Égloga¹ primera

Dirigida al Virrey de Nápoles

El dulce lamentar de dos pastores,
Salicio juntamente y² Nemoroso,
he de cantar, sus quejas imitando,
cuyas ovejas al cantar sabroso
estaban muy atentas, los amores³   5
de pacer olvidadas escuchando . . .
   Saliendo de las ondas encendido
rayaba⁴ de los montes el altura
el sol, cuando Salicio recostado⁵
al pie de una alta haya en la ver-   10
   dura,
por donde una agua clara con sonido
atravesaba el fresco y verde prado.
Él, con canto acordado
al rumor que sonaba
del agua que pasaba,   15
se quejaba tan dulce y blandamente
como si no estuviera de allí ausente
la que de su dolor culpa tenía;
y así como presente,⁶
razonando con ella le decía:⁷   20

SALICIO

   ¡O más dura que mármol a mis
     quejas,
y al encendido fuego en que me
     quemo,

más helada que nieve, Galatea!
Estoy muriendo y aun la vida temo:
témola con razón, pues tú me dejas,   25
que no hay sin ti el vivir para qué sea.⁸
Vergüenza he⁹ que me vea
ninguno en tal estado,
de ti desamparado;
y de mí mismo yo me corro¹⁰ agora.   30
¿De un alma te desdeñas ser señora,
donde siempre moraste, no pudiendo
de ella salir una hora?
¡Salid sin duelo,¹¹ lágrimas, corriendo! . . .
   Por ti el silencio de la selva um-
     brosa,   35
por ti la esquividad y apartamiento
del solitario monte me agradaba;
por ti la verde hierba, el fresco viento,
el blanco lirio y colorada rosa,
y dulce primavera¹² deseaba.   40
¡Ay, cuánto me engañaba!
¡Ay, cuán diferente era
y cuán de otra manera
lo que en tu falso pecho se escondía!
Bien claro con su voz me lo decía   45
la siniestra corneja, repitiendo
la desventura mía.

1. An eclogue is a poem of country life whose characters are idealized shepherds and shepherdesses.
2. together with
3. Word order: *escuchando los amores olvidadas de pacer.*
4. to graze
5. (was) reclining
6. and just as if she were present
7. Salicio's loved one has left him for another man; Nemoroso's beloved has died. These two conditions correspond to two stages of Garcilaso's own love affair with Isabel Freire—before and after her death. The poet is undoubtedly thinking of himself. By dividing his love experiences between the two shepherds, Garcilaso succeeds in giving us on the same day two of his states of mind, separated by some years.
8. *que no hay . . . sea,* for there isn't, without you, any reason for my life to exist
9. Modern Spanish, *tengo*
10. *correrse,* to be ashamed
11. *sin duelo;* translate, without check
12. Notice the adjectives applied to this series of nouns, showing the conventionality of Garcilaso's Nature. Then listen to the delicate rhythm of these same lines.

¡Salid sin duelo, lágrimas, corriendo! . . .
   Tu dulce habla ¿en cuya oreja
   suena?
Tus claros ojos ¿a quién los volviste? 50
¿Por quién tan sin respeto me trocaste?
tu quebrantada fe ¿dó la pusiste?
¿Cuál es el cuello que como en cadena
de tus hermosos brazos añudaste?
No hay corazón que baste, 55
aunque fuese de piedra,
viendo mi amada yedra[13]
de mí arrancada, en otro muro asida,
y mi parra en otro olmo entretejida,
que no se esté[14] con llanto deshaciendo 60
hasta acabar la vida.
   ¡Salid sin duelo, lágrimas, corriendo! . . .
   Con mi llorar las piedras enternecen
su natural dureza y la quebrantan;
los árboles parece que se inclinan; 65
las aves que me escuchan cuando cantan,
con diferente voz se condolecen
y mi morir cantando me adivinan;[15]
las fieras que reclinan
su cuerpo fatigado 70
dejan el sosegado
sueño por escuchar mi llanto triste:
tú sola contra mí te endureciste,
los ojos aun siquiera no volviendo
a lo que tú hiciste. 75
   ¡Salid sin duelo, lágrimas, corriendo! . . .

NEMOROSO

   Corrientes aguas puras, cristalinas,
árboles que os estáis mirando en ellas,

verde prado de fresca sombra lleno,
aves que aquí sembráis vuestras que-
   rellas,[16] 80
yedra que por los árboles caminas,
torciendo el paso por su verde seno:
yo me vi tan ajeno[17]
del grave mal que siento
que de puro contento 85
con vuestra soledad me recreaba,
donde con dulce sueño reposaba
o con el pensamiento discurría,
por donde no hallaba
sino memorias llenas de alegría. 90
   Y en este triste valle, donde agora
me entristezco y me canso en el reposo,
estuve ya contento y descansado:
¡O bien caduco, vano y presuroso![18]
Acuérdome, durmiendo aquí algún
   hora, 95
que despertando, a Elisa vi a mi lado:
¡O miserable hado!
¡O tela[19] delicada,
antes de tiempo dada
a los agudos filos[20] de la muerte! 100
Más convenible suerte
a los cansados años de mi vida,
que es más que el hierro fuerte,
pues que no la ha quebrantado tu partida.
   ¿Dó están agora aquellos claros
   ojos 105
que llevaban tras sí como colgada
mi alma doquier que ellos se volvían?
¿Dó está la blanca mano delicada,
llena de vencimiento[21] y despojos[22]
que de mí mis sentidos le ofrecían? 110
Los cabellos que vían[23]
con gran desprecio al oro
como a menor tesoro

---

13. ivy, symbolical of the loved woman; cf. 'clinging vine'
14. Subject, *corazón*, five lines above
15. Here, to predict. Note that Garcilaso is alluding to Orpheus, who could enchant all nature with his music.
16. complaints; i.e. love songs
17. free from
18. *¡O bien . . . presuroso!* **Oh fragile, evanescent, and fleeting happiness!**

19. web (of life)
20. edge of a cutting instrument; here referring to the scissors with which one of the Fates cuts the thread of human existence
21. power (to conquer men's hearts)
22. spoils, booty; figuratively, trophies of love
23. Poetic license for *veían*

¿adónde están? ¿Adónde el blanco pe-
    cho[24]
de la columna[25] que el dorado
    techo[26]   115
con presunción graciosa sostenía?
Aquesto todo agora ya se encierra
por desventura mía
en la fría, desierta y dura tierra.[27]
    ¿Quién me dijera, Elisa, vida mía,   120
cuando en aqueste valle al fresco viento
andábamos cogiendo tiernas flores,
que había de ver con largo aparta-
    miento[28]
venir el triste y solitario día
que diese amargo fin a mis amores?
El cielo en mis dolores
cargó la mano tanto[29]
que a sempiterno llanto
y a triste soledad me ha condenado:
y lo que siento más es verme atado   130
a la pesada vida y enojosa,
solo, desamparado,
ciego, sin lumbre en cárcel tene-
    brosa . . .
    Como al partir del sol la sombra
    crece,
y en cayendo su rayo[30] se levanta   135
la negra oscuridad que el mundo
    cubre,
de do viene el temor que nos espanta
y la medrosa forma en que se ofrece
aquella[31] que la noche nos encubre,
hasta que el sol descubre   140
su luz pura y hermosa,
tal es la tenebrosa

noche de tu partir en que he quedado,
de sombra y de temor atormentado,
hasta que muerte el tiempo deter-
    mine   145
que a ver el deseado
sol de tu clara vista me encamine . . .[32]
    Divina Elisa, pues agora el cielo
con inmortales pies pisas y mides
y   su   mudanza[33]   ves,   estando
    queda,[34]   150
¿por qué de mí te olvidas y no pides
que se apresure el tiempo en que este
    velo
rompa del cuerpo[35] y verme libre
    pueda,
y en la tercera rueda[36]
contigo mano a mano   155
busquemos otro llano,
busquemos otros montes y otros ríos,
otros valles floridos y sombríos,
donde descansar y siempre pueda verte
ante los ojos míos,   160
sin miedo y sobresalto de perderte?
    Nunca pusieran[37] fin al triste lloro
los pastores, ni fueran acabadas
las canciones que sólo el monte oía
si mirando las nubes coloradas,   165
al tramontar del sol bordadas de
    oro,
no vieran que era ya pasado el día:
la sombra se veía
venir corriendo apriesa
ya por la falda espesa   170
del altísimo monte, y recordando

24. throat
25. i.e. the neck
26. golden roof; figure of speech for *hair*
27. ll. 118 and 119, with their hard alliterations
    and slow rhythm, are a marvelous example
    of the poet's ability to make the very
    sound of his verse correspond to his mood.
    See how this rhythm contrasts with those
    which describe Elisa's beauty (ll. 105 ff.).
28. separation (by death)
29. *cargó la mano tanto*, loaded its hand so
    much; that is, was so prodigal
30. *y en cayendo su rayo*, and as its rays lower
31. Refers to *oscuridad*
32. *hasta que muerte . . . encamine*; read,
    hasta que la muerte determine el tiempo

(modern Spanish, *la hora*) *que me encamine
a ver el deseado sol de tu clara vista.*
33. the movement (of the stars, etc.)
34. still. The Empyrean, or outermost heaven
    of the Ptolemaic astronomers, had no mo-
    tion. It is in this sphere that Elisa is.
35. *velo del cuerpo,* veil of the body; encum-
    bering flesh
36. the third sphere; that is, the sphere of
    Venus, goddess of love; hence, the heaven
    of lovers. Garcilaso's yearning for an ideal
    love in heaven is what we call 'neo-
    Platonism,' a Renaissance philosophy which
    tried to lift love to a spiritual, idealistic
    plane.
37. would (have) put an end

ambos como de sueño y, acabando
el fugitivo sol de luz escaso,

su ganado llevando,[38]
se fueron recogiendo paso a paso.   175

Soneto X

¡O dulces prendas,[39] por mi mal halladas,
dulces y alegres cuando Dios quería![40]
Juntas estáis en la memoria mía,
y con ella[41] en mi muerte conjuradas.

¿Quién me dijera,[42] cuando las pasadas   5
horas, que en tanto bien por vos me vía,[43]

que me habíades[44] de ser en algún día
con tan grave dolor representadas?[45]

Pues en una hora junto me llevastes[46]
todo el bien que por términos[47] me distes,   10
llevadme junto el mal que me dejastes.

Si no, sospecharé que me pusistes
en tantos bienes, porque deseastes
verme morir entre memorias tristes.

38. to drive
39. treasures. Garcilaso had locks of hair belonging to the dead Isabel Freire, to which he refers here.
40. *cuando Dios quería*, when (as long as) God willed it
41. Antecedent, *memoria*. When he looks at the hair, memories of Isabel plunge him into a mortal sadness.
42. *Quién me dijera*, Who would have told me
43. *veía*
44. Modern Spanish, *habíais*
45. seen, beheld
46. The next five rhymes are old verb forms for *llevasteis*, etc.
47. in small portions, instalments

FERNANDO DE HERRERA

Canción por la victoria de Lepanto

Cantemos al Señor, que en la llanura[1]
Venció del ancho mar al Trace[2] fiero;
Tú, Dios de las batallas, Tú eres diestra,
Salud y gloria nuestra.
Tú rompiste las fuerzas y la dura   5
Frente de Faraón,[3] feroz guerrero;
Sus escogidos príncipes cubrieron
Los abismos del mar y descendieron,
Cual piedra, en el profundo, y tu ira luego
Los tragó, como arista seca el fuego.   10

. . .

Cual león a la presa apercibido,[4]
Sin recelo los impíos esperaban

A los que Tú, Señor, eras escudo;
Que el corazón desnudo
De pavor, y de fe y amor vestido,   15
Con celestial aliento confiaban.
Sus manos a la guerra compusiste,
Y sus brazos fortísimos pusiste
Como el arco acerado, y con la espada
Vibraste en su favor la diestra armada.
Turbáronse los grandes,[5] los robustos
Rindiéronse temblando y desmayaron;
Y Tú entregaste, Dios, como la rueda,[6]
Como la arista queda
Al ímpetu del viento, a estos injustos,   25
Que mil huyendo de uno se pasmaron.

1. Word order: *venció en la llanura del mar*
2. Thracian, for Turk
3. Pharaoh, indicating the Turkish sultan who also ruled Egypt
4. prepared
5. Referring to the Turks
6. whirlwind of dust

Cual fuego abrasa selvas, cuya llama
En las espesas cumbres se derrama,
Tal en tu ira y tempestad seguiste,
Y su faz de ignominia convertiste.[7]   30

· · ·

Llorad, naves del mar; que es destruida
Vuestra vana soberbia y pensamiento.
¿Quién ya tendrá de ti lástima alguna,
Tú, que sigues la luna,[8]
Asia adúltera, en vicios sumergida?   35
¿Quién mostrará un liviano sentimiento?
¿Quién rogará por ti? Que a Dios en-
ciende
Tu ira y la arrogancia que te ofende,
Y tus viejos delitos y mudanza
Han vuelto contra ti a pedir venganza.   40
Los que vieron tus brazos quebran-
tados,
Y de tus pinos[9] ir el mar desnudo,

Que sus ondas turbaron y llanura,
Viendo tu muerte oscura,
Dirán, de tus estragos espantados: 45
¿Quién contra la espantosa[10] tanto pudo?
El Señor, que mostró su fuerte mano
Por la fe de su príncipe cristiano[11]
Y por el nombre santo de su gloria,
A su España concede esta victoria.   50
Bendita, Señor, sea tu grandeza;
Que después de los daños padecidos,
Después de nuestras culpas y castigo,
Rompiste al enemigo
De la antigua soberbia la dureza.   55
Adórente, Señor, tus escogidos,[12]
Confiese cuanto cerca el ancho cielo
Tu nombre ¡oh nuestro Dios, nuestro
consuelo!
Y la cerviz rebelde, condenada,
Perezca en bravas llamas abrasada.   60

7. See Psalms 83. 13–16: 'O my God, make them like the whirling dust; as stubble before the wind. As the fire that burneth the forest, And as the flame that setteth the mountains on fire; So pursue them with thy tempest, And terrify them with thy storm. Fill their faces with confusion, That they may seek thy name, O Lord.'
8. the crescent moon, sign of Mohammedanism
9. ships
10. Supply, Asia.
11. Felipe II
12. The Spaniards

GUTIERRE DE CETINA

Madrigal

Ojos claros, serenos,
Si de un dulce mirar sois alabados,
¿Por qué, si me miráis, miráis airados?
Si cuanto más piadosos,[1]

Más bellos parecéis a aquel que os mira,
¿Por qué a mí solo me miráis con ira?
Ojos claros, serenos,
Ya que así me miráis, ¡miradme al
menos!

1. filled with pity; translate, *si cuanto más piadosos, más bellos parecéis,* if the more pity you show, the more beautiful you appear

FRAY LUIS DE LEÓN

La vida del campo

¡Qué descansada vida
La del que huye el mundanal ruido,
Y sigue la escondida
Senda por donde han ido
Los pocos sabios que en el mundo han
     sido!   5
  Que no le enturbia el pecho
De los soberbios grandes el estado,
Ni del dorado techo
Se admira, fabricado
Del sabio moro, en jaspes sustentado. 10
  No cura si la fama
Canta con voz su nombre pregonera,[1]
Ni cura si encarama
La lengua lisonjera
Lo que condena la verdad sincera. 15
  ¿Qué presta a mi[2] contento,
Si soy del vano dedo señalado,
Si en busca de este viento[3]
Ando desalentado
Con ansias vivas, con mortal cuidado? 20
  ¡Oh monte, oh fuente, oh río,
Oh secreto seguro,[4] deleitoso!
Roto casi el navío,[5]
A vuestro almo reposo
Huyo de aqueste mar tempestuoso. 25
  Un no rompido sueño,
Un día puro, alegre, libre quiero;
No quiero ver el ceño
Vanamente severo
De a quien[6] la sangre ensalza o el dinero. 30
  Despiértenme las aves
Con su cantar sabroso no aprendido,

No los cuidados graves
De que es siempre seguido
El que al ajeno arbitrio está atenido. 35
  Vivir quiero conmigo,
Gozar quiero del bien que debo al cielo,
A solas, sin testigo,
Libre de amor, de celo,
De odio, de esperanzas, de recelo. 40
  Del monte en la ladera
Por mi mano plantado tengo un huerto,
Que con la primavera,
De bella flor cubierto,
Ya muestra en esperanza el fruto cierto. 45
  Y como codiciosa
Por ver y acrecentar su hermosura,
Desde la cumbre airosa
Una fontana pura
Hasta llegar corriendo se apresura; 50
  Y luego, sosegada,
El paso entre los árboles torciendo,
El suelo de pasada
De verdura vistiendo,
Y con diversas flores va esparciendo.[7] 55
  El aire el huerto orea,
Y ofrece mil olores al sentido,
Los árboles menea
Con un manso ruido,
Que del oro y del cetro pone olvido. 60
  Ténganse su tesoro
Los que de un falso leño[8] se confían;
No es mío ver el lloro
De los que desconfían
Cuando el cierzo y el ábrego porfían.[9]

---

1. Modifies *voz*
2. The poem becomes more and more specifically personal; here Fray Luis ceases to talk in impersonal terms; later (l. 41) he tells us about his own country retreat.
3. Figuratively, bauble
4. place of security, hiding-place
5. almost shipwrecked; figuratively, almost crushed by wordly care
6. *De a quien,* of the one whom

7. *con . . . esparciendo,* strewing (the soil) with variegated flowers
8. ship (full of merchandise)
9. to contend. So that his poem will not be monotonous in its uniform descriptions of soft, gentle nature, Fray Luis cleverly brings in a contrasting passage, the picture of a storm at sea. Thus, in the last lines, the country atmosphere seems even more peaceful than before.

La combatida antena
Cruje, y en ciega noche el claro día
Se torna, al cielo suena
Confusa vocería,
Y la mar enriquecen[10] a porfía.   70
   A mí una pobrecilla
Mesa, de amable paz bien abastada
Me basta; y la vajilla
De fino oro labrada
Sea de quien la mar no teme airada.   75

   Y mientras miserable-[11]
Mente se están los otros abrasando
Con sed insacïable
Del peligroso mando,
Tendido yo a la sombra esté cantando;
   A la sombra tendido
De hiedra y lauro eterno coronado,
Puesto el atento oído
Al son dulce, acordado,
Del plectro[12] sabiamente meneado.   85

Noche serena

   Cuando contemplo el cielo
De innumerables luces adornado,
Y miro hacia el suelo
De noche rodeado,
En sueño y en olvido sepultado: 5
   El amor y la pena
Despiertan en mi pecho un ansia ar-
     diente,
Despiden larga vena[13]
Los ojos hechos fuente,
La lengua dice al fin con voz doliente:
   Morada de grandeza,[14]
Templo de claridad y hermosura,
El alma que a tu alteza
Nació, ¿qué desventura
La tiene en esta cárcel baja, oscura?   15
   ¿Qué mortal desatino
De la verdad aleja así el sentido,
Que de tu bien divino
Olvidado, perdido
Sigue la vana sombra, el bien fingido?   20
   El hombre está entregado
Al sueño, de su suerte no cuidando,
Y con paso callado
El cielo vueltas dando,

Las horas del vivir le va hurtando.   25
   ¡Oh! ¡despertad mortales!
¡Mirad con atención en vuestro daño!
Las almas inmortales,
Hechas a bien tamaño,[15]
¿Podrán vivir de sombras y de engaño?[16]
   ¡Ay! ¡levantad los ojos
A aquesta celestial eterna esfera!
Burlaréis los antojos
De aquesa lisonjera
Vida, con cuanto teme y cuanto espera.   35
   ¿Es más que un breve punto
El bajo y torpe suelo comparado
Con ese gran trasunto,[17]
Do vive mejorado
Lo que es, lo que será, lo que ha pasado?
   Quien mira el gran concierto
De aquestos resplandores[18] eternales,
Su movimiento cierto,
Sus pasos desiguales,
Y en proporción concorde tan iguales: 45
   La luna cómo mueve
La plateada rueda,[19] y va en pos de ella
La luz[20] do el saber llueve,
Y la graciosa estrella

10. to enrich (by throwing overboard the cargo
    to lighten the ship)
11. This division of a word is not permitted
    in modern Spanish poetry.
12. plectrum, pick (of guitar, etc.). Fray Luis
    was very fond of music.
13. stream (of tears)
14. i.e. heaven

15. *Hechas a bien tamaño,* made for such great
    good
16. ll. 21-30 remind us of what we have already
    heard from Jorge Manrique.
17. copy, likeness (of heavenly glory)
18. luminary
19. sphere
20. Mercury, the planet from which wisdom
    rains down

De amor[21] la sigue reluciente y bella;   50
   Y como otro camino
Prosigue el sanguinoso Marte airado,
Y el Júpiter benino
De bienes mil cercado
Serena el cielo con su rayo amado;   55
   Rodéase en la cumbre[22]
Saturno padre de los siglos de oro;[23]
Tras él la muchedumbre
Del reluciente coro[24]
Su luz va repartiendo y su tesoro;   60
   ¿Quién es el que esto mira,
Y precia la bajeza de la tierra,
Y no gime y suspira,
Por romper lo que encierra

El alma, y de estos bienes la destierra? 65
   Aquí[25] vive el contento
Aquí reina la paz, aquí asentado
En rico y alto asiento
Está el amor sagrado,
De glorias y deleites rodeado.   70
   Inmensa hermosura
Aquí se muestra toda, y resplandece
Clarísima luz pura,
Que jamás anochece,
Eterna primavera aquí florece.   75
   ¡O campos verdaderos![26]
¡O prados con verdad frescos y amenos!
¡Riquísimos mineros!
¡O deleitosos senos,[27]
Repuestos valles de mil bienes llenos! 80

21. Venus
22. at the greatest distance. **Fray Luis has** given the planets in the order of their distance from the earth, according to the astronomy of his time.
23. Saturn, the planet, and Saturn, the oldest of the gods, are treated as one. This was common in Fray Luis' day when astrology was accepted as a science.

24. The chorus, or multitude of fixed stars, beyond the planets
25. i.e. in heaven
26. Fray Luis' concept of heaven includes the natural beauties he loved so much on this earth.
27. vale

Décima

Al salir de la cárcel

   Aquí la envidia y mentira
me tuvieron encerrado.
Dichoso el humilde estado
del sabio que se retira
de aqueste mundo malvado,   5

y con pobre mesa y casa,
en el campo deleitoso
con sólo Dios se compasa,[1]
y a solas su vida pasa,
ni envidiado ni envidioso.   10

1. is in harmony

En la Ascensión

   ¡Y dejas, Pastor santo,
tu grey en este valle hondo, escuro,
con soledad y llanto!
Y tú rompiendo el puro
aire, ¿te vas al inmortal seguro?[1]   5
   Los antes bienhadados,[2]
y los agora tristes y afligidos,
a tus pechos criados,
de ti desposeídos,[3]

¿a dó convertirán[4] ya sus sentidos?   10
   ¿Qué mirarán los ojos
que vieron de tu rostro la hermosura,
que no les sea enojos?
Quien oyó tu dulzura,
¿qué no tendrá por[5] sordo y desventura?
   Aqueste mar turbado,
¿quién le pondrá ya freno? ¿Quién[6] concierto

1. *inmortal seguro*, eternal security
2. fortunate ones
3. dispossessed, abandoned
4. turn

5. *qué no tendrá por*, what will he not consider as
6. Supply *pondrá*

al viento fiero, airado?
Estando tú encubierto,
¿qué norte[7] guiará la nave[8] al puerto?   20
¡Ay!, nube,[9] envidïosa

aun de este breve gozo, ¿qué te aquejas?[10]
¿Dó vuelas presurosa?
¡Cuán rica tú te alejas![11]
¡Cuán pobres y cuán ciegos, ay, nos dejas!

7. polestar, guide
8. i.e. the Church
9. i.e. the cloud which raises Christ to heaven

10. *¿qué te aquejas?*, why do you hurry?
11. *¡Cuán . . . alejas!*, How rich you are as you move on!

ANONIMO[1]

Soneto: A Cristo crucificado

No me mueve, mi Dios, para quererte
El cielo que me tienes prometido,
Ni me mueve el infierno tan temido
Para dejar por eso de ofenderte.

   Tú me mueves, mi Dios; muéveme el verte   5
Clavado en esa cruz y escarnecido;
Muéveme ver tu cuerpo tan herido;
Muévenme las angustias de tu muerte;

   Muéveme, en fin, tu amor de tal manera
Que, aunque no hubiera cielo, yo te amara,   10
Y aunque no hubiera infierno, te temiera.

   No me tienes que dar por qué[2] te quiera;
Porque, si cuanto espero no esperara,
Lo mismo que te quiero te quisiera.

1. This beautiful and sincere poem has been attributed to many great authors, but no proof of its authorship has been adduced.

2. a reason why

Types of the Novel

There had been no true novel among the Greeks or Romans; the form did not exist in the Middle Ages; therefore, when the novel began to develop in the fifteenth and sixteenth centuries, it was not limited by any previous concepts of form. It is true that the short story, or tale, had flourished in the Middle Ages, and that a sort of rambling narrative of adventure, love, and supernatural incidents had also been developed then.

It was mainly from these last-mentioned elements that the novel of chivalry (*libro de caballerias*) was composed. We know that as far back as 1350 the chief representative of this form, *Amadis de Gaula,* was already in existence, but the book was not published until 1508, by which time it had been considerably modernized. The *libro de caballerias* is the story of a knight, but not such a knight as the Cid. He is romantically and hopelessly in love with his lady fair, and in order to gain her favor or overcome her disdain, he goes forth in search of all kinds of fantastic adventures. He often meets and slays giants and dragons; wizards cast their spells on him; magic fountains and love potions help or hinder him. After wandering for years, performing many deeds of derring-do, he returns to his home and is rewarded by his lady's smiles. By this time the knight errant is recognized as the illegitimate son of a king's daughter and some great hero. He is given his rightful inheritance and marries the lady of his choice.

The elements we have here described are found not only in *Amadis* but in the numerous sequels and imitations which it provoked. There is no question about the popularity of this type of novel. During the first two-thirds of the sixteenth century, new stories came off the press at the average rate of one a year, while the older romances were often reprinted. It is true that the popularity of the romance of chivalry began to decline during the last quarter of the sixteenth century. Cervantes dealt the genre its death blow by treating it humorously in *Don Quijote,* after the publication of which (1605) no new narrative of this type appeared.

Chronologically next in our discussion of the novel is *La Celestina,* whose earliest edition now preserved was published in Burgos in 1499, although scholars have deduced that it must have been written either just before or just after the taking of Granada (1492). During the sixteenth century over sixty different editions of the work were published, attesting to its great popularity. The earliest edition gives no inkling of the author. But in the editions of Toledo (1500) and Seville (1501) as well as in subsequent editions, some acrostic verses published at the beginning of the book state that Fernando de Rojas 'finished' the book, and he is also mentioned in a lawsuit (1525) as the author of *Melibea.* This evidence, although not conclusive, has lead some to believe that Rojas composed the work, which in its first edition bears no title, but which is called in other early editions either the *Comedia de Calisto y Melibea* or the *Tragicomedia de Calisto y Melibea.* Of Rojas, we know that he was a converted Jewish lawyer. From the reminiscences we find in his work of such Latin authors as Plautus and Terence, the Italian Petrarch, and the many Spaniards, especially Juan Ruiz, we know that he must have been a wide reader and thoroughly imbued with the humanistic point of view.

The dominating figure of the work is Celestina, who later gave her name to the book. This woman practices many professions, going from house to house to sell thread and cloth, manufacturing perfumes, practicing witchcraft, and acting as a go-between or arranger of love affairs. Since she gains entrée into all houses by selling materials for needlework, she can also easily gain the ear of the young women. In a diabolically clever way she works upon their feelings in order to weaken their virtue and cause them to yield to the pleas of their lovers. In fact, as a spirit of evil, she actually calls upon the devil to aid her in her machinations, and places charms upon the materials which she sells to the young ladies.

Celestina is the woman to whom Calisto, a handsome young gentleman, is forced to have recourse in order to plead his suit with Melibea. He has seen Melibea only once, when his hawk flew into her garden and he scaled the wall in order to recover it. Her virtue causes her to reject instantly his pleas of love. But, directed to Celestina by his servant, who is already involved in a love affair through her mediation, Calisto finds in her a pathway to the heart of Melibea. Celestina gradually awakens Melibea's pity. An interview is arranged between the lovers at night in Melibea's garden, but tragedy follows, for Calisto is killed when he falls from the high garden wall, and Melibea, by this time in love with him, throws herself from the tower of her house. Meantime the evil Celestina has fallen a victim to her one weakness, avarice. She had promised to share the gifts Calisto lavished upon her with his servants, and when she holds them all back for herself, the servants kill her.

In this book we have the idealistic, lofty passion of the hero and heroine opposed to the base, carnal realism of Celestina, Calisto's servants and their paramours. The work moves on two planes, and even the language of the lovers, filled with Renaissance ingenuity, is contrasted with the homely, everyday speech of the other characters.

There is something instinctive and irresistible about the passion of Calisto and Melibea. It is necessarily the first love of young lovers. So completely absorbed do they become in their passion that it becomes their entire universe and replaces for them religion and ethics. They never mention the possibility of marriage; and Calisto, when asked if he is a Christian, answers, *'Melibeo soy'* (I am a Melibean). When the work comes to an end with the accidental death of the hero and suicide of the heroine, it is difficult for us to know whether they are expiating immorality, or whether they are lifted to a higher plane, a neo-Platonic lovers' heaven, to continue their mutual adoration there.

One of the strangest facts about the *Celestina* is that the novel is written in dramatic form, all in dialogue. Obviously this long work could not be intended for acting and cannot be considered as a true drama. Rather, it lies on the borderline between the drama and the novel. It was imitated many times during the sixteenth century, and thus gave rise to a type of fiction which we may call the dramatic novel. All these imitations were inferior in artistic worth to the *Celestina,* although *La Dorotea* by Lope de Vega is still worth reading.

Certainly the *Celestina* ranks as one of the great products of Spanish literature and especially as the one which shows most clearly the spirit of the Renaissance. It is filled with a lust for life, with an exuberance of learning, with a new, *psychological* realism, and has a style alternating between the lofty, cultured speech of the noble characters and the racy, equally expressive speech of the common people.

A third type of novel, the picaresque, also developed in the sixteenth century. Its chief character was the *picaro,* a rascal or rogue who had to live by his wits. In his effort to get enough to eat, he devised many ingenious tricks and wandered over much of the surface of Spain. By serving many masters he came to know many different strata of society and saw the weaknesses of each. Thus, this type of novel, which in reality is nothing but a series of episodes loosely held together by the fact that one main character runs through them all, is a realistic picture of the worst side of the times and a vast satire on society as a whole. Although elements foreshadowing the picaresque novel appeared in Spanish literature as early as the *Libro de buen amor,* and although it is known that many yarns about such rogues existed in the folklore of the late Middle Ages, the first novel of this type was *Lazarillo de Tormes,* probably written shortly after 1539, but whose first edition dates from 1554. Although autobiographical in form, we know that the anonymous author could not have been the rogue himself, as he cites Latin authors and especially as he is deeply influenced by Erasmus, from whom he takes a particularly strong anti-clerical attitude.

Some time elapsed before the second picaresque novel appeared. In 1599 Mateo Alemán published *Guzmán de Alfarache,* much longer and a more complete picture of life, which takes the rogue not just up to manhood as in *Lazarillo,* but throughout his whole life. Many long passages of moralization are inserted by Alemán, probably to keep him from incurring the disfavor of the Inquisition on account of the fundamentally immoral nature of his hero. This work is written in a much more bitter tone than its predecessor and in a much more literary style. It also ranks as one of the masterpieces of its type.

The seventeenth century saw the publication of many picaresque novels, outstanding among which are Vicente Espinel's *Marcos de Obregón* and Quevedo's *La vida del buscón.*

The last important type of novel developed in this same period is called the *novela pastoril.* The first and greatest of this kind was *La Diana* by Jorge de Montemayor, published about 1559. Jorge de Montemayor found his inspiration in an Italian pastoral novel, the *Arcadia* of Sannazaro, which had been translated into Spanish in 1547. Like the *libro de caballerías,* the *novela pastoril* takes us away from the reality of everyday life into an idealistic, imaginary region. In this case it is one of beautiful vales, groves, and streams, where gentle shepherds and shepherdesses tend their milk-white sheep. The spirit is identical to that which we saw in Garcilaso's *Égloga.* The action is furnished by a complicated love plot, according to which, all the shepherds fall in love with the wrong shepherdesses and only after various complaints and revelations are the threads finally straightened out in the last chapter. The adventures are told in alternate prose and verse. Another convention of this form was that the author always had in mind himself and his friends and portrayed them in the guise of the shepherds. If we know the key to one of these novels, we can often learn much about the author and his circle. Throughout the *Siglo de Oro* a large number of pastoral romances was produced, none of them equaling the *Diana* in worth. It became almost a necessity for the aspiring young author to write one in order to gain recognition. Thus we find that Lope de Vega wrote *La Arcadia* and Cervantes *La Galatea.*

So we see that the novel, which had scarcely existed before the fifteenth century, developed along four distinct lines, with great representatives in each type. In each case attention centered, to a considerable degree, on the psychological understanding of human beings, which later was to be the cardinal factor in the novel. For the fully formed novel, we must wait until the *Quijote* appears in 1605.

FERNANDO DE ROJAS

Selections from *La Celestina*

Acto Primero

Argumento del primer acto de esta comedia

Entrando Calisto en una huerta en pos de un halcón suyo, halló allí a Melibea, de cuyo amor preso, comenzóle de hablar. De la cual rigorosamente despedido, fue para su casa muy angustiado. Habló con un criado suyo llamado Sempronio, el cual, después de muchas razones, le enderezó a una vieja llamada Celestina, en cuya casa tenía el mismo criado una enamorada llamada Elicia. La cual, viniendo Sempronio a casa de Celestina con el negocio de su amo, tenía a otro consigo, llamado Crito, al cual escondieron. Entre tanto que Sempronio está negociando con Celestina, Calisto está razonando con otro criado suyo, por nombre Pármeno. El cual razonamiento dura hasta que llegan Sempronio y Celestina a casa de Calisto. Pármeno fue conocido de Celestina, la cual mucho le dice de los hechos y conocimiento de su madre, induciéndole a amor y concordia de Sempronio.

PÁRMENO, CALISTO, MELIBEA, SEMPRONIO, CELESTINA, ELICIA, CRITO.

CALISTO. En esto veo, Melibea, la grandeza de Dios.

MELIBEA. ¿En qué, Calisto?

CALISTO. En dar poder a natura que de tan perfecta hermosura te dotase y ⁵ hacer a mí inmérito[1] tanta merced que verte alcanzase y en tan conveniente lugar, que mi secreto dolor manifestarte pudiese. Sin duda, incomparablemente es mayor tal galardón que

---

1. unworthy me

el servicio, sacrificio, devoción y obras pías que por este lugar alcanzar tengo yo a Dios ofrecido . . . ¿Quién vio en esta vida cuerpo glorificado de ningún hombre como agora el mío? Por cierto, los gloriosos santos que se deleitan en la visión divina no gozan más que yo ahora en el acatamiento tuyo.[2] Mas, ¡oh triste!, que en esto diferimos: que ellos puramente[3] se glorifican sin temor de caer de tal bienaventuranza y yo, mixto,[4] me alegro con recelo del esquivo tormento que tu ausencia me ha de causar.

MELIBEA. ¿Por grande premio tienes esto, Calisto?

CALISTO. Téngolo por tanto, en verdad, que, si Dios me diese en el cielo la silla sobre sus santos, no lo tendría por tanta felicidad.

MELIBEA[5]. Pues aun más igual galardón te daré yo, si perseveras.

CALISTO. ¡Oh bienaventuradas orejas mías, que indignamente tan gran palabra habéis oído!

MELIBEA. Mas desventuradas de que me acabes de oir. Porque la paga será tan fiera cual merece tu loco atrevimiento. Y el intento de tus palabras, Calisto, ha sido de ingenio de tal hombre como tú, haber de salir[6] para perderse[7] en la virtud de tal mujer como yo. ¡Vete! ¡Vete de ahí, torpe! Que no puede mi paciencia tolerar que haya subido[8] en corazón humano conmigo el ilícito amor comunicar su deleite.

CALISTO. Iré como aquél contra quien solamente la adversa fortuna pone su estudio[9] con odio cruel.

CALISTO[10] ¡Sempronio, Sempronio, Sempronio! ¿Dónde está este maldito?

SEMPRONIO. Aquí soy,[11] señor, curando de estos caballos . . . ¿Qué cosa es?

CALISTO. ¡Vete de ahí! No me hables; si no, quizá antes del tiempo de mi rabiosa muerte mis manos causarán tu arrebatado fin.

SEMPRONIO. Iré, pues solo quieres padecer tu mal.

CALISTO. ¡Ve con el diablo!

SEMPRONIO[12]. No creo, según pienso, ir conmigo el que contigo queda. ¡Oh desventura! ¡Oh súbito mal! ¿Cuál fue tan contrario acontecimiento, que así tan presto robó la alegría de este hombre, y, lo que peor es, junto con ella el seso? ¿Dejarle he[13] solo o entraré allá? Si le dejo, matarse ha; si entro allá, matarme ha. Quédese; no me curo. Más vale que muera aquél a quien es enojosa la vida, que no[14] yo, que huelgo con ella.[15] Aunque por al[16] no desease vivir sino por ver mi Elicia, me debería guardar de peligros. Pero si se mata sin otro testigo, yo quedo obligado a dar cuenta de su vida. Quiero entrar. Mas puesto[17] que entre, no quiere consolación ni consejo. Asaz es señal mortal no querer sanar. Con todo, quiérole dejar un poco desbrave[18] . . .

CALISTO. ¡Sempronio!

SEMPRONIO. ¡Señor!

CALISTRO. Dame acá el laúd.

---

2. looking at you
3. pure soul
4. composed of both body and soul
5. Speaking ironically
6. Obscure passage; translate, coming forth
7. to break against
8. Here a Latinism, to slip into
9. effort
10. Since there are no stage directions in the original, we must use the 'argument' (p. 82) and our imagination to supplant them.
11. *estoy*
12. A soliloquoy. Sempronio is standing outside the door of his master's room.
13. *Le dejaré*
14. Omit the *no* in translating.
15. *huelgo con ella,* enjoy it
16. another thing, anything else
17. *puesto que,* although, even though
18. to relieve his grief

Calisto is now at home, calling his servant.

SEMPRONIO. Señor, vesle aquí.

CALISTO.

«¿Cuál dolor puede ser tal
que se iguale con mi mal?»

SEMPRONIO. Destemplado está ese laúd.

CALISTO. ¿Cómo templará el destemplado?
¿Cómo sentirá el[19] armonía aquel que
consigo está tan discorde? ¿Aquél en
quien la voluntad a la razón no obe-
dece? ¿Quien tiene dentro del pecho
aguijones, paz, guerra, tregua, amor,
enemistad, injurias, pecados, sospechas, todo a una causa? Pero tañe y
canta la más triste canción que sepas.

SEMPRONIO.

«Mira Nero, de Tarpeya,
a Roma cómo se ardía:
gritos dan niños y viejos
y él de nada se dolía.»

CALISTO. Mayor es mi fuego y menor la
piedad de quien ahora digo.

SEMPRONIO[20]. No me engaño yo, que loco
está este mi amo.

CALISTO. ¿Qué estás murmurando, Sempronio?

SEMPRONIO. No digo nada.

CALISTO. Di lo que dices, no temas.

SEMPRONIO. Digo que ¿cómo puede ser
mayor el fuego que atormenta un vivo
que el que quemó tal ciudad y tanta
multitud de gente?

CALISTO. ¿Cómo? Yo te lo diré. Mayor es
la llama que dura ochenta años que
la que en un día pasa, y mayor la que
mata un ánima que la que quema cien
mil cuerpos. Como de la apariencia a
la existencia, como de lo vivo a lo
pintado, como de la sombra a lo real,
tanta diferencia hay del fuego que
dices al que me quema. Por cierto, si
el del purgatorio es tal, más querría
que mi espíritu fuese con los de los
brutos animales que por medio de
aquél ir a la gloria de los santos.

SEMPRONIO[21]. ¡Algo es lo que digo! ¡A
más ha de ir este hecho![22] No basta
loco, sino hereje.

CALISTO. ¿No te digo que hables alto
cuando hablares? ¿Qué dices?

SEMPRONIO. Digo que nunca Dios quiera
tal; que es especie de herejía lo que
ahora dijiste.

CALISTO. ¿Por qué?

SEMPRONIO. Porque lo que dices contra-
dice la cristiana religión.

CALISTO. ¿Qué a mí?[23]

SEMPRONIO. ¿Tú no eres cristiano?

CALISTO. ¿Yo? Melibeo[24] soy y a Melibea
adoro, y en Melibea creo y a Melibea
amo.

SEMPRONIO. Tú te lo dirás. Como Melibea
es grande, no cabe en el corazón de mi
amo, que por la boca le sale a borbo-
llones. No es más menester. Bien sé de
qué pie cojeas.[25] Yo te sanaré.

CALISTO. Increíble cosa prometes.

SEMPRONIO. Antes fácil. Que el comienzo
de la salud es conocer hombre la
dolencia del enfermo.

CALISTO. ¿Cuál consejo puede regir lo
que en sí no tiene orden ni consejo?

SEMPRONIO. ¡Ja! ¡ja! ¡ja! ¿Esto es el fuego
de Calisto? ¿Estas son sus congojas?
¡Como si solamente el amor contra él
asestara sus tiros! ¡Oh soberano Dios,
cuán altos son tus misterios! . . .
Mandaste al hombre por la mujer
dejar el padre y la madre; ahora no
sólo aquello, mas a Ti y a tu ley des-
amparan, como ahora Calisto. Del
cual no me maravillo, pues los sabios,
los santos, los profetas, por él[26] te
olvidaron.

CALISTO. ¡Sempronio!

---

19. Until recent times *el* could be used before
any word beginning with a vowel.
20. Spoken to himself; an aside
21. An aside
22. *A más . . . hecho,* This matter is going
even farther!

23. What's that to me?
24. Melibean, i.e. a worshiper of Melibea
25. *de qué pie cojeas,* on what foot you limp;
proverbial expression meaning *what is the
matter with you*
26. Referring to *amor*

SEMPRONIO. ¡Señor!

CALISTO. No me dejes.

SEMPRONIO. De otro temple está esta gaita.[27]

CALISTO. ¿Qué te parece de mi mal?

SEMPRONIO. Que amas a Melibea.

CALISTO. ¿Y no otra cosa?

SEMPRONIO. Harto mal es tener la voluntad en un solo lugar cautiva.

CALISTO. Poco sabes de firmeza.

SEMPRONIO. La perseverancia en el mal no es constancia; mas dureza o pertinacia la llaman en mi tierra. Vosotros los filósofos de Cupido llamadla como quisiereis.

CALISTO. Torpe cosa es mentir el que enseña a otro, pues que tú te precias de loar a tu amiga Elicia.

SEMPRONIO. Haz tú lo que bien digo y no lo que mal hago.

CALISTO. ¿Qué me repruebas?

SEMPRONIO. Que sometes la dignidad del hombre a la imperfección de la flaca mujer.

CALISTO. ¿Mujer? ¡Oh grosero! ¡Dios, Dios![28]

SEMPRONIO. ¿Y así lo crees? ¿O burlas?

CALISTO. ¿Que burlo? Por Dios la creo, por Dios la confieso y no creo que hay otro soberano en el cielo; aunque entre nosotros mora.

SEMPRONIO. ¡Ja! ¡ja! ¡ja! ¿Oístes[29] qué blasfemia? ¿Vistes[29] qué ceguedad?

. . .

Ponte . . . en la medida[30] de honra, piensa ser más digno de lo que te reputas. Que cierto, peor extremo es dejarse hombre caer de su merecimiento que ponerse en más alto lugar que debe.

CALISTO. Pues ¿quién yo para eso?

SEMPRONIO. ¿Quién? Lo primero eres hombre, y de claro ingenio. Y más, a quien la natura dotó de los mejores bienes que tuvo, conviene a saber: hermosura, gracia, grandeza de miembros, fuerza, ligereza. Y allende de esto, fortuna medianamente partió contigo lo suyo en tal cantidad, que los bienes que tienes de dentro con los de fuera resplandecen. Porque sin los bienes de fuera, de los cuales la fortuna es señora, a ninguno acaece en esta vida ser bienaventurado. Y más, a constelación[31] de todos eres amado.

CALISTO. Pero no de Melibea. Y en todo lo que me has gloriado, Sempronio, sin proporción se aventaja Melibea. Mira la nobleza y antigüedad de su linaje, el grandísimo patrimonio, el excelentísimo ingenio, las resplandecientes virtudes, la altitud e inefable gracia, la soberana hermosura, de la cual te ruego me dejes hablar un poco, por que haya[32] algún refrigerio.[33] Y lo que te dijere será de lo descubierto; que si de lo oculto yo hablarte supiera, no nos fuera necesario altercar tan miserablemente estas razones.

SEMPRONIO.[34] ¡Qué mentiras y qué locuras dirá ahora este cautivo de mi amo!

CALISTO. ¿Cómo es eso?

SEMPRONIO. Dije que digas, que muy gran placer habré de lo oir. ¡Así te medre Dios como me será agradable ese sermón![35]

CALISTO. ¿Qué?

SEMPRONIO. ¡Que así me medre Dios como me será gracioso de oir!

---

27. bagpipe; cf. 'He's singing another tune.'
28. i.e. She is a god, a god!
29. For second person plural; here an impersonal expression.
30. measure. Exaggerate your worth, as devotees of honor do
31. through your stars, fate
32. *por que haya,* so I may have
33. respite
34. An aside
35. This last sentence is an ironical aside. Translate: May God prosper you as much as this sermon will please me.

CALISTO. Pues porque hayas placer, yo lo figuraré por partes mucho por extenso.[36]

SEMPRONIO. ¡Duelos tenemos! Esto es tras lo que yo andaba. De pasarse habrá ya esta importunidad.[37]

CALISTO. Comienzo por los cabellos. ¿Ves tú las madejas del oro delgado que hilan en Arabia? Más lindos son y no resplandecen menos. Su longura, hasta el postrer asiento de sus pies;[38] después, crinados y atados con la delgada cuerda, como ella se los pone, no ha más menester para convertir los hombres en piedras.

SEMPRONIO[39]. ¡Más en asnos!

CALISTO. ¿Qué dices?

SEMPRONIO. Dije que esos tales no serían cerdas de asno.

CALISTO. ¡Ved qué torpe y qué comparación!

SEMPRONIO. ¿Tú cuerdo?[40]

CALISTO. Los ojos verdes, rasgados; las pestañas luengas, las cejas delgadas y alzadas, la nariz mediana, la boca pequeña, los dientes menudos y blancos, los labios colorados y grosezuelos,[41] el torno del rostro poco más luengo que redondo . . . La tez lisa, lustrosa; el cuero suyo obscurece la nieve; la color mezclada,[42] cual ella la escogió para sí.

SEMPRONIO[43]. ¡En sus trece está[44] este necio!

CALISTO. Las manos pequeñas en mediana manera, de dulce carne acompañadas; los dedos luengos; las uñas en ellos

largas y coloradas, que parecen rubíes entre perlas. Aquella proporción,[45] que ver yo no pude, no sin duda[46] por el bulto de fuera, juzgo incomparablemente ser mejor que la que París juzgó entre las tres diosas.

SEMPRONIO. ¿Has dicho?[47]

CALISTO. Cuan brevemente pude.

SEMPRONIO. Puesto que sea todo eso verdad, por ser tú hombre eres más digno.

CALISTO. ¿En qué?

SEMPRONIO. En que ella es imperfecta,[48] por el cual defecto desea y apetece a ti y a otro menor que tú. ¿No has leído el filósofo,[49] do dice: «Así como la materia apetece a la forma, así la mujer al varón»?

CALISTO. ¡Oh triste, y cuándo veré yo eso entre mí y Melibea!

SEMPRONIO. Posible es . . . Y por que[50] no te desesperes yo quiero tomar esta empresa de cumplir tu deseo.

CALISTO. ¡Oh, Dios te dé lo que deseas! ¡Qué glorioso me es oirte, aunque no espero que lo has de hacer!

SEMPRONIO. Antes lo haré cierto.

CALISTO. Dios te consuele. El jubón de brocado que ayer vestí, Sempronio, vístetele tú.

. . .

¿Cómo has pensado de hacer esta piedad?

SEMPRONIO. Yo te lo diré. Días ha grandes[51] que conozco en fin de[52] esta vecindad una vieja barbuda que se dice Celestina, hechicera, astuta, sagaz en cuantas maldades hay . . . A las

36. *mucho por extenso,* very much in detail
37. Translate whole speech: This is a pretty fix! So this is what I was letting myself in for. Now it will be necessary to endure this boredom. Said to himself, of course.
38. i.e. her heels
39. An aside
40. (Why call me stupid?) Are you sane?
41. rather full
42. pink and white
43. An aside
44. *estar en sus trece,* to be obstinate, to stick to the subject

45. portion
46. *no sin duda,* without any doubt
47. Have you finished speaking?
48. It was the belief of the philosophers and theologians of all past times that women were inferior beings.
49. Aristotle
50. Modern Spanish, *para que*
51. *Días ha grandes;* modern Spanish, *hace mucho tiempo*
52. *en fin de,* at the far end of

duras peñas promoverá y provocará a lujuria si quiere.[53]

CALISTO. ¿Podríala yo hablar?

SEMPRONIO. Yo te la traeré hasta acá. Por eso, aparéjate, séle gracioso, séle franco. Estudia, mientras voy yo, de le decir tu pena tan bien como ella te dará el remedio.

CALISTO. ¿Y tardas?[54]

SEMPRONIO. Ya voy. Quede Dios contigo.

CALISTO. Y contigo vaya . . .

CELESTINA. ¡Albricias! ¡Albricias! ¡Elicia! ¡Sempronio! ¡Sempronio!

ELICIA. ¡Ce! ¡ce! ¡ce![55]

CELESTINA. ¿Por qué?

ELICIA. Porque está aquí Crito.

CELESTINA. ¡Métalo en la camarilla[56] de las escobas! ¡Presto! Dile que viene tu primo y mi familiar.

ELICIA. Crito: retráete ahí. Mi primo viene. ¡Perdida soy!

CRITO. Pláceme. No te congojes.

SEMPRONIO. ¡Madre bendita! ¡Qué deseo traigo! ¡Gracias a Dios que te me dejó ver!

CELESTINA. ¡Hijo mío! ¡rey mío! turbado me has. No te puedo hablar. Torna y dame otro abrazo. ¿Y tres días pudiste estar sin vernos? ¡Elicia! ¡Elicia! ¡Cátale aquí!

ELICIA. ¿A quién, madre?

CELESTINA. A Sempronio.

ELICIA. ¡Ay triste! ¡Qué saltos me da el corazón! ¿Y qué es de él?

CELESTINA. Vesle aquí, vesle. Yo me le abrazaré, que no tú.[57]

ELICIA. ¡Ay! ¡Maldito seas, traidor! . . . a manos de tus enemigos mueras y por crímenes dignos de cruel muerte en poder de rigurosa justicia te veas. ¡Ay, ay!

SEMPRONIO. ¡Ji! ¡ji! ¡ji![58] ¿Qué has, mi Elicia? ¿De qué te congojas?

ELICIA. Tres días ha que no me ves. ¡Nunca Dios te vea, nunca Dios te consuele ni visite! ¡Ay de la triste que en ti tiene su esperanza y el fin de todo su bien!

SEMPRONIO. ¡Calla, señora mía! ¿Tú piensas que la distancia del lugar es poderosa de apartar el entrañable amor, el fuego, que está en mi corazón? Do yo voy, conmigo vas, conmigo estás. No te aflijas ni me atormentes más de lo que yo he padecido. Mas di, ¿qué pasos suenan arriba?

ELICIA. ¿Quién? Un mi enamorado.

SEMPRONIO. Pues créolo.

ELICIA. ¡Alahé![59] Verdad es. Sube allá y verle has.

SEMPRONIO. Voy.

CELESTINA. ¡Anda acá! Deja esa loca, que ella es liviana[60] y, turbada de tu ausencia, sácasla ahora de seso. Dirá mil locuras. Ven y hablemos. No dejemos pasar el tiempo en balde.

SEMPRONIO. Pues ¿quién está arriba?

CELESTINA. ¿Quiéreslo saber?

SEMPRONIO. Quiero.

CELESTINA. Una moza que me encomendó un fraile.

    .   .   .

SEMPRONIO. . . . muéstramela.

ELICIA. ¡Ah don malvado![61] ¿Verla quieres? ¡Los ojos te salten!, que no basta a ti una ni otra. ¡Anda! vela y deja a mí para siempre.

SEMPRONIO. ¡Calla, Dios mío! ¿Y enojaste? Que ni la quiero ver a ella ni a mujer nacida. A mi madre quiero hablar, y quédate adiós.[62]

ELICIA. ¡Anda, anda! ¡vete, desconocido!

---

53. Sempronio recognizes the almost supernatural powers of Celestina, who, he says, can move even solid rocks to lust.
54. What are you waiting for?
55. Sh! sh!
56. closet
57. *que no tú,* if you won't
58. A high-pitched laugh; Hee, hee!
59. By my faith!
60. frivolous
61. Mr. Evil One
62. *quédate adiós,* goodbye to you

y está[63] otros tres años que no me vuelvas a ver.

SEMPRONIO. Madre mía, bien tendrás confianza y creerás que no te burlo. Toma el manto y vamos, que por el camino sabrás lo que, si aquí me tardase en decirte, impediría tu provecho y el mío.

CELESTINA. Vamos. Elicia, quédate adiós, cierra la puerta. ¡Adiós, paredes!

SEMPRONIO. ¡Oh madre mía! Todas cosas dejadas aparte, solamente sé atenta e imagina en lo que te dijere y no derrames tu pensamiento en muchas partes. Que quien junto en diversos lugares le pone, en ninguno le tiene; sino por caso determina lo cierto.[64] Y quiero que sepas de mí lo que no has oído, y es que jamás pude, despúes que mi fe contigo puse, desear bien de que no te cupiese parte.

CELESTINA. Parta Dios,[65] hijo, de lo suyo contigo, que no sin causa hará, siquiera[66] porque has piedad de esta pecadora de vieja. Pero di, no te detengas. Que la amistad que entre ti y mí se afirma no ha menester preámbulos ni correlarios[67] ni aparejos para ganar voluntad. Abrevia y ven al hecho, que vanamente se dice por muchas palabras lo que por pocas se puede entender.

SEMPRONIO. Así es. Calisto arde en amores de Melibea. De ti y de mí tiene necesidad. Pues juntos nos ha menester, juntos nos aprovechemos. Que conocer el tiempo y usar el hombre de la oportunidad hace los hombres prósperos.

CELESTINA. Bien has dicho, al cabo estoy.[68] Basta para mí mecer el ojo.[69] Digo que me alegro de estas nuevas

como los cirujanos de los descalabrados. Y como aquéllos dañan en los principios[70] las llagas y encarecen el prometimiento[71] de la salud, así entiendo yo hacer a Calisto. Alargarle he la certidumbre del remedio, porque, como dicen, la esperanza luenga aflige el corazón, y cuanto él la perdiere, tanto se la promete. ¡Bien me entiendes!

SEMPRONIO. Callemos, que a la puerta estamos y, como dicen, las paredes han oídos.

CELESTINA. Llama.

SEMPRONIO. Ta, ta, ta.[72]

CALISTO. ¡Pármeno!

PÁRMENO. ¡Señor!

CALISTO. ¿No oyes, maldito sordo?

PÁRMENO. ¿Qué es, señor?

CALISTO. A la puerta llaman, corre.

PÁRMENO. ¿Quién es?

SEMPRONIO. Abre a mí y a esta dueña.

PÁRMENO. Señor, Sempronio y una . . . vieja alcoholada[73] daban aquellas porradas.

· · ·

CALISTO. ¿Y tú cómo . . . la conoces?

PÁRMENO. Saberlo has. Días grandes son pasados que mi madre, mujer pobre, moraba en su vecindad, la cual, rogada por esta Celestina, me dio a ella por sirviente; aunque ella no me conoce, por lo poco que la serví y por la mudanza que la edad ha hecho.

CALISTO. ¿De qué la servías?

PÁRMENO. Señor, iba a la plaza y traíale de comer, y acompañábala; suplía en aquellos menesteres que mi tierna fuerza bastaba. Pero de aquel poco tiempo que la serví recogía la nueva memoria lo que la vejez no ha podido quitar. Tiene esta buena dueña al

---

63. Imperative
64. *sino . . . cierto,* unless by chance he comes upon the truth
65. May God share his (treasures)
66. if only
67. For *corolario*

68. *al cabo estoy,* I catch on
69. *mecer el ojo,* to give a sign with the eye
70. *en los principios,* at the beginning
71. promise
72. Thump, thump
73. painted

cabo de la ciudad, allá cerca de las tenerías, en la cuesta del río, una casa apartada, medio caída, poco compuesta y menos abastada. Ella tenía seis oficios, conviene saber: labrandera, perfumera, maestra de hacer afeites . . ., alcahueta y un poquito hechicera. Era el primer oficio cobertura de los otros, so color[74] del cual muchas mozas de estas sirvientas entraban en su casa a labrar camisas y gorgueras y otras muchas cosas. Ninguna venía sin torrezno, trigo, harina o jarro de vino y de las otras provisiones que podían a sus amas hurtar. Y aun otros hurtillos de más cualidad allí se encubrían. Asaz era amiga de estudiantes y despenseros[75] y mozos de abades . . . Subió su hecho a más: que por medio de aquéllas[76] comunicaba con las más encerradas, hasta traer a ejecución su propósito . . . Muchas encubiertas vi entrar en su casa. Tras ellas, hombres descalzos,[77] contritos y rebozados . . . ¡Qué tráfagos, si piensas,[78] traía! . . . tenía para[79] remediar amores y para se querer[80] bien. Tenía huesos de corazón de ciervo, lengua de víbora, cabezas de codornices, sesos de asno . . ., soga de ahorcado, flor de yedra, espina de erizo, . . . y otras mil cosas. Venían a ella muchos hombres y mujeres, y a unos demandaba el pan do mordían; a otros, de su ropa; a otros, de sus cabellos; a otros pintaba en la palma letras

con azafrán; a otros, con bermellón; a otros daba unos corazones de cera, llenos de agujas quebradas y otras cosas en barro y en plomo hechas, muy espantables al ver . . . ¿Quién te podrá decir lo que esta vieja hacía? Y todo era burla y mentira.

· · ·

CALISTO. ¡Sempronio!

SEMPRONIO.[81] ¡Señor!

CALISTO. ¿Qué haces, llave de mi vida? Abre. ¡Oh Pármeno! ya la veo: ¡sano soy, vivo soy! ¿Miras qué reverenda persona, qué acatamiento?[82] Por la mayor parte, por la fisonomía es conocida la virtud interior. ¡Oh vejez virtuosa! ¡Oh virtud envejecida! ¡Oh gloriosa esperanza de mi deseado fin! ¡Oh fin de mi deleitosa esperanza! ¡Oh salud de mi pasión, reparo de mi tormento, regeneración mía, vivificación de mi vida, resurrección de mi muerte! Deseo llegar a ti, codicio besar esas manos llenas de remedio. La indignidad de mi persona lo embarga. Desde aquí adoro la tierra que huellas y en reverencia tuya beso.

CELESTINA. Sempronio, ¡de aquéllas[83] vivo yo! ¡Los huesos que yo roí[84] piensa este necio de tu amo de darme a comer! Pues al le sueño[85] . . . Dile que cierre la boca y comience abrir la bolsa, que de las obras dudo, cuanto más de las palabras . . .

74. *so color*, under pretense
75. Monk in charge of the monastery pantry
76. i.e. the servant girls
77. barefoot; but here, humble
78. *si piensas*, you can't imagine
79. *tenía para*, she had (charms) to
80. *para se querer*, to make lovers love each other
81. All this while Sempronio and Celestina have been waiting outside the street door.

82. meek bearing
83. Referring to *palabras, expresiones,* or some similar word. Said ironically in Sempronio's ear.
84. The bones I gnawed; i.e. things of no value to me
85. *Pues al le sueño,* Well, I expect something else from him.

Acto Cuarto

Argumento del cuarto acto

Celestina, andando por el camino, habla consigo misma hasta llegar a la puerta de Pleberio,[86] donde halló a Lucrecia, criada de Pleberio. Pónese con ella en razones. Sentidas por Alisa, madre de Melibea, y sabido que es Celestina, hácela entrar en casa. Viene un mensajero a llamar a Alisa. Vase. Queda Celestina en casa con Melibea y le descubre la causa de su venida.

Lucrecia, Celestina, Alisa, Melibea.

CELESTINA. Ahora, que voy sola, quiero mirar bien lo que Sempronio ha temido deste mi camino.[87] Porque aquellas cosas, que bien no son pensadas, aunque algunas veces hayan[88] buen fin, comúnmente crían desvariados[89] efectos. Así que la mucha especulación nunca carece de buen fruto.[90] Que, aunque yo he disimulado con él,[91] podría ser que, si me sintiesen en estos pasos de parte de Melibea, que no pagase con pena que menor fuese que la vida, o muy amenguada quedase, cuando matar no me quisiesen, manteándome o azotándome cruelmente.[92] Pues amargas cien monedas serían éstas.[93] ¡Ay cuitada de mí![94] ¡En qué lazo me he metido![95] Que por me mostrar solícita y esforzada pongo mi persona al tablero![96] ¿Qué haré, cuitada, mezquina de mí, que ni el salir afuera[97] es provechoso ni la perseverancia carece de peligro? ¿Pues iré o he de tornarme? ¡Oh dudosa y dura perplejidad! ¡No sé cuál escoja por más sano! ¡En el osar, manifiesto peligro; en la cobardía, denostada, perdida! ¿A dónde irá el buey que no are?[98] Cada camino descubre sus dañosos y hondos barrancos. Si con el hurto soy tomada, nunca de muerta o encorozada falto.[99] Si no voy, ¿qué dirá Sempronio? Que todas éstas eran mis fuerzas, saber y esfuerzo, ardid y ofrecimiento, astucia y solicitud. Y su amo Calisto, ¿qué dirá?, ¿qué hará?, ¿qué pensará; sino que hay nuevo engaño en mis pisadas y que yo he descubierto

86. Melibea's father.
87. In the previous act Sempronio warned Celestina that she was courting danger in visiting Melibea. The doubts and fears Celestina reveals in the monologue contrast sharply with the self-confidence she usually exudes in conversation with others.
88. tengan
89. opposite
90. Celestina means that it pays to consider the pros and cons of a situation.
91. i.e. Sempronio
92. si me . . . cruelmente, if they (Melibea's family) suspected the real purpose of my visit, I would be punished at least with death or, if they decided against killing me, I would probably be humiliated by either being tossed in a blanket or whipped cruelly
93. Pues . . . éstas, then these hundred (gold) coins would really be hard earned; reference to the money given by Calisto to Celestina in payment for her services.
94. ¡Ay cuitada de mi!, Oh, wretched me!
95. ¡En . . . metido!, What a trap I've gotten myself into!
96. pongo . . . tablero, I'm risking my life and reputation; tablero = gambling table
97. salir afuera, i.e. to abandon her mission
98. ¿A . . . are? What will happen to the ox that won't plow? Applied to Celestina, this proverb asks what will become of the go-between who will not bring lovers together.
99. Si . . . falto, if I am caught red-handed, I will probably be killed or forced to wear a pointed cap. Go-betweens often wore this cap which was a symbol of shame. Falto indicates that neither of the two punishments would be lacking.

la celada,[100] por haber más provecho desta otra parte, como sofística prevaricadora?[101] Oh si no se le ofrece[102] pensamiento tan odioso, dará voces como loco. Diráme en mi cara denuestos 5 rabiosos. Propondrá mil inconvenientes, que mi deliberación presta[103] le puso, diciendo: Tú, puta vieja,[104] ¿por qué acrecentaste mis pasiones con tus promesas? Alcahueta falsa, para todo 10 el mundo tienes pies, para mí lengua; para todos obra, para mí palabra; para todos remedio, para mí pena; para todos esfuerzo, para mí te faltó; para todos luz, para mí tiniebla. Pues, vieja 15 traidora, ¿porqué te me ofreciste? Que tu ofrecimiento[105] me puso esperanza; la esperanza dilató mi muerte, sostuvo mi vivir, púsome título de hombre alegre. Pues no habiendo efecto,[106] ni 20 tú carecerás de pena ni yo de triste desesperación. ¡Pues triste yo! ¡Mal acá, mal acullá: pena en ambas partes! Cuando a los extremos falta el medio, arrimarse el hombre al más sano, es 25 discreción.[107] Más quiero ofender a Pleberio, que enojar a Calisto. Ir quiero. Que mayor es la vergüenza de quedar por cobarde, que la pena, cumpliendo como osada lo que prometí, 30 pues jamás al esfuerzo desayudó la fortuna.[108] Ya veo su puerta. En mayores afrentas me he visto. ¡Esfuerza,[109] esfuerza, Celestina! ¡No desmayes! Que

nunca faltan rogadores para mitigar las penas.[110] Todos los agüeros se aderezan favorables o yo no sé nada desta arte. Cuatro hombres, que he topado, a los tres llaman Juanes[111] y los dos son cornudos.[112] La primera palabra, que oí por la calle, fue de achaque[113] de amores. Nunca he tropezado como otras veces. Ni perro me ha ladrado ni ave negra he visto, tordo[114] ni cuervo ni otras nocturnas.[115] Y lo mejor de todo es que veo a Lucrecia a la puerta de Melibea. Prima es de Elicia: no me será contraria.

. . .

ALISA. Hija Melibea, quédese esta mujer honrada contigo, que ya me parece que es tarde para ir a visitar a mi hermana, su[116] mujer de Cremes, que desde ayer no la he visto, y también que viene su paje a llamarme, que se le arreció[117] desde un rato acá el mal.

CELESTINA. (aparte) Por aquí anda el diablo aparejando oportunidad, arreciando el mal a la otra . . .

ALISA. ¿Qué dices, amiga?

CELESTINA. Señora, que maldito sea el diablo y mi pecado, porque en tal tiempo hubo de crecer el mal de tu hermana, que no habrá para nuestro negocio oportunidad. ¿Y qué mal es el suyo?

ALISA. Dolor de costado, y tal que, según del mozo supe que quedaba, temo

---

100. trap
101. *como sofística prevaricadora,* like a two-faced deceiver
102. *si no se le ofrece,* if it doesn't occur to him
103. *deliberación presta,* sudden change of mind
104. *Tu, puta vieja,* You, old whore
105. offer (of help)
106. *Pues no habiendo efecto,* Since nothing has come of it
107. *Cuando . . . discreción,* When between two extremes there is no middle course, the wisest thing is to choose the lesser of the two evils.
108. *pues . . . fortuna,* since fortune never denied help to the brave
109. courage
110. *Que . . . penas,* There are always lawyers who will get one off with a lesser sentence
111. simpleton
112. cuckold
113. subject
114. thrush
115. Celestina does not see any omens which would presage failure in her enterprise.
116. Modern Spanish, *la*
117. to become stronger, to increase in intensity

no[118] sea mortal. Ruega tú, vecina, por amor mío, en tus devociones por su salud a Dios.

CELESTINA. Yo te prometo, señora, en yendo de aquí, me vaya por esos monasterios, donde tengo frailes devotos míos, y les dé el mismo cargo que tú me das. Y demás de esto, antes que me desayune, dé cuatro vueltas a mis cuentas.[119]

ALISA. Pues, Melibea, contenta a la vecina en todo lo que razón fuere darle por el hilado. Y tú, madre, perdóname, que otro día se vendrá en que más nos veamos.

CELESTINA. Señora, el perdón sobraría donde el yerro falta. De Dios seas perdonada, que buena compañía me queda. Dios la deje gozar su noble juventud y florida mocedad, que es el tiempo en que más placeres y mayores deleites se alcanzarán. Que, a la mi fe, la vejez no es sino mesón de enfermedades, posada de pensamientos, amiga de rencillas, congoja continua, llaga incurable, mancilla de lo pasado, pena de lo presente, cuidado triste de lo por venir, vecina de la muerte, choza sin rama, que se llueve por cada parte, cayado de mimbre, que con poca carga se doblega.[120]

MELIBEA. ¿Por qué dices, madre, tanto mal de lo que todo el mundo con tanta eficacia gozar y ver desean?

CELESTINA. Desean harto mal para sí, desean harto trabajo. Desean llegar allá porque llegando viven y el vivir es dulce y viviendo envejecen. Así, que el niño desea ser mozo, y el mozo viejo, y el viejo más, aunque con dolor. Todo por vivir. Porque, como dicen, viva la gallina con su pepita.[121] Pero ¿quién te podría contar, señora, sus daños, sus inconvenientes, sus fatigas, sus cuidados, sus enfermedades, su frío, su calor, su descontentamiento, su rencilla, su pesadumbre, aquel arrugar de cara, aquel mudar de cabellos su primera y fresca color, aquel poco oir, aquel debilitado ver, puestos los ojos a la sombra, aquel hundimiento de boca, aquel caer de dientes, aquel carecer de fuerza, aquel flaco andar, aquel espacioso comer? Pues, ¡ay, ay, señora!, si lo dicho viene acompañado de pobreza, allí verás callar todos los otros trabajos, cuando sobra la gana y falta la provisión; ¡que jamás sentí peor ahito[122] que de hambre!

MELIBEA. Bien conozco que dice cada uno de la feria según le va en ella:[123] así, que otra canción cantarán los ricos.

CELESTINA. Señora, hija, a cada cabo hay tres leguas de mal quebranto.[124] A los ricos se les va la bienaventuranza, la gloria y descanso por otros albañales de asechanzas,[125] que no se parecen, ladrillados[126] por encima con lisonjas . . . Cada rico tiene una docena de hijos y nietos, que no rezan otra oración, no otra petición, sino rogar a Dios que le saque de en medio . . .; no ven la hora que tener a él so la tierra y lo suyo entre sus manos y darle a poca costa su morada para siempre.[127]

MELIBEA. Madre, pues que así es, gran pena tendrás por la edad que perdiste. ¿Querrías volver a la primera?

CELESTINA. Loco es, señora, el caminante que, enojado del trabajo del día,

---

118. Omit in translation.
119. beads, rosary
120. This whole paragraph is imitated from the Roman philosopher Seneca.
121. A proverb. Even the hen with the pip (which causes sure death) wishes to live.
122. indigestion
123. A proverb
124. Another proverb indicating that each extreme has its difficulties; the road is rough at both ends.
125. *albañales de asechanzas*, gutter, sewer of deceit
126. bricked over, hidden
127. eternal dwelling place, grave

quisiese volver de comienzo la jornada para tornar otra vez a aquel lugar. Que todas aquellas cosas cuya posesión no es agradable, más vale poseerlas que esperarlas. Porque más cerca está el fin de ellas cuanto más andado del comienzo. No hay cosa más dulce ni graciosa al muy cansado que el mesón. Así que, aunque la mocedad sea alegre, el verdadero viejo no la desea. Porque el que de razón y seso carece, cuasi otra cosa no ama sino lo que perdió.[128]

MELIBEA. Siquiera por vivir más es bueno desear lo que digo.

CELESTINA. Tan presto, señora, se va el cordero como el carnero.[129] Ninguno es tan viejo que no pueda vivir un año, ni tan mozo que hoy no pudiese morir.[130] Así, que en esto poca ventaja nos lleváis.

MELIBEA. Celestina amiga, yo he holgado mucho en verte y conocerte. También hasme dado placer con tus razones. Toma tu dinero y vete con Dios, que me parece que no debes haber comido.

CELESTINA. ¡Oh angélica imagen! ¡Oh perla preciosa, y cómo te lo dices! Gozo me toma[131] en verte hablar. ¿Y no sabes que por la divina boca fue dicho, contra aquel infernal tentador, que no de sólo pan viviremos?[132] Pues así es, que no el sólo comer mantiene. Mayormente a mí, que me suelo estar uno y dos días negociando encomiendas ajenas ayuna, salvo hacer por los buenos morir por ellos.[133] Esto tuve siempre: querer más trabajar sirviendo a otros que holgar contentando a mí. Pues si tú me das licencia, diréte la necesitada causa de mi venida, que es otra que la que hasta ahora has oído, y tal que todos perderíamos en me tornar en balde[134] sin que la sepas.

MELIBEA. Di, madre, todas tus necesidades, que si yo las pudiere remediar, de muy buen grado lo haré, por el pasado conocimiento y vecindad,[135] que pone obligación a los buenos.

CELESTINA. ¿Mías, señora? Antes ajenas, como tengo dicho; que las mías de mi puerta adentro[136] me las paso sin que las sienta la tierra,[137] comiendo cuando puedo, bebiendo cuando lo tengo. Que con mi pobreza jamás me faltó, a Dios gracias, una blanca para pan y un cuarto para vino, despúes que enviudé; . . .

MELIBEA. Pide lo que querrás, sea para quien fuere.

CELESTINA. ¡Doncella graciosa y de alto linaje! Tu suave habla y alegre gesto, junto con el aparejo de liberalidad que muestras con esta pobre vieja, me dan osadía a te lo decir. Yo dejo un enfermo a la muerte, que con sola una palabra de tu noble boca salida, que le lleve metida en mi seno, tiene por fe que sanará, según la mucha devoción tiene en tu gentileza.

MELIBEA. Vieja honrada, no te entiendo si más no declaras tu demanda. Por una parte, me alteras y provocas a enojo; por otra, me mueves a compasión. No te sabría volver respuesta conveniente, según lo poco que he sentido[138] de tu habla. Que yo soy dichosa si de mi palabra hay necesidad para salud de algún cristiano. Porque

---

128. This passage is imitated from the philosophy of Petrarch.
129. The lamb is slaughtered as soon as the sheep.
130. This sentence originated with Cicero, but appears in several other authors.
131. *Gozo me toma,* I am filled with delight
132. From the Bible, Matthew 4. 4.
133. *ayuna* goes with *estar,* to be fasting. *salvo . . . ellos,* what do I mean *acting* for the good people?—*dying* for them (would be better).
134. *en balde,* in vain; here, without carrying out my intention
135. We are told earlier that Celestina and Melibea's family were once neighbors.
136. *de mi puerta adentro,* at home
137. the world, people
138. Here, to hear

hacer beneficio es semejar a Dios, y el que le da le recibe, cuando a persona digna de él le hace. Y demás de esto, dicen que el que puede sanar al que padece, no lo haciendo, le mata. Así, que no ceses tu petición por empacho ni temor.

CELESTINA. El temor perdí mirando, señora, tu beldad. Que no puedo creer que en balde pintase Dios unos gestos más perfectos que otros, más dotados de gracias, más hermosas facciones, sino para hacerlos almacén de virtudes, de misericordia, de compasión, ministros de sus mercedes y dádivas, como a ti. Y pues como todos seamos humanos, nacidos para morir, sea cierto que no se puede decir nacido el que para sí solo nació . . . ¿Por qué no daremos parte de nuestras gracias y personas a los prójimos, mayormente cuando están envueltos en secretas enfermedades, y tales que donde está la medicina salió la causa de la enfermedad?

MELIBEA. Por Dios, sin más dilatar me digas quién es ese doliente que de mal tan perplejo se siente[139] que su pasión y remedio salen de una misma fuente.

CELESTINA. Bien tendrás, señora, noticia en esta ciudad de un caballero mancebo, gentilhombre de clara sangre, que llaman Calisto.

MELIBEA. ¡Ya, ya, ya! Buena vieja, no me digas más, no pases adelante. ¿Ése es el doliente por quien has hecho tantas premisas[140] en tu demanda? ¿Por quien has venido a buscar la muerte para ti? ¿Por quien has dado tan dañosos pasos, desvergonzada barbuda? ¿Qué siente ese perdido, que con tanta pasión vienes? De locura será su mal. ¿Qué te parece? ¡Si me hallaras sin sospecha

de ese loco, con qué palabras me entrabas![141] No se dice en vano que el más empecible miembro del mal hombre o mujer es la lengua. ¡Quemada seas, alcahueta falsa, hechicera, enemiga de honestidad, causadora de secretos yerros! ¡Jesú, Jesú! ¡Quítamela, Lucrecia, de delante, que me fino,[142] que no me ha dejado gota de sangre en el cuerpo! Bien se lo merece esto y más quien a estas tales[143] da oídos. Por cierto, si no mirase a mi honestidad y por no publicar su osadía de ese atrevido, yo te hiciera, malvada, que tu razón y vida acabaran en un tiempo.

CELESTINA. (aparte) ¡En hora mala acá vine, si me falta mi conjuro![144] ¡Ea, pues! Bien sé a quién digo. ¡Ce,[145] hermano, que se va todo a perder!

MELIBEA. ¿Aun hablas entre dientes delante mí para acrecentar mi enojo y doblar tu pena? ¿Querrías condenar mi honestidad por dar vida a un loco? ¿Dejar a mí triste por alegrar a él y llevar tú el provecho de mi perdición, el galardón de mi yerro? ¿Perder y destruir la casa y la honra de mi padre por ganar la de una vieja maldita como tú? ¿Piensas que no tengo sentidas tus pisadas y entendido tu dañado mensaje? Pues yo te certifico que las albricias que de aquí saques no sean sino estorbarte de más ofender a Dios, dando fin a tus días. Respóndeme, traidora: ¿cómo osaste tanto hacer?

CELESTINA. Tu temor, señora, tiene ocupada[146] mi disculpa. Mi inocencia me da osadía, tu presencia me turba en verla airada, y lo que más siento y me pena es recibir enojo sin razón ninguna. Por Dios, señora, que me dejes

---

139. Here, to suffer
140. Here, preamble, prologue
141. For *me entrarías;* here, to reach my heart
142. *finar,* to die
143. Supply, *palabras*

144. Celestina has cast a magic spell on the thread she brought to sell to Melibea. She has conjured the devil to aid her, and now invokes him again.
145. Pst!
146. Here, to disturb, interrupt

concluir mi dicho, que ni él quedará culpado ni yo condenada. Y verás cómo es todo más servicio de Dios que pasos deshonestos; más para dar salud al enfermo que para dañar la fama al médico.[147] Si pensara, señora, que tan de ligero habías de conjeturar de lo pasado nocibles[148] sospechas, no bastara tu licencia para me dar osadía a hablar en cosa que a Calisto ni a otro hombre tocase.

MELIBEA. ¡Jesú! No oiga yo mentar más ese loco, salta-paredes, fantasma de noche, luengo como cigüeña, figura de paramento[149] mal pintado; si no, aquí me caeré muerta. ¡Éste es el que el otro día me vio y comenzó a desvariar conmigo en razones, haciendo mucho del galán! Dirásle, buena vieja, que si pensó que ya era todo suyo y quedaba por él el campo, porque holgué más de consentir sus necedades que castigar su yerro, quise más dejarle por loco que publicar su grande atrevimiento. Pues avísale que se aparte de este propósito y serle ha sano;[150] si no, podrá ser que no haya comprado tan cara habla en su vida. Pues sabe que no es vencido sino el que se cree serlo, y yo quedé bien segura y él ufano. De los locos es estimar a todos los otros de su calidad. Y tú tórnate con su misma razón, que respuesta de mí otra no habrás ni la esperes. Que por demás es ruego[151] a quien no puede haber[152] misericordia. Y da gracias a Dios, pues

tan libre vas de esta feria. Bien me habían dicho quién tú eras, y avisado de tus propiedades, aunque ahora no te conocía.

CELESTINA. (aparte) ¡Más fuerte estaba Troya, y aun otras más bravas he yo amansado! Ninguna tempestad mucho dura.

MELIBEA. ¿Qué dices, enemiga? Habla que te pueda oir. ¿Tienes disculpa alguna para satisfacer mi enojo y excusar tu yerro y osadía?

CELESTINA. Mientras viviere tu ira más dañará mi descargo.[153] Que estás muy rigurosa, y no me maravillo: que la sangre nueva poca calor ha menester para hervir.

MELIBEA. ¿Poca calor? ¿Poco lo puedes llamar, pues quedaste tú viva y yo quejosa sobre tan gran atrevimiento? ¿Qué palabra podías tú querer para ese tal hombre que a mí bien me estuviese?[154] Responde, pues dices que no has concluido: ¡quizá pagarás lo pasado!

CELESTINA. Una oración, señora, que le dijeron que sabías de Santa Polonia para el dolor de las muelas.[155] Asimismo tu cordón,[156] que es fama que ha tocado todas las reliquias que hay en Roma y Jerusalén. Aquel caballero que dije pena y muere de ellas.[157] Ésta fue[158] mi venida. Pero pues en mi dicha[159] estaba tu airada respuesta, padézcase él su dolor, en pago de buscar tan desdichada mensajera. Que

147. i.e. Melibea, who can cure the young man's ills
148. harmful; here, suspicions of harm
149. ornament; here, mural painting (of a saint, usually tall and thin)
150. *serle ha sano,* it will be good for him
151. *Que por demás es ruego,* an appeal is useless
152. Modern Spanish, *tener*
153. Legal term, answer to charge
154. *que a mí . . . estuviese,* which (word) would be fitting for me
155. Celestina eludes Melibea's attack, at the

same time breaking the girl's resistance by awakening her pity (which is akin to love) for Calisto and remorse for her harsh words. Her remorse swings her to kindliness, in the desire to make up for her seemingly unjust wrath. But Melibea already loves Calisto, as we discover later; it is her training and her maidenly modesty which have been speaking.
156. belt, narrow sash
157. Referring to *muelas*
158. Supply, the cause of
159. fate

pues en tu mucha virtud me faltó piedad, también me faltará agua si a la mar me enviara.

MELIBEA. Si eso querías, ¿por qué luego no me lo expresaste? ¿Por qué no me lo dijiste en tan pocas palabras?

CELESTINA. Señora, porque mi limpio motivo me hizo creer que, aunque en menos lo propusiera,[160] no se había de sospechar mal. Que si faltó el debido preámbulo fue porque la verdad no es necesario abundar de muchos colores. Compasión de su dolor, confianza de tu magnificencia, ahogaron en mi boca la expresión de la causa. Y pues conoces, señora, que el dolor turba, la turbación desmanda[161] y altera la lengua, la cual había de estar[162] siempre atada con el seso, ¡por Dios, que no me culpes! . . . Que no es otro mi oficio sino servir a los semejantes: de esto vivo y de esto me arreo.[163] Nunca fue mi voluntad enojar a unos por agradar a otros, aunque hayan dicho a tu merced en mi ausencia otra cosa. Al fin, señora, a la firme verdad el viento[164] del vulgo no la empece.

MELIBEA. Por cierto, tantos y tales loores me han dicho de tus mañas, que no sé si crea[165] que pedías oración.

CELESTINA. Nunca yo la rece, y si la rezare no sea oída, si otra cosa de mí se saque, aunque mil tormentos me diesen. . .

MELIBEA. Tanto afirmas tu ignorancia que me haces creer lo que puede ser. Quiero, pues, en tu dudosa disculpa, tener la sentencia en peso y no disponer de tu demanda al sabor de ligera interpretación. No tengas en mucho[166] ni te maravilles de mi pasado sentimiento, porque concurrieron dos cosas en tu habla que cualquiera de ellas era bastante para me sacar de seso: nombrarme ese tu caballero, que conmigo se atrevió a hablar, y también pedirme palabra sin más causa que no se podía sospechar sino daño para mi honra. Pero pues todo viene de buena parte, de lo pasado haya perdón. Que en alguna manera es aliviado mi corazón viendo que es obra pía y santa sanar los pasionados y enfermos.

CELESTINA. ¡Y tal enfermo, señora! Por Dios, si bien le conocieses, no le juzgases por el que has dicho y mostrado con tu ira. En Dios y en mi alma, no tiene hiel; gracias, dos mil; en franqueza, Alejandro; en esfuerzo, Héctor; gesto, de un rey; gracioso, alegre; jamás reina en él tristeza. De noble sangre, como sabes. Gran justador, pues verlo armado, un San Jorge. Fuerza y esfuerzo, no tuvo Hércules tanta. La presencia y facciones, disposición, desenvoltura, otra lengua había menester para las contar. Todo junto semeja ángel del cielo. Por fe, tengo que no era tan hermoso aquel gentil Narciso que se enamoró de su propia figura cuando se vio en las aguas de la fuente. Ahora, señora, tiénele derribado una sola muela, que[167] jamás cesa de quejar.

MELIBEA. ¿Y qué tanto tiempo ha?

CELESTINA. Podrá ser, señora, de veintitrés años; que aquí está Celestina que le vio nacer y le tomó a los pies de su madre.

MELIBEA. Ni te pregunto eso ni tengo necesidad de saber su edad, sino qué tanto ha que tiene el mal.

CELESTINA. Señora, ocho días. Que parece que ha un año en su flaqueza. Y el

---

160. *aunque . . . propusiera,* even though I set it forth in fewer (words)
161. to countermand
162. *había de estar,* should be
163. to drive (an animal); here, to get along

164. vain words, gossip
165. Modern Spanish, *si debo creer*
166. *tener en mucho,* to give importance to
167. so that

mayor remedio que tiene es tomar una vihuela, y tañe tantas canciones y tan lastimeras, que no creo que fueron otras las que compuso aquel emperador y gran músico Adriano de la partida del ánima,[168] por sufrir sin desmayo la ya vecina muerte. Que aunque yo sé poco de música, parece que hace aquella vihuela hablar. Pues si acaso canta, de mejor gana se paran las aves a le oir, que no aquel antiguo[169] de quien se dice que movía los árboles y piedras con su canto. Siendo éste nacido, no alabaran a Orfeo. Mirad, señora, si una pobre vieja como yo si se hallará dichosa en dar la vida a quien tales gracias tiene. Ninguna mujer le ve que no alabe a Dios, que así le pintó.[170] Pues si le habla, acaso no es más señora de sí de lo que él ordena. Y pues tanta razón tengo, juzga, señora, por bueno mi propósito, mis pasos saludables y vacíos de sospecha.

MELIBEA. ¡Oh, cuánto me pesa con la falta de mi paciencia! Porque siendo él ignorante y tú inocente, habéis padecido las alteraciones de mi airada lengua. Pero la mucha razón me relieva de culpa, la cual tu habla sospechosa causó. En pago de tu buen sufrimiento, quiero cumplir tu demanda y darte luego mi cordón. Y porque para escribir la oración no habrá tiempo sin que venga mi madre, si esto no bastare, ven mañana por ella muy secretamente.[171]

LUCRECIA (aparte). ¡Ya, ya perdida es mi ama! ¿Secretamente quiere que venga Celestina? ¡Fraude hay! ¡Más le querrá dar que lo dicho!

MELIBEA. ¿Qué dices, Lucrecia?

LUCRECIA. Señora, que baste lo dicho, que es tarde.

MELIBEA. Pues, madre, no le des parte de lo que pasó a ese caballero, por que no me tenga por cruel o arrebatada o deshonesta.

LUCRECIA (aparte). No miento yo, que ¡mal va este hecho!

El Décimo Acto

Argumento del décimo acto

Mientras andan Celestina y Lucrecia por el camino, está hablando Melibea consiga misma. Llegan a la puerta. Entra Lucrecia primero. Hace entrar a Celestina. Melibea, después de muchas razones, descubre a Celestina arder en amor de Calisto. Ven venir a Alisa, madre de Melibea. Despídense de en uno.[172] Pregunta Alisa a Melibea de los negocios de Celestina, defendiéndole su mucha conversación.[173]

MELIBEA. ¡Oh lastimada de mí![174] ¡Oh malproveída doncella![175] ¿Y no me fuera mejor conceder su petición y demanda ayer a Celestina, cuando de parte de aquel señor, cuya vista me cautivó, me fue rogado, y contentarle

168. Hadrian, Emperor of Rome, composed a little poem to his soul a few moments before his death.
169. Orpheus, famous musician of Greek mythology.
170. Here, to create
171. Melibea hides the situation from her mother, a proof of the collapse of her resistance.
172. *despídense de en uno*, they separate at once
173. *defendiéndole su mucha conversación*, forbidding her to talk to her (Celestina)
174. ¡Oh lastimada de mí! Oh wretched me!
175. ¡Oh malproveída doncella!, Oh what an inexperienced maiden I am!

a él y sanar a mí, que no venir por fuerza a descubrir mi llaga, cuando no me sea agradecido, cuando ya, desconfiando de mi buena respuesta, haya puesto sus ojos en amor de otra? ¡Cuánta más ventaja tuviera mi prometimiento rogado, que mi ofrecimiento forzoso![176] ¡Oh mi fiel criada Lucrecia! ¿Qué dirás de mí? ¿Qué pensarás de mi seso cuando me veas publicar lo que a ti jamás he querido descubrir? ¡Cómo te espantarás del rompimiento de mi honestidad y vergüenza, que siempre como encerrada doncella[177] acostumbré tener! No sé si habrás barruntado[178] de dónde proceda mi dolor. ¡Oh, si ya vinieses con aquella medianera de mi salud![179] ¡Oh soberano Dios! A ti que todos los atribulados llaman, los apasionados piden remedio, los llagados medicina; a ti, que los cielos, mar y tierra con los infernales centros obedecen; a ti, el cual todas las cosas a los hombres sojuzgaste, humildemente suplico dés a mi herido corazón sufrimiento y paciencia, con que mi terrible pasión pueda disimular. No se desdore aquella hoja de castidad,[180]

que tengo asentada sobre este amoroso deseo, publicando ser otro mi dolor,[181] que no el que me atormenta. Pero, ¿cómo lo podré hacer, lastimándome tan cruelmente el ponzoñoso bocado,[182] que la vista de su presencia de aquel caballero me dio? ¡Oh género femíneo,[183] encogido[184] y frágil! ¿Porqué no fue también a las hembras concedido poder descubrir su congojoso y ardiente amor, como a los varones? Que ni Calisto viviera quejoso ni yo penada.

LUCRECIA. Tía,[185] detente un poquito cabo[186] esta puerta. Entraré a ver con quién está hablando mi señora. Entra, entra, que consigo lo ha.[187]

MELIBEA. Lucrecia, echa esa antepuerta.[188] ¡Oh vieja sabia y honrada, tú seas bienvenida! ¿Qué te parece, cómo ha querido mi dicha y la fortuna ha rodeado que yo tuviese de tu saber necesidad,[189] para que tan presto me hubieses de pagar en la misma moneda el beneficio que por ti me fue demandado para ese gentilhombre,[190] que curabas con la virtud de mi cordón?

CELESTINA. ¿Qué es, señora, tu mal,[191] que así muestra las señas de su tor-

176. *¡Cuánta . . .forzoso!*, How much better it would have been to have given my promise when it was pleaded for (by Celestina on behalf of Calisto) than to be forced to offer it myself!
177. sheltered maiden
178. guessed
179. *medianera de mi salud*, mediator of my health, i.e. the one person who can cure me. Melibea is referring to Celestina's powers. She is impatiently awaiting the arrival of Celestina whom she summoned through Lucrecia.
180. *No se . . . castidad*, Don't allow the shield of my chastity to be tarnished.
181. *publicando . . . dolor*, proclaiming a different source for my suffering
182. *ponzoñoso bocado*, poisonous dainty
183. *femenino*
184. shy
185. This is a respectful way of addressing older women. Melibea uses the word

madre with the same purpose when addressing Celestina.
186. *junto a*
187. *consigo lo ha*, she's only talking to herself
188. Name given to the curtain or screen placed in front of a door.
189. *¿Qué . . . necesidad*, You didn't imagine, did you, that my fate (*dicha*) would require, and my fortune determine, that I should need your knowledge.
190. i.e. Calisto. Notice Melibea's reluctance to refer to him by name.
191. From this point on Celestina and Melibea will speak of love in the terminology of ailments and wounds. To avoid discussing her love for Calisto directly, Melibea speaks of herself as a victim of a furious malady which Celestina must cure as a doctor cures a patient. This metaphor is not infrequent in the literature of the times since even doctors would classify love as a "brain-sickness."

mento en las coloradas[192] colores de tu gesto?

MELIBEA. Madre mía, que comen este corazón serpientes dentro de mi cuerpo.

CELESTINA (*aparte*). Bien está. Así lo quería yo. Tú me pagarás, doña loca, la sobra de tu ira.

MELIBEA. ¿Qué dices? ¿Has sentido en verme alguna causa, donde mi mal proceda?

CELESTINA. No me has, señora, declarado la calidad del mal. ¿Quieres que adivine la causa? Lo que yo digo es que recibo mucha pena de ver triste tu graciosa presencia.[193]

MELIBEA. Vieja honrada, alégramela[194] tú, que grandes nuevas me han dado de tu saber.

CELESTINA. Señora, el sabedor solo es Dios; pero, como para salud y remedio de las enfermedades fueron repartidas las gracias en las gentes de hallar las medicinas,[195] dellas[196] por experiencia, dellas por arte, dellas por natural instinto, alguna partecica[197] alcanzó a esta pobre vieja, de la cual al presente podrás ser servida.[198]

MELIBEA. ¡Oh qué gracioso y agradable me es oirte! Saludable es al enfermo la alegre cara del que le visita. Paréceme que veo mi corazón entre tus manos hecho pedazos. El cual, si tú quisieses, con muy poco trabajo juntarías con la virtud de tu lengua. . . .[199] Pues, por amor de Dios, te despojes para muy diligente entender en mi mal y me dés algún remedio.[200]

CELESTINA. Gran parte de la salud es desearla, por lo cual creo menos peligroso ser tu dolor. Pero para yo dar, mediante Dios,[201] congrua[202] y saludable medicina, es necesario saber de ti tres cosas. La primera, a qué parte de tu cuerpo más declina y aqueja el sentimiento.[203] Otro, si es nuevamente[204] por ti sentido, porque más presto se curan las tiernas enfermedades en sus principios, que cuando han hecho curso en la perseveración de su oficio. . . .[205] La tercera, si procede de algún cruel[206] pensamiento, que asentó en aquel lugar.[207] Y esto sabido, verás obrar mi cura. Por ende, cumple[208] que al médico como al confesor se hable toda verdad abiertamente.

MELIBEA. Amiga Celestina, mujer bien sabia y maestra grande, mucho has abierto el camino por donde mi mal te pueda especificar.[209] Por cierto, tú lo pides como mujer bien experta en curar tales enfermedades. Mi mal es de corazón, la izquierda teta es su aposentamiento, tiende sus rayos a todas partes.[210] Lo segundo, es nuevamente nacido en mi cuerpo. Que no pensé jamás que podía dolor privar

192. blushing
193. face
194. cheer it up; *la* refers to *presencia* in the previous speech
195. *fueron . . . medicinas*, since mankind has been given the talents necessary to find cures
196. some of these (talents)
197. a small portion
198. *de la . . . servida*, you will presently be able to help yourself to it, i.e. to that small portion of talent bestowed upon Celestina.
199. *El cual . . . lengua*, If you wanted to, you could mend (*juntarías*) it (my broken heart) effortlessly by virtue of your tongue (i.e. her persuasive words).
200. *Pues . . . remedio*, So, for goodness sake, take off your cloak and quickly put your-
self to work on my illness and provide me with a cure.
201. God willing
202. suitable
203. *a qué . . . sentimiento*, in what part of your body does this pain mainly afflict you
204. recently
205. *que . . . oficio*, than when they have made progress in the spread of their infection
206. painful
207. i.e. that part of her body which is afflicted
208. *por ende, cumple*, therefore, it is absolutely necessary
209. *por donde . . . especificar*, by which I can make my ailment clear to you
210. *Mi mal . . . partes*, My ailment is of the heart; it is lodged in my left breast but its effects extend throughout (the body)

el seso, como éste hace. Túrbame la cara, quítame el comer, no puedo dormir, ningún género de risa querría ver. La causa o pensamiento, que es la final cosa por ti preguntada de mi mal, ésta no sabré decir. Porque ni muerte de deudo ni pérdida de temporales bienes ni sobresalto de visión ni sueño desvariado[211] ni otra cosa puedo sentir, que fuese, salvo la alteración, que tú me causaste con la demanda, que sospeché de parte de aquel caballero Calisto, cuando me pediste la oración.

CELESTINA. ¿Cómo, señora, tan mal hombre es aquél? ¿Tan mal nombre es el suyo, que en sólo ser nombrado trae consigo ponzoña su sonido? No creas que sea ésa la causa de tu sentimiento, antes otra que yo barrunto. Y pues que así es, si tu licencia[212] me das, yo, señora, te la diré.

MELIBEA. ¿Cómo, Celestina? ¿Qué es ese nuevo salario,[213] que pides? ¿De licencia tienes tú necesidad para me dar la salud? ¿Cuál físico[214] jamás pidió tal seguro para curar al paciente? Di, di, que siempre la tienes de mí, tal que[215] mi honra no dañes con tus palabras.

CELESTINA. Véote, señora, por una parte quejar el dolor, por otra temer la medicina. Tu temor me pone miedo, el miedo silencio, el silencio tregua entre tu llaga y mi medicina. Así que será causa, que ni tu dolor cese ni mi venida aproveche.

MELIBEA. Cuanto más dilatas la cura, tanto más me acrecientas y multiplicas la pena y pasión. Oh tus medicinas son de polvos de infamia y licor de corrupción, confeccionados con otro más crudo dolor, que el que de parte del paciente se siente, o no es ninguno tu saber. Porque si lo uno o lo otro no abastase, cualquiera remedio otro darías sin temor, pues te pido le muestres, quedando libre mi honra.[216]

. . .

MELIBEA. ¡Oh cómo me muero con tu dilatar! Di, por Dios, lo que quisieres,[217] haz lo que supieres, que no podrá ser tu remedio tan áspero que iguale con mi pena y tormento. Ahora toque en mi honra, ahora dañe mi fama, ahora lastime mi cuerpo, aunque sea romper mis carnes para sacar mi dolorido corazón, te doy mi fe ser segura y si siento alivio, bien galardonada.[218]

LUCRECIA (aparte). El seso tiene perdido mi señora. Gran mal es éste. Cautivádola ha[219] esta hechicera.

CELESTINA. (aparte). Nunca me ha de faltar un diablo acá y acullá: escapóme Dios de[220] Pármeno, tópome con Lucrecia.

MELIBEA. ¿Qué dices, amada maestra? ¿Qué te hablaba esa moza?

CELESTINA. No le oí nada. Que es muy necesario para tu salud que no esté persona delante y así que la debes mandar salir. Y tú, hija Lucrecia, perdona.

---

211. *sueño desvariado,* nightmare
212. permission
213. condition
214. physician, doctor
215. Modern Spanish, *con tal que*
216. *Porque . . . honra,* Because if one of these reasons didn't stop you, you would boldly have found another cure, since I am begging you for it, as long as my honor doesn't suffer. We have omitted Celestina's next speech in which she taxes Melibea's patience by continuing to stress the similarities between love and physical illness. Melibea throws caution to the wind in order to find some remedy for her lovesick heart. Notice the sharp contrast in her attitude towards *honra* between this speech and the one that follows
217. Modern Spanish, *quieras.* Also below, *sepas*
218. i.e. Celestina will be handsomely rewarded
219. Modern Spanish, *la ha cautivado*
220. God rid me

MELIBEA. Salte[221] fuera presto.

LUCRECIA. ¡Ya![222] ¡ya! (*Aparte*) ¡Todo es perdido! (*En voz alta*) Ya me salgo, señora.

CELESTINA. También me da osadía tu gran pena, como ver que con tu sospecha has ya tragado alguna parte de mi cura;[223] pero todavía es necesario traer más clara medicina y más saludable descanso de casa de aquel caballero Calisto.

MELIBEA. Calla, por Dios, madre. No traigas de su casa cosa para mi provecho ni le nombres aquí.

CELESTINA. Sufre, señora, con paciencia, que es el primer punto y principal. No se quiebre;[224] si no, todo nuestro trabajo es perdido. Tu llaga es grande, tiene necesidad de áspera cura. Y lo duro con duro se ablanda más eficazmente. Y dicen los sabios que la cura del lastimero médico deja mayor señal y que nunca peligro sin peligro se vence. Ten paciencia, que pocas veces lo molesto sin molestia se cura. Y un clavo con otro se expele y un dolor con otro. No concibas odio ni desamor ni consientas a tu lengua decir mal de persona tan virtuosa como Calisto, que si conocido fuese. . .

MELIBEA. ¡Oh por Dios, que me matas! ¿Y no te tengo dicho que no me alabes ese hombre ni me le nombres en bueno ni en malo?

CELESTINA. Señora, éste es otro y segundo punto, el cual si tú con tu mal sufrimiento no consientes, poco aprovechará mi venida, y si, como prometiste, lo sufres, tú quedarás sana y sin deuda y Calisto sin queja y pagado.

Primero te avisé de mi cura y desta invisible aguja, que sin llegar a ti, sientes en sólo mentarla en mi boca.

MELIBEA. Tantas veces me nombrarás ese tu caballero, que ni mi promesa baste ni la fe, que te di, a sufrir tus dichos. ¿De qué ha de quedar pagado? ¿Qué le debo yo a él? ¿Qué le soy a cargo?[225] ¿Qué ha hecho por mí? ¿Qué necesario es él aquí para el propósito de mi mal? Más agradable me sería que rasgases mis carnes y sacases mi corazón, que no traer esas palabras aquí.

CELESTINA. Sin te romper las vestiduras se lanzó en tu pecho el amor: no rasgaré yo tus carnes para le curar.[226]

MELIBEA. ¿Cómo dices que llaman a este mi dolor que así se ha enseñoreado[227] en lo mejor de mi cuerpo?

CELESTINA. Amor dulce.

MELIBEA. Eso me declara qué es, que en sólo oirlo me alegro.

CELESTINA. Es un fuego escondido, una agradable llaga, un sabroso veneno, una dulce amargura, una delectable dolencia, un alegre tormento, una dulce y fiera herida, una blanda muerte.

MELIBEA. ¡Ay mezquina de mí! Que si verdad es tu relación, dudosa será mi salud. Porque, según la contrariedad que esos nombres entre sí muestran, lo que al uno fuere provechoso acarreará al otro más pasión.

CELESTINA. No desconfíe, señora, tu noble juventud de salud. Que, cuando el alto Dios da la llaga, tras ella envía el remedio. Mayormente que sé yo al mundo nacida una flor de todo esto te dé libre.[228]

---

221. Modern Spanish, *sale*
222. All right!
223. *También . . . cura,* Your suffering emboldens me, and I can see by your suspicions (of Lucrecia) that you have swallowed some of my medicine
224. *no se quiebre,* don't let it (*punto,* stitch) come apart

225. *¿Qué le soy a cargo?* How am I indebted to him?
226. Modern Spanish, *para curarle*
227. *se ha enseñoreado,* has mastered
228. *mayormente . . . libre,* especially when I know the flower that will free you from all your suffering

MELIBEA. ¿Cómo se llama?

CELESTINA. No te lo oso decir.

MELIBEA. Di, no temas.

CELESTINA. ¡Calisto! ¡Oh por Dios, señora Melibea! ¿Qué poco esfuerzo es éste? ¿Qué descaecimiento?[229] ¡Oh mezquina yo! ¡Alza la cabeza! ¡Oh malaventurada vieja! ¡En esto han de parar mis pasos![230] Si muere, matarme han; aunque viva, seré sentida,[231] que ya no podrá sufrirse[232] de no publicar su mal y mi cura. Señora mía Melibea, ángel mío, ¿qué has sentido? ¿Qué es de tu habla graciosa? ¿Qué es de tu color alegre? Abre tus claros ojos. ¡Lucrecia! ¡Lucrecia! ¡entra presto acá!, verás amortecida a tu señora[233] entre mis manos. Baja presto por un jarro de agua.

MELIBEA. Paso, paso, que yo me esforzaré.[234] No escandalices la casa.

CELESTINA. ¡Oh cuitada de mí! No te descaezcas, señora, háblame como sueles.

MELIBEA. Y muy mejor. Calla, no me fatigues.

CELESTINA. ¿Pues qué me mandas que haga, perla graciosa? ¿Qué ha sido este tu sentimiento? Creo que se van quebrando mis puntos.

MELIBEA. Quebróse mi honestidad, quebróse mi empacho,[235] aflojó mi mucha vergüenza, y como muy naturales, como muy domésticos,[236] no pudieron tan livianamente despedirse de mi cara, que no llevasen consigo su color por algún poco de espacio,[237] mi fuerza, mi lengua y gran parte de mi

sentido. ¡Oh! pues ya, mi buena maestra, mi fiel secretaria, lo que tú tan abiertamente conoces, en vano trabajo por te lo encubrir.[238] Muchos y muchos días son pasados que ese noble caballero me habló en amor. Tanto me fue entonces su habla enojosa, cuanto, después que tú me le tornaste a nombrar, alegre. Cerrado han tus puntos mi llaga, venida soy en tu querer. En mi cordón le llevaste envuelta la posesión de mi libertad. Su dolor de muelas era mi mayor tormento, su pena era la mayor mía. Alabo y loo tu buen sufrimiento, tu cuerda osadía, tu liberal trabajo, tus solícitos y fieles pasos, tu agradable habla, tu buen saber, tu demasiada solicitud, tu provechosa importunidad. Mucho te debe ese señor y más yo, que jamás pudieron mis reproches aflacar tu esfuerzo y perseverar, confiando en tu mucha astucia. Antes, como fiel servidora, cuando más denostada, más diligente; cuando más desfavor, más esfuerzo; cuando peor respuesta, mejor cara; cuando yo más airada, tú más humilde. Pospuesto todo temor, has sacado de mi pecho lo que jamás a ti ni a otro pensé descubrir.

CELESTINA. Amiga y señora mía, no te maravilles, porque estos fines con efecto me dan osadía a sufrir los ásperos y escrupulosos desvíos de las encerradas doncellas como tú. Verdad es que antes que me determinase, así por el camino, como en tu casa, estuve en grandes dudas si te descubriría mi

---

229. *¿Qué descaecimiento?,* What weakness is this? Melibea has fainted.

230. errand

231. *aunque viva, seré sentida,* even if she lives, I'll be found out

232. *no podrá sufrirse de no publicar,* she will not have strength enough to remain quiet about

233. *verás amortecida a su señora,* you will see that your mistress has fainted

234. I will gather my strength

235. modesty

236. *como muy domésticos,* since they were so much a part of me

237. *no pudieron . . . espacio,* Melibea explains here the reason for her faintness. Since her honor and modesty, now gone, were so much a part of her, it was impossible that their loss would not show on her face.

238. *por te lo encubrir,* Modern Spanish, *por encubrírtelo*

petición. Visto el gran poder de tu padre, temía; mirando la gentileza de Calisto, osaba; vista tu discreción, me recelaba; mirando tu virtud y humanidad, me esforzaba. En lo uno hablaba el miedo y en lo otro la seguridad. Y pues así, señora, has querido descubrir la gran merced, que nos has hecho, declara tu voluntad, echa tus secretos en mi regazo, pon en mis manos el concierto deste concierto.[239] Yo daré forma cómo tu deseo y el de Calisto sean en breve cumplidos.

MELIBEA. ¡Oh mi Calisto y mi señor! ¡Mi dulce y suave alegría! Si tu corazón siente lo que ahora el mío, maravillada estoy cómo la ausencia te consiente vivir. ¡Oh mi madre y mi señora!, haz de manera cómo luego le pueda ver, si mi vida quieres.

CELESTINA. Ver y hablar.

MELIBEA. ¿Hablar? Es imposible.

CELESTINA. Ninguna cosa a los hombres, que quieren hacerla, es imposible.

MELIBEA. Dime cómo.

CELESTINA. Yo lo tengo pensado, yo te lo diré: por entre las puertas de tu casa.

MELIBEA. ¿Cuándo?

CELESTINA. Esta noche.

MELIBEA. Gloriosa me serás, si lo ordenas.[240] Di a qué hora.

CELESTINA. A las doce.

MELIBEA. Pues ve, mi señora, mi leal amiga, y habla con aquel señor y que venga muy paso[241] y se dará concierto,[242] según su voluntad, a la hora que has ordenado.

CELESTINA. Adiós, que viene hacia acá tu madre.

MELIBEA. Amiga Lucrecia y mi fiel secretaria,[243] ya has visto cómo no ha sido más en mi mano.[244] Cautivóme el amor de aquel caballero. Ruégote, por Dios, se cubra con secreto sello, porque yo goce de tan suave amor. Tú serás de mí tenida en aquel lugar que merece tu fiel servicio.

LUCRECIA. Pero, pues ya no tiene tu merced[245] otro medio, sino morir o amar, mucha razón es que se escoja por mejor aquello que en sí lo es.[246]

ALISA. ¿En qué andas acá, vecina, cada día?

CELESTINA. Señora, faltó ayer un poco de hilado al peso y vínelo a cumplir,[247] porque di mi palabra y, traído, voyme.[248] Quede Dios contigo.

ALISA. Y contigo vaya.[249]

ALISA. Hija Melibea, ¿qué quería la vieja?

MELIBEA. Venderme un poquito de solimán.[250]

ALISA. Eso creo yo más que lo que la vieja ruin dijo. Pensó que recibiría yo pena de ello y mintióme. Guárdate, hija, de ella, que es gran traidora. Que el sutil ladrón siempre rodea las ricas moradas. Sabe ésta con sus traiciones, con sus falsas mercaderías, mudar los propósitos castos. Daña la fama. A tres veces que entra en una casa, engendra[251] sospecha.

LUCRECIA. (aparte) Tarde acuerda nuestra ama.[252]

---

239. *pon . . . concierto deste concierto,* put in my hands the harmonization of this harmony
240. *si lo ordenas,* if you arrange it
241. quietly
242. *se dará concierto,* an arrangement will be made
243. confidante
244. *ha . . . mano,* it was beyond my power
245. will

246. *aquello que en sí lo es,* that which is intrinsically better, i.e. love
247. *y vínelo a cumplir,* and I came to make good on it
248. Modern Spanish, *me voy*
249. *y contigo vaya,* and may He go with you
250. Corrosive sublimate used in cosmetics. Its main effectiveness lay in removing face spots or blotches.
251. creates
252. she is too late, i.e. in realizing the danger

ALISA. Por amor mío, hija, que si acá tornare sin verla yo, que no hayas por bien su venida ni la recibas con placer. Halle en ti honestidad en tu respuesta y jamás volverá. Que la verdadera virtud más se teme que espada.

MELIBEA. ¿Desas es?[253] ¡Nunca más! Bien huelgo,[254] señora, de ser avisada, por saber de quién me tengo de guardar.[255]

ACTO DÉCIMONONO

. . .

SOSIA.[256] ¿Así, bellacos, rufianes, veníais a asombrar a los que no os temen? Pues yo juro que si esperarais, que yo os hiciera ir como merecíais.

CALISTO. Señora, Sosia es aquel que da voces. Déjame ir a valerle, no le maten, que no está[257] sino un pajecico con él. Dame presto mi capa, que está debajo de ti.

MELIBEA. ¡Oh triste de mi ventura! No vayas allá sin tus corazas; tórnate a armar.

CALISTO. Señora, lo que no hace espada y capa y corazón no lo hacen corazas y capacete y cobardía.

SOSIA. ¿Aun tornáis? Esperadme. Quizá venís por lana.[258]

CALISTO. Déjame, por Dios, señora, que puesta está la escala.[259]

MELIBEA. ¡Oh desdichada yo! ¿Y cómo vas tan recio y con tanta priesa y desarmado a meterte entre quien no conoces? Lucrecia, ven presto acá, que es ido Calisto a un ruido. Echémosle sus corazas por la pared, que se quedan acá.

TRISTÁN. Tente, señor, no bajes, que idos son; que no era sino Traso el cojo y otros bellacos, que pasaban voceando. Que ya se torna Sosia. Tente, tente, señor, con las manos a la escala.

CALISTO. ¡Oh, válgame[260] Santa María! ¡Muerto soy! ¡Confesión!

TRISTÁN. Llégate presto, Sosia, que el triste de nuestro amo es caído de la escala y no habla ni se bulle.

SOSIA. ¡Señor, señor! ¡A esotra puerta![261] ¡Tan muerto es como mi abuelo! ¡Oh gran desventura!

LUCRECIA. ¡Escucha, escucha! ¡Gran mal es éste!

MELIBEA. ¿Qué es esto? ¿Qué oigo? ¡Amarga de mí!

TRISTÁN. ¡Oh mi señor y mi bien muerto! ¡Oh mi señor despeñado! ¡Oh triste muerte sin confesión! Coge, Sosia, esos sesos de esos cantos,[262] júntalos con la cabeza del desdichado amo nuestro. ¡Oh día de aciago! ¡Oh arrebatado fin!

MELIBEA. ¡Oh desconsolada de mí! ¿Qué es esto? ¿Qué puede ser tan áspero acontecimiento como oigo? Ayúdame a subir, Lucrecia, por estas paredes, veré mi dolor; si no, hundiré con alaridos la casa de mi padre. ¡Mi bien y placer, todo es ido en humo! ¡Mi alegría es perdida! ¡Consumióse mi gloria!

LUCRECIA. Tristán, ¿qué dices, mi amor? ¿Qué es eso, que lloras tan sin mesura?

---

253. *¿Desas es?*, So she is one of those (women)!
254. *Bien huelgo,* I'm very glad
255. *de quién me tengo de guardar,* against whom I have to be on my guard
256. Sosia and Tristán, Calisto's servants, now that Sempronio and Pármeno are dead as the result of their murdering Celestina, are watching outside the garden wall while their master is in the garden with Melibea. A group of ruffians falls upon Sosia, causing Calisto to go to his aid.

257. Modern Spanish, *hay*
258. Proverb: *Muchas van por lana y vuelven trasquilados* (shorn).
259. rope ladder (over the high wall)
260. We must realize that Calisto has fallen from the wall.
261. *A esotra puerta,* he doesn't hear. A proverbial expression used when a deaf person doesn't understand.
262. paving stone

TRISTÁN. ¡Lloro mi gran mal, lloro mis muchos dolores! Cayó mi señor Calisto del²⁶³ escala y es²⁶⁴ muerto. Su cabeza está en tres partes. Sin confesión pereció. Díselo a la triste y nueva amiga, que no espere más su penado amador. Toma tú, Sosia, de esos pies. Llevemos el cuerpo de nuestro querido amo donde no padezca su honra detrimento, aunque sea muerto en este lugar. Vaya con nosotros llanto, acompáñenos soledad, síganos desconsuelo, visítenos tristeza, cúbranos luto y dolorosa jerga.

MELIBEA. ¡Oh la más de las tristes triste! ¡Tan tarde alcanzado el placer, tan presto venido el dolor!²⁶⁵

LUCRECIA. Señora, no rasgues tu cara ni meses tus cabellos. ¡Ahora en placer, ahora en tristeza! ¿Qué planeta hubo que tan presto contrarió su operación?²⁶⁶ ¡Qué poco corazón es éste! Levanta, por Dios, no seas hallada de tu padre en tan sospechoso lugar, que serás sentida. Señora, señora, ¿no me oyes? No te amortezcas, por Dios. Ten esfuerzo para sufrir la pena, pues tuviste osadía para el placer.

MELIBEA. ¿Oyes lo que aquellos mozos van hablando, oyes sus tristes cantares? ¡Rezando llevan con responso mi bien todo! ¡Muerta llevan mi alegría! ¡No es tiempo de yo vivir!²⁶⁷ ¿Cómo no gocé más del gozo?²⁶⁸ ¿Cómo tuve en tan poco la gloria que entre mis manos tuve? ¡Oh ingratos mortales! ¡Jamás conocéis vuestros bienes sino cuando de ellos carecéis!

LUCRECIA. Avívate, aviva, que mayor mengua será hallarte en el huerto que placer sentiste con la venida ni pena con ver que es muerto. Entremos en la cámara, acostarte has. Llamaré a tu padre y fingiremos otro mal, pues éste no es para poderse encubrir.²⁶⁹

Acto Veinteno

Argumento del veinteno acto

Lucrecia llama a la puerta de la cámara de Pleberio. Pregúntale Pleberio lo que quiere. Lucrecia le da prisa que vaya a ver a su hija Melibea. Levantado Pleberio, va a la cámara de Melibea. Consuélala, preguntando qué mal tiene. Finge Melibea dolor de corazón. Envía Melibea a su padre por algunos instrumentos músicos. Sube ella y Lucrecia en una torre. Envía de sí a Lucrecia. Cierra tras ella la puerta. Llégase su padre al pie de la torre. Descúbrele Melibea todo el negocio que había pasado. En fin, déjase caer de la torre abajo.

PLEBERIO, LUCRECIA, MELIBEA.

PLEBERIO. ¿Qué quieres, Lucrecia? ¿Qué quieres tan presurosa? ¿Qué pides con tanta importunidad y poco sosiego? ¿Qué es lo que mi hija ha sentido?

263. See n. 19.
264. Modern Spanish, *está*
265. Melibea's first speech after the certain knowledge of her beloved's death is truly poignant.
266. the fulfillment (of love)
267. *de yo vivir*, for me to live
268. She blames herself for resisting Calisto's early advances.
269. Lucrecia realizes that Melibea's grief must find some expression. It cannot be stifled.

¿Qué mal tan arrebatado puede ser,
que no haya yo tiempo de me vestir ni
me des aún espacio a me levantar?

LUCRECIA. Señor, apresúrate mucho si la
quieres ver viva, que ni su mal conozco
de fuerte[270] ni a ella ya de desfigurada.[271]

PLEBERIO. ¿Qué es esto, hija mía? ¿Qué
dolor y sentimiento es el tuyo? ¿Qué
novedad es ésta? ¿Qué poco esfuerzo es
éste? Mírame, que soy tu padre.
Habla conmigo, cuéntame la causa de
tu arrebatada pena. ¿Qué has? ¿Qué
sientes? ¿Qué quieres? Háblame,
mírame, dime la razón de tu dolor, por
que[272] presto sea remediado. No quieras enviarme con triste postrimería al
sepulcro. Ya sabes que no tengo otro
bien sino a ti. Abre esos alegres ojos
y mírame.

MELIBEA. ¡Ay dolor!

PLEBERIO. ¿Qué dolor puede ser que
iguale con ver yo el tuyo? Tu madre
está sin seso en oir tu mal. No pudo
venir a verte de turbada. Esfuerza tu
fuerza, aviva tu corazón, arréciate de
manera que puedas tú conmigo ir a
visitar a ella. Dime, ánima mía, la
causa de tu sentimiento.

MELIBEA. ¡Pereció mi remedio!

PLEBERIO. Hija, mi bienamada y querida
del viejo padre, por Dios, no te ponga
desesperación el cruel tormento[273] de
esta tu enfermedad y pasión, que a los
flacos corazones el dolor los arguye. Si
tú me cuentas tu mal, luego será remediado. Que ni faltarán medicinas ni
médicos ni sirvientes para buscar tu
salud, ahora consista en hierbas o en
piedras o en palabras, o esté secreta en
cuerpos de animales. Pues no me fatigues más, no me atormentes, no me
hagas salir de mi seso y dime: ¿Qué
sientes?

MELIBEA. Una mortal llaga en medio del
corazón, que no me consiente hablar.
No es igual a los otros males; menester
es sacarle para ser curada, que está en
lo más secreto de él.

PLEBERIO. Temprano cobraste los senti-
mientos de la vejez. La mocedad toda
suele ser placer y alegría, enemiga de
enojo. Levántate de ahí. Vamos a ver
los frescos aires de la ribera; alegrarte
has con tu madre, descansará tu pena.
Cata, si huyes de placer, no hay cosa
más contraria a tu mal.

MELIBEA. Vamos donde mandares. Subamos, señor, a la azotea alta, por que
desde allí goce de la deleitosa vista de
los navíos; por ventura aflojará algo
mi congoja.

PLEBERIO. Subamos, y Lucrecia con
nosotros.

MELIBEA. Mas, si a ti placerá, padre mío,
manda traer algún instrumento de
cuerdas con que se sufra mi dolor o
tañendo o cantando, de manera que,
aunque aqueje por una parte la fuerza
de su accidente, mitigarlo han por otra
los dulces sones y alegre armonía.

PLEBERIO. Eso, hija mía, luego es hecho.
Yo lo voy aparejar.

MELIBEA. Lucrecia, amiga mía, muy alto
es esto.[274] Ya me pesa por dejar la
compañía de mi padre. Baja a él y dile
que se pare al pie de esta torre, que le
quiero decir una palabra que se me
olvidó que hablase a mi madre.

LUCRECIA. Ya voy, señora.

MELIBEA. De todos soy dejada. Bien se
ha aderezado la manera de mi morir.
Algún alivio siento en ver que tan
presto seremos juntos yo y aquel mi
querido amado Calisto. Quiero cerrar
la puerta, por que ninguno suba a me
estorbar mi muerte. No me impidan
la partida, no me atajen el camino por

---

270. *de fuerte,* because of its violence
271. *de desfigurada,* because of her changed
     appearance

272. See n. 50.
273. Subject of *ponga*
274. They are now on the roof of the tower.

el cual en breve tiempo podré visitar en este día al que me visitó la pasada noche. Todo se ha hecho a mi voluntad. Buen tiempo tendré para contar a Pleberio mi señor la causa de mi ya acordado fin. Gran sinrazón hago a sus canas, gran ofensa a su vejez. Gran fatiga le acarreo con mi falta. En gran soledad le dejo; pero no es más en mi mano. Tú, Señor,[275] que de mi habla eres testigo, ves mi poco poder; ves cuán cautiva tengo mi libertad, cuán presos mis sentidos de tan poderoso amor del muerto caballero, que priva[276] al que tengo con los vivos padres.

PLEBERIO. Hija mía, Melibea, ¿qué haces sola? ¿Qué es tu voluntad decirme? ¿Quieres que suba allá?

MELIBEA. Padre mío, no pugnes ni trabajes por venir a donde yo estoy, que estorbarás la presente habla que te quiero hacer. Lastimado serás brevemente con la muerte de tu única hija. Mi fin es llegado, llegado es mi descanso y tu pasión, llegado es mi alivio y tu pena, llegada es mi acompañada[277] hora y tu tiempo de soledad. No habrás, honrado padre, menester instrumentos para aplacar mi dolor, sino campanas para sepultar mi cuerpo. Si me escuchas sin lágrimas, oirás la causa desesperada de mi forzada y alegre partida. No la interrumpas con lloro ni palabras; si no, quedarás más quejoso en no saber por qué me mato, que doloroso por verme muerta. Ninguna cosa me preguntes ni respondas más de lo que de mi grado decirte quisiere.

Porque cuando el corazón está embargado de pasión, están cerrados los oídos al consejo, y en tal tiempo las fructuosas palabras, en lugar de amansar, acrecientan la saña. Oye, padre mío, mis últimas palabras, y, si como yo espero las recibes, no culparás mi yerro. Bien ves y oyes este triste y doloroso sentimiento que toda la ciudad hace. Bien ves este clamor de campanas, este alarido de gentes, este aullido de canes, este grande estrépito de armas. De todo esto fui yo la causa. Yo cubrí de luto y jergas en este día casi la mayor parte de la ciudadana caballería, yo dejé hoy muchos servientes descubiertos de señor, yo quité muchas raciones y limosnas a pobres y envergonzantes, yo fui ocasión que los muertos tuviesen compañía del más acabado hombre que en gracia nació, yo quité a los vivos el dechado de gentileza, de invenciones galanas, de atavíos y bordaduras, de habla, de andar, de cortesía, de virtud; yo fui causa que la tierra[278] goce sin tiempo[279] el más noble cuerpo y más fresca juventud que al mundo era en nuestra edad criada. Y porque estarás espantado con el son de mis no acostumbrados delitos, te quiero más aclarar el hecho. Muchos días son pasados, padre mío, que penaba por amor un caballero que se llamaba Calisto, el cual tú bien conociste. Conociste asimismo sus padres y claro linaje; sus virtudes y bondad a todos eran manifiestas. Era tanta su pena de amor y tan poco el lugar para hablarme, que descubrió

275. God
276. Here, to inhibit, check
277. It is clear that Melibea expects to join Calisto in heaven, not a Christian one, of course, since neither one is eligible to enter such a heaven on account of the manner of his death; one dies sinful and without confession, the other is a suicide. But the Renaissance conceived also a pagan, neo-Platonic heaven of lovers, as we have seen

in the *Égloga primera* of Garcilaso de la Vega (p. 71, n. 36), and it is there that Melibea expects to rejoin her Calisto.
Notice the sheer beauty of phrase in this speech and the calm which the certainty of death and reunion with her lover infuse in her soul. This peace contrasts vividly with the violent emotion so recently felt.

278. The earth in which he is to be buried
279. *sin tiempo*, forever

su pasión a una astuta y sagaz mujer que llamaban Celestina. La cual, de su parte venida a mí, sacó mi secreto amor de mi pecho. Descubría a ella lo que a mi querida madre encubría. Tuvo manera cómo ganó mi querer, ordenó cómo su deseo y el mío hubiesen efecto. Si él mucho me amaba, no vivía engañado.[280] Concertó el triste concierto de la dulce y desdichada ejecución de su voluntad. Vencida de su amor, dile entrada en tu casa. Quebrantó con escalas las paredes de tu huerto, quebrantó mi propósito . . . A la vuelta de su venida,[281] como de la fortuna mudable estuviese dispuesto y ordenado según su desordenada costumbre; como las paredes eran altas, la noche oscura, la escala delgada, los sirvientes que traía no diestros en aquel género de servicio, no vio bien los pasos, puso el pie en vacío y cayó. De la triste caída sus más escondidos sesos quedaron repartidos por las piedras y paredes. Cortaron las hadas sus hilos,[282] cortáronle sin confesión su vida, cortaron mi esperanza, cortaron mi gloria, cortaron mi compañía.[283] Pues ¿qué crueldad sería, padre mío, muriendo él despeñado que viviese yo penada? Su muerte convida a la mía, convídame y fuerza que sea presto, sin dilación; muéstrame que ha de ser despeñada, por seguirle en todo. No digan

por mí: a muertos y a idos . . .[284] Y así, contentarle he en la muerte, pues no tuve tiempo en la vida. ¡Oh mi amor y señor Calisto! Espérame, ya voy; detente si me esperas; no me incuses[285] la tardanza que hago dando esta última cuenta a mi viejo padre, pues le debo mucho más. ¡Oh padre mío muy amado! Ruégote, si amor en esta pasada y penosa vida me has tenido, que sean juntas nuestras sepulturas; juntos nos hagan nuestras obsequias. Algunas consolatorias palabras te diría antes de mi agradable fin, colegidas y sacadas de aquellos antiguos libros que tú, por más aclarar mi ingenio, me mandabas leer; sino que la ya dañada memoria, con la gran turbación, me las ha perdido, y aun porque veo tus lágrimas mal sufridas decir[286] por tu arrugada faz. Salúdame a mi cara y amada madre, sepa de ti largamente la triste razón por que muero. ¡Gran placer llevo de no la ver presente! Toma, padre viejo, los dones de tu vejez. Que en largos días largas se sufren tristezas. Recibe las arras de tu senectud antigua, recibe allá tu amada hija. Gran dolor llevo de mí, mayor de ti, muy mayor de mi vieja madre. Dios quede contigo y con ella. A Él ofrezco mi ánima. Pon tú en cobro este cuerpo que allá baja.[287]

280. deceived; here, unrequited
281. *A . . . venida,* on his departure
282. thread of life
283. *mi compañía,* his companionship with me
284. Proverb: *A muertos y a idos, pocos amigos.*
285. to accuse

286. to descend. A rare word, not to be confused with *decir,* to say.
287. After Melibea's death, a short act in which her father tells her mother what has happened and laments his sad old age brings the *Celestina* to its end.

Selections from *Lazarillo de Tormes*

Tratado Primero

Cuenta Lázaro su vida y cuyo hijo fue.

Pues sepa vuestra merced[1] ante todas cosas que a mí me llaman Lázaro de Tormes, hijo de Tomé González, y de Antoña Pérez, naturales de Tejares,[2] aldea de Salamanca. Mi nacimiento fue dentro del río Tormes, por la cual causa tomé el sobrenombre, y fue de esta manera. Mi padre (que Dios perdone) tenía cargo de proveer una molienda de una aceña, que está ribera[3] de aquel río, en la cual fue molinero más de quince años; y estando mi madre una noche en la aceña, preñada de mí, tomóla el parto y parióme allí; de manera que con verdad me puedo decir nacido en el río.

Pues siendo yo niño de ocho años, achacaron a mi padre ciertas sangrías[4] mal hechas en los costales de los que allí a moler venían, por lo cual fue preso, y confesó, y no negó, y padeció persecución por justicia. Espero en Dios, que está en la gloria; pues el Evangelio los llama bienaventurados.[5] En este tiempo se hizo cierta armada contra moros, entre los cuales fue mi padre que a la sazón estaba desterrado por el desastre ya dicho, con cargo de acemilero de un caballero que allá fue; y con su señor, como leal criado, feneció su vida.

Mi viuda madre, como sin marido y sin abrigo se viese, determinó arrimarse a los buenos, por ser uno de ellos,[6] y vínose a vivir a la ciudad, y alquiló una casilla, y metióse a guisar de comer a ciertos estudiantes y lavaba la ropa a ciertos mozos de caballos del comendador de la Magdalena.[7] De manera que frecuentando las caballerizas, ella y un hombre moreno[8] de aquellos que las bestias curaban vinieron en conocimiento. Éste algunas . . . veces de día llegaba a la puerta en achaque de comprar huevos, y entrábase en casa. Yo, al principio de su entrada,[9] pesábame[10] con él y habíale[11] miedo, viéndole el color y mal gesto que tenía; mas desque vi que con su venida mejoraba el comer, fuile queriendo bien, porque siempre traía pan, pedazos de carne, y en el invierno leños a que nos calentábamos. De manera que, continuando la posada y conversación,[12] mi madre vino a darme de él un negrito muy bonito, el cual yo brincaba y ayudaba a calentar. Y acuérdome que es-

---

1. The account of Lázaro's life is addressed to a patron, probably only an imaginary person, whom the author calls merely 'Your Grace.'
2. Village two miles from Salamanca, the old university city. Both are watered by the Tormes River. At Tejares one still sees an old water mill, as described here.
3. *ribera de*, on the banks of
4. bleedings, i.e. thefts
5. Quotations from the Bible: 'And he confessed, and denied not' (John 1. 20); 'Blessed are those who have been persecuted for righteousness' sake: for theirs is the kingdom of heaven' (Matthew 5. 10).

Note that the author uses these citations ironically.
6. Proverb: *Arrímate a los buenos y serás uno de ellos;* a person is known by the company he keeps.
7. *comendador,* one who enjoys certain incomes (*encomiendas*) from an ecclesiastical property; *la Magdalena,* a church in Salamanca
8. a 'colored' man; euphemism for Negro
9. *al . . . entrada,* when he first came
10. *pesábame con él,* I didn't like him
11. *haber* for *tener,* as is frequent in this book
12. *la posada y conversación,* his boarding (with us) and their relations

tando el negro de mi padrastro[13] trebejando con el mozuelo, como el niño veía a mi madre y a mí blancos, y a él no, huía de él con miedo para mi madre, y señalando con el dedo decía:—¡Mamá, coco!—. . . Yo, aunque bien muchacho, noté aquella palabra de mi hermanico, y dije entre mí:[14] «¡Cuántos debe de haber en el mundo que huyen de otros porque no se ven a sí mismos!»

Quiso nuestra fortuna que la conversación del Zayde, que así se llamaba, llegó a oídos del mayordomo, y hecha pesquisa, hallóse que la mitad por medio de la cebada, que para las bestias le daban, hurtaba, y salvados, leña, almohazas, mandiles y las mantas, y las sábanas de los caballos hacía perdidas,[15] y cuando otra cosa no podía, las bestias desherraba, y con todo esto acudía a mi madre para criar a mi hermanico. No nos maravillemos de un clérigo, ni de un fraile, porque el uno hurta de los pobres, y el otro de casa para sus devotas y para ayuda de otro tanto,[16] cuando a un pobre esclavo el amor le animaba a esto; y probósele cuanto digo,[17] y aún más; porque a mí con amenazas me preguntaban, y como niño respondía, y descubría cuanto sabía con miedo, hasta ciertas herraduras, que por mandado de mi madre a un herrero vendí. Al triste de mi padrastro azotaron y pringaron,[18] y a mi madre pusieron pena por justicia sobre el acostumbrado centenario,[19] que en casa del sobredicho comendador no entrase, ni

al lastimado Zayde, en la suya acogiese. Por no echar la soga tras el caldero,[20] la triste se esforzó y cumplió la sentencia; y por evitar peligro y quitarse de malas lenguas,[21] se fue a servir a los que al presente[22] vivían en el mesón de la Solana; y allí, padeciendo mil importunidades, se acabó de criar mi hermanico, hasta que supo andar. Ya yo era buen mozuelo, que iba a[23] los huéspedes por vino y candelas, y por lo demás que me mandaban.

En este tiempo vino a posar al mesón un ciego, el cual, pareciéndole que yo sería para adestrarle,[24] me pidió a mi madre, ella me encomendó a él, diciéndole como era hijo de un buen hombre; el cual por ensalzar la fe había muerto en la de los Gelves,[25] y que ella confiaba en Dios que no saldría peor que mi padre, y que le rogaba me tratase bien, y mirase por mí, pues era huérfano.[26] Él respondió que así lo haría, y que me recibía no por mozo sino por hijo. Y así le comencé a servir y adestrar a mi nuevo viejo amo.

Como estuvimos en Salamanca algunos días, pareciéndole a mi amo que no era la ganancia a su contento, determinó irse de allí; y cuando nos hubimos de partir yo fui a ver a mi madre, y ambos llorando, me dio su bendición, y dijo:— Hijo, ya sé que no te veré más; procura ser bueno, y Dios te guíe; criado te he y con buen amo te he puesto, válete[27] para ti—; y así me fui para mi amo, que

---

13. *el negro de mi padrastro,* my black stepfather. This construction is frequent in the book: *el bueno de mi ciego; el pobre de mi amo.*
14. *entre mi,* to myself
15. *hacía perdidas,* he pretended (that they were) lost
16. *para . . . tanto,* to help with other such things.
17. all I have said was proved against him
18. Slang, to draw blood
19. one hundred lashes
20. *Por . . . caldero;* proverbial, not to lose everything. If the kettle, let down into the

well by the rope, should be lost, there's no point in throwing the rope after it.
21. *malas lenguas,* slanderers
22. at that time
23. Here, for
24. that I would serve to guide him
25. *la [batalla] de los Gelves.* Los Gelves is an island off the African coast near Tunis, where the Moors annihilated a Spanish force in 1510.
26. In Spanish, a person who has lost only *one* parent is an *huérfano.*
27. Imperative of *valer;* look out for yourself

esperándome estaba. Salimos de Salamanca, y llegando a la puente, está a la entrada de ella un animal de piedra, que casi tiene forma de toro, y el ciego mandóme que llegase cerca del animal, y allí puesto, me dijo:—Lázaro, llega el oído a este toro, y oirás gran ruido dentro de él—. Yo simplemente llegué, creyendo ser así; y como sintió que tenía la cabeza par de[28] la piedra, afirmó recio la mano y diome una gran calabazada en el diablo del toro, que más de tres días me duró el dolor de la cornada, y díjome: —Necio, aprende, que el mozo del ciego un punto ha de saber más[29] que el diablo—; y rio mucho la burla. Parecióme que en aquel instante desperté de la simpleza en que como niño dormido estaba, y dije entre mí: «Verdad dice éste, que me cumple avivar el ojo y avisar, pues soy[30] solo, y pensar cómo me sepa valer.»

Comenzamos nuestro camino, y en muy pocos días me mostró jerigonza,[31] y como me viese de buen ingenio, holgábase mucho, y decía:—Yo oro ni plata no te lo puedo dar, mas avisos para vivir, muchos te mostraré—. Y fue así, que después de Dios éste me dio la vida; y siendo ciego me alumbró y adestró en la carrera de vivir. Huelgo de contar a vuestra merced estas niñerías, para mostrar cuánta virtud sea saber los hombres subir siendo bajos, y dejarse bajar siendo altos, cuánto vicio.

Pues tornando al bueno de mi ciego y contando sus cosas, vuestra merced sepa, que desde que Dios creó el mundo, ninguno formó más astuto ni sagaz; en su oficio era un águila;[32] ciento y tantas oraciones sabía de coro;[33] un tono bajo, reposado y muy sonable, que hacía resonar la iglesia donde rezaba; un rostro humilde y devoto que con muy buen continente ponía cuando rezaba, sin hacer gestos, ni visajes con boca ni ojos, como otros suelen hacer. Allende de[34] esto, tenía otras mil formas y maneras para sacar el dinero: decía saber oraciones para muchos y diversos efectos . . . Finalmente, nadie le decía padecer alguna pasión que luego no le decía: haced esto, haréis este otro, coged tal yerba, tomad tal raíz. Con esto andábase todo el mundo tras él, especialmente mujeres, que cuanto les decía creían; de éstas sacaba él grandes provechos con las artes que digo, y ganaba más en un mes que cien ciegos en un año.

Mas también quiero que sepa vuestra merced, que con todo lo que adquiría y tenía, jamás tan avariento, ni mezquino hombre no vi, tanto que me mataba a mí de hambre, y así no me demediaba de lo necesario.[35] Digo verdad: si con mi sutileza y buenas mañas no me supiera remediar, muchas veces me finara de hambre; mas con todo su saber y aviso le contraminaba de tal suerte, que siempre, o las más veces, me cabía lo más y mejor.

Para esto le hacía burlas endiabladas, de las cuales contaré algunas, aunque no todas a mi salvo.[36] Él traía el pan y todas las otras cosas en un fardel de lienzo que por la boca se cerraba con una argolla de hierro y su candado y llave, y al meter de las cosas y sacarlas era[37] con tanta vigilancia y tan por contadero[38] que no bastara todo el mundo hacerle menos[39] una migaja; mas yo tomaba aquella laceria que él me daba, la cual en menos

28. *par de,* next to, alongside of
29. Word order: *ha de saber un punto más*
30. Modern Spanish, *estoy*
31. *me mostró jerigonza,* he taught me the slang (of ruffians, gipsies, etc.). The special secret language of the lowest social group was called *germanía.*
32. Slang, 'shark'
33. Supply, he had
34. *allende de,* besides
35. *no me . . . necesario,* it didn't come to the half of what I needed
36. *a mi salvo,* without harm to me
37. Subject, it
38. *tan por contadero,* so carefully counted
39. *hacerle menos,* to filch from him

de dos bocados era despachada. Después que cerraba el candado y se descuidaba, pensando que yo estaba entendiendo en otras cosas, por un poco de costura, que muchas veces de un lado del fardel descosía y tornaba a coser, sangraba el avariento fardel sacando, no por tasa, pan, mas buenos pedazos, torreznos y longaniza; y así buscaba conveniente tiempo para rehacer, no la chaza, sino la endiablada falta, que el mal ciego me faltaba.[40]

Todo lo que podía sisar y hurtar traía en medias blancas,[41] y cuando le mandaban rezar, y le daban blancas, como él carecía de vista, no había el que se la daba amagado con ella[42] cuando yo la tenía lanzada en la boca, y la media aparejada, que por presto que él echaba la mano, ya iba de mi cambio aniquilada en la mitad del justo precio. Quejábaseme el mal ciego, porque al tiento[43] luego la conocía y sentía que no era blanca entera, y decía: —¿Qué diablos es esto, que después que conmigo estás no me dan sino medias blancas, y de antes una blanca y un maravedí hartas veces me pagaban? En ti debe de estar esta desdicha.

También él abreviaba el rezar, y la mitad de la oración no acababa, porque me tenía mandado, que en yéndose[44] el que la mandaba rezar, le tirase por cabo del capuz. Yo así lo hacía. Luego él tornaba a dar voces, diciendo:—¿Mandan rezar tal y tal oración?—, como suelen decir.

Usaba poner cabe sí[45] un jarrillo de vino cuando comíamos; yo muy de presto le asía, y daba un par de besos[46] callados, y tornábale a su lugar. Mas duróme poco, que en los tragos conocía la falta, y por reservar su vino a salvo,[47] nunca después desamparaba el jarro, antes lo tenía por el asa asido; mas no había piedra imán[48] que trajese a sí el hierro, como yo el vino con una paja larga de centeno, que para aquel menester tenía hecha, la cual, metiéndola en la boca del jarro, chupando el vino, lo dejaba a buenas noches.[49] Mas como fuese el traidor tan astuto, pienso que me sintió, y dende en adelante[50] mudó propósito, y asentaba su jarro entre las piernas, y atapábale con la mano y así bebía seguro. Yo, como estaba hecho[51] al vino, moría por él, y viendo que aquel remedio de la paja no me aprovechaba ni valía, acordé[52] en el suelo del jarro hacerle una fuentecilla,[53] y agujero sutil, y delicadamente con una muy delgada tortilla de cera taparlo, y al tiempo de comer, fingiendo haber frío, entrábame entre las piernas del triste ciego a calentarme en la pobrecilla lumbre que teníamos, y al calor de ella luego era derretida la cera, por ser muy poca, comenzaba la fuentecilla a destilarme en la boca, la cual yo de tal manera ponía, que maldita la gota[54] se perdía. Cuando el pobre iba a beber, no hallaba nada; espantábase, maldecíase, daba al diablo el jarro y el vino, no sabiendo qué podía ser. —No diréis, tío, que os lo bebo yo—

40. *tiempo . . . faltaba,* opportunity to pay back not the slight harm but the egregious evil the foul blind man did to me. In the Spanish game of *pelota, chaza* is a short return, and *falta* is one out of bounds.
41. *blanca,* penny; *media blanca,* half-penny
42. *no había . . . ella,* the one who gave it had hardly shown his intention of doing so. *Amagado* means 'threatened.'
43. by touch
44. Modern Spanish, *al irse*
45. *Usaba . . . sí,* he used to put next to himself
46. Figurative for *draught*

47. *por . . . salvo,* to keep his wine safe
48. *piedra imán,* magnet
49. *lo . . . noches,* I left not a drop of it. Many of the anecdotes in *Lazarillo de Tormes* existed before the book was written and were handed down by oral tradition. We have in an old manuscript of the fourteenth century a picture of a boy using a straw just as Lázaro does.
50. *dende en adelante,* from then on
51. *hecho a,* accustomed to
52. I resolved
53. leak, hole
54. *maldita la gota,* not a blessed drop

decía—pues no lo quitáis de la mano—.
Tantas vueltas y tientos dio al jarro, que
halló la fuente y cayó en[55] la burla; mas
así lo disimuló como si no lo hubiera
sentido,[56] y luego otro día, teniendo yo
rezumando mi jarro como solía, no pensando en el daño que me estaba aparejado, ni que el mal ciego me sentía, sentéme como solía, estando recibiendo
aquellos dulces tragos, mi cara puesta
hacia el cielo, un poco cerrados los ojos,
por mejor gustar el sabroso licor, sintió
el desesperado ciego que ahora tenía
tiempo[57] de tomar de mí venganza, y con
toda su fuerza, alzando con dos manos
aquel dulce y amargo jarro, le dejó caer
sobre mi boca, ayudándose (como digo)
con todo su poder, de manera que el
pobre Lázaro, que de nada de esto se
guardaba, antes, como otras veces, estaba
descuidado y gozoso, verdaderamente me
pareció que el cielo, con todo lo que en
él hay, me había caído encima. Fue tal
el golpecillo, que me desatinó[58] y sacó
de sentido, y el jarrazo tan grande, que
los pedazos de él se me metieron por
la cara, rompiéndomela por muchas
partes, y me quebró los dientes, sin los
cuales hasta hoy día me quedé.

Desde aquella hora quise mal al mal
ciego; y aunque me quería y regalaba
y me curaba, bien vi que se había holgado del cruel castigo. Lavóme con
vino las roturas que con los pedazos del
jarro me había hecho, y sonriéndose
decía: —¿Qué te parece, Lázaro? Lo que
te enfermó te sana y da salud—, y otros
donaires que a mi gusto no lo eran. Ya
que estuve medio bueno de mi negra
trepa[59] y cardenales considerando que a
pocos golpes tales el cruel ciego ahorra-
ría[60] de mí, quise yo ahorrar de él; mas
no lo hice tan presto por hacerlo más
a mi salvo y provecho. Aunque yo quisiera asentar mi corazón, y perdonarle el
jarrazo, no daba lugar el mal tratamiento
que el mal ciego desde allí adelante[61] me
hacía, que sin causa ni razón me hería,
dándome coscorrones y repelándome. Y
si alguno le decía[62] por qué me trataba
tan mal, luego contaba el cuento del
jarro, diciendo: —¿Pensáis que este mi
mozo es algún inocente? Pues oíd si el
demonio ensayara[63] otra tal hazaña—.
Santiguándose[64] los que le oían, decían:
—¡Mirad quién pensara de un muchacho
tan pequeño tal ruindad!—; y reían
mucho el artificio, y decíanle: —Castigadlo, castigadlo, que de Dios lo ha-
bréis[65]—, y él con aquello nunca otra
cosa hacía.

Y en esto yo siempre le llevaba por
los peores caminos, y adrede, por le hacer
mal y daño, si había piedras por ellas, si
lodo por lo más alto,[66] que aunque yo
no iba por lo más enjuto, holgábame a
mí de quebrar un ojo por quebrar dos
al que ninguno tenía.[67] Con esto siempre
con el cabo alto del tiento me tentaba el
colodrillo,[68] el cual siempre traía lleno
de tolondrones y pelado de sus manos; y
aunque yo juraba no lo hacer con malicia
sino por no hallar mejor camino, no me
aprovechaba ni me creía; mas tal era el

55. *caer en,* to realize
56. felt
57. opportunity
58. knocked me out
59. *negra trepa,* wretched beating
60. Here, to get rid of
61. *desde allí adelante,* from then on
62. Here, to ask
63. Here, to attempt
64. crossing themselves (as if to protect themselves from a devil)
65. you will have your reward from God
66. Here, deep

67. A fable tells us of an envious man who
   could not bear to see his neighbor happy
   or successful. When a supernatural being
   offered him anything he wanted, with the
   proviso that his neighbor receive twice as
   much, he finally said: 'I ask to have one of
   my eyes put out.' Lazarillo recalls this
   tale, since he does himself harm in order to
   do twice as much to the blind man.
68. *siempre . . . colodrillo,* he was always pok-
   ing me in the back of the neck with the
   upper end of his staff

sentido y grandísimo entendimiento del traidor.

Y porque vea vuestra merced a cuánto se extendía el ingenio de este astuto ciego, contaré un caso de muchos que con él me acaecieron, en el cual me parece dio bien a entender su gran astucia. Cuando salimos de Salamanca, su motivo fue venir a tierra de Toledo, porque decía ser la gente más rica, aunque no muy limosnera. Arrimábase a este refrán: «Más da el duro que el desnudo»; y venimos a este camino por los mejores lugares; do hallaba buena acogida y ganancia, nos deteníamos; donde no, a tercer día hacíamos San Juan.[69] Acaeció, que en llegando a un lugar que llaman Almoroz, al tiempo que cogían las uvas, un vendimiador le dio un racimo de ellas en limosna; y como suelen ir los cestos maltratados, y también porque la uva en aquel tiempo está muy madura, desgranábasele el racimo en la mano; para echarlo en el fardel tornábase mosto, y lo que a él se llegaba.[70] Acordó de hacer un banquete, así por no poderlo llevar como por contentarme, que aquel día me había dado muchos rodillazos y golpes; sentámonos en un valladar, y dijo:—Ahora quiero yo usar contigo de una liberalidad, y es, que ambos comamos este racimo de uvas, y que hayas de él tanta parte como yo; partirlo hemos[71] de esta manera: tú picarás una vez y yo otra, con tal que me prometas no tomar cada vez más de una uva; yo haré lo mismo hasta que lo acabemos, y de esta suerte no habrá engaño—. Hecho así el concierto, comenzamos; mas luego al segundo lance el traidor mudó propósito y comenzó a

tomar de dos en dos,[72] considerando que yo debería hacer lo mismo. Como vi que él quebraba la postura,[73] no me contenté ir a la par con él; mas aún pasaba adelante: dos a dos, y tres a tres, y como podía las comía. Acabado el racimo, estuvo un poco con el escobajo en la mano, y meneando la cabeza, dijo: —Lázaro, engañado me has: juraré yo que has tú comido las uvas tres a tres. —No comí, dije yo; mas ¿por qué sospecháis eso?—Respondió el graciosísimo ciego: —¿Sabes en qué veo que las comiste tres a tres? En que comía yo dos a dos y callabas.

Reíme entre mí, y (aunque muchacho) noté mucho la discreta consideración del ciego; mas por no ser prolijo, dejo de contar muchas cosas, así graciosas como de notar, que con este mi primer amo me acaecieron y quiero decir el despidiente,[74] y con él acabar. Estábamos en Escalona (villa del duque de ella), en un mesón, y diome un pedazo de longaniza que le asase. Y ya que la longaniza había pringado,[75] y comídose las pringadas, sacó un maravedí de la bolsa, y mandóme que fuese por él de vino[76] a la taberna. Púsome el demonio el aparejo delante los ojos, el cual (como suelen decir) hace al ladrón,[77] y fue, que había cabe el fuego un nabo pequeño, larguillo y ruinoso, y tal, que por no ser para la olla, debió ser echado allí; y como al presente nadie estuviese sino él y yo solos, como me vi con apetito goloso, habiéndome puesto dentro el sabroso olor de la longaniza, del cual solamente sabía que había[78] de gozar, no mirando qué me podría suceder, pospuesto todo temor, por cumplir con el deseo, en tanto que el ciego

69. *hacer San Juan*, to move on (the day of San Juan is the usual day for changing residence in Spain)
70. *para echarlo . . . se llegaba*, if he were to put it in his sack it would squash, and (spoil) everything which touched it
71. *partirlo hemos: lo partiremos*

72. *de dos en dos*, two at a time
73. agreement
74. leave-taking
75. to drip grease
76. *por él de vino*, a maravedí's worth of wine
77. Proverb: *La ocasión hace al ladrón.*
78. Subject, *yo*

sacaba de la bolsa el dinero, saqué la longaniza, y muy presto metí el sobredicho nabo en el asador; el cual mi amo, dándome el dinero para el vino, tomó y comenzó a dar vueltas al fuego, queriendo asar al que de ser cocido, por sus desméritos había escapado. Yo fui por el vino, con el cual[79] no tardé en despachar la longaniza, y cuando vine hallé al pecador del ciego que tenía entre dos rebanadas apretado el nabo, al cual aún no había conocido por no lo haber tentado con la mano. Como tomase las rebanadas y mordiese en ellas, pensando también llevar parte de la longaniza, hallóse en frío[80] con el frío nabo; alteróse, y dijo: —¿Qué es esto, Lazarillo? —Lacerado de mí, dije yo, si queréis achacarme algo. Yo ¿no vengo de traer el vino? Alguno estaba ahí, y por burla haría eso. —No, no, dijo él, que yo no he dejado el asador de la mano, no es posible—. Yo torné a jurar y perjurar que estaba libre de aquel trueco y cambio; mas poco me aprovechó, pues a las astucias del maldito ciego nada se le escondía. Levantóse y asióme por la cabeza, y llegóse a olerme, y como debió sentir el huelgo,[81] a uso de buen podenco, por mejor satisfacerse de la verdad, y con la gran agonía que llevaba, asiéndome con las manos, abrióme la boca más de su derecho,[82] y desatentadamente metía la nariz, la cual tenía larga y afilada, y aquella sazón con el enojo, se había aumentado un palmo, con el pico de la cual me llegó a la gulilla.[83] Con esto y con el gran miedo que tenía, y con la brevedad del tiempo, que la negra longaniza aún no había hecho asiento en el estómago, y lo más principal, con el des-

tiento[84] de la cumplidísima nariz, medio casi ahogándome, todas estas cosas se juntaron, y fueron causa que el hecho y golosina se manifestase, y lo suyo fuese vuelto a su dueño, de manera que antes que el mal ciego sacase de mi boca su trompa, tal alteración sintió mi estómago, que le dio con[85] el hurto en ella, de suerte que su nariz y la negra malmascada longaniza a un tiempo salieron de mi boca. ¡Oh gran Dios! ¡Quién estuviera[86] a aquella hora ya sepultado! que muerto ya lo estaba. Fue tal el coraje del perverso ciego, que si al ruido no acudieran, pienso no me dejara con vida.

Sacáronme de entre sus manos, dejándoselas llenas de aquellos pocos cabellos que tenía, arañada la cara y rasguñado el pescuezo y la garganta; y esto bien lo merecía, pues por su[87] maldad me venían tantas persecuciones. Contaba el mal ciego a todos cuantos allí se llegaban mis desastres, y dábales cuenta una y otra vez, así de la del jarro como de la del racimo, y ahora de lo presente; era la risa de todos tan grande, que toda la gente que por la calle pasaba, entraba a ver la fiesta; mas con tanta gracia y donaire contaba el ciego mis hazañas, que aunque yo estaba tan maltratado y llorando me parecía que le hacía injusticia en no se las reír . . .

Visto eso y las malas burlas que el ciego burlaba de mí, determiné de todo en todo[88] dejarle, y como lo tenía pensado y lo tenía en voluntad, con este postrer juego que me hizo, afirmélo más; y fue así, que luego otro día salimos por la villa a pedir limosna, y había llovido mucho la noche antes; y porque el día también

79. The antecedent of *el cual* is the idea of going, not *vino*.
80. face to face
81. breath
82. *más de su derecho,* more than its proper width
83. Latinism for *galillo,* gullet
84. groping
85. *dar con,* to strike with
86. *Quién estuviera,* Would I had been!
87. Refers to *garganta,* subject of *merecía;* some editions read *mi,* in which case *yo* would be the subject of *merecía.*
88. *de todo en todo,* definitely

llovía andaba rezando debajo de unos portales,[89] que en aquel pueblo había, donde no nos mojábamos; mas como la noche se venía, y el llover no cesaba, díjome el ciego: —Lázaro, esta agua es muy porfiada, y cuando la noche más cierra, más recia; acojámonos a la posada con tiempo[90]—. Para ir allá habíamos de pasar un arroyo[91] que con la mucha agua iba grande; yo le dije: —Tío, el arroyo va muy ancho; mas si queréis, yo veo por donde atravesemos más aína[92] sin nos mojar, porque se estrecha allí mucho, y saltando pasaremos a pie enjuto—. Parecióle buen consejo, y dijo: —Discreto eres; por eso te quiero bien: llévame a ese lugar, donde el arroyo se ensangosta, que ahora es invierno y sabe mal[93] el agua, y más llevar los pies mojados.

Yo que vi el aparejo a mi deseo, saquéle debajo de los portales, y llevélo derecho de[94] un pilar o poste de piedra que en la plaza estaba, sobre el cual, y sobre otros cargaban saledizos[95] de aquellas casas, y díjele: —Tío, éste es el paso más angosto que en el arroyo hay—. Como llovía recio y el triste se mojaba,

y con la prisa que llevábamos de salir del agua que encima nos caía y lo más principal, porque Dios le cegó aquella hora el entendimiento por darme de él venganza, creyóse de mí,[96] y dijo: —Ponme bien derecho, y salta tú el arroyo—. Yo le puse bien derecho enfrente del pilar, y doy un salto, y póngome detrás del poste como quien espera tope de toro, y díjele: —Sus,[97] saltad todo lo que podáis porque deis de este cabo del agua[98]—. Aun apenas lo había acabado de decir, cuando se abalanza el pobre ciego como cabrón, y de toda su fuerza arremete, tomando un paso atrás de la corrida[99] para hacer mayor salto, y da con la cabeza en el poste, que sonó tan recio, como si diera con una gran calabaza, y cayó luego para atrás medio muerto, y hendida la cabeza. —¿Cómo, y olisteis la longaniza y no el poste? ¡Ole, ole!—le dije yo, y dejéle en poder de mucha gente que lo había ido a socorrer, y tomé la puerta de la villa en los pies de un trote,[100] y antes que la noche viniese di conmigo en Torrijos. No supe más lo que Dios hizo de él, ni curé de saberlo.

. . .

Tratado III

De cómo Lázaro se asentó con un escudero y de lo que le acaeció con él.[101]

De esta manera me fue forzado sacar fuerzas de flaqueza,[102] y poco a poco con ayuda de las buenas gentes, di conmigo

en esta insigne ciudad de Toledo, adonde con la merced de Dios, dende a[103] quince días se me cerró la herida, y mientras

---

89. Usually, large doorway; sometimes as here, sidewalk covered by the projecting second stories of the houses.
90. *con tiempo,* in good time
91. gutter (which in small Spanish towns still runs down the middle of the street)
92. quickly
93. *sabe mal,* feels bad
94. *derecho de,* right before
95. the projecting parts of those houses rested on
96. in me
97. *Sus,* usually said to a dog or horse, 'Sic 'em!' 'Get up!'

98. *porque . . . agua,* so that you may land on this side of the water
99. *de la corrida,* for a running start
100. *tomé . . . trote,* I reached the town gate all in one dash
101. In the chapter omitted, Lázaro has served a priest who has broken his head and dismissed him because of his constant stealing of food.
102. *sacar fuerzas de flaqueza,* to make an effort, to overcome one's weakness
103. *dende a,* within

estaba malo siempre me daban alguna limosna; más después que estuve sano todos me decían: —Tú, bellaco y gallofero eres; busca, busca a un amo a quien sirvas. —¿Y dónde se hallará ése, decía yo entre mí, si Dios ahora de nuevo (como creó el mundo) no le crease?— Andando así discurriendo de puerta en puerta, con harto poco remedio (porque ya la caridad se subió al cielo), topóme Dios con un escudero que iba por la calle con razonable vestido, bien peinado, su paso y compás en orden, miróme, y yo a él, y díjome: —Muchacho, ¿buscas amo?— Yo le dije: —Sí, señor. —Pues vente tras mí, me respondió, que Dios te ha hecho merced en topar conmigo; alguna buena oración rezaste hoy—. Seguíle, dando gracias a Dios por lo que le oí, y también que me parecía, según su hábito y continente, ser el que yo había menester.

Era de mañana cuando este mi tercer amo topé, y llevóme tras sí[104] gran parte de la ciudad. Pasamos por las plazas donde se vendía pan y otras provisiones; yo pensaba, y aún deseaba, que allí me quería cargar de lo que se vendía, porque ésta era propia hora cuando se suele proveer de lo necesario; mas muy a tendido paso pasaba por[105] estas cosas. «Por ventura no le ve aquí a su contento, decía yo, y querrá que lo compremos en otro cabo.»

De esta manera anduvimos hasta que dio las once: entonces se entró en la iglesia mayor, y yo tras él; y muy devotamente le vi oir misa y los otros oficios divinos; hasta que todo fue acabado y la gente ida. Entonces salimos de la iglesia, y a buen paso tendido comenzamos a ir por una calle abajo; yo iba ya el más alegre del mundo, en ver que no nos habíamos ocupado en buscar de comer; bien consideré que debía ser hombre mi nuevo amo que se proveía por junto,[106] y que ya la comida estaría a punto,[107] y tal como yo la deseaba y aún había menester. En este tiempo dio el reloj la una, después de mediodía, y llegamos a una casa ante la cual mi amo se paró, y yo con él, y derribando el cabo de la capa sobre el lado izquierdo, sacó una llave de la manga, y abrió su puerta y entramos en casa, la cual tenía la entrada oscura y lóbrega, de tal manera que parecía que ponía temor a los que en ella entraban, aunque dentro de ella estaba un patio pequeño y razonables cámaras.

Desque fuimos entrados, quita de sobre sí su capa, y preguntando si tenía las manos limpias, la sacudimos y doblamos muy limpiamente, y soplando un poyo que allí estaba la puso en él; y hecho esto, sentóse cabe ella, preguntándome muy por extenso de dónde era y cómo había venido a aquella ciudad. Yo le di más larga cuenta que quisiera; porque me parecía más conveniente hora de mandar poner la mesa y escudillar la olla, que de lo que me pedía. Con todo eso, yo le satisfice de mi persona lo mejor que mentir supe, diciendo mis bienes y callando lo demás, porque me parecía no ser para en cámara.[108]

Esto hecho, estuvo así un poco, y yo luego vi mala señal, por ser ya casi las dos y no le ver más aliento de comer que a un muerto. Después de esto consideraba aquel tener cerrada la puerta con llave, ni sentir arriba ni abajo pasos de viva persona por la casa; todo lo que había visto eran paredes sin ver en ella silleta, ni tajo, ni banco, ni mesa . . .; finalmente, ella parecía casa encantada.

---

104. Supply, *por*
105. *mas . . . por,* but with a very swift pace he passed by
106. *por junto,* in large quantities, wholesale
107. ready, just right
108. *ser para en cámara,* to be drawing-room conversation

Estando así, díjome: —Tú, mozo, ¿has comido? —No, señor, dije yo, que aun no eran dadas las ocho cuando con vuestra merced me encontré. —Pues aunque de mañana, yo había almorzado, y cuando así como algo, hágote saber que hasta la noche me estoy así; por eso, pásate como pudieres[109] que después cenaremos.

Vuestra merced crea, cuando esto le oí, que estuve a poco de caer de mi estado,[110] no tanto de hambre, como por conocer de todo en todo la fortuna serme adversa. Allí se me representaron de nuevo mis fatigas, y torné a llorar mis trabajos; allí se me vino a la memoria la consideración que hacía cuando me pensaba ir del clérigo, diciendo que aunque aquél era desventurado y mísero, por ventura toparía con otro peor; finalmente, allí lloré mi trabajosa vida pasada y mi cercana muerte venidera; y con todo, disimulando lo mejor que pude le dije: —Señor, mozo soy, que no me fatigo mucho por comer, bendito[111] Dios; de eso me podré yo alabar entre todos mis iguales por de mejor garganta,[112] y así fui yo loado de ella hasta hoy día de los amos que yo he tenido. —Virtud es ésa, dijo él, y por eso te querré yo más; porque el hartarse es de los puercos, y el comer regladamente es de los hombres de bien. —Bien te he entendido, dije entre mí, maldita sea tanta . . . bondad como aquestos mis amos que yo hallo, hallan en el hambre—. Púseme a un cabo del portal, y saqué unos pedazos de pan del seno, que me habían quedado de los de por Dios.[113]

El, que vio esto, díjome: —Ven acá, mozo, ¿qué comes?— Yo lleguéme a él, y mostréle el pan; tomóme él un pedazo (de tres que eran, el mejor y más grande)

y díjome: —Por mi vida que parece éste buen pan. —¿Y cómo ahora, dije yo, señor, es bueno? —Sí, a fe, dijo él. ¿A dónde le hubiste? ¿Si es[114] amasado de manos limpias? —No sé yo eso, le dije, mas a mí no me pone asco el sabor de ello. —Así plega[115] a Dios, dijo el pobre de mi amo y llevándolo a la boca comenzó a dar con él tan fieros bocados como yo en el otro. —Sabrosísimo pan está, dijo, por Dios—. Y como le sentí de qué pie cojeaba,[116] dime prisa, porque le vi en disposición si acababa antes que yo, se comediría a ayudarme a lo que me quedase, y con esto acabamos casi a una.[117] Comenzó a sacudir con las manos unas pocas de migajas, y bien menudas, que en los pechos se le habían quedado, y entró en una camareta que allí estaba, y sacó un jarro desbocado y no muy nuevo, y desque hubo bebido, convidóme con él. Yo, por hacer del[118] continente dije: —Señor, no bebo vino. —Agua es, me respondió, bien puedes beber—. Entonces tomé el jarro y bebí, no mucho, porque de sed no era mi congoja.

Así estuvimos hasta la noche, hablando en cosas que me preguntaba, las cuales yo le respondí lo mejor que supe. En este tiempo, metióme en la cámara donde estaba el jarro de que bebimos, y díjome: —Mozo, párate allí, y verás cómo hacemos esta cama, para que la sepas hacer de aquí en adelante—. Púseme de un cabo y él del otro, e hicimos la negra cama, en la cual no había mucho que hacer, porque ella tenía sobre unos bancos un cañizo, sobre el cual estaba tendida la ropa encima de un negro colchón, . . . con harta menos lana que era menester: aquél tendimos, haciendo cuenta

109. *pásate como pudieres,* get along as best you can
110. *estado,* standing position; *caer de mi estado,* to fall down
111. Supply, *sea*
112. A statement which can be taken two ways
113. *los de por Dios,* those begged for God's sake; cf. *pordiosear,* to beg
114. Do you suppose it is
115. may it please
116. See p. 84, n. 25.
117. Supply, *vez*
118. *hacer de,* to act like, to play the role of

de[119] ablandarle, lo cual era imposible, porque de lo duro mal se puede hacer blando. El diablo de enjalma maldita la cosa tenía dentro de sí, que puesto sobre el cañizo, todas las cañas se señalaban, y parecían a lo propio entrecuesto de flaquísimo puerco; y sobre aquel hambriento colchón un alfamar del mismo jaez, del cual el color yo no pude alcanzar.

Hecha la cama, y la noche venida, díjome: —Lázaro, ya es tarde, y de aquí a la plaza hay gran trecho; también en esta ciudad andan muchos ladrones, que siendo de noche capean;[120] pasemos como podamos, y mañana viniendo el día, Dios hará merced; porque yo por estar solo no estoy proveído; antes he comido estos días por allá fuera; mas ahora hacerlo hemos de otra manera. —Señor, de mí, dije yo, ninguna pena tenga vuestra merced, que bien sé pasar una noche, y aún más, si es menester, sin comer. —Vivirás más sano, me respondió, porque, como decíamos hoy, no hay tal cosa en el mundo para vivir mucho, como comer poco. —Si por esta vía es, dije entre mí, nunca yo moriré, que siempre he guardado esta regla por fuerza, y aún espero en mi desdicha tenerla toda mi vida.

Y acostóse en la cama, poniendo por cabecera las calzas y el jubón, y mandóme echar a sus pies, lo cual yo hice; mas maldito el sueño que yo dormí, porque las cañas y mis salidos huesos en toda la noche[121] dejaron de rifar y encenderse, que[122] con mis trabajos, males y hambre, pienso que en mi cuerpo no había libra de carne. Y también, como aquel día no había comido casi nada, rabiaba de hambre, la cual con el sueño, no tenía amistad. Maldíjeme mil veces (Dios me

lo perdone) y a mi ruin fortuna allí lo más de la noche y, lo peor, no osándome revolver por no despertarle, pedí a Dios muchas veces la muerte.

La mañana venida, levantámonos, y comienza a limpiar y sacudir sus calzas y jubón, sayo y capa. ¡Y yo que le servía de pelillo![123] Y vístese muy a su placer despacio; echéle aguamanos, peinóse y puso su espada en el talabarte, y al tiempo que la ponía, díjome: —¡Oh, si supieses, mozo, qué pieza[124] es ésta! No hay marco de oro en el mundo por que yo la diese; mas así, ninguna de cuantas Antonio[125] hizo, no acertó a ponerle los aceros tan prestos[126] como ésta los tiene —; y sacóla de la vaina, y tentóla con los dedos, diciendo: —¿Vesla aquí? Yo me obligo con ella cercenar un copo de lana—. Y yo dije entre mí: —Y yo con mis dientes, aunque no son de acero, un pan de cuatro libras.

Tornóla a meter, y ciñósela y un sartal de cuentas gruesas del talabarte, y con un paso sosegado y el cuerpo derecho, haciendo con él y con la cabeza muy gentiles meneos, echando el cabo de la capa sobre el hombro, y a veces sobre el brazo, y poniendo la mano derecha en el costado, salió por la puerta diciendo: —Lázaro, mira por la casa en tanto que voy a oir misa, y haz la cama, y ve por la vasija de agua al río que aquí abajo está, y cierra la puerta con llave no nos hurten algo, y ponla aquí al quicio, porque si yo viniere en tanto pueda entrar—. Y súbese por la calle arriba con tan gentil semblante y continente, que quien no le conociera pensara ser muy cercano pariente al conde de Alarcos[127] o al menos camarero que le daba de vestir.

«¡Bendito seáis vos, Señor, quedé yo

119. *hacer cuenta de,* to pretend
120. to snatch capes
121. Supply, *no*
122. for
123. only in an honorary capacity
124. weapon

125. A well-known armorer of Toledo, a city noted for its fine swords.
126. lively
127. The reference is to a count and his valet who figure in one of the old ballads.

diciendo, que dais la enfermedad, y
ponéis el remedio! ¿Quién encontrará a
aquel mi señor, que no piense, según el
contento de sí lleva,[128] haber anoche bien
cenado y dormido en buena cama, y
aunque hora es de mañana, no le cuenten[129] por bien almorzado? Grandes secretos son, Señor, los que vos hacéis, y las
gentes ignoran. ¿A quién no engañará
aquella buena disposición y razonable
capa y sayo? ¿Y quién pensará que aquel
gentil hombre se pasó ayer todo el día
con aquel mendrugo de pan que su
criado Lázaro trajo un día y una noche
en el arca de su seno, do no se le podía
pegar mucha limpieza? ¿Y hoy lavándose
las manos, y cara, a falta de paño de
manos, se hacía servir de la falda del
sayo? Nadie por cierto lo sospechará.
¡Oh Señor, y cuántos de aquéstos debéis
tener por el mundo derramados, que
padecen, por la negra que llamaban
honra,[130] lo que por vos no sufrirían!»

Así estaba yo a la puerta mirando y
considerando estas cosas hasta que el
señor mi amo traspuso la larga y angosta
calle. Tornéme a entrar en casa, y en un
credo la anduve toda, alto y bajo, sin
hacer represa, ni hallar en qué. Hago la
dura y negra cama, y tomo el jarro, y doy
conmigo en el río, donde en una huerta
vi a mi amo en gran recuesta[131] con dos
rebozadas mujeres, al parecer, de las que
en aquel lugar no hacen falta, antes
muchas tienen por estilo de irse a las
mañanicas del verano a refrescar y almorzar sin llevar qué,[132] por aquellas

frescas riberas, con confianza que no ha
de faltar quien se lo dé, según las tienen
puestas en esta costumbre aquellos hidalgos del lugar. Y como digo, él estaba
entre ellas hecho un Macías,[133] diciéndo-
les más dulzuras que Ovidio[134] escribió.
Pero como sintieron de él que estaba
muy enternecido, no se les hizo de vergüenza pedirle de almorzar . . . Él . . .
tomóle tal escalofrío, que le robó la calor
del gesto, y comenzó a turbarse en la
plática, y a poner excusas no válidas.
Ellas, que debían ser bien instituídas,
como le sintieron la enfermedad, dejáronle para el que era.[135]

Yo, que estaba comiendo ciertos tron-
chos de berzas, con las cuales me desayuné, con mucha diligencia, como mozo
nuevo, sin ser visto de mi amo torné a
casa, de la cual pensé barrer alguna parte,
que bien era menester, mas no hallé con
qué: púseme a pensar qué haría y parecióme esperar a mi amo hasta que el día
demediase y si viniese, y por ventura
trajese algo que comiésemos; mas en vano
fue mi esperanza.

Desque vi ser las dos y que no venía
y que el hambre me aquejaba, cierro mi
puerta y pongo la llave donde mandó y
tórnome a mi menester; con baja y
enferma voz e inclinadas mis manos en
los senos, y puesto Dios ante mis ojos, y
la lengua en su nombre, comienzo a
pedir pan por las puertas y casas más
grandes que me parecía; mas como yo
este oficio lo hubiese mamado en la leche,
quiero decir, con el gran maestro el ciego

---

128. *según . . . lleva,* according to the self-satisfaction he is showing
129. The subject of *cuenten* is 'they' in a general sense. The author forgets that he began the sentence with *quien* and that the verb should be in the singular.
130. *por . . . honra,* for that wretched thing they call honor
131. amorous conversation
132. what is (necessary), the wherewithal
133. *hecho un Macías,* acting like Macías. Macías was a medieval Spanish poet who

died of love; consequently, the model of lovers.
134. Ovid, the Roman author, wrote a book called *The Art of Love.* It is obvious from these learned allusions, the earlier citations from the Bible (p. 109, n. 5), and the literary style occasionally employed (p. 111, ll. 26–32), that this novel is no true autobiography. It was written not by a rogue, but by an educated man.
135. *para el que era,* for what he was; i.e. a man long on good manners but short on cash

lo aprendí, tan suficiente[136] discípulo salí, que aunque en este pueblo no hubiese caridad, ni el año fuese muy abundante, tan buena maña me di, que antes que el reloj diese las cuatro, ya yo tenía otras tantas libras de pan ensiladas en el cuerpo, y más de otras dos en las mangas y senos. Volvíme a la posada, y al pasar por la tripería pedí a una de aquellas mujeres y diome un pedazo de uña de vaca con otras pocas de tripas cocidas.

Cuando llegué a casa, ya el bueno de mi amo estaba en ella, doblada su capa y puesta en el poyo, y él paseándose por el patio. Como entré, vínose para mí; pensé que me quería reñir la tardanza, mas mejor lo hizo Dios. Preguntóme de dónde venía. Yo le dije: —Señor, hasta que dio las dos estuve aquí y de que vi que vuestra merced no venía, fuime por esa ciudad a encomendarme a las buenas gentes, y hanme dado esto que veis—. Mostréle el pan y las tripas que en un cabo de la falda traía, a lo cual él mostró buen semblante y dijo: —Pues esperádote he a comer, y de que vi que no veniste, comí. Mas tú haces como hombre de bien en eso, que más vale pedirlo por Dios, que no hurtarlo.[137] Y así él me ayude como ello me parece bien, y solamente te encomiendo no sepan que vives conmigo, por lo que toca a mi honra, aunque bien creo que será secreto según lo poco que en este pueblo soy conocido: nunca a él yo hubiera de venir.

—De eso pierda, señor, cuidado,[138] le dije yo, que maldito aquél, que ninguno tiene de pedirme esta cuenta[139] ni yo de darla. —Ahora, pues, come, pecador, que si a Dios place, presto nos veremos sin necesidad, aunque te digo que después que en esta casa entré, nunca bien me ha ido: debe ser de mal suelo,[140] que hay casas desdichadas y de mal pie,[141] que a los que viven en ellas pegan la desdicha. Ésta debe ser sin duda una de ellas, mas yo te prometo, acabado el mes, no quede en ella aunque me la den por mía.

Sentéme al cabo del poyo, y porque no me tuviese por glotón, callé la merienda, y comienzo a cenar y a morder en mis tripas y pan; disimuladamente miraba al desventurado señor mío, que no partía sus ojos de mis faldas, que a aquella sazón servían de plato. Tanta lástima haya[142] Dios de mí como yo había de él, porque sentí lo que sentía y muchas veces había por ello pasado y pasaba cada día. Pensaba si sería bien comedirme a convidarle; mas por me haber dicho que había comido, temíame no aceptaría el convite. Finalmente, yo deseaba que el pecador ayudase a su trabajo del mío,[143] y se desayunase como el día antes hizo, pues había mejor aparejo, por ser mejor la vianda y menos mi hambre. Quiso Dios cumplir mi deseo, y aun pienso que el suyo, porque como comencé a comer, él se andaba paseando, y llegóse a mí y díjome: —Dígote, Lázaro, que tienes en comer la mejor gracia que en mi vida vi a hombre, y que nadie te lo ve hacer que no le pongas gana aunque no la tenga.

—La muy buena que tú tienes, dije yo entre mí, te hace parecer la mía hermosa—. Con todo, parecióme ayudarle pues se ayudaba, y me abría camino para ello, y díjele: —Señor, el buen aparejo hace buen artífice; este pan está sabrosísimo, y esta uña de vaca tan bien cocida y sazonada que no habrá a quien no convide con su sabor. —¿Uña de vaca es? —Sí, señor. —Dígote que es el mejor

136. adept, apt
137. A proverb
138. *pierda cuidado*, don't worry
139. *que maldito . . . cuenta*, for not a blessed soul, *nobody* is going to ask me for an account of this

140. *de mal suelo*, unlucky
141. *de mal pie*, of evil omen
142. See p. 109, n. 11.
143. *ayudase . . . mío*, should alleviate his suffering by my labor (in begging). A play on the two meanings of *trabajo*.

bocado del mundo, y que no hay faisán que así me sepa.[144] —Pues pruebe, señor, y verá qué tal está—. Póngole en las uñas la otra, y tres o cuatro raciones de pan de lo más blanco; asentóseme al lado, y comienza a comer, como aquel que lo había gana, royendo cada huesecillo de aquéllos mejor que un galgo suyo lo hiciera. —Con almodrote,[145] decía, es éste singular manjar. —Con mejor salsa lo comes tú, respondí yo paso.[146] —Por Dios que me ha sabido como si no hubiera hoy comido bocado. —Así me vengan los buenos años como es ello,[147] dije yo entre mí. Pidióme el jarro del agua, y díselo como lo había traído; es señal que, pues no le faltaba el agua, que no le había a mi amo sobrado la comida.

Bebimos, y muy contentos nos fuimos a dormir como la noche pasada; y por evitar prolijidad, de esta manera estuvimos ocho o diez días, yéndose el pecador en la mañana con aquel continente y paso contado a papar aire[148] por las calles, teniendo en el pobre Lázaro una cabeza de lobo.[149] Contemplaba yo muchas veces mi desastre, que escapando de los amos ruines que había tenido, y buscando mejoría, viniese a topar con quien no sólo no me mantuviese, mas a quien yo había de mantener. Con todo, lo quería bien, con ver que no tenía ni podía más, y antes le había lástima que enemistad, y muchas veces por llevar a la posada con que él lo pasase, yo lo pasaba mal; porque una mañana, levantándose el triste en camisa, subió a lo alto de la casa . . ., y en tanto yo por salir de sospecha, desenvolví el jubón y las calzas,

que a la cabecera dejó y hallé una bolsilla de terciopelo raso hecha cien dobleces, y sin maldita la blanca ni señal que la hubiese tenido en mucho tiempo.

—Éste, decía yo, es pobre, y nadie da lo que no tiene; mas el avariento ciego y el malaventurado mezquino clérigo, que con dárselo Dios a ambos al uno de mano besada[150] y al otro de lengua suelta, me mataban de hambre; aquéllos es justo desamar, y aquéste[151] es de haber mancilla[152]—. Dios es testigo que hoy día, cuando topo con alguno de su hábito con aquel paso y pompa, le he lástima con pensar si padece lo que aquél le vi sufrir, al cual con toda su pobreza holgaría servir más que a los otros, por lo que he dicho. Sólo tenía de él un poco de descontento; que quisiera yo que no tuviera tanta presunción, mas que abajara un poco su fantasía con lo mucho que subía su necesidad; mas, según me parece, es regla ya entre ellos usada y guardada; aunque no haya cornado en trueco ha de andar el birrete en su lugar.[153] El Señor lo remedie, que ya con este mal han de morir.

Pues estando ya en tal estado pasando la vida que digo, quiso mi mala fortuna, que de perseguirme no era satisfecha, que en aquella trabajada y vergonzosa vivienda no durase. Y fue, como el año en esta tierra fuese estéril de pan, acordaron en ayuntamiento que todos los pobres extranjeros se fuesen de la ciudad, con pregón, que el que de allí adelante topasen fuese punido con azotes. Y así, ejecutando la ley desde a[154] cuatro días que el pregón se dio, vi llevar una pro-

---

144. *que así me sepa,* which tastes so good to me
145. A sauce of olive oil, garlic, cheese, and other ingredients
146. quietly
147. *como es ello,* as it is true
148. Literally, to suck in air; figuratively, to kill time
149. *cabeza de lobo,* catspaw

150. Referring to the custom of kissing the priest's hand when bringing him a gift.
151. Modern Spanish, *éste*
152. pity
153. *aunque . . . lugar,* although he may not have a cent to his name, he must have a proud bonnet on his head
154. *desde a,* within

cesión de pobres azotando[155] por las cuatro calles, lo cual me puso tan gran espanto, que nunca osé desmandarme a demandar.

Aquí viera quien verlo pudiera, la abstinencia en mi casa y la tristeza y silencio de los moradores de ella, tanto que nos acaeció estar dos a tres días sin comer bocado ni hablar palabra. A mí diéronme la vida unas mujercillas hilanderas de algodón, que hacían bonetes y vivían par de nosotros, con las cuales yo tuve vecindad y conocimiento, que de la laceria que les traían me daban alguna cosilla, con la cual muy pasado me pasaba,[156] y yo no tenía tanta lástima de mí como del lastimado de mi amo, que en ocho días maldito el bocado que comió; a lo menos en casa bien lo estuvimos sin comer, no sé yo cómo o dónde andaba y qué comía. ¡Y verle venir a mediodía la calle abajo con estirado cuerpo, más largo que galgo de buena casta! Y por lo que tocaba a su negra, que dicen honra, tomaba una paja de las que aun asaz no había en casa, y salía a la puerta escarbando los que nada entre sí tenían,[157] quejándose todavía de aquel mal solar, diciendo: —Malo, está de ver que la desdicha de esta vivienda lo hace; como ves, es lóbrega, triste, oscura: mientras aquí estuviéremos hemos de padecer; ya deseo se acabe este mes por salir de ella.

Pues estando en esta afligida y hambrienta persecución, un día, no sé por cual dicha o ventura, en el pobre poder de mi amo entró un real, con el cual vino a casa tan ufano como si tuviera el tesoro de Venecia, y con rostro muy alegre y risueño me lo dio, diciendo: —Toma,

Lázaro, que ya Dios va abriendo su mano; ve a la plaza y merca pan, vino y carne, quebremos el ojo al diablo;[158] y más te hago saber, porque te huelgues; que he alquilado otra casa, y en esta desastrada no hemos de estar más de en cumpliendo el mes, maldita sea ella, y el que en ella puso la primera teja, que con mal en ella entré. Por nuestro Señor cuanto hay que en ella vivo, gota de vino ni bocado de carne no he comido, ni he habido descanso ninguno; mas ¡tal vista tiene y tal oscuridad y tristeza! Ve y ven presto y comamos hoy como condes.

Tomo mi real y el jarro y a los pies dando prisa, comienzo a subir mi calle, encaminando mis pasos para la plaza muy contento y alegre. Mas ¿qué me aprovecha si está constituído en mi triste fortuna que ningún gozo me venga sin zozobra? Y así fue éste; porque yendo la calle arriba, echando mi cuenta en lo que emplearía mi real, que fuese mejor y más provechosamente gastado, dando infinitas gracias a Dios, que a mi amo había hecho con dinero,[159] a deshora me vino al encuentro un muerto, que por la calle abajo muchos clérigos y gente en unas andas traían; arriméme a la pared por darles lugar, y desque el cuerpo pasó venía luego par del lecho[160] una que debía ser su mujer del difunto, cargada de luto, y con ella otras muchas mujeres, la cual iba llorando a grandes voces, y diciendo: —Marido y señor mío, ¿a dónde os me llevan? ¿A la casa triste y desdichada? ¿a la casa lóbrega y oscura? ¿a la casa donde nunca comen ni beben?

Yo que aquello oí, juntóseme el cielo con la tierra,[161] y dije: —¡Oh, desdichado

---

155. A loose construction; translate, being whipped. Each town had certain definite streets (called *las calles acostumbradas*) through which delinquents were whipped.
156. *muy pasado me pasaba,* suffering very much from hunger, I got along
157. i.e. his teeth
158. *quebremos . . . diablo,* let us make the devil mad, hence (since the devil does not like to see people happy), let us enjoy ourselves
159. *habia hecho con dinero,* had given money to my master
160. bier
161. *juntóseme . . . tierra,* it seemed to me that the world was coming to an end

de mí! para mi casa llevan este muerto;
—dejo el camino que llevaba, y hendí
por medio de la gente, y vuelvo por la
calle abajo a todo el más correr que
pude[162] para mi casa y entrando en ella
cierro a grande prisa, invocando el auxilio y favor de mi amo, abrazándome de
él, que me venga a ayudar y a defender la
entrada. El cual algo alterado, pensando
que fuese otra cosa, me dijo: —¿Qué es
eso, mozo? ¿qué voces das? ¿qué has?
¿por qué cierras la puerta con tal furia?
—¡Oh señor! dije yo, acuda aquí, que
nos traen un muerto.—¿Cómo así?—
respondió él.—Aquí arriba lo encontré, y venía diciendo su mujer: «Marido y señor mío, ¿a dónde os llevan?
¿A la casa lóbrega y oscura? ¿a la casa
triste y desdichada? ¿a la casa donde
nunca comen ni beben?» Acá, señor, nos
lo traen.

Y ciertamente cuando mi amo esto
oyó, aunque no tenía por qué estar
muy risueño, rio tanto, que muy gran
rato estuvo sin poder hablar . . . Al
fin vino mi amo a la puerta de la calle,
y ábrela esforzándome, que bien era
menester según el miedo y alteración,
y me torno a encaminar. Mas aunque
comimos bien aquel día, maldito el
gusto yo tomaba por ello, ni en aquellos tres días torné en mi color, y mi
amo muy risueño todas las veces que se
le acordaba aquella mi consideración.

De esta manera estuve con mi tercer
y pobre amo, que fue este escudero,
algunos días, y en todos deseando saber
la intención de su venida y estada en
esta tierra; porque desde el primer día

que con él asenté, le conocí ser extranjero por el poco conocimiento y trato
que con los naturales de ella tenía. Al
fin se cumplió mi deseo, y supe lo que
deseaba; porque un día que habíamos
comido razonablemente, y estaba algo
contento, me contó su hacienda,[163] y
díjome ser de Castilla la Vieja, y que
había dejado su tierra no más de por[164]
no quitar el bonete a un caballero su
vecino.

—Señor, dije yo, si él era lo que decís,
y tenía más que vos, no errabais en
quitárselo primero, pues decís que él
también os lo quitaba. —Sí es, y sí
tiene,[165] y también me lo quitaba él a
mí; mas de cuantas veces yo se lo quitaba primero, no fuera malo comedirse
él alguna, y ganarme por la mano.[166]
—Paréceme, señor, le dije yo, que en
eso no mirara, mayormente con mis
mayores que yo, y que tienen más.

—Eres muchacho, me respondió, y
no sientes las cosas de la honra, en que
el día de hoy está todo el caudal de los
hombres de bien; pues hágote saber que
yo soy (como ves) un escudero; mas
vótote a Dios, si al conde topo en la
calle, y no me quita muy bien quitado
del todo el bonete, que otra vez que
venga, me sepa yo entrar en una casa,
fingiendo yo en ella algún negocio o
atravesar otra calle si la hay, antes que
llegue a mí, por no quitárselo; que un
hidalgo no debe a otro que a Dios y al
rey nada,[167] ni es justo, siendo hombre
de bien, se descuide un punto de tener
en mucho su persona.

Acuérdome, que un día deshonré en

---

162. *a todo . . . pude,* as fast as I could run
163. his affairs
164. *no más de por,* only in order
165. *Sí es (lo que digo) y sí tiene (más que yo)*
166. The *escudero,* of a lower rank of nobility than the *caballero,* was obligated by custom to remove his hat first. But even so, our *escudero's* touchy honor suffers because the *caballero* does not occasionally get his hand to his hat first.

167. Cf. the proverb: *Del rey abajo ninguno;* the implication being that below the king, no nobleman can claim to be better than another. This fierce Spanish individualism makes our *escudero* as ridiculous as the small-town social leader who says, 'I won't speak to Mrs. Astor, I'll cut her dead, if she doesn't speak to me first.'

mi tierra a un oficial, y quise poner en él las manos, porque cada vez que me topaba me decía: «Mantenga Dios a vuestra merced.» Vos, don villano ruin, le dije yo, ¿por qué no sois bien criado? 5 ¿Manténgaos Dios, me habéis de decir, como si fuese quienquiera?[168] De allí adelante, de aquí acullá, me quitaba el bonete, y hablaba como debía.

—¿Y no es buena manera de saludar 10 un hombre a otro, dije yo, decirle que le mantenga Dios? —Mirad, mucho de enhoramala,[169] dijo él, a los hombres de poco arte dicen eso, mas a los más altos como yo, no les han de hablar 15 menos de «beso las manos de vuestra merced;» o por lo menos, «bésoos, señor, las manos,» si el que me habla es caballero. Y así, aquél de mi tierra, que me atestaba de mantenimiento, nunca más 20 le quise sufrir, ni sufriría ni sufriré a hombre del mundo, del rey abajo,[170] que manténgaos Dios me diga.—Pecador de mí, dije yo, por eso tiene tan poco cuidado de mantenerte, pues no sufres 25 que nadie se lo ruegue.[171]

—Mayormente, dijo, que no soy tan pobre, que no tengo en mi tierra un solar[172] de casas, que a estar ellas[173] en pie y bien labradas (diez y seis leguas 30 de donde nací, en aquella constanilla de Valladolid) valdrían más de doscientos mil maravedís, según se podrían hacer grandes y buenas; y tengo un palomar, que a no estar derribado como está, daría 35 cada año más de doscientos palominos, y otras cosas que me callo, que dejé por

lo que tocaba a mi honra: y vine a esta ciudad pensando que hallaría un buen asiento, mas no me ha sucedido como pensé.

Canónigos y señores de la iglesia muchos hallo; mas es gente tan limitada, que no los sacará de su paso todo el mundo.[174] Caballeros de media talla también me ruegan; mas servir a estos es gran trabajo . . ., y las más veces son los pagamentos a largos plazos, y las más ciertas, comido por servido;[175] ya cuando quieren reformar conciencia y satisfaceros vuestros sudores, sois librado en la recámara, en[176] un sudado jubón, o raída capa o sayo. Ya cuando asienta hombre con un señor de título, todavía pasa su lacería. ¿Pues, por ventura, no hay en mí habilidad para servir y contentar a éstos? Por Dios, si con él topase, muy gran su privado pienso que fuese,[177] y que mil servicios le hiciese porque sabría mentirle también como otro, y agradarle a las mil maravillas; reírle ya mucho sus donaires y costumbres, aunque no fuesen las mejores del mundo; . . . pesquisar y procurar de saber vidas ajenas para contárselas, y otras muchas galas de esta calidad, que hoy día se usan en palacio, y a los señores de él parecen bien, y no quieren ver en sus casas hombres virtuosos; antes los aborrecen y tienen en poco y llaman necios, y que no son personas de negocios, ni con quien el señor se puede descuidar; y con éstos,[178] los astutos usan, como digo, el día de hoy, de lo que yo

168. anyone at all, an ordinary person
169. *Mirad . . . enhoramala,* Why, it's very bad
170. *del rey abajo,* except the king. See n. 167.
171. Of course, Lázaro says this to himself.
172. Here, block
173. *a estar ellas,* if they were
174. Toledo is the seat of the Primate of the Spanish Church, as Canterbury in England. Consequently, it has many well-to-do clerics who would be willing to take the *escudero* as a gentleman-in-waiting, but he feels they are so hidebound (*limitada*) that no one could shake them out of their routine. The

escudero can find a good reason not to take any of the employments open to a nobleman.
175. *y las . . . servido,* and the best positions pay only board for one's services
176. *sois . . . recámara, en;* you are paid off in the wardrobe, with
177. *muy . . . fuese,* I think I should be a great favorite of his. What follows is all bitterly ironical, and a satire of the noblemen of the time.
178. these noblemen

usaría. Mas no quiere mi ventura que le halle—. De esta manera lamentaba también su adversa fortuna mi amo, dándome relación de su persona valerosa.

Pues estando en esto, entró por la puerta un hombre y una vieja: el hombre le pide el alquiler de la casa, y la vieja el de la cama; hacen cuenta, y de dos meses le alcanzaron lo que él en un año no alcanzara; pienso que fueron doce o trece reales; y él les dio muy buena respuesta, que saldría a la plaza a trocar una pieza de a dos, y que a la tarde volviesen; mas su salida fue sin vuelta. Por manera que[179] a la tarde ellos volvieron, mas fue tarde: yo les dije que aún no era .enido. Venida la noche, y él no, yo hube miedo de quedar en casa solo, y fuime a las vecinas, y contélas el caso, y allí dormí. Venida la mañana, los acreedores vuelven y preguntan por el vecino; mas a esa otra puerta.[180] Las mujeres les responden: —Veis aquí a su mozo y la llave de la puerta.

Ellos me preguntaron por él, y díjeles que no sabía adónde estaba, y que tampoco había vuelto a casa desde que salió a trocar la pieza, y pensaba que de mí y de ellos se había ido con el trueco. De que esto me oyeron, van por un alguacil y un escribano, y helos do vuelven luego con ellos y toman la llave, y llámanme y llaman testigos, y abren la puerta y entran a embargar la hacienda de mi amo hasta ser pagados de su deuda. Anduvieron toda la casa, y halláronla desembarazada como he contado, y dícenme: —¿Qué es de la hacienda de tu amo, sus arcas y paños de pared y alhajas de casa? —No sé yo eso, les respondí. —Sin duda, dicen ellos, esta[181] noche lo deben de

haber alzado y llevado a alguna parte. Señor alguacil, prended a este mozo, que él sabe adónde está.

En esto vino el alguacil y echóme mano por el collar del jubón, diciendo: —Muchacho, tú eres preso, si no descubres los bienes de este tu amo—. Yo como en otra tal no me hubiese visto (porque asido del collar había sido muchas veces, mas era mansamente de él trabado, para que mostrase el camino al que no veía) yo hube mucho miedo, y llorando prometí de decir lo que me preguntaban. —Bien está, dicen ellos, pues di lo que sabes, y no hayas temor—. Sentóse el escribano en un poyo para escribir el inventario, preguntándome qué tenía. —Señores, dije, lo que este mi amo tiene, según él me dijo, es muy buen solar de casas y un palomar derribado. —Bien está, dicen ellos, por poco que eso valga hay para nos entregar la deuda. ¿Y a qué parte de la ciudad tiene eso? me preguntaron. —En su tierra, les respondí yo. —Por Dios, que está bueno el negocio, dijeron ellos. —¿Y adónde es su tierra? —De Castilla la Vieja me dijo él que era, les dije.

Riéronse mucho el alguacil y el escribano, diciendo: —Bastante relación es ésta para cobrar vuestra deuda, aunque mejor[182] fuese—. Las vecinas que estaban presentes dijeron: —Señores, éste es un niño inocente, y ha pocos días que está con este escudero, y no sabe de él más que vuestras mercedes, sino cuanto el pecadorcico se llega aquí a nuestra casa, y le damos de comer lo que podemos por el amor de Dios, y a las noches se iba a dormir con él.

Vista mi inocencia, dejáronme, dándome por libre. Y el alguacil y escribano piden al hombre y a la mujer sus dere-

---

179. Modern Spanish, *de manera que*
180. *a esa otra puerta;* a proverbial expression like 'Nobody home,' usually said when a deaf person fails to hear a remark.

181. last
182. Here, greater

chos, sobre lo cual tuvieron gran contienda y ruido; porque ellos alegaron no ser obligados a pagar, pues no había de qué, ni se hacía el embargo. Los otros decían que habían dejado de ir a otro negocio que les importaba más por venir a aquél. Finalmente, después de dadas muchas voces, al cabo carga un porquerón[183] con el viejo alfamar de la vieja, y aunque no iba muy cargado, allá

van todos cinco dando voces; no sé en qué paró . . .

Así como he contado me dejó mi pobre tercer amo, do acabé de conocer mi ruin dicha; pues, señalándose todo lo que podía contra mí, hacía mis negocios tan al revés, que los amos que suelen ser dejados de los mozos, en mí no fuesen así; mas que mi amo me dejase y huyese de mí.

· · ·

Tratado V

Cómo Lázaro se asentó con un buldero,[184] y de las cosas que con él pasó.

En el quinto por mi ventura di,[185] que fue un buldero el más desenvuelto y desvergonzado, y el mayor echador[186] de ellas[187] que jamás yo vi, ni ver espero, ni pienso nadie vio; porque tenía y buscaba modos y maneras y muy sutiles invenciones. En entrando en los lugares do habían de presentar la bula, primero presentaba a los clérigos o curas algunas cosillas, no tampoco[188] de mucho valor ni sustancia: una lechuga murciana si era por el tiempo, un par de limas o naranjas, un melocotón, un par de duraznos, cada sendas peras[189] verdiñales. Así procuraba tenerlos propicios, porque favoreciesen su negocio y llamasen sus feligreses a tomar la bula, ofreciéndosele a él las gracias. Informábase de la suficiencia[190] de ellos; si decían que entendían,[191] no hablaba palabra en latín por no dar tropezón; mas aprovechábase de un gentil y bien cortado romance[192] y

desenvoltísima lengua. Y si sabía que los dichos clérigos eran de los reverendos, digo que más con dinero que con letras y con reverendas[193] se ordenan, hacíase entre ellos un Santo Tomás,[194] y hablaba dos horas en latín, a lo menos que lo parecía aunque no lo era. Cuando por bien[195] no le tomaban las bulas, buscaba cómo por mal[196] se las tomasen, y para aquello hacía molestias al pueblo. Y otras veces con mañosos artificios: y porque todos los que le veía hacer sería largo de contar, diré uno muy sutil y donoso, con el cual probaré su suficiencia.

En un lugar de la Sagra de Toledo había predicado dos o tres días haciendo sus acostumbradas diligencias, y no le habían tomado bula, ni a mi ver tenían intención de se la tomar. Estaba dado al diablo con aquello, y pensando qué hacer, se acordó de convidar al pueblo para otro día de mañana des-

---

183. Slang, 'cop'
184. A seller of bulls of indulgence, which gave remission of sins. Sometimes the indulgences were counterfeit, and the whole affair merely a swindle.
185. *Di en el quinto (amo); dar en*, to find
186. Here, seller
187. Antecedent *bulas*, implied in the word *buldero*
188. *no tampoco*, not

189. *cada sendas peras*, one pear to each person
190. aptitude, learning
191. Supply, it
192. Romance language; specifically, Spanish
193. Letters of recommendation from a prelate
194. The greatest theologian, St. Thomas Aquinas
195. *por bien*, willingly
196. *por mal*, unwillingly, by tricks

pedir la bula. Y esa noche, después de cenar, pusiéronse a jugar la colación[197] él y el alguacil y sobre el juego vinieron a reñir y a haber malas palabras. Él llamó al alguacil ladrón, y el otro a él falsario; sobre esto el señor comisario, mi señor, tomó un lanzón, que en el portal do jugaban estaba. El alguacil puso mano a su espada que en la cinta tenía: al ruido y voces que todos dimos, acuden los huéspedes y vecinos, y métense en medio, y ellos muy enojados procurándose desembarazar de los que en medio estaban, para se matar; mas como la gente al gran ruido cargase,[198] y la casa estuviese llena de ella, viendo que no podían afrentarse con las armas, decíanse palabras injuriosas, entre las cuales el alguacil dijo a mi amo que era falsario, y las bulas que predicaba eran falsas; finalmente, que los del pueblo, viendo que no bastaban a ponerlos en paz, acordaron de llevar al alguacil de la posada a otra parte. Y así quedó mi amo muy enojado, y después que los huéspedes y vecinos le hubieron rogado que perdiese el enojo y se fuese a dormir, así nos echamos[199] todos.

La mañana venida, mi amo se fue a la iglesia, y mandó tañer a misa y al sermón, para despedir la bula. Y el pueblo se juntó, el cual andaba murmurando de las bulas diciendo como eran falsas, y que el mismo alguacil riñendo lo había descubierto. De manera que tras que[200] tenían mala gana de tomarla, con aquello del todo la aborrecieron.

El señor comisario se subió al púlpito y comienza su sermón, y a animar a la gente a que no quedasen sin tanto bien e indulgencia como la santa bula traía. Estando en lo mejor del sermón, entra por la puerta de la iglesia el alguacil, y desque hizo oración, levantóse, y con voz alta y pausada, cuerdamente comenzó a decir: —Buenos hombres, oídme una palabra, que después oiréis a quien quisiereis. Yo vine aquí con este echacuervo[201] que os predica, el cual me engañó, y dijo que le favoreciese en este negocio, y que partiríamos la ganancia, y ahora visto el daño que haría a mi conciencia y a vuestras haciendas, arrepentido de lo hecho, os declaro claramente que las bulas que predica son falsas, y que no le creáis ni las toméis, y que yo directe ni indirecte no soy parte[202] en ellas, y que desde ahora dejo la vara y doy con ella en el suelo; y si en algún tiempo éste fuera castigado por la falsedad, que vosotros me seáis testigos, como yo no soy con él, ni le doy a ello ayuda, antes os desengaño y declaro su maldad—. Y acabó su razonamiento.

Algunos hombres honrados que allí estaban se quisieron levantar y echar al alguacil fuera de la iglesia por evitar escándalo; mas mi amo les fue a la mano[203] y mandó a todos que so pena de excomunión no le estorbasen, mas que le dejasen decir todo lo que quisiese; y así él también tuvo silencio mientras el alguacil dijo todo lo que he dicho; como calló, mi amo le preguntó que si quería decir más que lo dijese. El alguacil dijo: —Harto hay más que decir de vos y de vuestra falsedad; mas por ahora basta.

El señor comisario se hincó de rodillas en el púlpito, y puestas las manos,[204] y mirando al cielo, dijo así: —Señor Dios, a quien nada es imposible.

---

197. *jugar la colación,* to gamble to see who would pay for the refreshments
198. Here, to increase (in numbers)
199. Here, to go to bed
200. *tras que,* in addition to the fact that

201. trickster
202. *no soy parte,* I have no interest in
203. *ir a la mano,* to restrain, check
204. Supply, in an attitude of prayer

antes todo posible, tú sabes la verdad, y cuán injustamente yo soy afrentado; en lo que a mí toca, yo le perdono, porque[205] tú, Señor, me perdones; no mires aquel que no sabe lo que hace ni dice; mas la injuria a ti hecha, te suplico, y por justicia te pido, no disimules, porque alguno que está aquí, que tal vez pensó tomar aquesta santa bula, dando crédito a las falsas palabras de aquel hombre lo dejará de hacer; y pues es tanto perjuicio del prójimo, te suplico yo, Señor, no lo disimules, mas luego muestra aquí milagro, y sea de esta manera: que si es verdad lo que aquél dice, y que yo traigo maldad y falsedad, este púlpito se hunda conmigo, y meta siete estados debajo. de tierra do él ni yo jamás parezcamos. Y si es verdad lo que yo digo, y aquél, persuadido del demonio (por quitar y privar a los que están presentes de tan gran bien), dice maldad, también sea castigado, y de todos conocida su malicia.

Apenas había acabado su oración el devoto señor mío, cuando el negro del alguacil[206] cae de su estado,[207] y da tan gran golpe en el suelo, que la iglesia toda hizo resonar, y comenzó a bramar y echar espumajos por la boca, y torcerla, y hacer visajes con el gesto, dando de pie y de mano, revolviéndose por aquel suelo a una parte y a otra. El estruendo y voces de la gente era tan grande, que no se oían unos a otros, algunos estaban espantados y temerosos; unos decían:—El Señor le socorra y valga—; otros: —Bien se le emplea,[208] pues levantaba tan falso testimonio—. Finalmente, algunos que allí estaban, y a mi parecer no sin harto temor, se llegaron y le trabaron de los brazos, con los cuales daba fuertes puñadas a los

que cerca de él estaban; otros le tiraban por las piernas, y tuvieron reciamente, porque no había mula falsa[209] en el mundo que tan recias coces tirase. Y así le tuvieron un gran rato, porque más de quince hombres estaban sobre él, y a todos daba las manos llenas, y si se descuidaban en[210] los hocicos. A todo esto el señor mi amo estaba en el púlpito de rodillas, las manos y los ojos puestos en el cielo, transportado en la divina esencia, que el llanto y ruido y voces que en la iglesia había no eran parte[211] para apartarle de su divina contemplación. Aquellos buenos hombres llegaron a él, y dando voces le despertaron y le suplicaron quisiese socorrer a aquel pobre que estaba muriendo y que no mirase a las cosas pasadas, ni a sus dichos malos, pues ya de ellos tenía el pago; mas si en algo podía aprovechar para librarle del peligro y pasión que padecía, por amor de Dios lo hiciese, pues ellos veían clara la culpa del culpado, y la verdad y bondad suya, pues a su petición y venganza el Señor no alargó el castigo.

El señor comisario, como quien despierta de un dulce sueño, los miró, y miró al delincuente y a todos los que alrededor estaban, y muy pausadamente les dijo: —Buenos hombres, vosotros nunca habíais de rogar por un hombre en quien Dios tan señaladamente se ha señalado. Mas pues él nos manda que no volvamos mal por mal y perdonemos las injurias, con confianza podremos suplicarle que cumpla lo que nos manda, y Su Majestad perdone a éste que le ofendió poniendo en su santa fe obstáculo; vamos todos a suplicarle—. Y así bajó del púlpito y encomendó aquí muy devotamente suplicasen a nuestro Señor tuviese por bien de perdonar a aquel

---

205. Modern Spanish, *para que*
206. *el negro del alguacil,* the wretched constable. See p. 110, n. 13.
207. See p. 118, n. 110.

208. *Bien se la emplea.* It serves him right
209. treacherous
210. *daba en,* he struck
211. *no eran parte,* were not sufficient

pecador, y volverle en su salud y sano juicio, y lanzar de él demonio, si Su Majestad había permitido que por su gran pecado en él entrase.

Todos se hincaron de rodillas, y delante del altar con los clérigos comenzaban a cantar con voz baja una letanía, y viniendo él con la cruz y agua bendita, después de haber sobre él cantado, el señor mi amo, puestas las manos al cielo, y los ojos que casi nada se le parecía sino un poco de blanco, comienza una oración no menos larga que devota, con la cual hizo llorar a toda la gente, como suelen hacer en los sermones de pasión, de predicador y auditorio devoto, suplicando a nuestro Señor, pues no quería la muerte del pecador, sino su vida y arrepentimiento, que aquél, encaminado por el demonio y persuadido de la muerte y pecado, le quisiese perdonar y dar vida y salud, para que se arrepintiese y confesase sus pecados; y esto hecho mandó traer la bula, y púsosela en la cabeza, y luego el pecador del alguacil comenzó poco a poco a estar mejor y a tornar en sí.[212] Y desque fue bien vuelto en su acuerdo,[212] echóse a los pies del señor comisario, y demandándole perdón, confesó haber dicho aquello por la boca y mandamiento del demonio, lo uno por hacer a él daño y vengarse del enojo, lo otro y más principal, porque el demonio recibía mucha pena del bien que allí se hiciera en tomar la bula. El señor mi amo le perdonó, y fueron hechas las amistades entre ellos, y a tomar la bula hubo tanta prisa, que casi ánima viviente en el lugar no quedó sin ella, marido y mujer, e hijos e hijas, mozos y mozas; divulgóse la nueva de lo acaecido por los lugares comarcanos, y cuando a ellos llegábamos no era menester sermón ni ir a la iglesia, que a la posada la venían a tomar como si fueran peras que se dieran de balde. De manera que en diez o doce lugares de aquellos alrededores donde fuimos, echó el señor mi amo otras tantas mil bulas sin predicar sermón.

Cuando se hizo el ensayo,[213] confieso mi pecado, que también fui de ello espantado, y creí que así era, como otros muchos. Mas con ver después la risa y burla que mi amo y el alguacil llevaban y hacían del negocio, conocí cómo había sido industriado por el industrioso e inventivo de mi amo, y aunque muchacho, cayóme mucho en gracia,[214] y dije entre mí: «¡Cuántas de éstas deben de hacer estos burladores entre la inocente gente!» Finalmente, estuve con este mi quinto amo cerca de cuatro meses, en los cuales pasé también hartas fatigas.

TRATADO VI

Cómo Lázaro se asentó con un capellán, y lo que con él pasó.

Después de esto asenté con un maestro de pintar panderos para molerle los colores, y también sufrí mil males. Siendo ya en este tiempo buen mozuelo, entrando un día en la iglesia mayor, un capellán de ella me recibió por suyo, y púsome en poder un buen asno y cuatro cántaros y un azote, y comencé a echar[215] agua por la ciudad. Éste fue el primer escalón que yo subí para venir a alcanzar buena vida; daba cada día a mi amo treinta maravedís ganados, y los

---

212. to come to one's senses
213. Here, drama, acting
214. *cayóme mucho en gracia,* it seemed very clever to me

215. Here, to sell. Water-sellers are still to be found in some of the Spanish railway stations and at bull fights.

sábados ganaba para mí, y todo lo demás de entre semana de treinta maravedís.[216] Fueme tan bien en el oficio, que al cabo de cuatro años que lo usé con poner en la ganancia buen recaudo, ahorré para me vestir muy honradamente de la ropa vieja, de la cual compré un jubón de fustán viejo, y un sayo raído de manga trenzada y puerta,[217] y una capa que

había sido frisada, y una espada de las viejas primeras de Cuéllar.[218] Desque me vi en hábito de hombre de bien, dije a mi amo que se tomase su asno, que no quería más aquel oficio.

. . .

Pues, en este tiempo estaba en mi prosperidad, y en la cumbre de toda buena fortuna.[219]

216. *lo demás de treinta maravedís de entre semana,* anything over thirty *maravedís* during the rest of the week
217. *trenzada y puerta,* braided and open
218. A swordmaker of Sevilla
219. It is ironical that Lázaro, who condemned the *escudero* for wanting to cut a greater figure than his means would allow, should be guilty of the same vice.
With his fine clothes he secures a government job (still the acme of most Spaniards' ambi-

tions) as the town crier. Although he is more than satisfied with his work, we should note that the town crier was held in contempt by the populace, especially because one of his duties was to accompany the executioner when criminals were whipped through the street or led to the gallows, and to call forth the crimes which the victims had committed. Anybody associated with hanging or corporal punishment has the hatred and disdain of the Spaniards.

JORGE DE MONTEMAYOR

Selection from *La Diana*

No muy lejos de este valle, hacia la parte donde el sol se pone, está una aldea en medio de una floresta, cerca de dos ríos que con sus aguas riegan los árboles amenos cuya espesura es tanta que desde una casa a la otra no se parece.[1] Cada una de ellas tiene su término redondo,[2] adonde los jardines en verano se visten de olorosas flores, de más de[3] la abundancia de la hortaliza . . . En este lugar nació la desdichada Belisa (que este nombre saqué de la pila, adonde pluguiera a Dios dejara el ánima). Aquí, pues, vivía un pastor de los principales en hacienda y linaje, que en toda esta provincia se hallaba, cuyo nombre era Arsenio, el cual fue casado con una zagala, la más

hermosa de su tiempo: mas la presurosa muerte (o porque los hados lo permitieron o por evitar otros males que su hermosura pudiera causar), le cortó el hilo de la vida pocos años después de casada. Fue tanto lo que Arsenio sintió la muerte de su amada Florida, que estuvo muy cerca de perder la vida: pero consolábase con un hijo que le quedara llamado Arsileo, cuya hermosura fue tanta que competía con la de Florida, su madre. Y con todo, este Arsenio vivía la más sola y triste vida que nadie podría imaginar. Pues viendo su hijo ya en edad convenible para ponerle en algún ejercicio virtuoso, teniendo entendido que la ociosidad en los mozos es maestra de vicios y enemiga

1. *desde . . . parece,* one cannot see one house from the other

2. surrounding area
3. *de más de,* besides

de virtud, determinó enviarle a la academia Salmantina[4] con intención que se
ejercitase en aprender lo que a los
hombres sube a mayor grado que[5] de
hombres, y así lo puso por obra. Pues ⁵
siendo ya quince años pasados que su
mujer era muerta, saliendo yo un día
con otras vecinas a un mercado, que en
nuestro lugar se hacía, el desdichado de
Arsenio me vio, por su mal y aun[6] por el ¹⁰
mío y de su desdichado hijo. Esta vista
causó en él tan grande amor, como de
allí adelante se pareció. Y esto me dio él
a entender muchas veces, porque ahora
en el campo yendo a llevar de comer a los ¹⁵
pastores, ahora yendo con mis paños[7]
al río, ahora por agua a la fuente, se
hacía encontradizo conmigo.[8] Yo, que
de amores aquel tiempo sabía poco,
aunque por oídas alcanzase alguna ²⁰
cosa de sus desvariados efectos, unas
hacía que no lo entendía, otras veces
lo echaba en burlas, otras me enojaba
de verlo tan importuno. Mas ni mis
palabras bastaban a defenderme de él, ²⁵
ni el grande amor que él tenía le daba
lugar a dejar de seguirme. Y de esta
manera se pasaron más de cuatro años,
que ni él dejaba su porfía, ni yo podía
acabar conmigo[9] de darle el más pe- ³⁰
queño favor de la vida. A este tiempo
vino el desdichado de su hijo Arsileo
del estudio, el cual entre otras ciencias
que había estudiado, había florecido de
tal manera en la poesía y en la música, ³⁵
que a todos los de su tiempo hacía
ventaja.

Su padre se alegró tanto con él, que
no hay quien lo pueda encarecer (y con
gran razón), porque Arsileo era tal, que ⁴⁰
no sólo de su padre, que como a hijo
debía amarle, mas de todos los del
mundo merecía ser amado. Y así en
nuestro lugar era tan querido de los
principales de él y del común,[10] que no
se trataba entre ellos sino de la discreción, gracia, gentileza y otras buenas
partes de que su mocedad era adornada. Arsenio se encubría de su hijo,
de manera que por ninguna vía pudiese
entender sus amores, y aunque Arsileo
algún día le viese triste, nunca echó de
ver[11] la causa, mas antes pensaba que
eran reliquias que de la muerte de su
madre le habían quedado . . . Y porque
el tiempo se llegaba en que el amor me
había de tomar cuenta de la poca[12] que
hasta entonces de sus afectos había
hecho, o porque en fin había de ser, yo
me sentí un poco más blanda que de
antes: y no tan poco que no diese lugar
a que amor tomase posesión de mi libertad. Y fue la mayor novedad que jamás
nadie vio en amores lo que este tirano[13]
hizo en mí, pues no tan solamente me
hizo amar a Arsileo, mas aún a Arsenio,
su padre. Verdad es que al padre amaba
yo por pagarle en esto el amor que me
tenía, y al hijo por entregarle mi libertad, como desde aquella hora se la
entregué. De manera que al uno amaba
por no ser ingrata, y al otro por no ser
más en mi mano.[14] Pues como Arsenio
me sintiese algo más blanda (cosa que
él tantos días había que deseaba), no
hubo cosa en la vida que no la hiciese
por darme contento: porque los presentes eran tantos, las joyas y otras
muchas cosas, que a mí pesaba verme
puesta en tanta obligación. Con cada

---

4. The University of Salamanca. It is curious
   to see elements of the real world in the fantastic land of the shepherds.
5. Supply, *el*
6. also
7. clothes (to be washed)
8. *se . . . conmigo,* he pretended to meet me
   by chance
9. *acabar conmigo de,* to bring myself to
10. commonalty, common people
11. *echó de ver,* came to see
12. *poca (cuenta)*
13. The god of love
14. *por no ser más en mi mano,* because it was
    no longer in my power

cosa que me enviaba, venía un recado tan enamorado, como él lo estaba. Yo le respondía no mostrándole señales de gran amor, ni tampoco me mostraba tan esquiva como solía. Mas el amor de Arsileo cada día se arraigaba más en mi corazón, y de manera me ocupaba los sentidos, que no dejaba en mi ánima lugar ocioso. Sucedió, pues, que una noche del verano, estando en conversación Arsenio y Arsileo con algunos vecinos suyos debajo de un fresno muy grande, que en una plazuela estaba de frente de mi posada, comenzó Arsenio a loar mucho el tañer y cantar de su hijo Arsileo, por dar ocasión a que los que con él estaban le rogasen que enviase por una harpa a casa, y que allí tañese, porque estaba en parte que yo por fuerza había de gozar de la música. Y como él lo pensó, así le vino a suceder, porque siendo de los presentes importunado, enviaron por el harpa y la música se comenzó. Cuando yo oí a Arsileo y sentí la melodía con que tañía, la soberana gracia con que cantaba, luego estuve al cabo[15] de lo que podía ser: entendiendo que su padre me quería dar música y enamorarme con las gracias del hijo . . . Así el malogrado mancebo Arsileo, suspendía y ablandaba, no solamente los corazones de los que presentes estaban, mas aún a la desdichada Belisa, que desde una azotea alta de mi posada le estaba con grande atención oyendo . . . Y desde allí, propuse de tenerle encubierta esta voluntad lo menos que yo pudiese. Toda aquella noche estuve pensando el modo que tendría en descubrirle mi mal, de suerte que la vergüenza no recibiese daño, aunque cuando éste no hallara, no me estorbara el de la muerte.[16] Y como cuando ella ha de venir, las ocasiones tengan tan gran cuidado de quitar los medios que podrían impedirla, el otro día adelante,[17] con otras doncellas mis vecinas me fue forzado ir a un bosque espeso, en medio del cual había una clara fuente, adonde las más de las siestas llevábamos las vacas, así porque allí paciesen, como para que venida la sabrosa y fresca tarde cogiésemos la leche de aquel día siguiente,[18] con que las mantecas, natas y quesos se habían de hacer. Pues estando yo y mis compañeras asentadas en torno de la fuente, y nuestras vacas echadas a la sombra de los umbrosos y silvestres árboles de aquel soto, lamiendo los pequeñuelos becerrillos, que juntos a ellas estaban tendidos, una de aquellas amigas mías (bien descuidada del amor que entonces a mí me hacía la guerra) me importunó, so pena de jamás ser hecha cosa de que yo gustase, que tuviese por bien de entretener el tiempo cantando una canción . . . Mas no estaba muy lejos de allí Arsileo cuando yo estos versos cantaba, que habiendo aquel día salido a caza, y estando en lo más espeso del bosque pasando la siesta, parece que nos oyó, y como hombre aficionado a la música, se fue su paso a paso[19] entre una espesura de árboles, que junto a la fuente estaban: porque de allí mejor nos pudiese oir. Pues habiendo cesado nuestra música, él se vino a la fuente, cosa de que no poco sobresalto recibí. Y esto no es de maravillar, porque de la misma manera se sobresalta un corazón enamorado con un súbito contentamiento, que con una tristeza no pensada . . . Después que, como digo, nos hubo saludado, y

15. *estar al cabo,* to see through, understand
16. *aunque . . . muerte,* although if I didn't find this (means), not even (the suffering of) death would keep me (from revealing my passion to him)
17. *el otro día adelante,* the next day
18. *de aquel día siguiente,* of the following day (the milk which would be used the following day)
19. *su paso a paso,* step by step

tuvo licencia de nosotras, la cual muy comedidamente nos pidió, para pasar la siesta en nuestra compañía, puso los ojos en mí (que no debiera[20]), y quedó tan preso de mis amores[21] como después se pareció en las señales con que manifestaba su mal ... Y para disimular su nuevo mal, comenzó a hablarme en cosas bien diferentes de las que él me quisiera decir; yo le respondí a algunas de ellas, pero más cuidado tenía yo entonces de mirar, si en los movimientos del rostro o en la blandura de las palabras mostraba señales de amor, que en responderle a lo que me preguntaba ... Pues lo que con la lengua allí no me pudo decir, con los ojos me lo dio bien a entender. Estando en esto, las dos pastoras que conmigo estaban se levantaron a ordeñar sus vacas: yo les rogué que me excusasen el trabajo con las mías, porque no me sentía buena ... Pues viendo yo claramente, que cuatro o cinco veces [Arsileo] había cometido el hablar y le había salido en vano su comedimiento, porque el miedo de enojarme se le había puesto delante, quise hablarle en otro propósito, aunque no tan lejos del suyo, que no pudiese, sin salir de él, decirme lo que deseaba. Y así le dije: —Arsileo, ¿hállaste bien en esta tierra? que según en la que hasta ahora has estado, habrá sido el entretenimiento y conversación diferente del nuestro: extraño te debes hallar en ella—. Él entonces me respondió: —No tengo tanto poder en mí, ni tiene tanta libertad mi entendimiento, que pueda responder a esa pregunta—. Y mudándole el propósito, por mostrarle el camino con las ocasiones, le volví a decir: —Hanme dicho que hay por allá muy hermosas pastoras, y si esto es así, cuán mal te debemos parecer las de por acá. —De mal cono-

cimiento sería (respondió Arsileo), si tal confesase: que puesto caso que allá las hay tan hermosas como te han dicho, acá las hay tan aventajadas como yo las he visto. —Lisonja es ésa en todo el mundo (dije yo medio riendo), mas con todo esto, no me pesa que las naturales estén tan adelante en tu opinión, por ser yo una de ellas—. ... Así que, de palabra en palabra, me vino a decir lo que deseaba oirle, aunque por entonces no quise dárselo a entender, mas antes le rogué que atajase el paso a su pensamiento. Pero recelosa que estas palabras no fuesen causa de resfriarse en el amor (como muchas veces acaece que el desfavorecer en los principios de los amores es atajar los pasos a los que comienzan a querer bien), volví a templar el desabrimiento de mi respuesta, diciéndole: —Y si fuere tanto el amor (oh, Arsileo), que no te dé lugar a dejar de quererme, [sea] en lo secreto; porque de los hombres de semejante discreción que la tuya, es tenerlo aun en las cosas que poco importan. Y no te digo esto porque de una ni de otra manera te ha de aprovechar de más que de quedarte yo en obligación,[22] si mi consejo en este caso tomares—. Esto decía la lengua, mas otra cosa decían los ojos con que yo le miraba, y echando algún suspiro que sin mi licencia daba testimonio de lo que yo sentía, lo cual entendiera muy bien Arsileo, si el amor le diera lugar. De esta manera nos despedimos, y después me habló muchas veces, y me escribió muchas cartas, y vi muchos sonetos de su mano, y aun las más de las noches me decía cantando al son de su harpa lo que yo llorando le escuchaba. Finalmente, que venimos cada uno a estar bien certificados del amor que el uno al otro tenía. A este tiempo, su padre Arsenio me importunaba de manera con sus recados y pre-

---

20. Supply, *haber hecho*
21. *mis amores,* love of me

22. *porque ... obligación,* because you'll get no advantage out of it in one way or another other than my being grateful to you

sentes, que yo no sabía el medio que tuviese para defenderme de él. Y era la más extraña cosa que se vio jamás; pues así como se iba más acrecentando el amor con el hijo, así con el padre se iba más extendiendo la afición, aunque no era todo de un metal.[23] Y esto no me daba lugar a desfavorecerle, ni a dejar de recibir sus recados. Pues viviendo yo con todo el contentamiento del mundo, y viéndome tan de veras amada de Arsileo, a quien yo tanto quería, parece que la fortuna determinó de dar fin a mis amores con el más desdichado suceso que jamás en ellos se ha visto, y fue de esta manera: que habiendo yo concertado de hablar con mi Arsileo una noche (que bien noche fue ella para mí, pues nunca supe después acá[24] qué cosa era día) concertamos que él entrase en una huerta de mi padre, y yo desde una ventana de mi aposento, que caía enfrente de un moral, donde él se podía subir por estar más cerca, nos hablaríamos: ¡ay, desdichada de mí! que no acabo de entender a qué propósito le puse en este peligro, pues todos los días, ahora en el campo, ahora en el río, ahora en el soto, llevando a él mis vacas, ahora al tiempo que las traía a la majada, me pudiera él muy bien hablar, y me hablaba los más de los días. Mi desventura fue causa que la fortuna se pagase del contento, que hasta entonces me había dado, con hacerme que toda la vida viviese sin él. Pues venida la hora del concierto y del fin de sus días, y principio de mi desconsuelo, vino Arsileo al tiempo y al lugar concertado, y estando los dos hablando en[25] lo que puede considerar quien algún tiempo ha querido bien, el desventurado de Arsenio, su padre, las más de las noches me rondaba la calle (que aun si esto se me acordara, mas quitó-

melo mi desdicha de la memoria, no le consintiera yo ponerse en tal peligro); pero así se me olvidó, como si yo no lo supiera. Al fin que él acertó a venir aquella hora por allí, y sin que nosotros pudiésemos verle, ni oirle, nos vio él, y conoció ser yo la que a la ventana estaba, mas no entendió que era su hijo el que estaba en el moral, ni aun pudo sospechar quien fuese, que ésta fue la causa principal de su mal suceso. Y fue tan grande su enojo, que sin sentido alguno se fue a su posada, y armando una ballesta, y poniéndola una saeta muy llena de venenosa yerba, se vino al lugar do estábamos, y supo tan bien acertar a su hijo, como si no lo fuera. Porque la saeta le dio en el corazón, y luego cayó muerto del árbol abajo, diciendo: —¡Ay, Belisa, cuán poco lugar me da la fortuna para servirte, como yo deseaba!—Y aun esto no pudo acabar de decir. El desdichado padre, que con estas palabras conoció ser homicida de Arsileo su hijo, dijo con una voz, como de hombre desesperado:— ¡Desdichado de mí, si eres mi hijo Arsileo, que en la voz no pareces otro!—Y como llegase a él, y con la luna que en el rostro le daba la divisase bien y le hallase que había expirado, dijo: —Oh, cruel Belisa, pues que el sin ventura mi hijo, por tu causa de mis manos ha sido muerto, no es justo que el desventurado padre quede con la vida—. Y sacando su misma espada, se dio por el corazón, de manera que en un punto fue muerto. ¡Oh, desdichado caso! ¡oh, cosa jamás oída ni vista! ¡Oh, escándalo grande para los oídos, que mi desdichada historia oyeren! ¡oh, desventurada Belisa, que tal pudieron ver tus ojos, y no tomar el camino que padre e hijo por tu causa tomaron! . . .[26]

23. *todo de un metal,* of one and the same stuff
24. *después acá,* from then on
25. about
26. We learn later that Belisa had only dreamed that Arsenio killed Arsileo. Thus a happy ending is possible for the two lovers. It is also a good example of the way in which the *novela pastoril* uses violent or unexpected means to work out the plot.

Mysticism

The word mysticism is almost always used loosely. People call any saintly man a mystic when, in fact, many saints may not be properly so called; or they use such expressions as 'the mysticism of the flesh' when only the exaltation or perhaps sublimation of bodily sensations is meant. In its restricted religious sense, mysticism is a technical term meaning direct communion with God. Men of all religions—Christians, Moslems, Jews, Hindus, as well as followers of innumerable 'primitive' religions—have all felt ecstatic moments of lucidity, 'transcending all knowledge,' in the words of San Juan de la Cruz. The sensation which accompanies, and forms an integral part of the experience, is one of overflowing love—primarily love for God, but often a great love for humanity and all the things of the universe as well. The mind of the mystic seems to acquire deep perceptions of the divine harmony of the universe and to reject the reality of our everyday commonsense world in favor of new and higher reality in which ordinary events have no importance and only the absolute matters. At times this state is accompanied by messages—unspoken commands, audible voices, or visions.

Although mysticism seems remote from most of us, it is evident that it is related to the common experience called intuition. Who has not felt moments of extraordinary understanding? Who has not glimpsed the marvelous harmony of Nature with unusual precision when in the presence of natural beauties? These sensations are accompanied by a euphoria akin to the all-embracing love of the mystic. Intuition is of the same stuff as mysticism, the difference being that the former is a common experience on the human plane while the latter is uncommon and divine. It is well to realize that the mystic is not a wholly different kind of being; he has merely given emphasis and a religious direction to a widespread human potentiality.[1]

Another extraordinary human type is the genius. Like the mystic he possesses a highly developed intuition, but in his case it is directed into other channels. He may perceive, in an ecstatic moment of clarity, a harmonious relation between apparently unrelated things: in which case we hail him as the discoverer of a 'law of Nature' and a great scientist. Or he may sense subtleties in the relations between human beings or between humans and their environment: in this case he is apt to become a creative artist. The genius and the mystic differ only in that they direct their intuition to different ends.[2]

We are all incomplete geniuses and incomplete mystics in that we all possess some degree of intuition. The Spanish mind seems to have a larger share of this quality than is commonly found elsewhere. A catalogue of mystic writers of Spain includes over 3000 names, and this, of course, does not give us a complete measure of the importance of mysticism, since numerous mystics existed who did not set their experience down in writing. Furthermore, Spain has had many partial mystics—men like Ganivet, Unamuno, and Juan Ramón Jiménez (see Volume Two)—who stopped part way on the mystic pathway to God. There were also unorthodox mystics such as the *alumbrados* (or *iluminados*) of the sixteenth century, who in some cases represented a kind of Protestant variety of mysticism and who were suppressed by the Inquisition.

In spite of the large number of mystics throughout Spanish history, it is curious to note that the great flourishing of mysticism occurs in the sixteenth century. Of course, Spain had an occasional medieval mystic, the most important of whom was Raimundo Lull; but sixteenth-century Spain produced a whole series of mystic writers who advanced like a team of mountain climbers, some to the base camp, some to the higher way stations from which two intrepid souls scaled the utmost peak. The two individuals were Santa Teresa de Jesús and San Juan de la Cruz, whose experiences were in part the culmination of the advances of their predecessors.

Just why religious writings should begin to flourish towards the beginning

---

1. Even skeptics and rationalists have mystic experiences, which often leave them puzzled and afraid of losing their minds. William James treats mysticism harshly in his *Varieties of Religious Experience* precisely for this reason. He was himself subject to mystic transports, which he feared as mental aberrations.

    Another rationalistic mystic is Arthur Koestler, who has reconciled himself to the unreasonableness of mysticism far better than James did. See A. Koestler, *The Invisible Writing*, Macmillan, 1954, pp. 352ff.

2. For a more detailed analysis of the mystic as a creative genius, see A. J. Toynbee, *A Study of History* (vols. 1–6, abridged), Oxford, 1947, pp. 212ff.

of the sixteenth century has been a puzzle to scholars. Influences from outside have been suggested as the stimulating force. Specifically, the German mystics or the Arab mystics (from the sect of Islam known as Sufism) have been mentioned as possible stimuli. Yet these theories leave much unexplained. It seems best to regard the flowering of mysticism as another aspect of the creative vitality of the Renaissance.

The mystics regard prayer as their special interest and believe that by perfecting themselves in prayer they can come closer and closer to God. In the ultimate stage, called Unitive prayer, one's life is directed constantly by God. But to reach this perfection, one must go through a series of preliminary stages, of which the first is the Purgative Way, intended to cleanse the soul of all that is not God. The techniques for achieving this purpose are, first, the constant directing of one's thoughts to God through prayer and meditation on religious themes, and second, the acquiring of indifference to bodily needs, or chastising of the flesh, known as asceticism.

Many of the earlier religious writers of the sixteenth century do not progress much beyond this preliminary stage, and should more properly be called ascetics than mystics. San Ignacio de Loyola, the founder of the Jesuit Order, is the author of *Ejercicios espirituales* (first edition, in Latin, 1548), an influential handbook of prayer and meditation, although not notable as a literary production. Fray Luis de Granada, on the other hand, was a remarkable stylist. His *Libro de oración y meditación* (1554), *Guía de pecadores* (1567), and *Introducción al símbolo de la fe* (1588) were immensely popular both in Spain and abroad. The first work was abridged and adapted by San Pedro de Alcántara into the *Tratado de oración y meditación* (1588), a work which had considerable influence on Santa Teresa. All the ascetic writers advised fasting, curtailment of sleep, and bodily disciplines such as flagellation; but all recommended restraint in these practices. In their own lives, however, their practice often denied their precepts. San Pedro de Alcántara, in particular, carried self-discipline to unbelievable extremes.

The ascetics prepared the way for the true mystics. The remarkable woman, Teresa de Cepeda y Ahumada (1515–82), who was to become universally known as Santa Teresa de Jesús, is a kind of focal point of Spanish mysticism. She brings together the most important contributions of her predecessors, analyzes the mystic experience, and profoundly influences all subsequent mystics. Born in the old walled city of Ávila (often called 'Ávila de los santos y de los caballeros'), her childhood coincided in time with the conquest of Mexico and Peru. All six of her brothers went to America as *conquistadores*. The reigning spirit of marvellous adventure infused Teresa's youth (her favorite books were the *libros de caballerías*) and contributed not a little to the grandeur of her outlook. But life held many sobering experiences for her. In her mature life, she was constantly sick, frequently suffering great pain. Later, the practical difficulties of running convents restrained her adventuresome nature; yet despite all this, she always retained some of the zest for living and doing so typical of her time.

At twenty she took the veil in the Mitigated Carmelites, an order which she found somewhat lax and worldly. At thirty-eight she had a second conversion to religion, after which her mysticism became intensified. Finally, at forty-seven, she began a period of tremendous twofold activity, the reforming of the Carmelites and the writing of a series of books.

Her most important books describe the mystic experience more accurately than any other source and analyze the various stages through which the mystic must go. In the *Libro de su vida* she compares the soul to a garden which must be watered, the water being symbolical of God's grace. The first stage is the difficult process of carrying the water in pails; the second, the easier one of drawing water by a water wheel from a well; in the third stage, the garden is watered by a stream winding through it; and in the fourth and last, rain from heaven obviates any labor and ensures perfect irrigation. Later, in *Las moradas del alma,* Santa Teresa compares the soul to a castle. God dwells in the seventh or innermost apartment, but to reach Him one must first traverse the six outer chambers. Her classification of the degrees of mysticism becomes more complex as she herself advances in the profundity of her experiences.

These books, like her other less famous ones, were written at the command of her confessors. They were composed in haste, in a simple conversational style, without literary pretensions. Yet their very naturalness, and their knack for explaining things out of the ordinary ken, lend them extraordinary interest.

In the summer of 1567 Santa Teresa journeyed to Medina del Campo to found her second convent. During her stay in the old market town, she met two Carmelite monks who became interested in her reform movement. They were to be, a year later, two of the three original inhabitants of Santa Teresa's first reformed establishment for men.

The younger of the two, who adopted the name Juan de la Cruz (1542–91), went on to fame as a writer and a saint. He was then twenty-five years old and a student on vacation from his theological studies in the University of Salamanca, where he may have known or even studied under Fray Luis de León. He was born in a village not far from Santa Teresa's city of Ávila, but had spent the formative period of his youth in Medina del Campo, where he worked in a hospital to support his widowed mother. Santa Teresa was immediately impressed by his seriousness of purpose. She often mentions his goodness, or jokingly contrasts his small stature to his great piety.

San Juan's life in the reformed order was not an easy one. He seldom lived more than two or three years in a single monastery, but was constantly sent from one place to another to found new houses or to act as spiritual guide and confessor. The greatest and, to us, the most surprising of his hardships was his imprisonment by the unreformed members of his order. For eight months he was kept in brutal confinement, from which he finally escaped by sliding down an improvised rope from a window. In the last years of his life he again suffered, but this time at the hands of his brothers in the reform, who stripped him of all honors and exiled him to an unimportant priory. The two most peaceful epochs of his life seem to have been the period when he served as confessor in Santa Teresa's home convent in Ávila and his stay, as prior, in the monastery at Granada. It was at Granada that he wrote most of his important works.

San Juan is primarily a poet. During the enforced idleness of his imprisonment, he made his first attempts to express in poetry the ineffable mystic experience. He, of course, realizes the difficulties of expressing the inexpressible: *porque sólo el que por ello pasa lo sabrá sentir, mas no decir.* To give us some hint of his intense, subjective, emotional state, he has to have recourse to figurative language. The love of the soul for God is equated to the love of the bride for her husband; the soul seeks God as the beloved seeks the lover. His most important poems are allegories couched in the language of love, borrowing heavily from the amorous phraseology of the Biblical wedding chants of the Song of Songs. By this symbolism San Juan de la Cruz comes nearer than any other writer to giving the uninitiated an inkling of what happens in the soul during a mystic ecstasy.

San Juan's prose works are commentaries on the allegories of his poems. Each prose work reveals stanza by stanza and line by line the religious significance of the corresponding poem. Hence, his prose appeals only to a restricted group of readers.

San Juan's poetry, on the other hand, has the appeal of pure poetry to the general reader, who, whether or not he appreciates its religious meaning, finds in its subtle rhythms, its evocative phraseology, and its delicate feeling towards nature something which arrests his attention and causes him to realize that here indeed is great poetry. He feels that San Juan caught a glimpse of the harmony underlying the outward confusion of the world, and by intuitive paths, reached a goal vainly sought by the majority of men.

SANTA TERESA DE JESÚS

Selections from *El libro de las fundaciones*

I. *Passages concerning the life of the body.*

A. No pongo en estas fundaciones[1] los grandes trabajos de los caminos con fríos, con soles [o] con nieves, que venía vez no cesarnos en todo el día de nevar; otras perder el camino; otras con hartos[2] males y calenturas, porque, ¡gloria a Dios!, de ordinario es tener yo poca salud, sino que[3] veía claro que nuestro Señor me daba esfuerzo. Porque me acaecía algunas veces que se trataba de 10 fundación, hallarme con tantos males y dolores que yo me congojaba mucho; porque me parecía, que aun para estar en la celda sin acostarme no estaba, y tornarme a nuestro Señor, quejándome a 15 su Majestad,[4] y diciéndole que cómo quería hiciese[5] lo que no podía; y después, aunque con trabajo,[6] su Majestad daba fuerzas, y con el hervor que me ponía y el cuidado, parece que me olvi- 20 daba de mí.[7]

A lo que[7] ahora me acuerdo, nunca dejé fundación[8] por miedo del trabajo, aunque de los caminos, en especial largos, sentía gran contradicción;[9] mas en 25 comenzándolos a andar, me parecía poco,

viendo en servicio de quien se hacía y considerando que en aquella casa[10] se había de alabar el Señor y haber Santísimo Sacramento. Esto es particular consuelo para mí, ver una iglesia más, cuando me acuerdo de las muchas que quitan los luteranos.

Libro de las fundaciones, chap. 18.

B. Quedamos la noche de Todos Santos[11] mi compañera y yo solas. Yo os digo, hermanas, que cuando se me acuerda el miedo de mi compañera, que era María del Sacramento, una monja de más edad que yo y harto sierva de Dios, que me da gana de reir.

La casa era muy grande y desbaratada y con muchos desvanes, y mi compañera no había quitársele del pensamiento los estudiantes,[12] pareciéndole, que como se habían enojado tanto de que salieron de la casa, que alguno se había escondido en ella.

Ellos lo pudieran muy bien hacer, según había adonde.[13]

---

1. *fundaciones,* that is, the founding of new convents, which often entailed not only physical suffering but also immense difficulties in obtaining approval of bishops, town councils, and other officials.
2. many. Commonly used by Santa Teresa instead of *mucho* or *muy.*
3. *sino que,* modern Spanish, *pero*
4. Santa Teresa constantly uses *su Majestad* to mean God.
5. *diciéndole . . . hiciese,* translate, asking him how he expected me to do
6. difficulty
7. according to what
8. *nunca dejé fundación,* I never failed to make any foundation

9. difficulty, trouble
10. i.e. the new convent
11. *noche de Todos [los] Santos,* Halloween. Santa Teresa and her one companion have just arrived in Salamanca to take over a student boarding house which is to be their new convent. The students left the house very unwillingly. Remember their propensity for playing tricks and the fact that the nuns are alone in a strange house on Halloween.
12. *mi compañera . . . los estudiantes,* and as for my companion, there was no way of getting the students out of her mind
13. *según había adonde,* as there were many places where they could hide

Encerrámonos[14] en una pieza adonde estaba[15] paja, que era lo primero que yo proveía para fundar la casa; porque teniéndola, no nos faltaba cama; en ello dormimos esa noche con unas dos mantas que nos prestaron.

Otro[16] día, unas monjas que estaban junto, que pensamos les pesara mucho, nos prestaron ropa[17] para las compañeras que habían de venir y nos enviaron limosna. Llamábase Santa Isabel, y todo el tiempo que estuvimos en aquélla,[18] nos hicieron harto buenas obras y limosnas.

Como mi compañera se vio cerrada en aquella pieza, parece sosegó algo cuanto a lo de los estudiantes; aunque no hacía sino mirar a una parte y a otra, todavía con temores. Y el demonio que[19] la debía ayudar con representarla pensamientos de peligro para turbarme a mí, que con la flaqueza de corazón que tengo, poco me solía bastar.[20] Yo la dije que qué[21] miraba, que como allí no podía entrar nadie. Díjome: Madre, estoy pensando, si ahora me muriese yo aquí, ¿qué haríais vos sola?

Libro de las fundaciones, chap. 19.

C. Ya habéis visto, hijas,[22] que se han pasado algunos trabajos, aunque creo son los menos los que he escrito (porque si se hubieran de decir por menudo era[23] gran cansancio) así de los caminos con aguas y nieves y con perderlos, y sobre todo muchas veces con tan poca salud, que alguna[24] me acaeció (no sé si lo he dicho), que era en la primera jornada que salimos de Malagón para Beas,[25] que iba con calentura y tantos males juntos que me acaeció, mirando lo que tenía por andar y viéndome así, acordarme de nuestro Padre Elías cuando iba huyendo de Jezabel, y decir: *Señor, ¿cómo tengo yo de poder sufrir esto? Miradlo Vos.*[26] Verdad es, que como Su Majestad me vio tan flaca, repentinamente me quitó la calentura y el mal; tanto, que hasta después que he caído en ello, pensé que era porque había entrado allí un siervo de Dios, un clérigo, y quizá sería ello; al menos fue repentinamente quitarme el mal exterior e interior. En teniendo salud, con alegría pasaba los trabajos corporales.

Pues en llevar condiciones[27] de muchas

---

14. Usually, *nos encerramos*
15. Modern Spanish, *había*
16. The next
17. Here, bed clothes. Convents already established often looked with great disfavor on a new foundation in their neighborhood, as this could mean a reduction of their income from alms, now shared with the new establishment. Hence the charity of the nuns of the convent of Santa Isabel surprises Santa Teresa.
18. Read, *aquella casa.* The convent was soon moved to another location.
19. Omit *que* in translating
20. Add, *para turbarme*
21. *Yo la dije . . . nadie,* I asked her what she was looking at and I told her how nobody could enter there
22. daughters, that is, the nuns of Santa Teresa's order, for whom she wrote the *Libro de las fundaciones*
23. *era* for *sería*

24. *alguna* for *una vez*
25. Malagón, a small town about 110 miles due south of Madrid. The Carmelite convent at Malagón is particularly interesting because it was by exception a new building, following in its plan Santa Teresa's ideas of the best convent design.

   Beas. A village near the headwaters of the Guadalquivir, where Santa Teresa established a convent. San Juan de la Cruz, was for a time the confessor of the nuns of Beas. He always kept a great affection for this rather wild and solitary place.
26. We read of the flight of Elijah from the wrath of Jezebel in I Kings, Chapters 17 through 21, but the quotation that Santa Teresa attributes to Elijah does not appear in this form. Apparently she quoted inaccurately from memory.
27. *llevar condiciones,* suffering the [bad] character traits

personas, que era menester en cada pueblo, no se trabajaba poco.

Y en dejar las hijas y hermanas mías,[28] cuando me iba de una parte a otra, yo os digo, que, como yo las amo tanto, que no ha sido la más pequeña cruz; en especial cuando pensaba que no las había de tornar a ver y veía su gran sentimiento y lágrimas. Que aunque están de otras cosas desasidas, ésta no se lo ha dado Dios, por ventura para que me fuese a mí más tormento, que tampoco lo[29] estoy de ellas, aunque me esforzaba todo lo que podía para no se lo mostrar, y las reñía; mas poco me aprovechaba, que es grande el amor que me tienen y bien se ve en muchas cosas ser verdadero.

Libro de las fundaciones, chap. 27.

Selections from *El libro de su vida*

II. *Passages concerning the life of the spirit*

A. Tenía yo algunas veces, como he dicho (aunque con mucha brevedad pasaba) comienzo de lo que ahora diré. Acaecíame en esta representación que hacía, de ponerme cabe Cristo, que[30] he dicho, y aun algunas veces leyendo,[31] venirme a deshora un sentimiento de la presencia de Dios, que[32] en ninguna manera podía dudar que estaba dentro de mí, o yo toda engolfada en Él. Esto no era manera de visión, creo lo llaman mística teología: suspende el alma, de suerte que toda[33] parecía estar fuera de sí. Ama la voluntad,[34] la memoria me parece está casi perdida, el entendimiento no discurre, a mi parecer, mas no se pierde; mas, como digo, no obra, sino está como espantado de lo mucho que entiende; porque quiere Dios entienda que de aquello que su Majestad le representa ninguna cosa entiende.[35]

Libro de su vida, chap. 10.

B. Estando una noche tan mala que quería excusarme de tener oración, tomé un rosario por ocuparme vocalmente, procurando no recoger[36] el entendimiento, aunque en lo exterior estaba recogida en un oratorio: cuando el Señor quiere, poco aprovechan estas diligencias. Estuve así bien poco, y vínome un arrobamiento de espíritu con tanto ímpetu, que no hubo poder resistir.[37] Parecíame estar metida en el cielo, y las primeras personas que allá vi, fue a[38] mi padre y

28. her sisters in religion, that is, the nuns of her order
29. *lo* refers to the idea of *desasida.*
30. *que* for *como*
31. while reading
32. so that
33. *toda* refers to *alma,* the subject of *parecía*
34. Word order: *la voluntad ama.* Santa Teresa is pointing out that most of the 'faculties' of the mind and soul are almost dormant, with the exception of a powerful feeling of love.
35. *porque . . . entiende,* because God wills it [the intelligence] to understand that it knows nothing about that which God reveals to it. That is, the intelligence in its normal state has no idea of the deep insights which can come to it.
36. *recoger,* to recollect (the senses). In the language of mysticism this is the action of gathering in one's mind and senses, or of shutting out all impressions and thoughts about the outside world. It is a first step towards the mystic ecstasy.
37. *que . . . resistir,* that it was impossible to resist it
38. *fue a.* An example of the conversational style of the saint. We expect *fueron mi padre y madre* or *primero vi a mi padre y madre.* She either mixes the two ideas or drops out part of her thought, which could be completed as *fue [que vi] a mi padre y madre.*

madre, y tan grandes cosas en tan breve espacio como se podría decir un Ave María, que yo quedé bien fuera de mí, pareciéndome muy demasiada merced. Esto de en tan breve tiempo,[39] ya puede ser fuese más, sino que se hace[40] muy poco. Temí no fuese alguna ilusión,[41] puesto que[42] no me lo parecía: no sabía qué hacer, porque había[43] gran vergüenza de ir al confesor con esto; y no por humilde a mi parecer, sino porque me parecía había de burlar[44] de mí, y decir, que— ¿qué san Pablo[45] para ver cosas del cielo, o san Gerónimo? Y por haber tenido estos santos gloriosos cosas de éstas,[46] me hacía más temor a mí, y no hacía sino llorar mucho, porque no me parecía llevaba ningún camino. En fin, aunque más[47] sentí, fui al confesor, porque callar cosa jamás osaba, aunque más[47] sintiese en decirla, por el gran miedo que tenía de ser engañada.[48] Él, como me vio tan fatigada,[49] me consoló mucho, y dijo hartas cosas buenas para quitarme de pena.

Andando más el tiempo me ha acaecido, y acaece esto algunas veces: íbame el Señor mostrando más grandes secretos, porque querer ver el alma más de lo que se le presenta, no hay ningún remedio, ni es posible; y así no veía más de lo que cada vez quería el Señor mostrarme. Era tanto, que lo menos bastaba para quedar espantada, y muy aprovechada el alma, para estimar y tener en poco todas las cosas de la vida. Quisiera yo poder dar a entender algo de lo menos que entendía, y pensando cómo pueda ser, hallo que es imposible; porque en sólo la diferencia que hay de esta luz que vemos a la que allá se representa, siendo todo luz, no hay comparación, porque la claridad del sol parece cosa muy disgustada.[50] En fin, no alcanza la imaginación, por muy sutil que sea, a pintar ni trazar cómo será esta luz, ni ninguna cosa de las que el Señor me daba a entender, con un deleite tan soberano, que no se puede decir; porque todos los sentidos gozan en tan alto grado y suavidad, que ello no se puede encarecer, y así es mejor no decir más.

Libro de su vida, chap. 38.

C. Estando una noche en oración comenzó el Señor a decirme algunas palabras, y trayéndome a la memoria por ellas cuán mala había sido mi vida, que me hacían harta confusión y pena . . .

Pues tornando a lo que decía, como comenzó el Señor a traerme a la memoria mi ruin vida, a vueltas de mis lágrimas,[51] como yo entonces no había hecho nada, a mi parecer, pensé si me quería hacer alguna merced; porque es muy ordinario cuando alguna particular merced recibo del Señor, haberme primero deshecho a mí misma: para que vea más claro cuán fuera de merecerlas yo soy, pienso lo debe el Señor de hacer. Desde ha un poco fue tan arrebatado mi espíritu, que casi me pareció estaba del todo fuera del cuerpo, al menos no se entiende que se vive en él. Vi a la Humanidad sacratísima[52] con más ex-

---

39. *Esto . . . tiempo,* as for this matter of its being in so short a time
40. *se hace,* it seems to be
41. hallucination
42. *puesto que,* although
43. Modern Spanish, *tenía*
44. Modern, *burlarse*
45. *¿qué san Pablo,* what Saint Paul [are you], are you some Saint Paul or Saint Jerome?
46. *cosas de éstas,* experiences of this sort
47. *aunque más,* however much
48. That is, by the devil by means of a false apparition. The mystics were constantly on their guard against hallucinations and visions inspired by the devil.
49. upset
50. unpleasant
51. *a . . . lágrimas,* which resulted in my tears
52. *Humanidad sacratísima,* Christ (God in human form)

cesiva gloria que jamás la había visto. Representóme, por una noticia[53] admirable y clara, estar metido en los pechos del Padre, y esto no sabré yo decir cómo es, porque sin ver (me pareció) me vi presente de[54] aquella Divinidad. Quedé tan espantada y de tal manera, que me parece pasaron algunos días que no podía tornar en mí; y siempre me parecía traía presente a aquella Majestad del Hijo de Dios, aunque no era como la primera. Esto bien lo entendía yo, sino que[55] queda tan esculpido en la imaginación que no lo puede quitar de sí, por en breve que haya pasado,[56] por algún tiempo, y es harto consuelo y aun aprovechamiento.

Esta misma visión he visto otras tres veces: es a mi parecer la más subida visión que el Señor me ha hecho merced que vea, y trae consigo grandísimos provechos. Parece que purifica el alma en gran manera, y quita la fuerza casi todo a esta nuestra sensualidad. Es una llama grande, que parece que abrasa y aniquila todos los deseos de la vida: porque ya que yo, gloria a Dios, no los tenía en cosas vanas, declaróseme aquí bien como era todo vanidad, y cuán vanos son los señoríos de acá, y es un enseñamiento grande para levantar los deseos en la pura verdad.

Libro de su vida, chap. 38.

D. Y hay muchas más [mujeres] que hombres a quien[57] el Señor hace estas mercedes,[58] y esto oí al santo fray Pedro de Alcántara, y también lo he visto yo, que decía aprovechaban mucho más en este camino que hombres, y daba de ello excelentes razones, que no hay para qué las decir aquí, todas en favor de las mujeres.

Libro de su vida, chap. 40.

E. Y así me parece que nunca me vi en pena, después que estoy determinada a servir con todas mis fuerzas a este Señor y consolador mío, que aunque me dejaba un poco padecer, me consolaba de manera que no hago nada en desear trabajos;[59] y así ahora no me parece hay para qué vivir, sino para esto, y lo que más de voluntad pido a Dios. Dígole algunas veces con toda ella:[60]—Señor, o morir o padecer; no os pido otra cosa para mí. Dame consuelo oir el reloj, porque me parece me allego[61] un poquito más para ver a Dios, de que[62] veo ser pasada aquella hora de la vida.

Otras veces estoy de manera que ni me siento vivir, ni me parece he gana[63] de morir, sino con una tibieza y obscuridad en todo, como he dicho . . . Por estar ya fuera de mundo, y entre poca y santa compañía, miro como desde lo alto, y dáseme ya bien poco de que digan ni se sepa:[64] en más tendría[65] se aprovechase un tantico[66] un alma, que todo lo que de mí se puede decir, que[67] después que estoy aquí ha sido el Señor servido que todos mis deseos paren en esto. Y hame dado una manera de sueño en la vida, que casi siempre me parece estoy soñando lo que veo, ni contento ni pena, que sea mucha, no la veo en mí.

Libro de su vida, chap. 40.

53. Here, reality
54. *presente de,* witnessing
55. *sino que* for *pero*
56. *por . . . pasado,* however quickly it may have happened
57. *quien* for *quienes* (as usual in older Spanish)
58. The favors in question are mystic exaltations.
59. trials, hardships
60. That is, *con toda mi voluntad*
61. I approach
62. after
63. *he gana* for *tengo ganas*
64. At the time she wrote these lines, Santa Teresa's words and deeds were much discussed, frequently not with approval.
65. I should hold it in more esteem that
66. a tiny bit
67. for

SAN JUAN DE LA CRUZ

Cántico espiritual

Canciones entre el alma y el Esposo[1]

Esposa

1. ¿A dónde te escondiste,
    Amado, y me dejaste con gemido?
    Como el ciervo[2] huiste,
    habiéndome herido;
    salí tras ti clamando, y eras ido.[3]

2. Pastores los que fuerdes[4]
    allá por las majadas al otero,
    si por ventura vierdes[4]
    aquel que yo más quiero,
    decidle que adolezco, peno y muero.

3. Buscando mis amores,[5]

1. This poem represents the soul as a bride (*Esposa*) searching for her lost bridegroom (*Esposo* or *Amado*). The fundamental idea, as well as much of the phraseology, is taken from the Biblical Song of Songs. San Juan read the Vulgate or Latin version of the Bible, where the Song of Songs is called *Canticum Canticorum,* from which the name of this poem, *Cántico,* is obviously derived. In the Song of Songs we read, 'By night on my bed I sought him whom my soul loveth: I sought him, but I found him not. I will rise now and go about the city: in the streets and in the broad ways, I will seek him whom my soul loveth: I sought him but found him not. The watchmen that go about the city found me; to whom I said, Saw ye him whom my soul loveth? It was but a little that I passed from them, but I found him whom my soul loveth: I held him, and would not let him go, until I brought him into my mother's house, and into the chamber of her that conceived me.' (Chapter 3, 2–4) Later, a slightly different version of the same theme says, 'I opened to my beloved: but my beloved had withdrawn himself and was gone: my soul failed when he spake; I sought him but I could not find him; I called him but he gave me no answer. The watchmen that went about the city found me, they smote me, they wounded me; the keepers of the wall took my veil from me. I charge you, O daughters of Jerusalem, if you find my beloved, that ye tell him that I am sick of love.' (Chapter 5, 6–8)

These are the passages which gave San Juan his starting point. He continued his allegorical interpretation by making the final union of the Bride and Bridegroom a symbol of the mystic union of the soul with Christ.

We can also see in the poem influences of Garcilaso de la Vega and pastoral poetry. But despite all these borrowed ornaments, San Juan de la Cruz remains one of the greatest and most original poets in the Spanish language.

2. The stag is associated with the lover (or Christ), as in the Song of Songs 8. 14: 'Make haste, my beloved, and be thou like to a roe, or to a young hart, upon the mountains of spices.' Besides San Juan's allegorical use of animals and nature (as symbols of God's creation) there is visible throughout the poem a love of nature for itself and a feeling of wonder at its mysteries. Behind visible nature there lies always the deeper reality of the unseen, the absolute reality to which the mystic aspires.

3. *eras ido* for modern *te habías ido.* Compare the English *He was gone* for *He had gone.*

4. *fuerdes, vierdes,* archaic forms for *fuereis* and *viereis,* future subjunctives.

5. *mis amores,* my love (loved one). The plural of an abstract noun usually has a more specific meaning than the singular, e.g. *bondad,* goodness; *bondades,* kind deeds. The plural *amores* refers to a single love affair, or, as here, a single loved one.

iré por esos montes y riberas,
ni cogeré las flores,
ni temeré las fieras,
y pasaré los fuertes y fronteras.[6]

Pregunta a las criaturas

4.   Oh bosques y espesuras,
plantadas por la mano del Amado,
oh prado de verduras,
de flores esmaltado,
decid si por vosotros ha pasado.

Respuesta de las criaturas

5.   Mil gracias derramando,
pasó por estos sotos con presura,
y yéndolos mirando,
con sola su figura
vestidos los dejó de hermosura.

Esposa

6.   ¡Ay, quién podrá sanarme!
Acaba de entregarte ya de vero,[7]
no quieras enviarme
de hoy más[8] ya mensajero,
que no saben decirme lo que quiero.

7.   Y todos cuantos vagan,
de ti me van mil gracias refiriendo
y todos más me llagan,[9]
y déjame muriendo
un no sé qué que quedan balbuciendo;

8.   Mas, ¿como perseveras,
oh vida, no viviendo donde vives,
y haciendo porque mueras,
las flechas que recibes,
de lo que del Amado en ti concibes?[10]

9.   ¿Por qué, pues has llagado[11]
a aqueste corazón, no le sanaste?
y pues me le has robado,
¿por qué así le dejaste,
y no tomas el robo que robaste?

6. *fuertes y fronteras.* Probably suggested by 'the keepers of the walls' in the passage quoted in n. 1. San Juan, in his own commentary on this poem, interprets *fuertes y fronteras* as symbols of the devil and the flesh.

7. *acaba de,* finish; *de vero* for modern *de veras*

8. *de hoy más,* from now on

9. wound (with love)

10. The living soul conceives a great love for the Lover, who wounds it with the arrows (pangs) of love, making it feel like dying, especially since it is forced to live apart from the Lover.

11. since Thou [God] hast wounded [with love]

10.   Apaga mis enojos,
pues que ninguno[12] basta a deshacellos,[13]
y véante mis ojos,
pues eres lumbre dellos,[14]
y sólo para ti quiero tenellos.[15]

11.   Descubre tu presencia,
y máteme tu vista y hermosura;[16]
mira que la dolencia
de amor que no se cura
sino con la presencia y la figura.

12.   ¡Oh cristalina fuente,
si en esos tus semblantes[17] plateados,
formases de repente
los ojos deseados,
que tengo en mis entrañas dibujados!

13.   Apártalos, Amado,
que voy de vuelo.[18]

Esposo

Vuélvete, paloma,
que el ciervo vulnerado
por el otero asoma,
al aire de tu vuelo, y fresco toma.[19]

Esposa

14.   Mi Amado,[20] las montañas,
los valles solitarios nemorosos,
las ínsulas extrañas,
los ríos sonorosos,
el silbo de los aires amorosos,

15.   La noche sosegada
en par de los levantes[21] de la aurora,
la música callada,
la soledad sonora,
la cena, que recrea y enamora.

16.   Nuestro lecho florido,
de cuevas de leones enlazado,[22]
en púrpura tendido,

12. no other
13. *deshacellos* for *deshacerlos*
14. *dellos* for *de ellos*
15. *tenellos* for *tenerlos* (*los* refers to *ojos*)
16. *tu vista y hermosura*, the sight of thee and thy beauty
17. Here, reflections
18. The reflection of the Lover's eyes does appear but is too beautiful for the soul to bear and it flees.
19. Word order: *y toma fresco al aire de tu vuelo.*

20. Supply, is like. The Lover is compared to many wondrous beauties of nature.
21. *en par de*, at the time of; *los levantes*, the rising, breaking
22. Read, *está enlazado*. Song of Songs 4. 8: 'Come with me from Lebanon, my spouse, with me from Lebanon: look from the top of Amana, from the top of Shenir and Hermon, from the lions' dens, from the mountains of the leopards.'

de paz edificado,
de mil escudos de oro coronado.

17. A zaga de tu huella
las jóvenes discurren al camino
al toque de centella,
al adobado vino,
emisiones de bálsamo divino.[23]

18. En la interior bodega
de mi Amado bebí, y cuando salía
por toda aquesta vega,
ya cosa no sabía,
y el ganado perdí, que antes seguía.

19. Allí me dio su pecho,
allí me enseñó ciencia muy sabrosa,[24]
y yo le di de hecho[25]
a mí, sin dejar cosa;
allí le prometí de ser su esposa.

20. Mi alma se ha empleado,
y todo mi caudal en su servicio:
ya no guardo ganado,
ni ya tengo otro oficio;
que ya sólo en amar es mi ejercicio.

21. Pues ya si en el ejido,[26]
de hoy más no fuere vista ni hallada,
diréis que me he perdido,
que andando enamorada,
me hice perdidiza, y fui ganada.

22. De flores y esmeraldas
en las frescas mañanas escogidas
haremos las guirnaldas,
en tu amor florecidas,
y en un cabello mío entretejidas.

23. En solo aquel cabello,
que en mi cuello volar consideraste,
mirástele en mi cuello,
y en él preso quedaste,
y en uno de mis ojos te llagaste.[27]

24. Cuando tú me mirabas,

23. This stanza was suggested by the Song of Songs 1. 3–4: 'Because of the savour of thy good ointments, thy name is as ointment poured forth, therefore do the virgins love thee. Draw me, we will run after thee . . . we will remember thy love more than wine. . . .' In San Juan's version, the 'virgins run following thy footsteps, stimulated by the bright flash [of love] and the spiced wine, which emanate from the divine ointment.'

24. These verses represent, of course, the mystic transport with its profound new insights.
25. de hecho, truly, without reserve
26. the commons, common pasture lands. Symbolical of the everyday world.
27. The bright glance of one of the Esposa's eyes is enough to wound the Amado with love. Compare Song of Songs 5. 9: 'Thou hast ravished my heart with one of thine eyes, with one chain of thy neck.'

tu gracia en mí tus ojos imprimían;[28]
por eso me adamabas,
y en eso merecían
los míos[29] adorar lo que en ti vían.[30]

25.   No quieras despreciarme,
que si color moreno[31] en mí hallaste,
ya bien puedes mirarme,
después que me miraste,
que gracia y hermosura en mí dejaste.

26.   Cogednos las raposas,
que está ya florecida nuestra viña,[32]
en tanto que de rosas
hacemos una piña,[33]
y no parezca nadie en la montiña.

27.   Detente, Cierzo muerto;
ven Austro, que recuerdas los amores,
aspira por mi huerto,
y corran sus olores,
y pacerá el Amado entre las flores.[34]

Esposo

28.   Entrádose ha la Esposa
en el ameno huerto deseado,
y a su sabor reposa,
el cuello reclinado
sobre los dulces brazos del Amado.

29.   Debajo del manzano,
allí conmigo fuiste desposada,
allí te di la mano,
y fuiste reparada,
donde tu madre fuera violada.[35]

30.   A las aves ligeras,
leones, ciervos, gamos saltadores,
montes, valles, riberas,
aguas, aires, ardores,
y miedos de las noches veladores:

28. The Loved One communicates his charm (or in the religious allegory, His Grace) to the Bride; by this means he wins her. She admires in herself what came from him.
29. *los míos* refers to *ojos*
30. *vían,* archaic for *veían*
31. Song of Songs 1. 5: 'I am black, but comely. . . .'
32. Song of Songs 2. 15: 'Take us the foxes, the little foxes that spoil the vines: for our vines have tender grapes.'
33. bunch (bouquet)
34. Song of Songs 4. 16: 'Awake, O north wind; and come thou south; blow upon my garden, that the spices thereof may flow out. Let my beloved come into his garden, and eat his pleasant fruits.'
35. Song of Songs 8. 5: 'I raised thee up under the apple tree: there thy mother brought thee forth. . . .'
    The religious symbolism is complicated. The tree is Christ's cross, through which He is the saviour of the human soul. But legend says that the cross was made of the same tree from which Eve, our common mother, plucked the apple. Thus where she was defiled, the soul is later restored.

31.   Por las amenas liras
y canto de serenas os conjuro[36]
que cesen vuestras iras,
y no toquéis al muro,
porque la Esposa duerma más seguro.[37]

Esposa

32.   Oh ninfas de Judea,
en tanto que en las flores y rosales
el ámbar perfumea,
morá[38] en los arrabales,
y no queráis tocar nuestros umbrales.

33.   Escóndete, Carillo,[39]
y mira con tu haz[40] a las montañas,
y no quieras decillo;
mas mira las compañas[41]
de la que va por ínsulas extrañas.

Esposo

34.   La blanca palomica
al arca con el ramo se ha tornado,
y ya la tortolica
al socio[42] deseado
en las riberas verdes ha hallado.

35.   En soledad vivía,
y en soledad ha puesto ya su nido,
y en soledad la guía
a solas su querido,
también en soledad de amor herido.

Esposa

36.   Gocémonos, Amado,
y vámonos a ver en tu hermosura
al monte y al collado,
do mana el agua pura;
entremos más adentro en la espesura.[43]

36. Word order: *os conjuro a las aves ligeras,* etc. (stanza 30), *por las amenas liras y* [por el] *canto de serenas que cesen . . .*

37. Stanzas 30-31 are an expansion of a phrase found in the Song of Songs 2. 7, and 3. 5: 'I charge you, O ye daughters of Jerusalem, by the roes and by the hinds of the field, that ye stir not up, nor awake my love, till he please.'

38. *morá* for *morad*

39. Diminutive of *caro,* my dearest

40. *haz* for *faz*

41. *compañas,* companions, or, metaphorically, the virtues which now adorn the Bride.

42. mate. The turtle dove has always symbolized undying love.

43. This portion of the poem (stanzas 36–40) describes allegorically the unitive way, when the soul is constantly guided by God. Compare Santa Teresa's description of the same state as a waking dream (p. 145, end).

See the passage from the Song of Songs quoted in n. 22 as well as the following: 'Come my beloved, let us go forth into the field: let us lodge in the villages. Let us get up early to the vineyards: let us see if the vine flourish, whether the tender grape appear, and the pomegranates bud forth: there I will give thee my love' (7: 11–12).

San Juan follows the general spirit of these passages.

37.   Y luego a las subidas
cavernas de la piedra nos iremos,
que están bien escondidas,
y allí nos entraremos,
y el mosto de granadas gustaremos.[44]

38.   Allí me mostrarías
aquello que mi alma pretendía,
y luego me darías
allí tú, vida mía,
aquello que me diste el otro día.

39.   El aspirar del aire,
el canto de la dulce filomena,
el soto y su donaire,
en la noche serena
con llama que consume y no da pena.

40.   Que nadie lo miraba,
Aminadab[45] tampoco parecía,
y el cerco[46] sosegaba,
y la caballería
a vista de las aguas descendía.[47]

---

44. Song of Songs 8. 2: 'I would cause thee to drink of spiced wine of the juice of my pomegranate.'
45. Song of Songs 6. 12: 'Or ever I was aware, my soul made me like the chariots of Amminadib.' San Juan takes Amminadib as the demon of passions; hence he says that all earthly passions have been eliminated.
46. *el cerco*, the siege (of temptations and passions)

47. *la caballería . . . descendía,* the horsemen (the bodily senses) went down within sight of the waters (spiritual delights and well being). This is according to San Juan's own commentary.

Notice how the last stanza gives a feeling of peace and tranquillity after the agitated verses describing the wanderings and anxieties of the *Esposa*.

The Theatre Before Lope de Vega

We have not yet had occasion to mention the drama, simply because we know very little about the plays produced in Spain during the Middle Ages. In fact, we possess only one play earlier than the fifteenth century, and that is a fragmentary manuscript. It is a mystery play telling of the visit of the Wise Men to the Infant Jesus, and is called the *Auto de los reyes magos* (about 1200). Like a great part of the drama of Europe during the Middle Ages, it deals with a religious theme and was acted in a church to supplement the religious services. From the *Siete partidas* of Alfonso el Sabio, we know that many such mystery plays were produced, as it records laws governing their production. We also discover that a second type of play, the *farsa* or *juego de escarnio*, existed. From what we see of the farce in later centuries, we deduce that it was short, that it realistically portrayed peasants, Moors, ruffians, or other persons of humble station, and that it contained much slapstick humor.

There is no essential difference between the plays we have just described and the earliest works of Juan del Encina (1468?–1529?), often called the father of the Spanish theater. On Christmas Eve 1492 in the palace of the Duque de Alba, Juan del Encina produced his little *Égloga de los pastores*, depicting the rejoicing of the shepherds at the birth of Christ and their departure to worship Him in Bethlehem. Later he wrote the *Auto del repelón*, a farcical representation of the tricks played by certain students of Salamanca on shepherds who came to market in that town. Thus he cultivated the two strains of drama which were the heritage of the Middle Ages.

These little versified dialogues, all of which are very short, have practically no plot or dramatic situation. When Encina went to live in Rome and came in contact with Italian and, to some extent, Latin literature, he sought to free himself from the medieval tradition and wrote plays which, although still far from perfect, have much better dramatic structure. The best of these is the *Égloga de Plácida y Victoriano* (1513).

This new Renaissance tendency to seek inspiration in Italian and Latin drama also characterizes some of the work of Bartolomé de Torres Naharro (d. 1531?) who, like Encina, spent part of his life in Italy (1512–31). In 1517 he brought out a collection of his works entitled *Propaladia* (the first products of Pallas, his muse). The famous prologue of this work is the first treatise in Spanish on the nature of the drama. He divides plays into two types, those which are realistically copied from life, and those which are on purely imaginary subjects. The latter class coincided, in most respects, with the play of Renaissance inspiration. Similarities are seen in such details as the five acts recommended by Torres Naharro, merely because they were traditional in the Latin theater, in the use of choruses, allegorical figures and gods, in the Latin names of the characters, and many elements of the pastoral settings. If this tendency had continued to develop, it would have given Spain a theater devoid of reality and appealing only to the educated upper classes. Indeed Encina and Torres Naharro addressed themselves principally to small audiences of nobles.

But Torres Naharro's greatest contribution to the theater was in his first type of play. We can trace back to him the current of realistic language and descriptive details so characteristic of later Spanish drama. We can see these qualities in his masterpiece, *La comedia himenea*, the greatest work of Spanish drama before Lope de Vega, which reworks the plot of the *Celestina* with considerable originality, giving the story a happy ending. Its natural dialogue, delightful humor, and careful construction are admired even today.

It was the native tradition of realism which was eventually to triumph over pretentious Renaissance motifs. In the rudimentary medieval theater, such realism was found mainly in the farce, and it was in continuing this genre that Lope de Rueda (d. 1565) achieved great success. He was himself an actor, and brought the drama to the people in the market places and inns. His little one-act farces, called *pasos*, are vivid pictures of the everyday life of humble people. Their characterization is excellent, and their humor always sparkling. Contrary to the practice of other dramatists, Lope de Rueda usually wrote in prose. His long plays, all copied after Italian models, lack the vivacity of the *pasos*.

Not long before Lope de Vega began to write, Juan de la Cueva (1550?–1620?) was the leading dramatist of Spain. He was the first to dramatize some of the national epic legends, such as the story of the *Siete infantes de Lara,* and he brought into the drama a great variety of verse forms. However, as compared with Lope de Vega, his plays are still halting, their construction is often poor, the characters seldom show any development, and the situations and denouements are seldom properly prepared. Even the dramas of the great Cervantes suffer from the same faults and can scarcely be considered good reading today. However, Cervantes continued the tradition of Lope de Rueda in his farces (called *entremeses*), where his genius found the realistic medium and natural style necessary for its development.

Thus, before Lope de Vega, the drama lagged far behind the other literary forms. Two types (the religious drama and the farce) prevailed up to the beginning of the Renaissance, when, for a time, the new currents of Italian and Latin influence threatened to dominate it. However, native Spanish realism again asserted itself, and the way was prepared for a truly national drama, not borrowed from foreign sources, created by Spanish genius. But it remained for Lope de Vega to give Spanish drama its full stature.

LOPE DE RUEDA

Paso séptimo: De las aceitunas

TORUBIO, *simple, viejo*
MENCIGÜELA, *su hija*
ÁGUEDA DE TORUÉGANO, *su mujer*
ALOJA, *vecino*

TORUBIO[1]. ¡Válgame Dios y qué tempestad ha hecho desde el requebrajo[2] del monte acá, que no pareció sino que el cielo se quería hundir y las nubes venir abajo! Pues decid ahora: ¿qué os tendrá aparejado de comer la señora de mi mujer? ¡así mala rabia la mate![3] (*Llamando.*) ¿Oíslo?[4] ¡Muchacha Mencigüela! Si todos duermen en Zamora.[5] ¡Águeda de Toruégano! ¡oíslo!

MENCIGÜELA. ¡Jesús, padre! ¿y habéisnos de quebrar las puertas?

TORUBIO. ¡Mirad qué pico,[6] mirad qué pico! ¿Y adónde está vuestra madre, señora?

MENCIGÜELA. Allá está en casa de la vecina, que le ha ido a ayudar a coser unas madejillas.

TORUBIO. ¡Malas madejillas vengan por ella y por vos! Andad y llamadla.

ÁGUEDA. Ya, ya, el de los misterios, ya viene de hacer una negra[7] carguilla de leña, que no hay quien se averigüe[8] con él.

TORUBIO. ¿Sí? ¿carguilla de leña le parece

1. His first speech is to himself.
2. Here, opening clearing
3. *asi . . . mate,* pest take her!
4. Familiar for *wife*
5. *Si . . . Zamora,* Why they must all be

asleep. He quotes an appropriate line of an old ballad.
6. *Mirad . . . pico,* What a tongue! What a chatterbox!
7. wretched, cursed
8. to get along with

a la señora? Juro al cielo de Dios que éramos yo y vuestro ahijado a cargarla y no podíamos.

ÁGUEDA. Ya, noramaza[9] sea, marido, ¡y qué mojado que venís!

TORUBIO. Vengo hecho una sopa de agua. Mujer, por vida vuestra, que me deis algo que cenar.

ÁGUEDA. ¿Yo qué diablos os tengo de dar, si no tengo cosa ninguna?

MENCIGÜELA. ¡Jesús, padre, y qué mojada que venía aquella leña!

TORUBIO. Sí, después dirá tu madre que es el alba.[10]

ÁGUEDA. Corre, muchacha, aderézale un par de huevos para que cene tu padre, y hazle luego la cama. Y os aseguro, marido, que nunca se os acordó de plantar aquel renuevo de aceitunas que rogué que plantaseis.

TORUBIO. ¿Pues en qué me he detenido sino en plantarle como me rogasteis?

ÁGUEDA. Callad, marido, ¿y adónde lo plantasteis?

TORUBIO. Allí junto a la higuera breval,[11] adonde, si se os acuerda, os di un beso.

MENCIGÜELA. Padre, bien puede entrar a cenar, que ya está aderezado todo.

ÁGUEDA. Marido, ¿no sabéis qué he pensado?: que aquel renuevo de aceitunas que plantasteis hoy, que de aquí a seis o siete años llevará cuatro o cinco fanegas de aceitunas, y que poniendo plantas acá y plantas acullá, de aquí a veinte y cinco o treinta años, tendréis un olivar hecho y derecho.[12]

TORUBIO. Eso es la verdad, mujer, que no puede dejar de ser lindo.

ÁGUEDA. Mirad, marido, ¿sabéis qué he pensado?: que yo cogeré la aceituna y vos la acarrearéis con el asnillo, y Mencigüela la venderá en la plaza. Y mira, muchacha, que te mando que no me des[13] menos el celemín de a dos reales castellanos.

TORUBIO. ¿Cómo a dos reales castellanos? ¿No veis que es cargo de conciencia y nos llevará al almotacén cada día la pena, que basta pedir a catorce o quince dineros por celemín?

ÁGUEDA. Callad, marido, que es el veduño[14] de la casta de los de Córdoba.

TORUBIO. Pues aunque sea de la casta de los de Córdoba, basta pedir lo que tengo dicho.

ÁGUEDA. Hora[15] no me quebréis la cabeza. Mira, muchacha, que te mando que no las des menos el celemín de a dos reales castellanos.

TORUBIO. ¿Cómo «a dos reales castellanos»? Ven acá, muchacha: ¿a cómo has de pedir?

MENCIGÜELA. A como quisiereis, padre.

TORUBIO. A catorce o quince dineros.

MENCIGÜELA. Así lo haré, padre.

ÁGUEDA. ¿Cómo «así lo haré, padre»? Ven acá, muchacha: ¿a cómo has de pedir?

MENCIGÜELA. A como mandareis, madre.

ÁGUEDA. A dos reales castellanos.

TORUBIO. ¿Cómo «a dos reales castellanos»? Yo os prometo que si no hacéis lo que yo os mando, que os tengo de dar más de doscientos correonazos. ¿A cómo has de pedir?

MENCIGÜELA. A como decís vos, padre.

TORUBIO. A catorce o quince dineros.

MENCIGÜELA. Así lo haré, padre.

ÁGUEDA. ¿Cómo «así lo haré, padre»? Tomad, tomad, haced lo que yo os mando.

TORUBIO. Deja la muchacha.

MENCIGÜELA. ¡Ay, madre! ¡ay, padre, que me mata!

ALOJA. ¿Qué es esto, vecinos? ¿por qué maltratáis así la muchacha?

---

9. A euphemism for *en hora mala*
10. the morning dew
11. new-bearing
12. *hecho y derecho,* proper, fine

13. Here, to sell; word order, *no me des el celemín a menos de*
14. Here, stock, strain
15. For *ahora*

ÁGUEDA. ¡Ay, señor!, este mal hombre que me quiere dar las cosas a menos precio y quiere echar a perder mi casa: ¡unas aceitunas que son como nueces!

TORUBIO. Yo juro a los huesos de mi linaje que no son ni aun como piñones.

ÁGUEDA. ¡Sí son!

TORUBIO. ¡No son!

ALOJA. Hora, señora vecina, hacedme tamaño placer que os entréis allá dentro, que yo lo averiguaré todo.

ÁGUEDA. Averigüe o póngase todo del quebranto.[16]

ALOJA. Señor vecino, ¿qué son de las aceitunas? Sacadlas acá fuera, que yo las compraré, aunque sean veinte fanegas.

TORUBIO. Que no, señor; que no es de esa manera que vuestra merced se piensa, que no están las aceitunas aquí en casa, sino en la heredad.

ALOJA. Pues traedlas aquí, que yo las compraré todas al precio que justo fuere.

MENCIGÜELA. A dos reales quiere mi madre que se venda el celemín.

ALOJA. Cara cosa es ésa.

TORUBIO. ¿No le parece a vuestra merced?

MENCIGÜELA. Y mi padre a quince dineros.

ALOJA. Tenga yo una muestra de ellas.

TORUBIO. ¡Válgame Dios, señor!, vuestra merced no me quiere entender. Hoy he yo plantado un renuevo de aceitunas, y dice mi mujer que de aquí a seis o siete años llevará cuatro o cinco fanegas de aceituna, y que ella la cogería, y que yo la acarrease y la muchacha la vendiese, y que a fuerza de derecho había de pedir a dos reales por cada celemín; yo que no, y ella que sí, y sobre esto ha sido la cuestión.

ALOJA. ¡Oh, qué graciosa cuestión, nunca tal se ha visto! Las aceitunas no están plantadas, y ha llevado la muchacha tarea[17] sobre ellas!

MENCIGÜELA. ¡Qué le parece, señor!

TORUBIO. No llores, rapaza. La muchacha, señor, es como un oro. Hora andad, hija, y ponedme la mesa, que yo os prometo de hacer un sayuelo de las primeras aceitunas que se vendieren.

ALOJA. Ahora andad, vecino, entraos allá adentro y tened paz con vuestra mujer.

TORUBIO. Adiós, señor.

ALOJA. Hora, por cierto, ¡qué cosas vemos en esta vida que ponen espanto![18] Las aceitunas no están plantadas, y ya las habemos visto reñidas. Razón será que dé fin a mi embajada.

16. *Averigüe . . . quebranto,* Find out or get in the quarrel yourself.

17. *Llevar tarea,* to be taken to task
18. Here, astonishment

Masters of the Drama

About 1585 Lope de Vega (1562–1635) began his phenomenal literary career during which he produced a large quantity of lyric verse, five long epic or narrative poems, two novels, and approximately 1800 plays. Such productiveness is scarcely believable, for the totality of Lope's work in itself, more than equals the entire literature of many nations. Yet this immense genius found time to take part in two military expeditions, one of them being the ill-fated Spanish Armada, and to pursue an unusual number of love affairs. In his mature years, with the intention of protecting himself against his own susceptible heart, he entered priestly orders, but even then he continued to be swept away by his passions. His complex life is filled principally with love and writing, and in both of these realms Lope shows himself to be a child of the moment, dominated and swept away by the emotion then uppermost in his mind. His repentance for his illicit love affairs was perfectly genuine, but within a few hours a new love often put any feeling of remorse out of his mind.

His immense popularity during his lifetime, the great improvements which he brought into Spanish drama, and the fact that he was followed by many competent dramatists have given Spain a thoroughly national drama. Only one other nation in the world, England, can make the same boast.

Lope succeeded in creating a new type of drama, which was recognized as such by his contemporaries and known by them as the *comedia nueva*. (In those days, *comedia* did not mean only 'comedy' but any type of play.) Almost every conceivable subject is taken up in his dramas, but in a general way three main divisions can be distinguished: plays of (1) historical or legendary subjects; (2) religious subjects and (3) contemporary manners,

158

usually known as *capa y espada* plays. One of Lope's greatest plays is *Fuenteovejuna*, a stirring historical drama in which all the inhabitants of a village rebel against and kill the Comendador, their oppressive overlord. The town of Fuenteovejuna is pardoned by the king, the ultimate arbiter in many Golden Age plays. This play has been extremely attractive to modern audiences for its defense of the underdog and the triumph of social justice.

What elements went to form the *comedia nueva?* Although Lope and his contemporaries knew the Aristotelian rules of the drama, they preferred to ignore them completely. The famous three unities of time, place, and action are rejected. As Tirso de Molina, one of Lope's successors, says in respect to the unity of time, a situation involving emotion or character development cannot take place within twenty-four hours; and, in respect to the unity of place, as a painter depicts a whole landscape on a small piece of canvas, so the dramatic art can encompass more reality than the mere area of the stage. Furthermore, Tirso claims that Lope's drama is superior to that of the ancients and constitutes in itself a new tradition of authority; that instead of imitating the Greeks and Romans, modern authors would do well to imitate Lope. As for the other Aristotelian restrictions, such as the prohibition against mixing comedy and tragedy, Lope himself says that it is more true to life to have this mixture. He also permitted himself to put all kinds of violent action (duels, murders, et cetera) on the stage, and to vary the meter of his verse according to the tone or mood of the speaker, both of which liberties were prohibited by the classical theorists of the drama. Thus, while the Italians and later the French were developing a classic drama based ultimately on the writings of Aristotle, Lope de Vega, believing that freedom from these restrictions gave more verisimilitude, developed a type of drama diametrically opposed to the classic.

But if Lope shook off the bonds of antiquity, he was on the other hand restricted by the public for which his plays were destined. Like his contemporary, Shakespeare, Lope did not think that his fame would depend upon his dramatic production. He himself says: 'If anyone should cavil about my *comedias* and think that I wrote them for fame, undeceive him and tell him that I wrote them for money.' How successful he was can be judged by the fact that his earnings are calculated to have been about $400,000. But to earn this money Lope had to please the people. This is the cardinal principle of his dramatic art, as it was that of Molière. He could not introduce into his works very profound situations, capable of many interpretations, or filled with philosophical meaning. The inner, motivating forces became more or less stereotyped—love, honor, patriotism, and religion, treated in rather conventional ways. The principal characters are well developed and filled with life in the historical plays, but in the comedy of manners, as in our modern smart comedy, they fall into typical patterns, individualized only by details. Thus we find the young gentleman, clever in speech but not very clever in solving his difficulties, who depends upon his servant, the *gracioso*—a comic figure, realistic in his interest in money, food, and feminine charms—to devise schemes by which to win the favor of the young woman, always a resourceful, passionate, determined creature. Rarely in the plays of Lope or his followers do mothers or older women appear. Villains occur only in historical plays, for in the *capa y espada* play no social blame attaches to the one who, for example, ruins another's honor. Well-drawn individuals, let us repeat, are much more frequent in the historical plays.

If then Lope conventionalized, to some degree, both thought and character, in what way did his dramas appeal to the populace? They were primarily plays of plot, filled with action, emphasizing physical movement (many entrances and exits, duels, et cetera, on the stage) and dramatic surprise (one character mistaken for another, disguise, sudden return of father or husband, sudden revelation of love, et cetera). Lope's lighter comedies generally have two or three threads of plot deftly interwoven. Thus, his plays resemble our movies which also focus almost all the interest on the action. Another parallel to the movies may be drawn in the fact that Lope's plays were meant to be represented only once before the same audience. This will explain to some extent the prodigious output of our author.

A final point we should stress in the make-up of Lope's plays is the curious mixture of realism and fantasy which they contain. All the details of everyday life are completely true, and we can learn a vast number of things about contemporary society by reading his works. But the action of the plot is quite different. We cannot possibly believe that so many people went around in disguises, murdered their wives on a mere suspicion of infidelity, or indulged in such exciting and variegated adventures as do the characters of the *comedia nueva*.

There has been no little debate on the real worth of Lope's dramatic production. Some critics have praised it beyond words, while others have failed to see in it any true lasting values. There is no doubt that Lope's plays represent an immense improvement over those of the preceding generations and that, in breaking away from established traditions, he created something highly original. But Lope, like many a Spanish author, was often an improvisor. From his own lips we learn that he wrote over 100 of his plays in less than 24 hours each. Therefore, he often lacks the concentration of beauties and thought which we are accustomed to look for in great literature. Furthermore, the wells of his inspiration were often national—national history and legend, honor (peculiarly developed in Spain), and his national religion—all of which mitigated against universality, the prime requisite of great literature. Of course, Lope did attain universality in many of his plays, but it was left for subsequent playwrights to achieve even more striking results than he in this respect.

Out of the swarm of Lope's followers, three have come to be regarded as dramatists of the first rank. The first of these is Tirso de Molina (1571–1648), a friar of the order of Merced, who lived in Santo Domingo for three years. He wrote about 400 plays, 86 of which have been preserved. Next to Lope he is the most productive dramatist in any language, even though he was exiled from Madrid and forbidden to write plays for ten years, because of the complaints of enemies he had satirized.

Tirso undoubtedly surpasses Lope de Vega as a delineator of character, and was particularly adept at depicting women. One of his well-known plays, *El vergonzoso en palacio,* shows how a charming, but somewhat forward young woman encourages her bashful suitor. But the greatest character of Tirso, and the greatest of the whole drama of the Golden Age, was the figure of Don Juan in *El burlador de Sevilla.* A man who knows no restraint or law, who seduces women, kills men, and violates his pledged word, Don Juan's only admirable quality is his tremendous bravery. Individualistic even to the point of defying the laws of God, Don Juan eventually pays for his temerity by being dragged down into hell.

This fascinating character, who incarnates in exaggerated form some of the traits of every Spaniard, has reappeared again and again in literature. We may distinguish roughly three stages of his development: first, the early period of Tirso and of Molière's *Festin de Pierre,* in which Don Juan is looked on as a culpable and dangerous being; second, the romantic period of Zorrilla's *Don Juan Tenorio,* and Espronceda's *Estudiante de Salamanca* where the character is identified with the rebellious romantic hero and, in the case of Zorrilla, redeemed by really falling in love with one of his victims; and third, the modern period of Shaw's *Man and Superman,* Rostand's *La Dernière Nuit de Don Juan,* the Quinteros' *Don Juan, buena persona,* and Martínez Sierra's *Don Juan de España,* in which Don Juan is treated as a psychologically peculiar individual, usually with an emphasis on Freudian themes.

A Mexican, Juan Ruiz de Alarcón (1581?–1639), who came to Spain in 1600 to study at the University of Salamanca, was the most restrained and polished of the dramatists of the Golden Age. The mere fact that he only

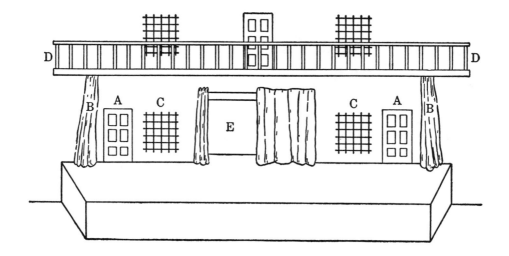

THE STAGE OF A SEVENTEENTH-CENTURY THEATER

The stage projected into the *patio* where the common people sat or stood. The windows looking out on the courtyard were the points at which the noble or well-to-do spectators stationed themselves.

The actors entered from the doors (A) behind which was the dressing room. There was no curtain, the draperies (B), called *paños,* serving only as hiding places when characters were supposed to overhear others' conversations. At the windows (C) love scenes between the hero and the heroine took place; or again, the heroine might be on the balcony (D), where also were acted scenes supposed to happen on city walls, towers, etc. A portion of the dressing room (E) formed a back-stage with movable curtains. These were often suddenly drawn aside for a startling dramatic effect, to reveal a king surrounded by his noblemen, a villain hanging from the gallows, etc. At other times the curtains were left open throughout the act, and scenes purported to take place indoors were performed on the back-stage.

Thus, despite the fact that scenery was very rarely used, and then only in very limited quantities (such as setting up a tree to represent a forest), the actors could get a large variety of stage effects. The similarity of this stage to that used at the same time in Shakespeare's England is, of course, very striking.

wrote 23 plays in a period of 13 years (1613–26) shows that he put much more time and effort into his individual works. Furthermore, he generally did not use two or three threads of plot, and concentrated on telling one story well. Since Alarcón was very short, hunchbacked, and bowlegged, he had been the object of constant jibes and witticisms since his arrival in Spain. His drama shows a reaction to his personal situation, for in it Alarcón glorifies noble traits, such as friendship, loyalty, and truthfulness, and attacks such ignoble characteristics as slander and lying. Thus, he has succeeded in uniting a well-told story and a dramatized moral issue, which makes his works easier than those of his contemporaries for us to understand. His good characters are rewarded, and conversely the bad must pay.

The restraint which we have noted in Alarcón, the perfection of his language and impeccability of his verse form, in addition to the moral tone of his writing, bring him very close to the spirit of classicism, interpreted in its broadest sense, as we saw it in the *Coplas* of Jorge Manrique. He does not adhere to the rules of the unities nor to any of the other outward trappings of classicism, but succeeds in catching its essence. It was no chance that led Corneille, on writing the first classical comedy in French literature, *Le Menteur,* to adapt one of Alarcón's masterpieces, *La verdad sospechosa.*

The last giant of the theater of the Golden Age is Pedro Calderón de la Barca (1600–1681), of whose work we have about 120 plays preserved. After a life spent as a student, lover, and soldier, Calderón entered the priesthood in 1651. His plays are not characterized by remarkable inventive powers, and he is usually best when following a plot borrowed from some earlier author. His genius reveals itself in the more delicate and precise phraseology and in the more lyric meters of his verse. One of the greatest plays of the whole school is Calderón's *Alcalde de Zalamea,* based on a play wrongly attributed to Lope de Vega, a splendid character study of a peasant mayor who refuses to pardon a noble captain who has dishonored his daughter.

Another great distinction of Calderón is that he is the most philosophic of all his school. In this type of play, his famous *La vida es sueño* has been acclaimed as a work of profound significance and universal value. Segismundo, a prince, who, because of prognostications of evil at his birth, has been brought up in a solitary dungeon, is later taken in a drugged state to the palace of his father, the king. There he commits acts of violence, throwing a courtier out the window, forcing his attentions on a lady, and insulting his own father. Once again under the influence of drugs he is removed to his original dungeon. When he awakens, he necessarily wonders if he has dreamt the events which took place at the court. Meantime the subjects of the kingdom, warned that the king threatens to leave his realm to another heir, revolt in favor of Segismundo. A second time he is brought to the palace, but this time his reason asserts itself and he behaves sensibly. From a philosophical point of view we have various themes: the forging of one's destiny despite contrary fate; the question of what is 'reality'; and the victory of civilized reason over natural, but brutal instincts.

Calderón is also the playwright who most successfully handled religious subjects during his period. After his death, no drama worthy of much attention was written in Spain until the nineteenth century.

What we have said about the value of Lope de Vega's work is not completely true of his successors. We found that Lope's values were on the whole more national than universal. While the same statement can be applied to the lesser plays of his successors, in many of their masterpieces they passed the frontiers of Spain and wrote works of international significance. The weaknesses of Lope's art—insufficient characterization, conventional thought, and improvisation—are often overcome by these later writers. Still, we must not forget that Lope made possible the work of his followers and that, in variety of creative genius, none of them is his peer.

LOPE DE VEGA

Fuenteovejuna[1]

. CASTILLA; EL REY N; RODRIGO TÉLLEZ LA ORDEN DE CALA-ÓMEZ DE GUZMÁN, R; DON MANRIQUE; UN JUEZ; DOS REGIDORES DE CIUDAD REAL;[3] CRIADOS DEL COMENDADOR: OR-TUÑO, FLORES; ALCALDES DE FUENTEOVE-

JUNA: ESTEBAN, ALONSO; OTRO REGIDOR DE FUENTEOVEJUNA; LABRADORES: LAU-RENCIA, JACINTA, PASCUALA; JUAN ROJO, FRONDOSO, MENGO, BARRILDO; LEONELO, LICENCIADO EN DERECHO; CIMBRANOS, SOLDADO; OTROS LABRADORES; MÚSICOS. LA ACCIÓN PASA EN FUENTEOVEJUNA Y EN OTROS PUNTOS.[4]

1. Fuenteovejuna is a village about 45 miles northwest of Córdoba. The action of the play takes place during the reign of Ferdinand of Aragón and Isabel of Castile, the well-known Catholic Monarchs who were instrumental in making Spain the first modern nation of Europe. It appears that Lope closely followed Rades de Andrade's *Crónica de las tres Ordenes y Cavallerías de Santiago, Calatrava y Alcántara* (1572) in depicting the rebellion of the whole village of Fuenteovejuna against the Comendador Fernán Gómez, which occurred in 1476.

2. The Military Orders of Calatrava, Santia-

go and Alcántara were founded in the Middle Ages during the battles against the Moors. The Knights of these orders were similar to the Knights of the Temple (Templars), originally half-monks, half-fighting men. The *Maestre* is the highest officer of the military order and the *Comendador mayor* is a knight commander entrusted with the government of a town or territory belonging to the order.

3. Ciudad Real, in the province of the same name, is about 90 miles northeast of Córdoba.

4. places

ACTO PRIMERO

Habitación del Maestre de Calatrava en Almagro.[5]

ESCENA PRIMERA

(*Salen el* COMENDADOR, FLORES *y* ORTUÑO, *criados.*)

COMENDADOR
    ¿Sabe el maestre que estoy
    en la villa?
FLORES
                    Ya lo sabe.
ORTUÑO
    Está, con la edad,[6] más grave.
COMENDADOR
    Y ¿sabe también que soy
    Fernán Gómez de Guzmán?   5
FLORES
    Es muchacho, no te asombre.
COMENDADOR
    Cuando[7] no sepa mi nombre
    ¿no le sobra el que me dan
    de comendador mayor?
ORTUÑO
    No falta quien le aconseje   10
    que de ser cortés se aleje.[8]
COMENDADOR
    Conquistará poco amor.
    Es llave la cortesía
    para abrir la voluntad;[9]
    y para la enemistad   15
    la necia descortesía.
ORTUÑO
    Si supiese un descortés
    cómo lo aborrecen todos
    —y querrían de mil modos

poner la boca a sus pies—,[10]   20
antes que serlo ninguno,
se dejaría morir.
FLORES
    ¡Qué cansado es de sufrir!
    ¡Qué áspero y qué importuno!
    Llaman la descortesía   25
    necedad en[11] los iguales,
    porque es entre desiguales
    linaje de tiranía.[12]
    Aquí no te toca nada:
    que un muchacho aún no ha llegado 30
    a saber qué es ser amado.
COMENDADOR
    La obligación de la espada
    que se ciñó, el mismo día
    que la cruz de Calatrava[13]
    le cubrió el pecho, bastaba   35
    para aprender cortesía.
FLORES
    Si te han puesto mal con él,
    presto lo conocerás.
ORTUÑO
    Vuélvete, si en duda estás.
COMENDADOR
    Quiero ver lo que hay en él.   40

ESCENA SEGUNDA

(*Sale el Maestre de Calatrava y acompañamiento.*)

MAESTRE
    Perdonad, por vida mía,
    Fernán Gómez de Guzmán;
    que agora nueva me dan
    que en la villa estáis.

---

5. a town in the province of Ciudad Real, headquarters of the Order of Calatrava
6. He is, because of his tender age, more pompous
7. *aunque*
8. i.e. now that the *maestre* has achieved his position, his advisers have apparently told him that he can disregard common courtesy.
9. *abrir la voluntad*, to obtain the good will of people

10. *y querrían . . . pies,* and everybody would seek to flatter him in a thousand different ways
11. *entre*
12. *linaje de tiranía,* (in the) tradition of tyranny
13. The insignia of the Order of Calatrava consists of a red cross on a white background.

COMENDADOR

Tenía
muy justa queja de vos;   45
que el amor y la crianza[14]
me daban más confianza,
por ser, cual somos los dos,
vos maestre en Calatrava,
yo vuestro comendador   50
y muy vuestro servidor.

MAESTRE

Seguro,[15] Fernando, estaba
de vuestra buena venida.
Quiero volveros a dar
los brazos.[16]

COMENDADOR

Debéisme honrar;   55
que he puesto por vos la vida
entre diferencias[17] tantas,
hasta suplir vuestra edad
el pontífice.[18]

MAESTRE

Es verdad.
Y por las señales santas[19]   60
que a los dos cruzan el pecho,
que os lo pago en estimaros
y como a mi padre honraros.

COMENDADOR

De vos estoy satisfecho.

MAESTRE

¿Qué hay de guerra por allá?   65

COMENDADOR

Estad atento, y sabréis
la obligación que tenéis.

MAESTRE

Decid que yo lo estoy, ya.

COMENDADOR

Gran maestre, don Rodrigo
Téllez Girón, que a tan alto   70
lugar os trajo el valor
de aquel vuestro padre claro,[20]
que, de ocho años,[21] en vos
renunció su maestrazgo,
que después por más seguro[22]   75
juraron y confirmaron
reyes y comendadores,
dando el pontífice santo
Pío segundo[23] sus bulas
y después las suyas Paulo[24]   80
para que don Juan Pacheco,[25]
gran maestre de Santiago,
fuese vuestro coadjutor:
ya que es muerto, y que os han dado
el gobierno sólo a vos,   85
aunque de tan pocos años,
advertid que es honra vuestra
seguir en aqueste caso
la parte de vuestros deudos;
porque, muerto Enrique cuarto,[26]   90
quieren que al rey don Alonso[27]
de Portugal, que ha heredado,
por su mujer,[28] a Castilla,
obedezcan sus vasallos;
que aunque pretende lo mismo   95
por Isabel don Fernando,[29]
gran príncipe de Aragón,
no con derecho tan claro

14. good upbringing
15. unaware (archaic usage)
16. dar los brazos, to embrace
17. disputes
18. hasta . . . pontífice, until I convinced the Pope to overlook your age
19. señales santas, i.e. the insignia of the Order of Calatrava
20. Rodrigo was the illegitimate son of the famous Don Pedro Girón, a suitor of Isabel of Castile.
21. de ocho años, eight years ago
22. por más seguro, as further insurance
23. Pope Pius II (1458–64)
24. Pope Paul II (1467–71)
25. The uncle of Rodrigo, Grand Master of the Order of Santiago, who succeeded Rodrigo's father as Grand Master of Calatrava. Pacheco assumed this position since Rodrigo was eight at the time of his father's death.
26. Enrique IV, king of Castile (1454–81)
27. Alfonso V, king of Portugal (1438–81)
28. Juana la Beltraneja, the alleged daughter of Enrique IV, who laid claim to the Spanish throne. She was engaged to marry Alfonso of Portugal, but the marriage never took place.
29. Ferdinand married Isabel in 1469 and they ruled together from 1474–1504. When Isabel died in 1504, Fernando continued to rule Spain until his death in 1516.

a vuestros deudos, que, en fin,
no presumen que hay engaño 100
en la sucesión de Juana,[30]
a quien vuestro primo hermano[31]
tiene agora en su poder.
Y así, vengo a aconsejaros
que juntéis los caballeros 105
de Calatrava en Almagro,
y a Ciudad Real toméis,
que divide como paso
a Andalucía y Castilla,
para mirarlos a entrambos.[32] 110
Poca gente es menester,
porque tienen por soldados
solamente sus vecinos
y algunos pocos hidalgos,
que defienden a Isabel 115
y llaman rey a Fernando.
Será bien que deis asombro,
Rodrigo, aunque niño, a cuantos
dicen que es grande esa cruz
para vuestros hombros flacos. 120
Mirad los condes de Ureña,[33]
de quien venís, que mostrando
os están desde la fama
los laureles que ganaron;
los marqueses de Villena,[34] 125
y otros capitanes, tantos,
que las alas de la fama
apenas pueden llevarlos.
Sacad esa blanca espada;
que habéis de hacer, peleando, 130
tan roja como la cruz;
porque no podré llamaros
maestre de la cruz roja
que tenéis al pecho, en tanto
que tenéis blanca la espada; 135

que una al pecho y otra al lado,
entrambas han de ser rojas;
y vos, Girón soberano,
capa[35] del templo inmortal
de vuestros claros pasados.[36] 140

MAESTRE
Fernán Gómez, estad cierto
que en esta parcialidad,[37]
porque veo que es verdad,
con mis deudos me concierto.
Y si importa, como paso 145
a Ciudad Real mi intento,[38]
veréis que como violento
rayo sus muros abraso.
No porque es muerto mi tío
piensen de mis pocos años 150
los propios y los extraños[39]
que murió con él mi brío.
Sacaré la blanca espada
para que quede su luz
de la color[40] de la cruz, 155
de roja sangre bañada.
Vos ¿adónde residís?
¿Tenéis algunos soldados?

COMENDADOR
Pocos, pero mis criados
que si dellos[41] os servís, 160
pelearán como leones.
Ya veis que en Fuenteovejuna
hay gente humilde, y alguna
no enseñada en escuadrones,[42]
sino en campos y labranzas. 165

MAESTRE
¿Allí residís?

COMENDADOR
Allí
de mi encomienda[43] escogí

---

30. Juana La Beltraneja
31. Don Diego López Pacheco, the Marqués de Villena
32. *para mirarlos a entrambos,* in order to command both provinces (Andalucía and Castile). Notice that *entrambos* does not have the required feminine plural ending since Lope wished to retain the assonance in a-o of the *romance* form.
33. Don Pedro Girón also held the title of Conde de Ureña.
34. Don Juan Pacheco and Don Diego López Pacheco
35. protector

36. ancestors
37. cause
38. *Y si . . . intento,* and if it should become necessary to take Ciudad Real as the first step in my plans
39. *los propios y los extraños,* my own people and those unknown to me
40. This noun was either masculine or feminine in the Golden Age.
41. *de ellos*
42. *no enseñada en escuadrones,* not trained in warfare
43. lands

casa entre aquestas mudanzas.⁴⁴
  Vuestra gente se registre,⁴⁵
que no quedará vasallo.   170

MAESTRE
  Hoy me veréis a caballo,
poner la lanza en el ristre.
  (*Vanse*.)

Plaza de Fuenteovejuna.

ESCENA TERCERA

(*Salen* PASCUALA *y* LAURENCIA.)

LAURENCIA
  ¡Mas que nunca acá volviera!⁴⁶

PASCUALA
  Pues a la he⁴⁷ que pensé
que cuando te lo conté   175
más pesadumbre te diera.

LAURENCIA
  ¡Plega al cielo que jamás
le vea en Fuenteovejuna!⁴⁸

PASCUALA
  Yo, Laurencia, he visto alguna
tan brava, y pienso que más;   180
  y tenía el corazón
brando como una manteca.⁴⁹

LAURENCIA
  Pues ¿hay encina tan seca
como ésta mi condición?

PASCUALA
  Anda ya; que nadie diga: 185
de esta agua no beberé.⁵⁰

LAURENCIA
  ¡Voto al sol⁵¹ que lo diré,
aunque el mundo me desdiga!
  ¿A qué efeto fuera bueno
querer a Fernando⁵² yo?   190

¿Casárame con él?

PASCUALA
                           No.

LAURENCIA
  Luego la infamia condeno.
  ¡Cuántas mozas en la villa,
del Comendador fiadas,
andan ya descalabradas!   195

PASCUALA
  Tendré yo por maravilla
que te escapes de su mano.

LAURENCIA
  Pues en vano es lo que ves,
porque ha que me sigue un mes,⁵³
y todo, Pascuala, en vano.   200
  Aquel Flores, su alcahuete,
y Ortuño, aquel socarrón,
me mostraron un jubón,
una sarta y un copete.⁵⁴
  Dijéronme tantas cosas   205
de Fernando, su señor,
que me pusieron temor;
mas no serán poderosas
  para contrastar mi pecho.⁵⁵

PASCUALA
  ¿Dónde te hablaron?

LAURENCIA
                           Allá   210
en el arroyo, y habrá
seis días.

PASCUALA
              Y yo sospecho
que te han de engañar, Laurencia.

LAURENCIA
  ¿A mí?

PASCUALA
            Que no, sino al cura.⁵⁶

---

44 *entre aquestas mudanzas,* in these unsettled
    times
45. Let your people be registered (for the
    billeting of soldiers)
46. *¡Mas . . . volviera!* May God grant that
    he never come back!
47. *a la he = a la fe,* upon my word
48. *¡Plega . . . Fuenteovejuna,* May it be the
    wish of Heaven that Fuenteovejuna should
    never lay eyes on him again! *Plega* is the
    present subjunctive of *placer,* to please.
49. The sense is that although Pascuala has
    seen women appear to be as brave as
    Laurencia, and perhaps even braver, when
    the chips are down, they became faint-
    hearted; *brando = blando*
50. *que nadie . . . beberé,* let nobody say: I
    will never do such and such a thing.
51. *Voto al sol,* I swear
52. i.e. Fernán Gómez
53. *ha que . . . mes,* he has been after me
    for a month
54. *jubón, sarta, copete,* jacket, necklace,
    feather used to decorate the hair
55. *para contrastar mi pecho,* to sway my heart
56. *Que no, sino al cura,* Not you, but the
    priest. This is said sarcastically.

LAURENCIA

Soy, aunque polla, muy dura 215
yo para su reverencia.
    Pardiez, más precio poner,
Pascuala, de madrugada,
un pedazo de lunada
al huego[57] para comer 220
con tanto zalacatón
de una rosca que yo amaso,
y hurtar a mi madre un vaso
del pegado cangilón;[58]
    y más precio al mediodía 225
ver la vaca entre las coles
haciendo mil caracoles[59]
con espumosa armonía;
    y concertar, si el camino
me ha llegado a causar pena, 230
casar una berenjena
con otro tanto tocino;
    y después un pasatarde,
mientras la cena se aliña,
de una cuerda de mi viña,[60] 235
que Dios de pedrisco guarde;
    y cenar un salpicón
con su aceite y su pimienta,
y irme a la cama contenta,
y al «inducas tentación»[61] 240
rezalle[62] mis devociones,
que cuantas raposerías,[63]
con su amor y sus porfías,
tienen estos bellacones;
    porque todo su cuidado, 245
después de darnos disgusto,
es anochecer con gusto
y amanecer con enfado.

PASCUALA

Tienes, Laurencia, razón;

que en dejando de querer, 250
más ingratos suelen ser
que al villano el gorrión.
    En el invierno, que[64] el frío
tiene los campos helados,
decienden[65] de los tejados, 255
diciéndole «tío, tío»,[66]
    hasta llegar a comer
las migajas de la mesa;
mas luego que el frío cesa,
y el campo ven florecer, 260
    no bajan diciendo «tío»,
del beneficio olvidados,
mas saltando en los tejados
dicen: «judío, judío».
    Pues tales los hombres son: 265
cuando nos han menester,
somos su vida, su ser,
su alma, su corazón;
    pero pasadas las ascuas,[67]
las tías somos judías,[68] 270
y en vez de llamarnos tías,
anda el nombre de las pascuas.[69]

LAURENCIA

No fiarse de ninguno.

PASCUALA

Lo mismo digo, Laurencia.

ESCENA CUARTA

(Salen MENGO y BARRILDO y FRONDOSO.)

FRONDOSO

En aquesta diferencia[70] 275
andas, Barrildo, importuno.

BARRILDO

A lo menos aquí está
quien nos dirá lo más cierto.

---

57. huego = fuego
58. pegado cangilón, large wine pitcher
59. haciendo mil caracoles, bobbing about
60. de una cuerda de mi viña, with a bunch of grapes from my vineyard.
61. "inducas tentación," "lead us not into temptation" (the Lord's prayer)
62. rezalle = rezarle
63. que cuantas raposerías, than all the cunning (which)
64. cuando
65. descienden

66. Literally, uncle, but this word is used here to represent the sparrow's chirping. Compare the derisive sound of the contented birds "judío, judío" (verse 264). It was an insult to call someone a Jew.
67. pasadas las ascuas, when the heat of their passion has died down
68. las tías somos judías, we become despised women (judías) instead of sweethearts (tías)
69. anda . . . pascuas, we are called whores
70. dispute

MENGO

Pues hagamos un concierto
antes que lleguéis allá,   280
y es, que si juzgan por mí,
me dé cada cual la prenda,
precio de aquesta contienda.

BARRILDO

Desde aquí digo que sí.
Mas si pierdes ¿qué darás?   285

MENGO

Daré mi rabel de boj,[71]
que vale más que una troj,
porque yo le estimo en más.

BARRILDO

Soy contento.

FRONDOSO

             Pues lleguemos.
Dios os guarde, hermosas damas.   290

LAURENCIA

¿Damas, Frondoso, nos llamas?

FRONDOSO

Andar al uso queremos:[72]
al bachiller, licenciado;
al ciego, tuerto; al bisojo,
bizco;[73] resentido, al cojo,[74]   295
y buen hombre, al descuidado.
Al ignorante, sesudo;
al mal galán, soldadesca;
a la boca grande, fresca,
y al ojo pequeño, agudo.   300
Al pleitista, diligente;
gracioso, al entremetido;
al hablador, entendido,
y al insufrible, valiente.
Al cobarde, para poco;[75]   305
al atrevido, bizarro;
compañero, al que es un jarro,[76]
y desenfadado, al loco.
Gravedad, al descontento;
a la calva, autoridad;   310

donaire, a la necedad,
y al pie grande, buen cimiento.
Al buboso,[77] resfriado;
comedido, al arrogante;
al ingenioso, constante;   315
al corcovado, cargado.
Esto al llamaros imito,
damas, sin pasar de aquí;
porque fuera hablar así
proceder en infinito.   320

LAURENCIA

Allá en la ciudad, Frondoso,
llámase por cortesía
de esta suerte; y a fe mía,
que hay otro más riguroso
y peor vocabulario   325
en las lenguas descorteses.

FRONDOSO

Querría que lo dijeses.

LAURENCIA

Es todo a esotro contrario:
al hombre grave, enfadoso;
venturoso, al descompuesto;   330
melancólico, al compuesto,
y al que reprehende, odioso.
Importuno, al que aconseja;
al liberal, moscatel;
al justiciero, cruel,   335
y al que es piadoso, madeja.
Al que es constante, villano;
al que es cortés, lisonjero;
hipócrita, al limosnero,
y pretendiente, al cristiano.   340
Al justo mérito, dicha;
a la verdad, imprudencia;
cobardía, a la paciencia,
y culpa, a lo que es desdicha.
Necia, a la mujer honesta;   345
mal hecha, a la hermosa y casta,
y a la honrada . . . Pero basta;

---

71. *rabel de boj,* fiddle made of boxwood
72. *Andar al uso queremos,* we wish to follow the custom
73. *bisojo* and *bizco* both mean cross-eyed. The sense is that people say that someone has a slight cast in one eye instead of calling him cross-eyed.
74. *resentido al cojo,* people say that the lame person has a slight stiffness of the leg
75. *para poco,* a quiet person
76. one who shouts when he talks
77. someone suffering from the pox

que esto basta por respuesta.

MENGO

Digo que eres el dimuño.[78]

LAURENCIA

¡Soncas[79] que lo dice mal!   350

MENGO

Apostaré que la sal
la echó el cura con el puño.[80]

LAURENCIA

¿Qué contienda os ha traído,
si no es que mal lo entendí?

FRONDOSO

Oye, por tu vida.

LAURENCIA

Di.   355

FRONDOSO

Préstame, Laurencia, oído.

LAURENCIA

Como prestado, y aun dado,
desde agora os doy el mío.

FRONDOSO

En tu discreción confío.

LAURENCIA

¿Qué es lo que habéis apostado?   360

FRONDOSO

Yo y Barrildo contra Mengo.

LAURENCIA

¿Qué dice Mengo?

BARRILDO

Una cosa
que, siendo cierta y forzosa,
la niega.

MENGO

A negarla vengo,
porque yo sé que es verdad.   365

LAURENCIA

¿Qué dice?

BARRILDO

Que no hay amor.

LAURENCIA

Generalmente, es rigor.[81]

BARRILDO

Es rigor y es necedad.
Sin amor, no se pudiera
ni aun el mundo conservar.   370

MENGO

Yo no sé filosofar;
leer ¡ojalá supiera!
Pero si los elementos
en discordia eterna viven,
y de los mismos reciben   375
nuestros cuerpos alimentos,
cólera y melancolía,
flema y sangre,[82] claro está.

BARRILDO

El mundo de acá y de allá,
Mengo, todo es armonía.   380
Armonía es puro amor,
porque el amor es concierto.[83]

MENGO

Del natural[84] os advierto
que yo no niego el valor.
Amor hay, y el que entre sí[85]   385
gobierna todas las cosas,
correspondencias forzosas
de cuanto se mira aquí;
y yo jamás he negado
que cada cual tiene amor,   390
correspondiente a su humor,
que le conserva en su estado.
Mi mano al golpe que viene
mi cara defenderá;
mi pie, huyendo, estorbará   395
el daño que el cuerpo tiene.
Cerraránse mis pestañas
si al ojo le viene mal,
porque es amor natural.

---

78. *demonio*
79. *soncas* (*archaism*) indeed
80. *Apostaré . . . puño,* I'll bet that when you were christened, the priest poured on handfuls of salt. Mengo says this to explain Laurencia's wit.
81. *es rigor,* it is a necessity (of life)
82. *cólera, melancolía, flema, sangre,* the four cardinal bodily humors, regarded as deter-mining, by their relative proportions in the system, a person's physical and mental constitution. A perfect balance of the four humors, *eucrasia,* meant excellent health.
83. harmony
84. i.e. *amor natural.* As we see below, Mengo is really talking of self-love.
85. *el que entre sí,* by itself

PASCUALA

   Pues ¿de qué nos desengañas? 400

MENGO

   De que nadie tiene amor
más que a su misma persona.

PASCUALA

   Tú mientes, Mengo, y perdona;
porque, ¿es mentira el rigor[86]
con que un hombre a una mujer 405
o un animal quiere y ama
su semejante?

MENGO

           Eso llama
amor propio, y no querer.[87]
¿Qué es amor?

LAURENCIA

           Es un deseo
de hermosura.

MENGO

         Esa hermosura 410
¿por qué el amor la procura?

LAURENCIA

   Para gozarla.

MENGO

          Eso creo.
Pues ese gusto que intenta
¿no es para él mismo?

LAURENCIA

           Es así.

MENGO

   Luego ¿por quererse a sí 415
busca el bien que le contenta?

LAURENCIA

   Es verdad.

MENGO

         Pues dese modo
no hay amor sino el que digo,
que por mi gusto le sigo
y quiero dármele en todo.[88] 420

BARRILDO

   Dijo el cura del lugar
cierto día en el sermón

que había cierto Platón[89]
que nos enseñaba a amar;
que éste amaba el alma sola 425
y la virtud de lo amado.

PASCUALA

   En materia habéis entrado
que, por ventura, acrisola
los caletres de los sabios
en sus cademias[90] y escuelas. 430

LAURENCIA

   Muy bien dice, y no te muelas
en persuadir sus agravios.[91]
Da gracias, Mengo, a los cielos,
que te hicieron sin amor.

MENGO

   ¿Amas tú?

LAURENCIA

         Mi propio honor. 435

FRONDOSO

   Dios te castigue con celos.

BARRILDO

    ¿Quién gana?

PASCUALA

        Con la quistión[92]
podéis ir al sacristán,
porque él o el cura os darán
bastante satisfacción. 440
Laurencia no quiere bien,
yo tengo poca experiencia.
¿Cómo daremos sentencia?

FRONDOSO

   ¿Qué mayor que ese desdén?

ESCENA QUINTA

(*Sale* FLORES.)

FLORES

    Dios guarde a la buena gente. 445

FRONDOSO

   Este es del Comendador
criado.

LAURENCIA

        ¡Gentil azor!

---

86. power
87. *Eso llama . . . querer,* Call that self-love, not love
88. i.e. this self-love is the only kind he ever wants

89. Barrildo is referring to Platonic love.
90. *academias*
91. *y no te . . . agravios,* and don't strain so hard to convince us of its (love's) offenses
92. argument

¿De adónde bueno, pariente?[93]

FLORES

¿No me veis a lo soldado?[94]

LAURENCIA

¿Viene don Fernando acá?　　　450

FLORES

La guerra se acaba ya,
puesto que[95] nos ha costado
alguna sangre y amigos.

FRONDOSO

Contadnos cómo pasó.

FLORES

¿Quién lo dirá como yo,　　　455
siendo mis ojos testigos?
Para emprender la jornada
desta ciudad, que ya tiene
nombre de Ciudad Real,
juntó el gallardo maestre　　　460
dos mil lucidos infantes
de sus vasallos valientes,
y trescientos de a caballo
de seglares y de freiles,[96]
porque la cruz roja[97] obliga　　　465
cuantos al pecho la tienen,
aunque sean de orden sacro;
mas contra moros, se entiende.
Salió el muchacho bizarro
con una casaca verde,　　　470
bordada de cifras de oro,
que sólo los brazaletes
por las mangas descubrían,
que seis alamares prenden.
Un corpulento bridón,　　　475
rucio rodado, que al Betis[98]
bebió el agua, y en su orilla
despuntó la grama fértil;
el codón[99] labrado en cintas
de ante, y el rizo copete[100]　　　480
cogido en blancas lazadas,
que con las moscas de nieve

que bañan la blanca piel
iguales labores teje.[101]
A su lado Fernán Gómez,　　　485
vuestro señor, en un fuerte
melado, de negros cabos,
puesto que con blanco bebe.[102]
Sobre turca jacerina,
peto y espaldar luciente,　　　490
con naranjada orla saca,[103]
que de oro y perlas guarnece.
El morrión, que coronado
con blancas plumas, parece
que del color naranjado　　　495
aquellos azahares vierte;[104]
ceñida al brazo una liga
roja y blanca, con que mueve
un fresno entero por lanza,
que hasta en Granada le temen.　　　500
La ciudad se puso en arma;[105]
dicen que salir no quieren
de la corona real,
y el patrimonio defienden.
Entróla bien resistida,　　　505
y el maestre a los rebeldes
y a los que entonces trataron
su honor injuriosamente
mandó cortar las cabezas,
y a los de la baja plebe,　　　510
con mordazas en la boca,
azotar públicamente.
Queda en ella tan temido
y tan amado, que creen
que quien en tan pocos años　　　515
pelea, castiga y vence,
ha de ser en otra edad
rayo del Africa fértil,
que tantas lunas[106] azules
a su roja cruz sujete.　　　520
Al Comendador y a todos
ha hecho tantas mercedes,

93. *¿De adónde bueno, pariente?,* What news
do you bring, friend?
94. *a lo soldado,* dressed as a soldier
95. *puesto que,* although
96. priests of a military order
97. reference to the insignia of Calatrava
98. Guadalquivir river, in southern Spain
99. leather strips that adorn a horse's tail
100. *rizo copete,* mane

101. The horse's tail and mane were equally
attractive, matching the white spots of its
coat.
102. *melado . . . bebe,* the stallion was honey-
colored (*melado*), shading to black, and
his muzzle was brilliantly white.
103. (Fernán Gómez) wears
104. spills forth
105. *se puso arma,* rose to arms
106. crescent moons, Moorish insignia

que el saco de la ciudad
el de su hacienda parece.[107]
Mas ya la música suena: 525
recebilde[108] alegremente,
que al triunfo las voluntades
son los mejores laureles.

ESCENA SEXTA

(Salen el COMENDADOR y ORTUÑO;
músicos; JUAN ROJO y ESTEBAN, ALONSO,
alcaldes.)

MÚSICOS, cantan.

    Sea bien venido
el comendadore[109]   530
de rendir las tierras
y matar los hombres.
¡Vivan los Guzmanes!
¡Vivan los Girones!
Si en las paces blando,   535
dulce en las razones.
Venciendo moriscos,
fuertes como un roble,
de Ciudad Reale
viene vencedore;   540
que a Fuenteovejuna
trae los pendones.
¡Viva muchos años,
viva Fernán Gómez!

COMENDADOR

   Villa, yo os agradezco justamente 545
el amor que me habéis aquí mostrado.

ALONSO

   Aun no muestra una parte del que
    siente.[110]
   Pero ¿qué mucho que seáis amado,[111]
mereciéndolo vos?

ESTEBAN

     Fuenteovejuna
y el regimiento que hoy habéis
    honrado,   550
   que recibáis os ruega y importuna
un pequeño presente, que esos carros
traen, señor, no sin vergüenza alguna,
de voluntades y árboles bizarros,[112]
más que de ricos dones. Lo primero 555
traen dos cestas de polidos barros;[113]
   de gansos viene un ganadillo[114]
    entero,
que sacan por las redes las cabezas,
para cantar vueso[115] valor guerrero.
   Diez cebones en sal, valientes piezas,
sin otras menudencias y cecinas,
y más que guantes de ámbar, sus
    cortezas.[116]
   Cien pares de capones y gallinas
que han dejado viudos a sus gallos
en las aldeas que miráis vecinas.   565
   Acá no tienen armas ni caballos,
no jaeces bordados de oro puro,
si no es oro el amor de los vasallos.
   Y porque digo puro, os aseguro
que vienen doce cueros, que aun en
    cueros[117]
por enero podréis guardar un muro,
   si dellos aforráis vuestros guerreros,
mejor que de las armas aceradas;
que el vino suele dar lindos aceros.
   De quesos y otras cosas no
    excusadas[118]   575
no quiero daros cuenta: justo pecho
de voluntades que tenéis ganadas;
y a vos y a vuestra casa, buen provecho.

---

107. The Comendador took for himself the largest share of the booty
108. *recibidle*
109. The extra syllable *e* is needed for the *romance* form.
110. *del que siente,* of what (the town) feels
111. *Pero ¿qué mucho que seáis amado,* But, is it any wonder that you are loved?
112. *voluntades y árboles bizarros,* of (our) good will and of sturdy boards (the material from which the carts are made)

113. *polidos barros,* polished earthen jars (filled with preserves); *polido = pulido.*
114. small flock
115. *vuestro*
116. *y más que . . . cortezas,* and their hides are more fragrant than amber-scented gloves
117. The first time *cueros* is used it means wineskins and the next time it means unarmed (bare skinned).
118. *no excusadas;* unnecessary to mention

COMENDADOR
 Estoy muy agradecido.
 Id, regimiento, en buen hora.   580
ALONSO
 Descansad, señor, agora,
 y seáis muy bien venido;
    que esta espadaña que veis
 y juncia a vuestros umbrales
 fueran perlas orientales,   585
 y mucho más merecéis,
    a ser posible a la villa.[119]
COMENDADOR
 Así lo creo, señores.
 Id con Dios.
ESTEBAN
                   Ea, cantores,
 vaya otra vez la letrilla.[120]   590
MÚSICOS, cantan.
    Sea bien venido
 el comendadore
 de rendir las tierras
 y matar los hombres.
 (*Vanse.*)

ESCENA SÉPTIMA

COMENDADOR
 Esperad vosotras dos.   595
LAURENCIA
 ¿Qué manda su señoría?
COMENDADOR
 ¡Desdenes el otro día,
 pues, conmigo! ¡Bien, por Dios!
LAURENCIA
    ¿Habla contigo, Pascuala?
PASCUALA
 Conmigo no, tirte ahuera.[121]   600
COMENDADOR
 Con vos hablo, hermosa fiera,
 y con esotra zagala.
    ¿Mías no sois?

PASCUALA
                   Sí, señor;
 mas no para casos tales.
COMENDADOR
 Entrad, pasad los umbrales;   605
 hombres hay, no hayáis[122] temor.
LAURENCIA
    Si los alcaldes entraran
 (que de uno soy hija yo),
 bien huera[123] entrar; mas si no . . .
COMENDADOR
 Flores . . .
FLORES
                   Señor . . .
COMENDADOR
             ¿Qué reparan   610
    en no hacer lo que les digo?
FLORES
 Entrad, pues.
LAURENCIA
             No nos agarre.
FLORES
 Entrad; que sois necias.
PASCUALA
                   Arre;
 que echaréis luego el postigo.[124]
FLORES
             Entrad; que os quiere enseñar   615
 lo que trae de la guerra.
COMENDADOR, *aparte.*
 Si entraren, Ortuño, cierra.
 (*Entrase.*)
LAURENCIA
 Flores, dejadnos pasar.
ORTUÑO
    ¿También venís presentadas
 con lo demás?[125]
PASCUALA
             ¡Bien a fe![126]   620
 Desvíese, no le dé . . .[127]

---

119. *a ser posible a la villa,* if it were possible
    for the town (to do more)
120. *vaya otra vez la letrilla,* let's have the
    chorus again
121. *tirte ahuera,* go on! *ahuera = afuera*
122. *tengáis*
123. *fuera*

124. *Arre . . . postigo,* Go on; and then you
    will lock the door on us.
125. *¿También . . . demás?,* Don't you know
    you're also included with all the other
    presents?
126. *¡Bien a fe!,* Upon my word!
127. *Desvíese, no le dé,* Get out of our way or
    I'll . . . .

FLORES

Basta; que son extremadas.[128]

LAURENCIA

¿No basta a vueso señor
tanta carne presentada?

ORTUÑO

La vuestra es la que le agrada.   625

LAURENCIA

Reviente de mal dolor.[129]

(*Vanse.*)

FLORES

¡Muy buen recado llevamos!
No se ha de poder sufrir
lo que nos ha de decir
cuando sin ellas nos vamos.   630

ORTUÑO

Quien sirve se obliga a esto.[130]
Si en algo desea medrar,
o con paciencia ha de estar,
o ha de despedirse presto.

(*Vanse los dos.*)

*Habitación de los Reyes Católicos en
Medina del Campo.*[131]

ESCENA OCTAVA

(*Salgan el* REY DON FERNANDO, *la reina
doña* ISABEL, MANRIQUE *y acompañamiento.*)

ISABEL

Digo, señor, que conviene   635
el no haber descuido en esto,
por ver a Alfonso[132] en tal puesto,
y su ejército previene.

Y es bien ganar por la mano
antes que el daño veamos;   640
que si no lo remediamos,
el ser muy cierto está llano.[133]

REY

De Navarra y de Aragón

está el socorro seguro,
y de Castilla procuro   645
hacer la reformación
de modo que el buen suceso
con la prevención se vea.

ISABEL

Pues vuestra majestad crea
que el buen fin consiste en eso.   650

MANRIQUE

Aguardando tu licencia
dos regidores están
de Ciudad Real: ¿entrarán?

REY

No les nieguen mi presencia.

ESCENA NOVENA

(*Salen dos* REGIDORES *de Ciudad Real.*)

REGIDOR 1°

Católico rey Fernando,   655
a quien ha enviado el cielo
desde Aragón a Castilla
para bien y amparo nuestro:
en nombre de Ciudad Real,
a vuestro valor supremo   660
humildes nos presentamos,
el real amparo pidiendo.
A mucha dicha tuvimos
tener título de vuestros;
pero pudo derribarnos   665
deste honor el hado adverso.
El famoso don Rodrigo
Téllez Girón, cuyo esfuerzo
es en valor extremado,
aunque es en la edad tan tierno   670
maestre de Calatrava,
él, ensanchar pretendiendo
el honor de la encomienda,
nos puso apretado cerco.
Con valor nos prevenimos,   675

128. *Basta; que son extremadas,* That's enough; that's just going too far
129. *Reviente de mal dolor,* May it cause his stomach to burst
130. *Quien sirve se obliga a esto,* He who serves must expect this
131. Medina del Campo, a town in the province of Valladolid, in north central Spain
132. Alfonso V of Portugal (1438–81), called *el Africano* because of his successes against the Moors in Africa, invaded Castile in 1475. He was betrothed to the princess Juana and proclaimed king of Castile and León, but in 1476 was defeated at Toro by Ferdinand.
133. *el ser muy cierto está llano,* the inevitable harm (*daño*) is quite evident

a su fuerza resistiendo,
tanto, que arroyos corrían
de la sangre de los muertos.
Tomó posesión, en fin;
pero no llegara a hacerlo,   680
a no le dar Fernán Gómez[134]
orden, ayuda y consejo.
Él queda en la posesión,
y sus vasallos seremos,
suyos, a nuestro pesar,   685
a no remediarlo presto.[135]

REY
¿Dónde queda Fernán Gómez?

REGIDOR 1°
En Fuenteovejuna creo,
por ser su villa, y tener
en ella casa y asiento.   690
Allí, con más libertad
de la que decir podemos,
tiene a los súbditos suyos
de todo contento ajenos.

REY
¿Tenéis algún capitán?   695

REGIDOR 2°
Señor, el no haberle es cierto,
pues no escapó ningún noble
de preso, herido o de muerto.

ISABEL
Ese caso no requiere
ser de espacio[136] remediado;   700
que es dar al contrario osado
el mismo valor que adquiere;
y puede el de Portugal,
hallando puerta segura,
entrar por Extremadura[137]   705
y causarnos mucho mal.

REY
Don Manrique, partid luego,
llevando dos compañías;
remediad sus demasías
sin darles ningún sosiego.   710

El conde de Cabra[138] ir puede
con vos; que es Córdoba osado,
a quien nombre de soldado
todo el mundo le concede;
que éste es el medio mejor   715
que la ocasión nos ofrece.

MANRIQUE
El acuerdo me parece
como de tan gran valor.
Pondré límite a su exceso,
si el vivir en mí no cesa.   720

ISABEL
Partiendo vos a la empresa,
seguro está el buen suceso.
(Vanse todos.)

Campo de Fuenteovejuna.

ESCENA DÉCIMA

(*Salen* LAURENCIA *y* FRONDOSO.)
LAURENCIA
A medio torcer los paños,[139]
quise, atrevido Frondoso,
para no dar que decir,[140]   725
desviarme del arroyo;
decir a tus demasías
que murmura el pueblo todo,
que me miras y te miro,
y todos nos traen sobre ojo.[141]   730
Y como tú eres zagal,
de los que huellan, brioso,
y excediendo a los demás
vistes bizarro y costoso,
en todo el lugar no hay moza,   735
o mozo en el prado o soto,
que no se afirme diciendo
que ya para en uno somos;[142]
y esperan todos el día
que el sacristán Juan Chamorro   740
nos eche de la tribuna,

134. *a no le dar Fernán Gómez,* if Fernán Gómez had not given him.
135. *a no remediarlo presto,* if aid is not given us soon
136. *de espacio = despacio*
137. Province in western part of Spain, adjoining Portugal.

138. Don Diego Fernández de Córdoba
139. *A medio torcer los paños,* When I was half through wringing the clothes
140. *para no dar que decir,* to avoid gossip
141. *y todos nos traen sobre ojo,* and everybody is watching us
142. *para en uno somos,* we are sweethearts

en dejando los piporros.[143]
Y mejor sus trojes vean
de rubio trigo en agosto
atestadas y colmadas,   745
y sus tinajas de mosto,
que tal imaginación
me ha llegado a dar enojo:
ni me desvela ni aflige,
ni en ella el cuidado pongo.   750

FRONDOSO

Tal me tienen tus desdenes,
bella Laurencia, que tomo,
en el peligro de verte,
la vida, cuando te oigo.
Si sabes que es mi intención   755
el desear ser tu esposo,
mal premio das a mi fe.

LAURENCIA

Es que yo no sé dar otro.

FRONDOSO

¿Posible es que no te duelas
de verme tan cuidadoso   760
y que imaginando en ti
ni bebo, duermo ni como?
¿Posible es tanto rigor
en ese angélico rostro?
¡Viven los cielos que rabio!   765

LAURENCIA

Pues salúdate,[144] Frondoso.

FRONDOSO

Ya te pido yo salud,
y que ambos, como palomos,
estemos, juntos los picos,
con arrullos sonorosos,   770
después de darnos la Iglesia . . .[145]

LAURENCIA

Dilo a mi tío Juan Rojo;
que aunque no te quiero bien,
ya tengo algunos asomos.

FRONDOSO

¡Ay de mí! El señor es éste.   775

LAURENCIA

Tirando viene a algún corzo.

Escóndete en esas ramas.

FRONDOSO

Y ¡con qué celos me escondo!
(ocúltase.)

ESCENA UNDÉCIMA

(Sale el COMENDADOR.)

COMENDADOR

No es malo venir siguiendo
un corcillo temeroso,   780
y topar tan bella gama.

LAURENCIA

Aquí descansaba un poco
de haber lavado unos paños;
y así, al arroyo me torno,
si manda su señoría.   785

COMENDADOR

Aquesos desdenes toscos
afrentan, bella Laurencia,
las gracias que el poderoso
cielo te dio, de tal suerte,
que vienes a ser un monstruo.   790
Mas si otras veces pudiste
huir mi ruego amoroso,
agora no quiere el campo,
amigo secreto y solo;
que tú sola no has de ser   795
tan soberbia, que tu rostro
huyas al señor que tienes,
teniéndome a mí en tan poco.
¿No se rindió Sebastiana,
mujer de Pedro Redondo,   800
con ser casadas entrambas,[146]
y la de Martín del Pozo,
habiendo apenas pasado
dos días del desposorio?

LAURENCIA

Esas, señor, ya tenían,   805
de haber andado con otros,
el camino de agradaros;
porque también muchos mozos
merecieron sus favores.
Id con Dios, tras vueso corzo;   810

---

143. *nos eche . . . piporros,* will announce our
   banns from the pulpit leaving aside his
   wine jugs. (The sacristans were notorious
   drinkers.)

144. cure yourself (by asking for my hand)
145. i.e. after they have been married
146. *con ser casadas entrambas,* in spite of the
   fact that both were married

que a no veros con la cruz,[147]
os tuviera por demonio,
pues tanto me perseguís.

COMENDADOR
¡Qué estilo tan enfadoso!
Pongo la ballesta en tierra,[148]   815

.   .   .

y a la práctica de manos
reduzgo melindres.[149]

LAURENCIA
¡Cómo!
¿Eso hacéis? ¿Estáis en vos?[150]

(Sale FRONDOSO y toma la ballesta.)

COMENDADOR
No te defiendas.

FRONDOSO, aparte.
Si tomo
la ballesta ¡vive el cielo   820
que no la ponga en el hombro!

COMENDADOR
Acaba, ríndete.

LAURENCIA
¡Cielos,
ayudadme agora!

COMENDADOR
Solos
estamos; no tengas miedo.

FRONDOSO
Comendador generoso,   825
dejad la moza, o creed
que de mi agravio y enojo
será blanco vuestro pecho,
aunque la cruz me da asombro.

COMENDADOR
¡Perro, villano! . . .

FRONDOSO
No hay perro.   830
Huye, Laurencia.

LAURENCIA
Frondoso,

mira lo que haces.

FRONDOSO
Véte.

(Vase LAURENCIA.)

ESCENA DUODÉCIMA

COMENDADOR
¡Oh, mal haya el hombre loco,
que se desciñe la espada¡
Que, de no espantar medroso   835
la caza, me la quité.[151]

FRONDOSO
Pues, pardiez, señor, si toco
la nuez, que os he de apiolar.

COMENDADOR
Ya es ida.[152] ¡Infame, alevoso,
suelta la ballesta luego!   840
Suéltala, villano.

FRONDOSO
¿Cómo?
Que me quitaréis la vida.
Y advertid que amor es sordo,
y que no escucha palabras
el día que está en su trono.   845

COMENDADOR
Pues ¿la espalda ha de volver
un hombre tan valeroso
a un villano? Tira, infame,
tira, y guárdate; que rompo
las leyes de caballero.   850

FRONDOSO
Eso, no. Yo me conformo
con mi estado, y, pues me es
guardar la vida forzoso,
con la ballesta me voy. (Vase.)

COMENDADOR
¡Peligro extraño y notorio!   855
Mas yo tomaré venganza
del agravio y del estorbo.
¡Que no cerrara con él!
¡Vive el cielo, que me corro![153]

---

147. que a no veros con la cruz, for if I didn't see you with the cross (of Calatrava)
148. The following line is missing
149. y a la práctica . . . melindres, and I'll subdue your prudery with my bare hands
150. ¿Estáis en vos?, Are you mad?
151. Que, de no espantar . . . quité, Yet I re-
moved it (the sword) out of fear that I might frighten away the prey.
152. Ya es ida, She has already gone.
153. ¡Que no . . . corro!, Imagine my not having lifted a finger against him! By Heaven, I'm completely humiliated.

Acto Segundo

Plaza de Fuenteovejuna.

ESCENA PRIMERA

(*Salen* ESTEBAN *y otro regidor.*)

ESTEBAN

Así tenga salud, como parece,   860
que no se saque más agora el pósito.[1]
El año apunta mal, y el tiempo crece,
y es mejor que el sustento esté en
    depósito,
aunque lo contradicen más de trece.[2] 865

REGIDOR

Yo siempre he sido, al fin, de este
    propósito,
en gobernar en paz esta república.[3]

ESTEBAN

Hagamos dello a Fernán Gómez
    súplica.
No se puede sufrir que estos
    astrólogos,
en las cosas futuras ignorantes,   870
nos quieran persuadir con largos
    prólogos
los secretos a Dios sólo importantes.
¡Bueno es que, presumiendo de
    teólogos,
hagan un tiempo el que después y
    antes!
Y pidiendo el presente lo importante,[4]
al más sabio veréis más ignorante.
¿Tienen ellos las nubes en su casa
y el proceder de las celestes lumbres?[5]
¿Por dónde ven lo que en el cielo pasa,
para darnos con ello pesadumbres? 880
Ellos en el sembrar nos ponen tasa:

daca el trigo, cebada y las legumbres,
calabazas, pepinos y mostazas . . .
Ellos son, a la fe, las calabazas.
Luego cuentan que muere una
    cabeza,   885
y después viene a ser en Trasilvania;
que el vino será poco, y la cerveza
sobrará por las partes de Alemania;
que se helará en Gascuña la cereza,
y que habrá muchos tigres en
    Hircania.[6]   890
Y al cabo, que se siembre o no se
    siembre,
el año se remata por diciembre.

ESCENA SEGUNDA

(*Salen el licenciado* LEONELO *y* BARRILDO.)

LEONELO

A fe que no ganéis la palmatoria,[7]
porque ya está ocupado el mentidero.

BARRILDO

¿Cómo os fue en Salamanca?

LEONELO

        Es larga historia.   895

BARRILDO

Un Bártulo[8] seréis.

LEONELO

        Ni aun un barbero.
Es, como digo, cosa muy notoria
en esta facultad lo que os refiero.

BARRILDO

Sin duda que venís buen estudiante.

LEONELO

Saber he procurado lo importante.   900

1. *Así tenga . . . pósito,* I believe that it is in our welfare not to take any more grain from the public granary.
2. i.e. even though many people are against this measure
3. village
4. *hagan un tiempo . . . importante,* they make future and past one. And if you ask any of them what is really happening now
5. *celestes lumbres,* stars
6. region in ancient Persia, famous for its tigers
7. the first pupil who arrived at school was given a *palmatoria,* cane, to mete out the punishments for the day
8. famous Italian jurist (1314–57); in the next line Leonelo's use of *barbero* is a pun on Bártulo.

BARRILDO

Después que vemos tanto libro
    impreso,
no hay nadie que de sabio no presuma.

LEONELO

Antes que ignoran más siento por eso,[9]
por no se reducir a breve suma;
porque la confusión, con el exceso,   905
los intentos resuelve en vana espuma;
y aquel que de leer tiene más uso,
de ver letreros[10] sólo está confuso.

No niego yo que de imprimir el arte
mil ingenios sacó de entre la jerga,   910
y que parece que en sagrada parte
sus obras guarda y contra el tiempo
    alberga;
éste las distribuye y las reparte.
Débese esta invención a Gutemberga,[11]
un famoso tudesco de Maguncia,   915
en quien la fama su valor renuncia.

Mas muchos que opinión tuvieron
    grave,
por imprimir sus obras la perdieron;
tras esto, con el nombre del que sabe,
muchos sus ignorancias imprimieron.
Otros, en quien la baja envidia cabe,
sus locos desatinos escribieron,
y con nombre de aquel que aborrecían
impresos por el mundo los envían.[12]

BARRILDO

No soy de esa opinión.

LEONELO

            El ignorante   925
es justo que se vengue del letrado.

BARRILDO

Leonelo, la impresión es importante.

LEONELO

Sin ella muchos siglos se han pasado,

y no vemos que en éste se levante[13]
· · ·
un Jerónimo santo, un Agustino.[14]   930

BARRILDO

Dejaldo[15] y asentaos, que estáis
    mohino.

ESCENA TERCERA

(*Salen* JUAN ROJO *y otro labrador.*)

JUAN ROJO

No hay en cuatro haciendas para un
    dote,
si es que las vistas han de ser al uso;
que el hombre que es curioso es bien
    que note
que en esto el barrio y vulgo[16] anda
    confuso.   935

LABRADOR

¿Qué hay del Comendador? No os
    alborote.

JUAN ROJO

¡Cuál a Laurencia en ese campo
    puso![17]

LABRADOR

¿Quién fue cual él tan bárbaro y
    lascivo?
Colgado le vea yo[18] de aquel olivo.

ESCENA CUARTA

(*Salen el* COMENDADOR, ORTUÑO *y* FLORES.)

COMENDADOR

Dios guarde la buena gente.   940

REGIDOR

¡Oh, señor!

COMENDADOR

            Por vida mía,
que se estén.[19]

---

9. *Antes . . . eso,* despite this, I believe they
    are more ignorant than ever before
10. mass of letters (of alphabet)
11. Johannes Gutenberg (c. 1398–1468), German
    printer who collaborated in making the
    Gutenberg Bible, printed at Mainz (*Magun-
    cia*) before 1456.
12. Reference to Lope's literary enemies who
    signed Lope's names to plays they wrote
    for the purpose of undermining his repu-
    tation.

13. The next verse is missing.
14. *Jerónimo santo, un Agustino,* Saint Jerome
    and Saint Augustine
15. *dejadlo*
16. *el barrio y vulgo,* the town and the people
    in it
17. *¡Cuál . . . puso!,* The guy who treated
    Laurencia so badly in that field (outside
    of town)!
18. *le vea yo,* may I see him
19. *que se estén,* remain seated

ESTEBAN

        Vusiñoría²⁰
adonde suele se siente,
    que en pie estaremos muy bien.

COMENDADOR

Digo que se han de sentar.   945

ESTEBAN

De los buenos es honrar,
    que no es posible que den
        honra los que no la tienen.

COMENDADOR

Siéntense; hablaremos algo.

ESTEBAN

¿Vio vusiñoría el galgo?   950

COMENDADOR

Alcalde, espantados vienen
    esos criados de ver
        tan notable ligereza.

ESTEBAN

Es una extremada pieza.
    Pardiez, que puede correr   955
        al lado de un delincuente
        o de un cobarde en quistión.²¹

COMENDADOR

Quisiera en esta ocasión
    que le hiciérades pariente
        a una liebre que por pies   960
        por momentos se me va.²²

ESTEBAN

Sí haré, por Dios. ¿Dónde está?

COMENDADOR

Allá vuestra hija es.

ESTEBAN

    ¡Mi hija!

COMENDADOR

        Sí.

ESTEBAN

      Pues ¿es buena
para alcanzada de vos?²³   965

COMENDADOR

Reñilda,²⁴ alcalde, por Dios.

ESTEBAN

¿Cómo?

COMENDADOR

    Ha dado en darme pena.
    Mujer hay, y principal,
    de alguno que está en la plaza,
    que dio, a la primera traza,   970
    traza de verme.²⁵

ESTEBAN

        Hizo mal;
    y vos, señor, no andáis bien
        en hablar tan libremente.

COMENDADOR

¡Oh, qué villano elocuente!
    ¡Ah, Flores! haz que le den   975
        la *Política*,²⁶ en que lea
        de Aristóteles.

ESTEBAN

        Señor,
    debajo de vuestro honor²⁷
    vivir el pueblo desea.
      Mirad que en Fuenteovejuna   980
    hay gente muy principal.

LEONELO

¿Viose desvergüenza igual?

COMENDADOR

Pues ¿he dicho cosa alguna
    de que os pese, regidor?

REGIDOR

Lo que decís es injusto;   985
    no lo digáis, que no es justo
    que nos quitéis el honor.

COMENDADOR

    ¿Vosotros honor tenéis?
    ¡Qué freiles de Calatrava!²⁸

REGIDOR

Alguno acaso se alaba   990
    de la cruz que le ponéis,
        que no es de sangre tan limpia.

COMENDADOR

Y ¿ensúciola yo juntando

---

20. *vuestra señoría,* your lordship
21. *cuestión,* torture
22. *Quisiera . . . va,* At this time, I'd like you to have it chase a rabbit which has repeatedly given me the slip.
23. *para alcanzada de vos,* to be wooed by you
24. *reñilda,* give her a talking to

25. *que dio . . . verme,* who gave herself to me the first time I approached her
26. the *Politics,* a famous treatise by Aristotle
27. i.e. rule
28. *¡Qué freiles de Calatrava!,* What friars of Calatrava (i.e. nobles) are you?

la mía a la vuestra?

REGIDOR

                    Cuando
que el mal más tiñe que alimpia.   995

COMENDADOR

    De cualquier suerte que sea,
vuestras mujeres se honran.

ESTEBAN

    Esas palabras deshonran;
las obras no hay quien las crea.

COMENDADOR

    ¡Qué cansado villanaje!   1000
¡Ah! Bien hayan las ciudades,[29]
que a hombres de calidades
no hay quien sus gustos ataje;
    allá se precian casados
que visiten sus mujeres.[30]   1005

ESTEBAN

    No harán; que con esto quieres
que vivamos descuidados.
    En las ciudades hay Dios
y más presto quien castiga.

COMENDADOR

    Levantaos de aquí.[31]

ESTEBAN

                    ¿Que diga   1010
lo que escucháis por los dos?[32]

COMENDADOR

    Salí[33] de la plaza luego;
no quede ninguno aquí.

ESTEBAN

    Ya nos vamos.

COMENDADOR

                    Pues no ansí.

FLORES

    Que te reportes te ruego.   1015

COMENDADOR

    Querrían hacer corrillo
los villanos en mi ausencia.

ORTUÑO

    Ten un poco de paciencia.

COMENDADOR

    De tanta me maravillo.
    Cada uno de por sí   1020
se vayan hasta sus casas.

LEONELO

    ¡Cielo! ¿Que por esto pasas?[34]

ESTEBAN

    Ya yo me voy por aquí.
(Vanse los labradores.)

ESCENA QUINTA

COMENDADOR

    ¿Qué os parece desta gente?

ORTUÑO

    No sabes disimular,   1025
que no quieres escuchar
el disgusto que se siente.

COMENDADOR

    Estos ¿se igualan conmigo?

FLORES

    Que no es aqueso igualarse.

COMENDADOR

    Y el villano ¿ha de quedarse   1030
con ballesta y sin castigo?

FLORES

    Anoche pensé que estaba[35]
a la puerta de Laurencia,
y a otro, que su presencia
y su capilla imitaba,   1035
    de oreja a oreja le di
un beneficio famoso.[36]

COMENDADOR

    ¿Dónde estará aquel Frondoso?

FLORES

    Dicen que anda por ahí.

COMENDADOR

    ¡Por ahí se atreve a andar   1040

29. *Bien hayan las ciudades,* Let the cities be
    praised
30. This refers to the courting of married
    women by other men.
31. *Levantaos de aquí,* Leave this place.
32. *¿Que . . . dos?* Is what you hear meant for
    both of us? This is said to his com-
    panions.
33. *salid*
34. *¿Que por esto pasas?,* Do you stand for
    this?
35. i.e. Frondoso
36. *le di un beneficio famoso,* I slashed him
    beautifully

hombre que matarme quiso!

FLORES

Como el ave sin aviso,
o como el pez, viene a dar
al[37] reclamo o al anzuelo.

COMENDADOR

¡Que a un capitán cuya espada   1045
tiemblan Córdoba y Granada,
un labrador, un mozuelo
ponga una ballesta al pecho!
El mundo se acaba, Flores.

FLORES

Como eso pueden amores.[38]   1050

ORTUÑO

Y pues que vive, sospecho
que grande amistad le debes.

COMENDADOR

Yo he disimulado, Ortuño;
que si no, de punta a puño,
antes de dos horas breves,   1055
pasará todo el lugar;[39]
que hasta que llegue ocasión
al freno de la razón
hago la venganza estar.[40]
¿Qué hay de Pascuala?

FLORES

                              Responde   1060
que anda agora por casarse.

COMENDADOR

¿Hasta allá quiere fiarse? . . .[41]

FLORES

En fin, te remite donde
te pagarán de contado.

COMENDADOR

¿Qué hay de Olalla?

ORTUÑO

                              Una graciosa   1065
respuesta.

COMENDADOR

              Es moza briosa.

¿Cómo?[42]

ORTUÑO

                              Que su desposado
anda tras ella estos días
celoso de mis recados
y de que con tus criados   1070
a visitalla[43] venías;
pero que si se descuida
entrarás como primero.[44]

COMENDADOR

¡Bueno, a fe de caballero!
Pero el villanejo cuida . . .   1075

ORTUÑO

Cuida, y anda por los aires.[45]

COMENDADOR

¿Qué hay de Inés?

FLORES

                              ¿Cuál?

COMENDADOR

                              La de Antón.

FLORES

Para cualquier ocasión
ya ha ofrecido sus donaires.
Habléla por el corral,   1080
por donde has de entrar si quieres.

COMENDADOR

A las fáciles mujeres
quiero bien y pago mal.
Si éstas supiesen ¡oh, Flores!
estimarse en lo que valen . . .   1085

FLORES

No hay disgustos que se igualen
a contrastar sus favores.
Rendirse presto desdice
de la esperanza del bien;
mas hay mujeres también
por que[46] el filósofo dice   1090
que apetecen a los hombres
como la forma desea
la materia; y que esto sea

37. *viene a dar al,* is fooled by the
38. *Como eso pueden amores,* Such is the power of love
39. *que si no . . . lugar,* otherwise, I'd have put the whole town to the sword within two hours
40. i.e. remain in abeyance
41. *¿Hasta allá quiere fiarse?,* She wants me to wait until then?

42. What did she say?
43. *visitarla*
44. *Entrarás como primero,* You will enjoy her first
45. *anda por los aires,* is constantly moving about (on the lookout)
46. *por que = por las que,* about whom

así, no hay de qué te asombres.   1095

COMENDADOR

Un hombre de amores loco
huélgase que a su accidente
se le rindan fácilmente,
mas después las tiene en poco,
y el camino de olvidar,   1100
al hombre más obligado
es haber poco costado
lo que pudo desear.

ESCENA SEXTA

(*Sale* CIMBRANOS, *soldado*.)

CIMBRANOS

¿Está aquí el Comendador?

ORTUÑO

¿No le ves en tu presencia?   1105

CIMBRANOS

¡Oh gallardo Fernán Gómez!
Trueca la verde montera
en el blanco morrión
y el gabán en armas nuevas;
que el maestre de Santiago⁴⁷   1110
y el conde de Cabra cercan
a don Rodrigo Girón,
por la castellana reina,
en Ciudad Real; de suerte
que no es mucho⁴⁸ que se pierda   1115
lo que en Calatrava sabes
que tanta sangre le cuesta.
Ya divisan con las luces,
desde las altas almenas,
los castillos y leones   1120
y barras aragonesas.⁴⁹
Y aunque el rey de Portugal
honrar a Girón quisiera,
no hará poco en que el maestre
a Almagro con vida vuelva.   1125
Ponte a caballo, señor;
que sólo con que te vean⁵⁰
se volverán a Castilla.

COMENDADOR

No prosigas; tente, espera.—

Haz, Ortuño, que en la plaza   1130
toquen luego una trompeta.
¿Qué soldados tengo aquí?

ORTUÑO

Pienso que tienes cincuenta.

COMENDADOR

Pónganse a caballo todos.

CIMBRANOS

Si no caminas apriesa,   1135
Ciudad Real es del rey.

COMENDADOR

No hayas miedo que lo sea.
(*Vanse*.)

Campo de Fuenteovejuna.

ESCENA SÉPTIMA

(*Salen* MENGO *y* LAURENCIA *y* PASCUALA,
huyendo.)

PASCUALA

No te apartes de nosotras.

MENGO

Pues ¿a qué tenéis temor?

LAURENCIA

Mengo, a la villa es mejor   1140
que vamos⁵¹ unas con otras
(pues que no hay hombre ninguno),
por que no demos con él.

MENGO

¡Que este demonio cruel
nos sea tan importuno!   1145

LAURENCIA

No nos deja a sol ni a sombra.

MENGO

¡Oh! Rayo del cielo baje
que sus locuras ataje.

LAURENCIA

Sangrienta fiera le nombra;
arsénico y pestilencia   1150
del lugar.

MENGO

Hanme contado

---

47. Don Manrique
48. *no es mucho*, it wouldn't be surprising
49. These are references to the coats of arms
of Castile, León, and Aragón. The Castilian
coat of arms consisted of a gold castle on a
red background, that of León, a red lion

on a silver background, and that of Aragón,
four vertical red bars on a gold background.
50. *sólo con que te vean*, just by merely seeing
you
51. *vayamos*

que Frondoso, aquí en el prado,
para librarte, Laurencia,
le puso al pecho una jara.

LAURENCIA

Los hombres aborrecía, 1155
Mengo; mas desde aquel día
los miro con otra cara.
 ¡Gran valor tuvo Frondoso!
Pienso que le ha de costar
la vida.

MENGO

 Que del lugar 1160
se vaya, será forzoso.

LAURENCIA

 Aunque ya le quiero bien,
eso mismo le aconsejo;
mas recibe mi consejo
con ira, rabia y desdén; 1165
y jura el comendador
que le ha de colgar de un pie.

PASCUALA

¡Mal garrotillo[52] le dé!

MENGO

Mala pedrada es mejor.
 ¡Voto al sol, si le tirara 1170
con la que llevo al apero
que al sonar el crujidero
al casco se la encajara![53]
 No fue Sábalo,[54] el romano,
tan vicioso por jamás. 1175

LAURENCIA

Heliogábalo dirás,
más que una fiera inhumano.

MENGO

 Pero Galván,[55] o quien fue,
que yo no entiendo de historia;
mas su cativa[56] memoria 1180
vencida de éste se ve.
 ¿Hay hombre en naturaleza
como Fernán Gómez?

PASCUALA

 No;
que parece que le dio
de una tigre la aspereza. 1185

ESCENA OCTAVA

(Sale JACINTA.)

JACINTA

 Dadme socorro, por Dios,
si la amistad os obliga.

LAURENCIA

¿Qué es esto, Jacinta amiga?

PASCUALA

Tuyas lo somos las dos.

JACINTA

 Del Comendador criados, 1190
que van a Ciudad Real,
más de infamia natural
que de noble acero armados,
me quieren llevar a él.

LAURENCIA

 Pues Jacinta, Dios te libre; 1195
que cuando contigo es libre,
conmigo será cruel.

(Vase.)

PASCUALA

 Jacinta, yo no soy hombre
que te pueda defender.

(Vase.)

MENGO

Yo sí lo tengo de ser, 1200
porque tengo el ser y el nombre.
 Llégate, Jacinta, a mí.

JACINTA

¿Tienes armas?

MENGO

 Las primeras
del mundo.

JACINTA

 ¡Oh, si las tuvieras!

---

52. *¡Mal garrotillo le dé!* May he be strangled!
53. *con la que . . . encajara*, with the [sling] I carry to the sheepfold so that I could strike him a resounding blow on the skull
54. Mengo's version of Heliogábalo, the mad, cruel Roman emperor who ruled from 218 to 222.
55. Another unsuccessful attempt to pronounce the emperor's name.
56. *cativa*, despicable; the sense is that Fernán Gómez will be remembered as being much worse than Heliogábalo.

MENGO
    Piedras hay, Jacinta, aquí.   1205

ESCENA NOVENA

(*Salen* FLORES *y* ORTUÑO.)
FLORES
        ¿Por los pies pensabas irte?
JACINTA
    ¡Mengo, muerta soy!
MENGO
                    Señores . . .
    ¡A estos pobres labradores! . . .
ORTUÑO
    Pues ¿tú quieres persuadirte
        a defender la mujer?   1210
MENGO
    Con los ruegos la defiendo;
    que soy su deudo y pretendo
    guardalla,[57] si puede ser.
FLORES
        Quitalde[58] luego la vida.
MENGO
    ¡Voto al sol, si me emberrincho,   1215
    y el cáñamo me descincho,
    que la llevéis bien vendida![59]

ESCENA DÉCIMA

(*Salen el* COMENDADOR *y* CIMBRANOS.)
COMENDADOR
        ¿Qué es eso? ¡A cosas tan viles
    me habéis de hacer apear!
FLORES
    Gente de este vil lugar   1220
    (que ya es razón que aniquiles,
        pues en nada te da gusto)
    a nuestras armas se atreve.
MENGO
    Señor, si piedad os mueve
    de suceso tan injusto,   1225
        castigad estos soldados,

que con vuestro nombre agora
roban una labradora
a esposo y padres honrados;
    y dadme licencia a mí   1230
que se la pueda llevar.
COMENDADOR
    Licencia les quiero dar . . .
    para vengarse de ti.
        Suelta la honda.
MENGO
                    ¡Señor! . . .
COMENDADOR
    Flores, Ortuño, Cimbranos,   1235
    con ella le atad[60] las manos.
MENGO
    ¿Así volvéis por su honor?[61]
COMENDADOR
        ¿Qué piensan Fuenteovejuna
    y sus villanos de mí?
MENGO
    Señor, ¿en qué os ofendí,   1240
    ni el pueblo en cosa ninguna?
FLORES
    ¿Ha de morir?
COMENDADOR
                    No ensuciéis
    las armas, que habéis de honrar
    en otro mejor lugar.
ORTUÑO
    ¿Qué mandas?
COMENDADOR
                    Que lo azotéis.   1245
    Llevalde,[62] y en ese roble
    le atad y le desnudad,
    y con las riendas . . .
MENGO
                        ¡Piedad!
    ¡Piedad, pues sois hombre noble!
COMENDADOR
    Azotalde hasta que salten   1250
    los hierros de las correas.

---

57. *guardarla*
58. *Quitadle*
59. *Y el cáñamo . . . vendida,* and I'll take the
    sling off my belt and shoot it at you so
    that it will cost you dearly if you take her
    away

60. *le atad = atadle;* this occurs again several
    verses below
61. *¿Así volvéis por su honor?* Is that the way
    you protect her honor?
62. *Llevadle; azotalde = azotadle* four verses
    below

MENGO
¡Cielos! ¿A hazañas tan feas
queréis que castigos falten?
(*Vanse.*)

ESCENA UNDÉCIMA

COMENDADOR
Tú, villana, ¿por qué huyes?
¿Es mejor un labrador   1255
que un hombre de mi valor?
JACINTA
¡Harto bien me restituyes
el honor que me han quitado
en llevarme para ti!
COMENDADOR
¿En quererte llevar?
JACINTA
Sí;   1260
porque tengo un padre honrado,
que si en alto nacimiento
no te iguala, en las costumbres
te vence.
COMENDADOR
Las pesadumbres
y el villano atrevimiento   1265
no tiemplan bien un airado.
Tira por ahí.⁶³
JACINTA
¿Con quién?
COMENDADOR
Conmigo.
JACINTA
Míralo bien.
COMENDADOR
Para tu mal lo he mirado.
Ya no mía, del bagaje   1270
del ejército has de ser.
JACINTA
No tiene el mundo poder
para hacerme, viva, ultraje.
COMENDADOR
Ea, villana, camina.
JACINTA
¡Piedad, señor!

COMENDADOR
No hay piedad.   1275
JACINTA
Apelo de tu crueldad
a la justicia divina.
(*Llévanla y vanse.*)

Casa de Esteban.
ESCENA DUODÉCIMA

(*Salen* LAURENCIA *y* FRONDOSO.)
LAURENCIA
¿Cómo así a venir te atreves,
sin temer tu daño?
FRONDOSO
Ha sido
dar testimonio cumplido   1280
de la afición que me debes.
Desde aquel recuesto vi
salir al Comendador,
y fiado en tu valor
todo mi temor perdí.   1285
Vaya donde no le vean
volver.
LAURENCIA
Tente en maldecir,⁶⁴
porque suele más vivir
al que la muerte desean.
FRONDOSO
Si es eso, viva mil años,   1290
y así se hará todo bien
pues deseándole bien,
estarán ciertos sus daños.
Laurencia, deseo saber
si vive en ti mi cuidado,   1295
y si mi lealtad ha hallado
el puerto de merecer.
Mira que toda la villa
ya para en uno nos tiene;⁶⁵
y de cómo a ser no viene   1300
la villa se maravilla.
Los desdeñosos extremos
deja, y responde no o sí.
LAURENCIA
Pues a la villa y a ti

---

63. *Tira por ahí,* Come on, this way.
64. *Tente en maldecir,* Stop cursing (the Comendador)
65. *Ya para en uno nos tiene,* already considers us as one

respondo que lo seremos.   1305
FRONDOSO
   Deja que tus plantas bese
por la merced recebida,
pues el cobrar nueva vida
por ella es bien que confiese.
LAURENCIA
   De cumplimientos acorta;   1310
y para que mejor cuadre,
habla, Frondoso, a mi padre,
pues es lo que más importa,
   que allí viene con mi tío;
y fía que ha de tener,   1315
ser, Frondoso, tu mujer,
buen suceso.
FRONDOSO
          En Dios confío.
(*Escóndese* LAURENCIA).

ESCENA DÉCIMOTERCIA

(*Salen* ESTEBAN, *alcalde y el* REGIDOR.)
ESTEBAN
   Fue su término de modo,[66]
que la plaza alborotó:
en efeto, procedió   1320
muy descomedido en todo.
   No hay a quien admiración
sus demasías no den;
la pobre Jacinta es quien
pierde por su sinrazón.   1325
REGIDOR
   Ya a los Católicos Reyes,
que este nombre les dan ya,
presto España les dará
la obediencia de sus leyes.
   Ya sobre Ciudad Real,   1330
contra el Girón que la tiene,
Santiago[67] a caballo viene
por capitán general.
   Pésame; que era Jacinta
doncella de buena pro.   1335
ESTEBAN
   Luego a Mengo le azotó.

REGIDOR
   No hay negra bayeta o tinta
como sus carnes están.
ESTEBAN
   Callad; que me siento arder
viendo su mal proceder   1340
y el mal nombre que le dan.
   Yo ¿para qué traigo aquí
este palo[68] sin provecho?
REGIDOR
   Si sus criados lo han hecho
¿de qué os afligís ansí?   1345
ESTEBAN
   ¿Queréis más, que me contaron
que a la de Pedro Redondo
un día, que en lo más hondo
deste valle la encontraron,
   después de sus insolencias,   1350
a sus criados la dio?
REGIDOR
   Aquí hay gente: ¿quién es?
FRONDOSO
          Yo,
que espero vuestras licencias.
ESTEBAN
   Para mi casa, Frondoso,
licencia no es menester;   1355
debes a tu padre el ser
y a mí otro ser amoroso.
   Hete[69] criado, y te quiero
como a hijo.
FRONDOSO
          Pues señor,
fiado en aquese amor,   1360
de ti una merced espero.
   Ya sabes de quién soy hijo.
ESTEBAN
   ¿Hate agraviado ese loco
de Fernán Gómez?
FRONDOSO
          No poco.
ESTEBAN
   El corazón me lo dijo.   1365

---

66. *de modo,* like this
67. Don Manrique, the *maestre* of Santiago

68. staff of his office as mayor
69. *te ha; hate = te ha* in verse 1363

FRONDOSO

Pues señor, con el seguro
del amor que habéis mostrado,
de Laurencia enamorado,
el ser su esposo procuro.

Perdona si en el pedir   1370
mi lengua se ha adelantado;
que he sido en decirlo osado,
como otro[70] lo ha de decir.

ESTEBAN

Vienes, Frondoso, a ocasión
que me alargarás la vida,   1375
por la cosa más temida
que siente mi corazón.

Agradezco, hijo, al cielo
que así vuelvas por mi honor
y agradézcole a tu amor   1380
la limpieza de tu celo.

Mas como es justo, es razón
dar cuenta a tu padre desto,
sólo digo que estoy presto,
en sabiendo su intención;   1385
que yo dichoso me hallo
en que aqueso llegue a ser.

REGIDOR

De la moza el parecer
tomad antes de acetallo.[71]

ESTEBAN

No tengáis deso cuidado,   1390
que ya el caso está dispuesto:
antes de venir a esto,
entre ellos se ha concertado.
—En el dote, si advertís,
se puede agora tratar;   1395
que por bien os pienso dar
algunos maravedís.

FRONDOSO

Yo dote no he menester;
deso no hay que entristeceros.

REGIDOR

Pues que no la pide en cueros   1400
lo podéis agradecer.

ESTEBAN

Tomaré el parecer de ella;

si os parece, será bien.

FRONDOSO

Justo es; que no hace bien
quien los gustos atropella.   1405

ESTEBAN

¡Hija! ¡Laurencia! . . .

ESCENA DÉCIMOCUARTA

(*Sale* LAURENCIA.)

LAURENCIA

                   Señor . . .

ESTEBAN

Mirad si digo bien yo.
¡Ved qué presto respondió!—
Hija Laurencia, mi amor,
a preguntarte ha venido   1410
(apártate aquí)[72] si es bien
que a Gila, tu amiga, den
a Frondoso por marido,
que es un honrado zagal,
si le hay en Fuenteovejuna . . .   1415

LAURENCIA

¿Gila se casa?

ESTEBAN

                   Y si alguna
le merece y es su igual . . .

LAURENCIA

Yo digo, señor, que sí.

ESTEBAN

Sí; mas yo digo que es fea
y que harto mejor se emplea   1420
Frondoso, Laurencia, en ti.

LAURENCIA

¿Aún no se te han olvidado
los donaires con la edad?

ESTEBAN

¿Quiéresle tú?

LAURENCIA

                   Voluntad
le he tenido y le he cobrado;   1425
pero por lo que tú sabes . . .

ESTEBAN

¿Quieres tú que diga sí?

70. *otro*, an older relative of the *novio* usually asks the hand of the girl for the young man.

71. *aceptarlo*
72. *apártate aquí*, come over here

LAURENCIA
Dilo tú, señor, por mí.

ESTEBAN
¿Yo? Pues tengo yo las llaves,
    hecho está.—Ven, buscaremos   1430
a mi compadre en la plaza.

REGIDOR
Vamos.

ESTEBAN
              Hijo, y en la traza
del dote ¿qué le diremos?
    Que yo bien te puedo dar
cuatro mil maravedís.   1435

FRONDOSO
Señor, ¿eso me decís?
Mi honor queréis agraviar.

ESTEBAN
    Anda, hijo; que eso es
cosa que pasa en un día;
que si no hay dote, a fe mía   1440
que se echa menos después.

(Vanse, y quedan FRONDOSO y LAURENCIA.)

LAURENCIA
    Di, Frondoso: ¿estás contento?

FRONDOSO
    ¡Cómo si lo estoy! ¡Es poco,
pues que no me vuelvo loco
de gozo, del bien que siento!   1445
    Risa vierte el corazón
por los ojos de alegría
viéndote, Laurencia mía,
en tal dulce posesión.

(Vanse.)

Campo de Ciudad Real.
ESCENA DÉCIMOQUINTA

(*Salen el* MAESTRE, *el* COMENDADOR, FLORES
y ORTUÑO.)

COMENDADOR
    Huye, señor, que no hay otro re-
    medio.   1450

MAESTRE
La flaqueza del muro lo ha causado,
y el poderoso ejército enemigo.

COMENDADOR
Sangre les cuesta e infinitas vidas.

MAESTRE
    Y no se alabarán que en sus despojos
pondrán nuestro pendón de Calatrava,
que a honrar su empresa y los demás
    bastaba.

COMENDADOR
Tus desinios,[73] Girón, quedan perdi-
    dos.

MAESTRE
    ¿Qué puedo hacer, si la fortuna ciega
a quien hoy levantó, mañana humilla?

VOCES, *dentro.*
    ¡Vitoria por los reyes de Castilla!   1460

MAESTRE
    Ya coronan de luces las almenas,
y las ventanas de las torres altas
entoldan con pendones vitoriosos.

COMENDADOR
    Bien pudieran, de sangre que les
    cuesta.
A fe que es más tragedia que no[74]
    fiesta.

MAESTRE
Yo vuelvo a Calatrava, Fernán Gómez.

COMENDADOR
    Y yo a Fuenteovejuna, mientras tratas
o seguir esta parte de tus deudos,
o reducir la tuya al Rey Católico.

MAESTRE
Yo te diré por cartas lo que intento. 1470

COMENDADOR
El tiempo ha de enseñarte.

MAESTRE
                        ¡Ah, pocos años,
sujetos al rigor de sus engaños!

Campo de Fuenteovejuna.
ESCENA DÉCIMOSEXTA

(*Sale la boda,* MÚSICOS, MENGO, FRONDOSO,
LAURENCIA, PASCUALA, BARRILDO, ESTEBAN
y alcalde [JUAN ROJO].)

---

73. *desinios,* plans

74. Do not translate *no*

MÚSICOS, *cantan*
> !Vivan muchos años
> los desposados!
> ¡Vivan muchos años!   1475

MENGO
> A fe que no os ha costado
> mucho trabajo el cantar.

BARRILDO
> Supiéraslo tú trovar
> mejor que él está trovado.[75]

FRONDOSO
> Mejor entiende de azotes   1480
> Mengo que de versos ya.

MENGO
> Alguno en el valle está,
> para que no te alborotes,
> a quien el Comendador . . .[76]

BARRILDO
> No lo digas, por tu vida;   1485
> que este bárbaro homicida
> a todos quita el honor.

MENGO
> Que me azotasen a mí
> cien soldados aquel día . . .
> sola una honda tenía;   1490
> harto desdichado fui,
> pero que le hayan echado
> una melecina a un hombre,
> que aunque no diré su nombre
> todos saben que es honrado,   1495
> llena de tinta y de chinas,[77]
> ¿cómo se puede sufrir?

BARRILDO
> Haríalo por reír.

MENGO
> No hay risa con melecinas;
> que aunque es cosa saludable . . .   1500
> yo me quiero morir luego.

FRONDOSO
> Vaya la copla,[78] te ruego,

si es la copla razonable.

MENGO
> Vivan muchos años juntos
> los novios, ruego a los cielos,   1505
> y por envidia ni celos
> ni riñan ni anden en puntos.
> Lleven a entrambos difuntos,
> de puro vivir cansados.
> ¡Vivan muchos años!   1510

FRONDOSO
> ¡Maldiga el cielo el poeta,
> que tal coplón arrojó!

BARRILDO
> Fue muy presto . . .

MENGO
> Pienso yo
> una cosa de esta seta.[79]
> ¿No habéis visto un buñolero   1515
> en el aceite abrasando
> pedazos de masa echando
> hasta llenarse el caldero?
> ¿Que unos le salen hinchados,
> otros tuertos y mal hechos,   1520
> ya zurdos y ya derechos,
> ya fritos y ya quemados?
> Pues así imagino yo
> un poeta componiendo,
> la materia previniendo,   1525
> que es quien la masa le dio.[80]
> Va arrojando verso aprisa
> al caldero del papel,
> confiado en que la miel
> cubrirá la burla y risa. . . .   1530

BARRILDO
> Déjate ya de locuras;   1535
> deja los novios hablar.

LAURENCIA
> Las manos nos da a besar.

JUAN ROJO
> Hija, ¿mi mano procuras?

75. *Supiéraslo . . . trovado,* I suppose you could compose a song better than ours. This is said sarcastically.
76. *a quien el Comendador . . .,* whom the Comendador (has dishonored more than by a beating)
77. *llena de tinta y de chinas,* filled with dye and pebbles; *llena* modifies *melecina*
78. *Vaya la copla,* Let's hear your song

79. *secta,* sect, class of people, i.e. poets
80. *la materia . . . dio,* making ready the material which provided him with the dough (*quien* = that which). Mengo is disparaging the poet's creativity, suggesting that the poet's function is only to put his poetry on paper just as a *buñolero* throws dough into a frying pan without being able to control the shape that the *buñuelos* finally take.

Pídela a tu padre luego
para ti y para Frondoso.   1540

ESTEBAN

Rojo, a ella y a su esposo
que se la dé el cielo ruego,
con su larga bendición.

FRONDOSO

Los dos a los dos la echad.[81]

JUAN ROJO

Ea, tañed y cantad,   1545
pues que para en uno son.[82]

MÚSICOS, *cantan*

   Al val de Fuenteovejuna
la niña en cabellos baja;
el caballero la sigue
de la cruz de Calatrava.   1550
Entre las ramas se esconde,
de vergonzosa y turbada;
fingiendo que no le ha visto,
pone delante las ramas.
«¿Para qué te ascondes,[83]   1555
niña gallarda?
Que mis linces deseos
paredes pasan.»
Acercóse el caballero,
y ella, confusa y turbada,   1560
hacer quiso celosías
de las intrincadas ramas;
mas como quien tiene amor
los mares y las montañas
atraviesa fácilmente,   1565
la dice tales palabras:
«¿Para qué te ascondes,
niña gallarda?
Que mis linces deseos
paredes pasan.»   1570

ESCENA DÉCIMOSÉPTIMA

(*Sale el* COMENDADOR, FLORES, ORTUÑO *y*
CIMBRAMOS.)

COMENDADOR

Estése la boda queda
y no se alborote nadie.

JUAN ROJO

No es juego aqueste, señor,
y basta que tú lo mandes.
¿Quieres lugar? ¿Cómo vienes   1575
con tu belicoso alarde?
¿Venciste? Mas ¿qué pregunto?

FRONDOSO, *aparte*

¡Muerto soy! ¡Cielos, libradme!

LAURENCIA

Huye por aquí, Frondoso.

COMENDADOR

Eso no; prendelde, atalde.[84]   1580

JUAN ROJO

Date, muchacho, a prisión.[85]

FRONDOSO

Pues ¿quieres tú que me maten?

JUAN ROJO

¿Por qué?

COMENDADOR

   No soy hombre yo
que mato sin culpa a nadie;
que si lo fuera, le hubieran   1585
pasado de parte a parte[86]
esos soldados que traigo.
Llevarle mando a la cárcel,
donde la culpa que tiene
sentencie su mismo padre.   1590

PASCUALA

Señor, mirad que se casa.

COMENDADOR

¿Qué me obliga el que se case?
¿No hay otra gente en el pueblo?

PASCUALA

Si os ofendió perdonadle,
por ser vos quien sois.

COMENDADOR

   No es cosa,   1595
Pascuala, en que yo soy parte.
Es esto contra el maestre
Téllez Girón, que Dios guarde;
es contra toda su orden,
es su honor, y es importante   1600
para el ejemplo, el castigo;

---

81. *Los dos a los dos la echad,* Both of you, give it (*la bendición*) to us both.
82. *para en uno son,* they are one
83. *escondes*
84. *prendedle, atadle*

85. *Date, muchacho, a prisión,* My boy, don't resist arrest.
86. *le hubieran . . . parte,* would have cut him to ribbons

que habrá otro día quien trate
de alzar pendón contra él,
pues ya sabéis que una tarde
al Comendador Mayor   1605
(¡qué vasallos tan leales!)
puso una ballesta al pecho.

ESTEBAN
Supuesto que el disculparle
ya puede tocar a un suegro,
no es mucho que en causas tales   1610
se descomponga con vos
un hombre, en efeto, amante;
porque si vos pretendéis
su propia mujer quitarle,
¿qué mucho[87] que la defienda?   1615

COMENDADOR
Majadero sois, alcalde.

ESTEBAN
Por vuestra virtud,[88] señor.

COMENDADOR
Nunca yo quise quitarle
su mujer, pues no lo era.

ESTEBAN
Sí quisistes . . . —Y esto baste;   1620
que reyes hay en Castilla,
que nuevas órdenes hacen,
con que desórdenes quitan.
Y harán mal, cuando descansen
de las guerras, en sufrir   1625
en sus villas y lugares
a hombres tan poderosos
por traer cruces tan grandes;
póngasela el rey al pecho,[89]
que para pechos reales   1630
es esa insignia y no más.

COMENDADOR
¡Hola! la vara quitalde.[90]

ESTEBAN
Tomad, señor, norabuena.[91]

COMENDADOR
Pues con ella quiero dalle[92]
como a caballo brioso.   1635

ESTEBAN
Por señor os sufro. Dadme.

PASCUALA
¡A un viejo de palos das!

LAURENCIA
Si le das porque es mi padre
¿qué vengas en él de mí?[93]

COMENDADOR
Llevalda, y haced que guarden   1640
su persona diez soldados.
(*Vase él y los suyos.*)

ESTEBAN
Justicia del cielo baje.
(*Vase.*)

PASCUALA
Volvióse en luto la boda.
(*Vase.*)

BARRILDO
¿No hay aquí un hombre que hable?

MENGO
Yo tengo ya mis azotes,   1645
que aún se ven los cardenales[94]
sin que un hombre vaya a Roma.
Prueben otros a enojarle.

JUAN ROJO
Hablemos todos.

MENGO
                        Señores,
aquí todo el mundo calle.   1650
Como ruedas de salmón
me puso los atabales.[95]

87. *¿Qué mucho,* is it any wonder?
88. *Por vuestra virtud,* for your virtue's sake
    (I beg you to let Frondoso go)
89. i.e. the king alone is worthy of wearing the
    insignia; this idea is clearly stated in the
    next two verses
90. *la vara quitalde,* take away his staff of
    office
91. with my blessings
92. *darle,* to beat
93. *¿que vengas en él de mí?,* why do you take
    your revenge on him instead of directing it
    towards me?
94. this is a pun on the word *cardenales,* welts,
    cardinals
95. *Como . . . atabales,* He made my buttocks
    (*atabales*) look like slices (*ruedas*) of raw
    salmon.

Acto Tercero

Sala del concejo en Fuenteovejuna.

ESCENA PRIMERA

(*Salen* ESTEBAN, ALONSO *y* BARRILDO.)

ESTEBAN
¿No han venido a la junta?

BARRILDO
No han venido.

ESTEBAN
Pues más a priesa nuestro daño corre.

BARRILDO
Ya está lo más del pueblo prevenido. 1655

ESTEBAN
Frondoso con prisiones en la torre,
y mi hija Laurencia en tanto aprieto,
si la piedad de Dios no los socorre . . .

ESCENA SEGUNDA

(*Salen* JUAN ROJO *y el* REGIDOR.)

JUAN ROJO
¿De qué dais voces, cuando importa
tanto
a nuestro bien, Esteban, el secreto? 1660

ESTEBAN
Que doy tan pocas es mayor espanto.

(*Sale* MENGO.)

MENGO
También vengo yo a hallarme en
esta junta.

ESTEBAN
Un hombre cuyas canas baña el llanto,
labradores honrados, os pregunta
qué obsequias debe hacer toda esa
gente   1665
a su patria sin honra, ya perdida.
Y si se llaman honras justamente,
¿cómo se harán, si no hay entre nosotros
hombre a quien este bárbaro no
afrente?

1.   *En tanto que Fernando, aquel que humilla,*
      while Fernando is humbling

Respondedme: ¿hay alguno de voso-
tros   1670
que no esté lastimado en honra y
vida?
¿No os lamentáis los unos de los otros?
Pues si ya la tenéis todos perdida,
¿a qué aguardáis? ¿Qué desventura
es ésta?

JUAN ROJO
La mayor que en el mundo fue sufrida.
Mas pues ya se publica y manifiesta
que en paz tienen los reyes a Castilla
y su venida a Córdoba se apresta,
vayan dos regidores a la villa
y echándose a sus pies pidan reme-
dio.   1680

BARRILDO
En tanto que Fernando, aquel que humilla[1]
a tantos enemigos, otro medio
será mejor, pues no podrá, ocupado,
hacernos bien, con tanta guerra en medio.

REGIDOR
Si mi voto de vos fuera escuchado,   1685
desamparar la villa doy por voto.

JUAN ROJO
¿Cómo es posible en tiempo limitado?

MENGO
A la fe, que si entiende el alboroto,
que ha de costar la junta alguna
vida.[2]

REGIDOR
Ya, todo el árbol[3] de paciencia roto, 1690
corre la nave de temor perdida.
La hija quitan con tan gran fiereza
a un hombre honrado, de quien es
regida
la patria en que vivís, y en la cabeza
la vara quiebran tan injustamente. 1695
¿Qué esclavo se trató con más bajeza?

2.   *alguna vida,* some lives
3.   mast

JUAN ROJO

¿Qué es lo que quieres tú que el pueblo intente?

REGIDOR

Morir, o dar la muerte a los tiranos,
pues somos muchos, y ellos poca gente.

BARRILDO

¡Contra el señor las armas en las ma-
nos!   1700

ESTEBAN

El rey solo es señor después del cielo,
y no bárbaros hombres inhumanos.
Si Dios ayuda nuestro justo celo
¿qué nos ha de costar?

MENGO

                        Mirad, señores,
que vais⁴ en estas cosas con recelo.   1705
Puesto que por⁵ los simples labradores
estoy aquí que más injurias pasan,
más cuerdo represento sus temores.

JUAN ROJO

Si nuestras desventuras se compasan,
para perder las vidas ¿qué aguarda-
mos?   1710
Las casas y las viñas nos abrasan:
tiranos son; a la venganza vamos.

ESCENA TERCERA

(Sale LAURENCIA, desmelenada.)

LAURENCIA

Dejadme entrar, que bien puedo,
en consejo de los hombres;
que bien puede una mujer,   1715
si no a dar voto, a dar voces.
¿Conocéisme?

ESTEBAN

                ¡Santo cielo!
¿No es mi hija?

JUAN ROJO

                ¿No conoces
a Laurencia?

LAURENCIA

            Vengo tal,
que mi diferencia⁶ os pone   1720
en contingencia⁷ quién soy.

ESTEBAN

¡Hija mía!

LAURENCIA

            No me nombres
tu hija.

ESTEBAN

        ¿Por qué, mis ojos?⁸
¿Por qué?

LAURENCIA⁹

            Por muchas razones,
y sean las principales: 1725
porque dejas que me roben
tiranos sin que me vengues,
traidores sin que me cobres.
Aún no era yo de Frondoso,
para que digas que tome,   1730
como marido, venganza;¹⁰
que aquí por tu cuenta corre;¹¹
que en tanto que de las bodas
no haya llegado la noche,
del padre, y no del marido,   1735
la obligación presupone;
que en tanto que no me entregan
una joya, aunque la compren,¹²
no han de correr por mi cuenta
las guardas ni los ladrones.   1740
Llevóme de vuestros ojos
a su casa Fernán Gómez:
la oveja al lobo dejáis
como cobardes pastores.
¿Qué dagas no vi en mi pecho?   1745
¡Qué desatinos enormes,
qué palabras, qué amenazas,
y qué delitos atroces,
por rendir mi castidad
a sus apetitos torpes!   1750
Mis cabellos ¿no lo dicen?

4. *vayáis*
5. on behalf of
6. changed appearance
7. doubt
8. *mis ojos*, my dear, term of endearment
9. Laurencia's speech brings us to the climax of the play. Her stirring words spur the whole town to action.
10. Her father, Esteban, should have avenged her honor and not Frondoso since she still was not married.
11. *que aquí por tu cuenta corre*, since it's your responsibility
12. *aunque la compren*, although it is bought

¿No se ven aquí los golpes
de la sangre y las señales?
¿Vosotros sois hombres nobles?
¿Vosotros padres y deudos?   1755
!Vosotros, que no se os rompen
las entrañas de dolor,
de verme en tantos dolores?
Ovejas sois, bien lo dice
de Fuenteovejuna[13] el nombre.   1760
Dadme unas armas a mí,
pues sois piedras, pues sois bronces,
pues sois jaspes, pues sois tigres . .
—Tigres no, porque feroces
siguen quien roba sus hijos,   1765
matando los cazadores
antes que entren por el mar
y por sus ondas se arrojen.[14]
Liebres cobardes nacisteis;
bárbaros sois, no españoles.   1770
Gallinas, ¡vuestras mujeres
sufrís que otros hombres gocen!
Poneos ruecas en la cinta.
¿Para qué os ceñís estoques?
¡Vive Dios, que he de trazar   1775
que solas mujeres cobren
la honra de estos tiranos,
la sangre de estos traidores,
y que os han de tirar piedras,
hilanderas, maricones,   1780
amujerados, cobardes,
y que mañana os adornen
nuestras tocas y basquiñas,
solimanes y colores![15]
A Frondoso quiere ya,   1785
sin sentencia, sin pregones,
colgar el Comendador
del almena de una torre;
de todos hará lo mismo;
y yo me huelgo, medio-hombres,   1790
por que[16] quede sin mujeres
esta villa honrada, y torne
aquel siglo de amazonas,[17]

eterno espanto del orbe.

ESTEBAN
Yo, hija, no soy de aquellos   1795
que permiten que los nombres
con esos títulos viles.
Iré solo, si se pone
todo el mundo contra mí.

JUAN ROJO
Y yo, por más que me asombre   1800
la grandeza del contrario.

REGIDOR
Muramos todos.

BARRILDO
                  Descoge
un lienzo al viento en un palo,
y mueran estos inormes.[18]

JUAN ROJO
¿Qué orden pensáis tener?   1805

MENGO
Ir a matarle sin orden.
Juntad el pueblo a una voz;
que todos están conformes
en que los tiranos mueran.

ESTEBAN
Tomad espadas, lanzones,   1810
ballestas, chuzos y palos.

MENGO
¡Los reyes nuestros señores
vivan!

TODOS
          ¡Vivan muchos años!

MENGO
¡Mueran tiranos traidores!

TODOS
¡Traidores tiranos mueran!   1815
(Vanse todos.)

LAURENCIA
Caminad, que el cielo os oye.
—¡Ah mujeres de la villa!
¡Acudid, por que se cobre
vuestro honor, acudid todas!

---

13. Fuenteovejuna means Sheepwell.
14. *antes . . . arrojen*, before they escape to
the sea and sail away on its waves
15. *solimanes y colores*, powder and rouge
16. *por que = para que*

17. In Greek legend, the Amazons were a race
of female warriors said to dwell near the
Black Sea.
18. *enormes*, monsters

ESCENA CUARTA

(*Salen* PASCUALA, JACINTA *y otras mu-jeres.*)

PASCUALA

    ¿Qué es esto? ¿De qué das voces?   1820

LAURENCIA

    ¿No veis cómo todos van
a matar a Fernán Gómez,
y hombres, mozos y muchachos
furiosos al hecho corren?[19]
¿Será bien que solos ellos   1825
de esta hazaña el honor gocen,
pues no son de las mujeres
sus agravios los menores?

JACINTA

    Di, pues: ¿qué es lo que pretendes?

LAURENCIA

    Que puestas todas en orden,   1830
acometamos a un hecho
que dé espanto a todo el orbe.
Jacinta, tu grande agravio,
que sea cabo, responde[20]
de una escuadra de mujeres.   1835

JACINTA

    No son los tuyos[21] menores.

LAURENCIA

    Pascuala, alférez serás.

PASCUALA

    Pues déjame que enarbole
en un asta la bandera:
verás si merezco el nombre.   1840

LAURENCIA

    No hay espacio para eso,
pues la dicha nos socorre:
bien nos basta que llevemos
nuestras tocas por pendones.

PASCUALA

    Nombremos un capitán.   1845

LAURENCIA

    Eso no.

PASCUALA

          ¿Por qué?

LAURENCIA

             Que adonde
asiste mi gran valor
no hay Cides ni Rodamontes.[22]

(*Vanse*)

Sala en casa del Comendador.

ESCENA QUINTA

(*Sale* FRONDOSO, *atadas las manos;* FLORES,
ORTUÑO, CIMBRANOS *y el* COMENDADOR.)

COMENDADOR

    De ese cordel que de las manos sobra
quiero que le colguéis, por mayor
     pena.   1850

FRONDOSO

    ¡Qué nombre, gran señor, tu sangre
     cobra!

COMENDADOR

    Colgalde[23] luego en la primera almena.

FRONDOSO

    Nunca fue mi intención poner por
     obra
tu muerte entonces.

FLORES

            Grande ruido suena.

(*Ruido suena.*)

COMENDADOR

    ¿Ruido?

FLORES

       Y de manera que interrumpen 1855
tu justicia, señor.

ORTUÑO

          Las puertas rompen.

(*Ruido.*)

COMENDADOR

    ¡La puerta de mi casa, y siendo casa
de la encomienda!

---

19. i.e. to take part in the deed that would mean the death of Fernán Gómez.
20. *Jacinta . . . responde,* Jacinta, you will be the leader since you were wronged the most, so take charge
21. i.e. *agravios*
22. We have become acquainted with the Cid's exploits in the *Poema del Cid,* excerpts of which are found at the beginning of this book. *Rodamontes,* Rodomonte, was a boastful king of Algiers in Ariosto's *Orlando furioso.*
23. *Colgadle*

FLORES
El pueblo junto viene.

ESCENA SEXTA

JUAN, *dentro*
¡Rompe, derriba, hunde, quema,
abrasa!
ORTUÑO
Un popular motín mal se detiene.   1860
COMENDADOR
¡El pueblo contra mí!
FLORES
La furia pasa
tan adelante, que las puertas tiene
echadas por la tierra.
COMENDADOR
Desatalde.[24]
Templa, Frondoso, ese villano alcalde.
FRONDOSO
Yo voy, señor; que amor les ha mo-
vido.   1865
(*Vase.*)
MENGO, *dentro*
¡Vivan Fernando e Isabel, y mueran
los traidores!
FLORES
Señor, por Dios te pido
que no te hallen aquí.
COMENDADOR
Si perseveran,
este aposento es fuerte y defendido.
Ellos se volverán.
FLORES
Cuando se alteran   1870
los pueblos agraviados, y resuelven,
nunca sin sangre o sin venganza vuel-
ven.
COMENDADOR
En esta puerta, así como rastrillo,[25]
su furor con las armas defendamos.
FRONDOSO, *dentro*
¡Viva Fuenteovejuna!

COMENDADOR
¡Qué caudillo!   1875
Estoy por que a su furia acometamos.[26]
FLORES
De la tuya, señor, me maravillo.[27]
ESTEBAN
Ya el tirano y los cómplices miramos.
¡Fuenteovejuna, y los tiranos mueran!

ESCENA SÉPTIMA

(*Salen todos.*)
COMENDADOR
Pueblo, esperad.
TODOS
Agravios nunca esperan.   1880
COMENDADOR
Decídmelos a mí, que iré pagando
a fe de caballero esos errores.
TODOS
¡Fuenteovejuna! ¡Viva el rey Fer-
nando!
¡Mueran malos cristianos y traidores!
COMENDADOR
¿No me queréis oir? Yo estoy ha-
blando,   1885
yo soy vuestro señor.
TODOS
Nuestros señores
son los Reyes Católicos.
COMENDADOR
Espera.
TODOS
¡Fuenteovejuna, y Fernán Gómez
muera!

ESCENA OCTAVA

(*Vanse, y salen las mujeres armadas.*)
LAURENCIA
Parad en este puesto de esperanzas,
soldados atrevidos, no mujeres.   1890
PASCUALA
¿Los que mujeres son en las venganzas,

---

24. *Desatadle*
25. portcullis, sliding iron grating over gate-
way of a fortified place

26. *Estoy . . . acometamos,* Let's attack those
furious peasants.
27. *De la tuya, señor me maravillo,* Sir, I'm
marveling more at your own (fury)

en él beban su sangre, es bien que
  esperes?

JACINTA
  Su cuerpo recojamos en las lanzas.

PASCUALA
  Todas son de esos mismos pareceres.

ESTEBAN, *dentro*
  ¡Muere, traidor Comendador!

COMENDADOR, *dentro*
        Ya muero.   1895
  ¡Piedad, Señor, que en tu clemencia
  espero!

BARRILDO, *dentro*
  Aquí está Flores.

MENGO, *dentro*
        Dale a ese bellaco;
  que ése fue el que me dio dos mil
  azotes.

FRONDOSO, *dentro*
  No me vengo si el alma no le saco.

LAURENCIA
  No excusamos entrar.[28]

PASCUALA
        No te alborotes.   1900
  Bien es guardar la puerta.

BARRILDO, *dentro*
        No me aplaco.
  ¡Con lágrimas agora, marquesotes![29]

LAURENCIA
  Pascuala, yo entro dentro; que la
  espada
  no ha de estar tan sujeta ni envainada.
  (*Vase.*)

BARRILDO, *dentro*
  Aquí está Ortuño.

FRONDOSO, *dentro*
        Córtale la cara.   1905

ESCENA NOVENA

(*Sale* FLORES *huyendo, y* MENGO *tras él.*)

FLORES
  ¡Mengo, piedad, que no soy yo el culpado!

MENGO
  Cuando ser alcahuete no bastara,
  bastaba haberme el pícaro azotado.[30]

PASCUALA
  Dánoslo a las mujeres, Mengo, para . . .
  Acaba, por tu vida.

MENGO
        Ya está dado;   1910
  que no le quiero yo mayor castigo.

PASCUALA
  Vengaré tus azotes.

MENGO
        Eso digo.

JACINTA
  ¡Ea, muera el traidor!

FLORES
        ¡Entre mujeres!

JACINTA
  ¿No le viene muy ancho?[31]

PASCUALA
        ¿Aqueso lloras?

JACINTA
  Muere, concertador de sus placeres. 1915

LAURENCIA
  ¡Ea, muera el traidor!

FLORES
        ¡Piedad, señoras!

(*Sale* ORTUÑO *huyendo de* LAURENCIA.)

ORTUÑO
  Mira que no soy yo. . .

LAURENCIA
        Ya sé quién eres.—
  Entrad, teñid las armas vencedoras
  en estos viles.

PASCUALA
        Moriré matando.

TODAS
  ¡Fuenteovejuna, y viva el rey Fer-
  nando   1920
(*Vanse.*)

*Habitación de los Reyes Católicos en
  Toro.*[32]

---

28. *No excusamos entrar,* We won't hesitate to
  enter
29. derogatory reference to the Comendador
  and his men
30. *Cuando . . . agotado,* If being his go-
  between weren't enough to establish his
guilt, the fact that the scoundrel flogged
me would be enough.
31. *¿No le viene muy ancho?,* Doesn't that suit
  him?
32. Town in the province of Zamora, in northwest Spain.

ESCENA DÉCIMA

(*Salén el* REY DON FERNANDO *y la* reina
doña ISABEL, *y* DON MANRIQUE, *maestre.*)
MANRIQUE
De modo la prevención
fue,[33] que el efeto esperado
llegamos a ver logrado
con poca contradición.
Hubo poca resistencia;   1925
y supuesto que la hubiera
sin duda ninguna fuera
de poca o ninguna esencia.
Queda el de Cabra ocupado
en conservación del puesto,   1930
por si volviere dispuesto
a él el contrario osado.
REY
Discreto el acuerdo fue,
y que asista es conveniente,
y reformando la gente,   1935
el paso tomado esté.
Que con eso se asegura
no podernos hacer mal
Alfonso, que en Portugal
tomar la fuerza procura.   1940
Y el de Cabra es bien que esté
en ese sitio asistente,
y como tan diligente,
muestras de su valor dé;
porque con esto asegura   1945
el daño que nos recela,
y como fiel centinela
el bien del reino procura.

ESCENA UNDÉCIMA

(*Sale* FLORES, *herido.*)
FLORES
Católico rey Fernando,
a quien el cielo concede   1950
la corona de Castilla,
como a varón excelente:
oye la mayor crueldad

que se ha visto entre las gentes
desde donde nace el sol   1955
hasta donde se escurece.
REY
Repórtate.
FLORES
Rey supremo,
mis heridas no consienten
dilatar el triste caso,
por ser mi vida tan breve.   1960
De Fuenteovejuna vengo,
donde, con pecho inclemente,
los vecinos de la villa
a su señor dieron muerte.
Muerto Fernán Gómez queda   1965
por sus súbditos aleves;
que vasallos indignados
con leve causa se atreven.
En título de tirano
le acumula todo el plebe,[34]   1970
y a la fuerza de esta voz
el hecho fiero acometen;
y quebrantando su casa,
no atendiendo a que se ofrece
por la fe de caballero   1975
a que pagará a quien debe,
no sólo no le escucharon,
pero con furia impaciente
rompen el cruzado pecho[35]
con mil heridas crueles,   1980
y por las altas ventanas
le hacen que al suelo vuele,
adonde en picas y espadas
le recogen las mujeres.
Llévanle a una casa muerto   1985
y a porfía, quien más puede
mesa su barba y cabello,
y apriesa su rostro hieren.
En efeto fue la furia
tan grande que en ellos crece,   1990
que las mayores tajadas
las orejas a ser vienen.
Sus armas borran[36] con picas

33. *De modo la prevención fue,* Such was the
preparation
34. *En título . . . plebe,* All the commoners
have unanimously judged him a tyrant

35. *el cruzado pecho,* reference to the cross of
the Order of Calatrava on his chest
36. *Sus armas borran,* They hack away his
coat of arms

y a voces dicen que quieren
tus reales armas fijar,   1995
porque aquéllas les ofenden.
Saqueáronle la casa,
cual si de enemigos fuese,
y gozosos entre todos
han repartido sus bienes.   2000
Lo dicho he visto escondido,
porque mi infelice[37] suerte
en tal trance no permite
que mi vida se perdiese;
y así estuve todo el día   2005
hasta que la noche viene,
y salir pude escondido
para que cuenta te diese.
Haz, señor, pues eres justo,
que la justa pena lleven   2010
de tan riguroso caso
los bárbaros delincuentes:
mira que su sangre a voces
pide que tu rigor prueben.

REY
Estar puedes confiado   2015
que sin castigo no queden.
El triste suceso ha sido
tal, que admirado me tiene,
y que vaya luego un juez
que lo averigüe conviene   2020
y castigue los culpados
para ejemplo de las gentes.
Vaya un capitán con él,
por que seguridad lleve;
que tan grande atrevimiento   2025
castigo ejemplar requiere;
y curad a ese soldado
de las heridas que tiene.
(*Vanse.*)

Plaza en Fuenteovejuna.
ESCENA DUODÉCIMA

(*Salen los labradores y las labradoras, con
la cabeza de* FERNAN GÓMEZ *en una lanza.*)

MÚSICOS, *cantan*
    ¡Muchos años vivan
Isabel y Fernando,   2030
y mueran los tiranos!
BARRILDO
    Diga su copla Frondoso.
FRONDOSO
    Ya va mi copla, a la fe;
si le faltare algún pie,[38]
enmiéndelo el más curioso.   2035
    «¡Vivan la bella Isabel,
y Fernando de Aragón
pues, que para en uno son,
él con ella, ella con él!
A los cielos San Miguel[39]   2040
lleve a los dos de las manos.
¡Vivan muchos años,
y mueran los tiranos!»
LAURENCIA
    Diga Barrildo.
BARRILDO
                Ya va;[40]
que a fe que la he pensado.[41]   2045
PASCUALA
    Si la dices con cuidado,
buena y rebuena será.
BARRILDO
    «¡Vivan los reyes famosos
muchos años, pues que tienen
la vitoria, y a ser vienen   2050
nuestros dueños venturosos!
Salgan siempre vitoriosos
de gigantes y de enanos
y ¡mueran los tiranos!»
MÚSICOS, *cantan*
    ¡Muchos años vivan   2055
Isabel y Fernando,
y mueran los tiranos!
LAURENCIA
    Diga Mengo.
FRONDOSO
                Mengo diga.

37. *infeliz*
38. *si le faltare algún pie,* if a foot (i.e. a measure of verse) is missing here and there; *faltare = falta.*
39. *San Miguel,* Saint Michael, archangel, leader of the heavenly militia
40. *Ya va,* Here goes
41. i.e. he has spent a lot of time composing it

MENGO
Yo soy poeta donado.[42]
PASCUALA
Mejor dirás lastimado   2060
del envés de la barriga.[43]
MENGO
«Una mañana en domingo
me mandó azotar aquél,
de manera que el rabel[44]
daba espantoso respingo;
pero agora que los pringo   2065
¡vivan los reyes cristiánigos,[45]
y mueran los tiránigos!»
MÚSICOS
¡*Vivan muchos años!*
ESTEBAN
Quita la cabeza allá.[46]   2070
MENGO
Cara tiene de ahorcado.[47]

ESCENA DÉCIMOTERCIA

(*Saca un escudo* JUAN ROJO *con las armas*
[*reales*].)
REGIDOR
Ya las armas han llegado.
ESTEBAN
Mostrá[48] las armas acá.
JUAN
¿Adónde se han de poner?
REGIDOR
Aquí, en el Ayuntamiento.   2075
ESTEBAN
¡Bravo escudo!
BARRILDO
¡Qué contento!
FRONDOSO
Ya comienza a amanecer,
con este sol, nuestro día.

ESTEBAN
¡Vivan Castilla y León,
y las barras de Aragón,   2080
y muera la tiranía!
Advertid, Fuenteovejuna,
a las palabras de un viejo;
que el admitir su consejo
no ha dañado vez ninguna.   2085
Los reyes han de querer
averiguar este caso,
y más tan cerca del paso
y jornada que han de hacer.[49]
Concertaos todos a una[50]   2090
en lo que habéis de decir.
FRONDOSO
¿Qué es tu consejo?
ESTEBAN
Morir
diciendo *Fuenteovejuna,*
y a nadie saquen de aquí.
FRONDOSO
Es el camino derecho.   2095
Fuenteovejuna lo ha hecho.
ESTEBAN
¿Queréis responder así?
TODOS
Sí.
ESTEBAN
Ahora pues, yo quiero ser
ahora el pesquisidor,
para ensayarnos mejor   2100
en lo que habemos de hacer.
Sea Mengo el que esté puesto
en el tormento.
MENGO
¿No hallaste
otro más flaco?[51]
ESTEBAN
¿Pensaste

---

42. lay brother, i.e. Mengo is claiming that he
    is a novice poet
43. *Mejor . . . barriga,* Rather, you should say
    that you are sore on the other side of your
    belly, i.e. his buttocks
44. i.e. his backside
45. *cristiánigos, tiránigos* (next verse), Mengo's
    rendering of *cristianos* and *tiranos*
46. *Quita la cabeza allá,* Take away the head
    (of the Comendador).

47. *Cara tiene de ahoracado,* His face looks
    like that of a hanged man. Recall that the
    Comendador's head was perched on top of
    a lance.
48. *Mostrad*
49. *y más . . . hacer,* and especially since this
    town is so close to the route they are taking
50. *Concertaos todos a una,* Unanimously
    agree
51. *flaco* has two meanings, thin, **weak**

que era de veras?[52]

MENGO

    Di presto.   2105

ESTEBAN

 ¿Quién mató al Comendador?

MENGO

 Fuenteovejuna lo hizo.

ESTEBAN

 Perro, ¿si te martirizo?

MENGO

 Aunque me matéis, señor.

ESTEBAN

 Confiesa, ladrón.

MENGO

     Confieso.   2110

ESTEBAN

 Pues ¿quién fue?

MENGO

    Fuenteovejuna.

ESTEBAN

 Dalde otra vuelta.[53]

MENGO

    Es ninguna.

ESTEBAN

 Cagajón para el proceso.[54]

ESCENA DÉCIMOCUARTA

(*Sale el* REGIDOR.)

REGIDOR

 ¿Qué hacéis de esta suerte aquí?

FRONDOSO

 ¿Qué ha sucedido, Cuadrado?   2115

REGIDOR

 Pesquisidor ha llegado.

ESTEBAN

 Echá todos por ahí.[55]

REGIDOR

 Con él viene un capitán.

ESTEBAN

 Venga el diablo: ya sabéis
 lo que responder tenéis.   2120

REGIDOR

El pueblo prendiendo van,
 sin dejar alma ninguna.

ESTEBAN

 Que no hay que tener temor.
 ¿Quién mató al Comendador,
Mengo?

MENGO

   ¿Quién? Fuenteovejuna. 2125
(*Vanse.*)

*Habitación del Maestre de Calatrava en
Almagro.*

ESCENA DÉCIMOQUINTA

(*Salen el* MAESTRE *y un* SOLDADO.)

MAESTRE

 ¡Que tal caso ha sucedido!
Infelice[56] fue su suerte.
 Estoy por darte la muerte
 por la nueva que has traído.

SOLDADO

 Yo, señor, soy mensajero,   2130
 y enojarte no es mi intento.

MAESTRE

 ¡Que a tal tuvo atrevimiento
un pueblo enojado y fiero!
 Iré con quinientos hombres
 y la villa he de asolar;   2135
 en ella no ha de quedar
 ni aun memoria de los nombres.

SOLDADO

 Señor, tu enojo reporta;
 porque ellos al rey se han dado,
 y no tener enojado   2140
 al rey es lo que te importa.

MAESTRE

 ¿Cómo al rey se pueden dar,
 si de la encomienda son?[57]

SOLDADO

 Con él sobre esa razón
 podrás luego pleitear.   2145

---

52. *¿Pensaste que era de veras?* Did you think this was for real?
53. *Dalde otra vuelta,* Give him an extra turn (on the rack); *dalde = dadle.*
54. *Cagajón para el proceso,* I don't give a darn about the trial; *cagajón,* mule dung.

55. *Echá todos por ahí,* Scatter, all of you, to your homes; *echá = echad*
56. *Infeliz*
57. i.e. the town belongs to the Order of Calatrava

MAESTRE

Por pleito ¿cuándo salió
lo que él[58] le entregó en sus manos?
Son señores soberanos,
y tal reconozco yo.

    Por saber que al rey se han dado 2150
se reportará mi enojo,
y ver su presencia escojo
por lo más bien acertado,[59]

    que puesto que tenga culpa
en casos de gravedad, 2155
en todo mi poca edad
viene a ser quien[60] me disculpa.

    Con vergüenza voy; mas es
honor quien[61] puede obligarme,
e importa no descuidarme 2160
en tan honrado interés.

(*Vanse.*)

Plaza de Fuenteovejuna.

ESCENA DÉCIMOSEXTA

(*Sale* LAURENCIA *sola.*)

    Amando, recelar daño en lo amado
nueva pena de amor se considera;
que quien en lo que ama daño espera
aumenta en el temor nuevo cuidado. 2165
El firme pensamiento desvelado,
si le aflige el temor, fácil se altera;
que no es a firme fe pena ligera
ver llevar el temor el bien robado.[62]
Mi esposo adoro; la ocasión que veo 2170
al temor de su daño me condena,
si no le ayuda la felice suerte.
Al bien suyo se inclina mi deseo:
si está presente, está cierta mi pena;
si está en ausencia, está cierta mi
      muerte. 2175

ESCENA DÉCIMOSÉPTIMA

(*Sale* FRONDOSO.)

FRONDOSO

  ¡Mi Laurencia!

LAURENCIA

    ¡Esposo amado!
¿Cómo a estar aquí te atreves?

FRONDOSO

¿Esas resistencias debes
a mi amoroso cuidado?

LAURENCIA

    Mi bien, procura guardarte, 2180
porque tu daño recelo.

FRONDOSO

No quiera, Laurencia, el cielo
que tal llegue a disgustarte.

LAURENCIA

    ¿No temes ver el rigor
que por los demás sucede, 2185
y el furor con que procede
aqueste pesquisidor?
    Procura guardar la vida.
Huye, tu daño no esperes.

FRONDOSO

    ¿Cómo que procure quieres 2190
cosa tan mal recibida?
    ¿Es bien que los demás deje
en el peligro presente
y de tu vista me ausente?
No me mandes que me aleje; 2195
    porque no es puesto en razón[63]
que por evitar mi daño,
sea con mi sangre extraño[64]
en tan terrible ocasión.

(*Voces dentro.*)

    Voces parece que he oído, 2200
y son, si yo mal no siento,
de alguno que dan tormento.
Oye con atento oído.

ESCENA DÉCIMOCTAVA

(*Dice dentro el* JUEZ *y responden.*)

JUEZ

Decid la verdad, buen viejo.

FRONDOSO

Un viejo, Laurencia mía, 2205
atormentan.

---

58. *el pueblo*
59. *por lo más bien acertado,* as the best course
    of action
60. what
61. *que*
62. *que no . . . robado,* **and steadfast faith**
    experiences no small grief in imagining the
    fear of the dear one who has been
    snatched away
63. *puesto en razón,* right
64. i.e. to act against his nature

LAURENCIA
¡Qué porfía!
ESTEBAN
Déjenme un poco.
JUEZ
Ya os dejo.
Decid: ¿quién mató a Fernando?
ESTEBAN
Fuenteovejuna lo hizo.
LAURENCIA
Tu nombre, padre, eternizo.[65]   2210

. . .

FRONDOSO
¡Bravo caso![66]
JUEZ
Ese muchacho
aprieta.[67] Perro, yo sé
que lo sabes. Di quién fue.
¿Callas? Aprieta, borracho.
NIÑO
Fuenteovejuna, señor.   2215
JUEZ
¡Por vida del rey, villanos,
que os ahorque con mis manos!
¿Quién mató al Comendador?
FRONDOSO
¡Que a un niño le den tormento   2220
y niegue de aquesta suerte!
LAURENCIA
¡Bravo pueblo!
FRONDOSO
Bravo y fuerte.
JUEZ
Esa mujer al momento
en ese potro tened
Dale esa mancuerda[68] luego.   2225
LAURENCIA
Ya está de cólera ciego.
JUEZ
Que os he de matar, creed,
en este potro, villanos.
¿Quién mató al Comendador?
PASCUALA
Fuenteovejuna, señor.

JUEZ
¡Dale!
FRONDOSO
Pensamientos vanos.   2230
LAURENCIA
Pascuala niega, Frondoso.
FRONDOSO
Niegan niños: ¿qué te espantas?[69]
JUEZ
Parece que los encantas.[70]
¡Aprieta!
PASCUALA
¡Ay cielo piadoso!
JUEZ
¡Aprieta, infame! ¿Estás sordo?   2235
PASCUALA
Fuenteovejuna lo hizo.
JUEZ
Traedme aquél más rollizo,
ese desnudo, ese gordo.
LAURENCIA
¡Pobre Mengo! El es sin duda.   2240
FRONDOSO
Temo que ha de confesar.
MENGO
¡Ay, ay!
JUEZ
Comienza a apretar.
MENGO
¡Ay!
JUEZ
¿Es menester ayuda?
MENGO
¡Ay, ay!
JUEZ
¿Quién mató, villano,
al señor Comendador?
MENGO
¡Ay, yo lo diré, señor!   2245
JUEZ
Afloja un poco la mano.
FRONDOSO
El confiesa.

65. *Tu nombre, padre, eternizo*, Father, I'll praise your name forever. The next verse is missing.
66. *¡Bravo caso!*, What a good example!
67. i.e. put him on the rack
68. turn of the wheel which operates the rack
69. *¿qué te espantas?*, how can you be surprised?
70. *Parece que los encantas*, it seems you're delighting them

JUEZ
Al palo aplica
la espalda.

MENGO
Quedo;[71] que yo
lo diré.

JUEZ
¿Quién lo mató?

MENGO
Señor, Fuenteovejunica.[72]　　　2250

JUEZ
¿Hay tan gran bellaquería?
Del dolor se están burlando.
En quien estaba esperando,
niega con mayor porfía.
Dejaldos; que estoy cansado.　　　2255

FRONDOSO
¡Oh Mengo bien te haga Dios!
Temor que tuve de dos,
el tuyo me le ha quitado.[73]

ESCENA DÉCIMONONA

(*Salen con* MENGO, BARRILDO *y el* REGIDOR.)

BARRILDO
¡Vítor, Mengo!

REGIDOR
Eso digo.　　　2260

MENGO
¡Ay, ay!

BARRILDO
Toma,[74] bebe, amigo.
Come.

MENGO
¡Ay, ay! ¿Qué es?

BARRILDO
Diacitrón.[75]

MENGO
¡Ay, ay!

FRONDOSO
Echa de beber.[76]

BARRILDO
. . . Ya va.[77]

FRONDOSO
Bien lo cuela. Bueno está.　　　2265

LAURENCIA
Dale otra vez de comer.

MENGO
¡Ay, ay!

BARRILDO
Esta va por mí.[78]

LAURENCIA
Solemnemente lo embebe.

FRONDOSO
El que bien niega bien bebe.

REGIDOR
¿Quieres otra?

MENGO
¡Ay, ay! Sí, sí.　　　2270

FRONDOSO
Bebe; que bien lo mereces.

LAURENCIA
A vez por vuelta las cuela.[79]

FRONDOSO
Arrópale,[80] que se hiela.

BARRILDO
¿Quieres más?

MENGO
Sí, otras tres veces.
¡Ay, ay!

FRONDOSO
Si hay vino pregunta.　　　2275

BARRILDO
Sí hay: bebe a tu placer;
que quien niega ha de beber.
¿Qué tiene?[81]

MENGO
Una cierta punta.

71. **Stop**
72. Little old Fuenteovejuna; the diminutive is used to produce a humorous effect
73. *Temor . . . quitado,* I had fear enough for two in me but the way you managed your fear has removed that fear from me
74. Take it.
75. candied citron; citron is a pale-yellow fruit resembling the lemon but larger.

76. *Echa de beber,* Pour him some more to drink
77. *Ya va,* Here it is. The first part of this line is missing.
78. *Esta va por mí,* This drink is on me.
79. *A vez por vuelta las cuela,* He's swallowing one drink for each turn of the rack
80. Put something around him.
81. *¿Qué tiene?,* What's the matter with him?

Vamos; que me arromadizo.[82]

FRONDOSO
Que beba, que éste es mejor.   2280
¿Quién mató al Comendador?

MENGO
Fuenteovejunica lo hizo.
(*Vanse.*)

ESCENA VIGÉSIMA

FRONDOSO
Justo es que honores le den.
Pero decidme, mi amor,
¿quién mató al Comendador?   2285

LAURENCIA
Fuenteovejuna, mi bien.

FRONDOSO
¿Quién le mató?

LAURENCIA
Dasme espanto.
Pues Fuenteovejuna fue.

FRONDOSO
Y yo ¿con qué te maté?

LAURENCIA
¿Con qué? Con quererte tanto.   2290
(*Vanse.*)

Habitación de los Reyes en Tordesillas.[83]
ESCENA VIGÉSIMA PRIMERA

(*Salen el rey y la reina y* MANRIQUE
[*luego*].)

ISABEL
No entendí, señor, hallaros
aquí, y es buena mi suerte.

REY
En nueva gloria convierte
mi vista el bien de miraros.
Iba a Portugal de paso   2295
y llegar aquí fue fuerza.

ISABEL
Vuestra majestad le tuerza,
siendo conveniente el caso.[84]

REY
¿Cómo dejáis a Castilla?   2300

ISABEL
En paz queda, quieta y llana.

REY
Siendo vos la que la allana
no lo tengo a maravilla.[85]
(*Sale don* MANRIQUE.)

MANRIQUE
Para ver vuestra presencia
el maestre de Calatrava,
que aquí de llegar acaba,   2305
pide que le deis licencia.

ISABEL
Verle tenía deseado.

MANRIQUE
Mi fe, señora, os empeño,
que, aunque es en edad pequeño,
es valeroso soldado.   2310

ESCENA VIGÉSIMA SEGUNDA

(*Vase, y sale el* MAESTRE.)

MAESTRE
Rodrigo Téllez Girón,
que de loaros no acaba,
maestre de Calatrava,
os pide humilde perdón.
Confieso que fui engañado,   2315
y que excedí de lo justo
en cosas de vuestro gusto,
como mal aconsejado.
El consejo de Fernando[86]
y el interés me engañó,   2320
injusto fiel; y ansí, yo
perdón humilde os demando.
Y si recibir merezco
esta merced que suplico,
desde aquí me certifico   2325
en que a serviros me ofrezco,
y que en aquesta jornada
de Granada, adonde vais,
os prometo que veáis

---

82. *Una cierta . . . arromadizo,* The wine is a bit sour. And besides, I'm catching a cold.
83. town in northwestern Spain
84. *Vuestra . . . caso,* Your Majesty went a little out of your way since it suited you.

85. *Siendo . . . maravilla,* Since you are the one who keeps things smooth, I'm not surprised.
86. Fernán Gómez, who advised him to take Ciudad Real

el valor que hay en mi espada;   2330
    donde sacándola apenas,
dándoles fieras congojas,
plantaré mis cruces rojas
sobre sus altas almenas;
    y más, quinientos soldados   2335
en serviros emplearé,
junto con la firma y fe
de en mi vida[87] disgustaros.

REY

    Alzad, maestre, del suelo;
que siempre que hayáis venido,   2340
seréis muy bien recibido.

MAESTRE

Sois de afligidos consuelo.

ISABEL

    Vos con valor peregrino
sabéis bien decir y hacer.

MAESTRE

Vos sois una bella Ester[88]   2345
y vos un Jerjes divino.

ESCENA VIGÉSIMA TERCERA

(*Sale* MANRIQUE.)

MANRIQUE

    Señor, el pesquisidor
que a Fuenteovejuna ha ido
con el despacho ha venido
a verse ante tu valor.   2350

REY

    Sed juez destos agresores.

MAESTRE

Si a vos, señor, no mirara,
sin duda les enseñara
a matar comendadores.

REY

    Eso ya no os toca a vos.   2355

ISABEL

Yo confieso que he de ver
el cargo en vuestro poder,
si me lo concede Dios.

ESCENA VIGÉSIMA CUARTA

(*Sale el* JUEZ.)

JUEZ

    A Fuenteovejuna fui
de la suerte que has mandado   2360
y con especial cuidado
y diligencia asistí.
    Haciendo averiguación
del cometido delito,
una hoja no se ha escrito   2365
que sea en comprobación;[89]
    porque conformes a una,[90]
con un valeroso pecho,
en pidiendo quién lo ha hecho,
responden: «Fuenteovejuna».   2370
    Trescientos he atormentado
con no pequeño rigor,
y te prometo, señor,
que más que esto no he sacado.
    Hasta niños de diez años   2375
al potro arrimé, y no ha sido
posible haberlo inquirido
ni por halagos ni engaños.
    Y pues tan mal se acomoda
el poderlo averiguar,   2380
o los has de perdonar,
o matar la villa toda.
    Todos vienen ante ti
para más certificarte:
de ellos podrás informarte.   2385

REY

Que entren, pues vienen, les di.[91]

ESCENA VIGÉSIMA QUINTA

(*Salen los dos alcaldes,* FRONDOSO, *las
mujeres y los villanos que quisieren.*)

LAURENCIA

    ¿Aquestos los reyes son?

FRONDOSO

Y en Castilla poderosos.

---

87. *en mi vida,* never again
88. Esther, the beautiful Jewish wife of Xerxes (Jerjes), saved the Jews from massacre, according to the Book of Esther of the Old Testament. Xerxes I (Xerxes the Great), was King of Persia (486–465 B.C.).

89. *comprobación,* proof. The sense is that the judge could not produce one shred of proof in his attempt to solve the crime.
90. *conformes a una,* unanimously
91. *les di = diles*

LAURENCIA
    Por mi fe, que son hermosos:
    ¡bendígalos San Antón![92]   2390
ISABEL
    ¿Los agresores son éstos?
ESTEBAN
    Fuenteovejuna, señora,
    que humildes llegan agora
    para serviros dispuestos.
        La sobrada tiranía   2395
    y el insufrible rigor
    del muerto Comendador,
    que mil insultos hacía,
        fue el autor de tanto daño.
    Las haciendas nos robaba   2400
    y las doncellas forzaba,
    siendo de piedad extraño.[93]
FRONDOSO
        Tanto, que aquesta zagala,
    que el cielo me ha concedido,
    en que tan dichoso he sido   2405
    que nadie en dicha me iguala,
        cuando conmigo casó,
    aquella noche primera,
    mejor que si suya fuera,[94]
    a su casa la llevó;   2410
        y a no saberse guardar[95]
    ella, que en virtud florece,
    ya manifiesto parece
    lo que pudiera pasar.
MENGO
        ¿No es ya tiempo que hable yo?   2415
    Si me dais licencia, entiendo
    que os admiraréis, sabiendo
    del modo que me trató.
        Porque quise defender   2420
    una moza de su[96] gente,

que con término insolente
fuerza la querían hacer,[97]
    aquel perverso Nerón[98]
de manera me ha tratado,
que el reverso me ha dejado   2425
como rueda de salmón.
    Tocaron mis atabales[99]
tres hombres con tal porfía,
que aún pienso que todavía
me duran los cardenales.   2430
    Gasté en este mal prolijo,
por que el cuero se me curta,
polvos de arrayán y murta
más que vale mi cortijo.[100]
ESTEBAN
    Señor, tuyos ser queremos.   2435
Rey nuestro eres natural,
y con título de tal
ya tus armas puesto habemos.
    Esperamos tu clemencia
y que veas esperamos   2440
que en este caso te damos
por abono la inocencia.
REY
    Pues no puede averiguarse
el suceso por escrito,
aunque fue grave el delito,   2445
por fuerza ha de perdonarse.[101]
    Y la villa es bien se quede
en mí, pues de mí se vale,
hasta ver si acaso sale
comendador que la herede.   2450
FRONDOSO
    Su majestad habla, en fin,
como quien tanto ha acertado.
Y aquí, discreto senado,[102]
Fuenteovejuna da fin.

92. Saint Anthony of Padua (1195–1231), Franciscan monk and preacher
93. *de piedad extraño*, pitiless
94. *mejor que si suya fuera*, as if she belonged to him
95. *y a no saberse guardar*, and if she hadn't known how to protect herself
96. *su gente*, the servants of the Comendador
97. *fuerza la querían hacer*, wished to rape her
98. Nero (37–68), Roman emperor, notorious for his cruelty and corruption.

99. kettledrum; here, his rump
100. *polvos . . . cortijo*, I have spent more on salves and myrtle powder (to heal my skin) than my farm is worth.
101. As was customary in Golden Age plays, the king, in his role of supreme authority, dispenses justice in a brief and direct manner.
102. It was a convention of Golden Age drama to address the audience (called the *senado* here) in the final speech.

Cervantes and the Significance of the *Quijote*

When Miguel de Cervantes (1547–1616) published the first part of his *Don Quijote de la Mancha* (1605), he was 58 years old and felt himself a tired old man. He had sought glory by two pathways, first by arms, then by letters. Yet in both these attempts to achieve fame, he had failed. His career as a soldier was cut short, after brave fighting in the battle of Lepanto, by the wounds which crippled his left hand. His return home was delayed by five years' imprisonment, after he was captured by Moorish pirates and taken to Algiers. Upon his return to Spain, his valor had been forgotten, and the government not only failed to reward him for his past achievements, but almost insulted him by giving him a tax collector's position. His literary efforts were doomed to equal failure. His *Galatea* (1585), a pastoral novel, received only polite mention from his contemporaries. His plays, while reasonably good for their time, were completely eclipsed by those of the youthful Lope de Vega. And, in fact, about twenty years had passed without his attempting to produce any serious literary work. His family life, too, was unhappy. His wife refused to live with him, and his daughter turned against him shortly after her marriage.

Laden with all these failures and probably while unjustly imprisoned in Sevilla for apparent irregularities in his tax accounts, Cervantes began to write of a character whose mentality closely paralleled his own. Don Quijote also sets out on the road to glory. In a heartfelt speech he extols arms and letters as the two means of arriving at this goal. He is a great idealist; so was Cervantes. But Cervantes had been disillusioned in practically all of his idealistic aspirations. Thus, he makes his character ridiculous in his reaching after unattainable perfection.

The whole book deals with Don Quijote's attempt to bring into reality the old dream of chivalry. Imitating the *libros de caballerías,* he wants to ride forth through the world as a knight errant, righting wrongs, defending the helpless, and bringing into the world an ideal system of justice. As a knight errant, he is a reformer and wishes to establish something similar to the Kingdom of Heaven (his 'Golden Age') on this earth. But the chivalry he dreams of establishing never existed. It was only a game which robber barons of the Middle Ages played at in their lighter moments. Thus Quijote is trying to live a dream. Of course, he is insane, otherwise he would never allow his idealism to run away with him to that extent. Each time he attempts to overcome some of the imaginary enemies of his perfect world, he is suddenly and brutally brought back to the reality of things. For example, when he attacks a flock of sheep, believing them to be an army, the stones from the shepherds' slings bring him to earth. It is a lesson which should make him realize the impossibility of living in a world as it ought to be and not as it is; but he picks himself up and goes on to further escapades of idealistic madness.

So, Cervantes, beginning with the very simple idea of satirizing books of chivalry, gradually found himself wrapped up in deep philosophic thought. On one hand we have the contrast of what we call 'reality' with the ideal world, a contrast found in us all as from day to day we try to improve the world about us by means of politics, religion, art, or social reform. On the other hand, he is plunged into the most fundamental problem of all philosophy—what is truth? This latter idea is presented in a ridiculous form when Don Quijote insists that a barber's basin is to him a magic helmet, even though it may seem to be a basin to his squire, Sancho Panza, and, as he says, may appear as something else to other persons. But although the treatment here is humorous, the gravity of the thought behind it is, nonetheless, great. The solution is that truth is relative. What seems one thing to one person is another thing to a second man. While we do not generally disagree over physical objects, we can see how universal this sentiment is from the variety of our opinions on such abstract things as politics, art, and education.

Cervantes had no such sweeping philosophical thought in mind when he began his *Quijote*. In fact, we can observe step by step how his ideas changed and his concept of the book enlarged as he wrote it, for, within the book itself, there is much evidence to prove that he did not revise his earlier chapters and that he often allowed intervals of days or even months to pass during which he did no writing. There are many slips of memory, too numerous to mention here. Besides this, his original intention was to write a short story. In one place, for example, he says that it will only take two hours to read the work carefully, whereas the actual reading time of the first part is at least fifteen hours.

We may ask why Cervantes left his work unrevised and did not correct his obvious oversights. The answer lies in a knowledge of the literary theory of the time. *Don Quijote* was to be a *history*, hence it was to be written in a plain, simple, and above all, *natural* style—quite opposite to the elegant, artistic, poetic style which our same author used in his pastoral novel, which he regarded as a sort of poetic prose. Cervantes refers to the pastoral works as *'cosas soñadas y bien escritas,'*[1] but says in another place that *'el poeta puede contar o cantar las cosas, no como fueron, sino como debían ser; y el historiador las ha de escribir, no como debían ser, sino como fueron, sin añadir ni quitar a la verdad cosa alguna.'*[2]

Although Cervantes' decision to write in the natural, everyday style of *history* can be censured because of certain inconsistencies and slips in his work, still, without this decision, we should never have had the masterpiece which is the *Quijote.* Whenever Cervantes adopts the artistic style, as in the *Galatea,* in most of his last novel, *Persiles y Segismunda* (1617), and in some of his short stories, he becomes an author of his time and age and of only mediocre value from the point of view of universal literature. But once Cervantes becomes natural and begins to talk in his own inimitable way, we have a racy style, admirably adapted to his subject, universal in its clarity and beauty.

And by his very naturalness Cervantes opens for us the inexhaustible wells of his humor. Only a man profoundly disillusioned in his attempts at an idealistic life, but who, despite all, has never ceased to admire idealism, could have created the character of Don Quijote. Only such a man can laugh at the very things he takes most seriously. He even pokes fun at the very poetic style which he always considered the highest form of art. Quijote, too, is ridiculous because he fails to perceive what is real, but Quijote is sublime because, in spite of his constant reminders that his dream world is not to be had here on this earth, he goes on doggedly acting as if it did exist. This is why, when Quijote becomes sane and realizes that his dream is but a dream, he must die. His ideal is his very soul, so that once stripped of it, he is nothing.

But Don Quijote is only one of the 669 characters who appear in the novel. In his wanderings he meets innkeepers and noblemen, peasant girls

1. events imagined (fictitious, not historical) and written in a fine, poetic style. From *El coloquio de los perros,* one of the *Novelas ejemplares.*
2. The *Quijote,* Part II, Chapter III.

and duchesses, criminals, actors, students, judges, and priests. All types, good and bad, high and low, form a complete portrait gallery of contemporary Spain. Yet only one of these persons accompanies Don Quijote throughout his wanderings and has an importance comparable to that of the great idealist himself. He is the only one whose character, like Quijote's, develops throughout the novel.

This man, Sancho Panza, is a paradoxical mixture of great credulity and shrewd common sense, both qualities typical of his peasant rank. He follows Quijote, as his squire, for hope of gain, since his master promises to make him governor of some conquered territory. In the same realistic vein is his interest in good food and soft living, and his seeing of windmills as windmills, not as giants. But as the narrative develops, Sancho comes to love Quijote for himself, just as Sancho's sleek donkey comes to love the bony nag which carries our hero. Sancho comes to believe more and more in the fantastic world of Don Quijote, while conversely, the hero adopts more and more of the sane common sense of his squire. This is especially true in the second part, or continuation of the story, published in 1615.

A panorama of society, a wealth of delicious humor, a masterpiece of style, a psychological study, and an unobtrusive but profound philosophy—all are to be found in *Don Quijote.* So various are its attractions that it can be read with equal enthusiasm by a child or a genius. This is why, after the Bible, it is the most printed book in the world.

MIGUEL DE CERVANTES SAAVEDRA

Selections from *El ingenioso hidalgo don Quijote de la Mancha*

PARTE PRIMERA—CAPÍTULO PRIMERO

*Que trata de la condición y ejercicio del famoso hidalgo
don Quijote de la Mancha.*

En un lugar de la Mancha, de cuyo nombre no quiero acordarme,[1] no ha mucho tiempo que vivía un hidalgo de los de lanza en astillero, adarga antigua, rocín flaco y galgo corredor. Una olla de algo más vaca que carnero,

1. Tradition has said that this town was Argamasilla de Alba, near the *campo de Montiel, el Toboso,* and other places mentioned in the early chapters. It has been further stated that Cervantes did not want to remember its name because of unpleasant memories of having been imprisoned there. There is no foundation for this belief.

salpicón las más noches, duelos y quebrantos[2] los sábados, lantejas los viernes,
algún palomino de añadidura los do-
mingos, consumían las tres partes de su
hacienda. El resto della concluían sayo
de velarte, calzas de velludo para las
fiestas, con sus pantuflos de lo mesmo, y
los días de entresemana se honraba con
su vellorí de lo más fino. Tenía en su
casa una ama que pasaba de los cuarenta,
y una sobrina que no llegaba a los veinte,
y un mozo de campo y plaza,[3] que así
ensillaba el rocín como tomaba la podadera. Frisaba la edad de nuestro hidalgo con los cincuenta años; era de complexión[4] recia, seco de carnes, enjuto de
rostro, gran madrugador y amigo de la
caza. Quieren decir que tenía el sobrenombre de Quijada, o Quesada, que
en esto hay alguna diferencia en los
autores que deste caso escriben; aunque
por conjeturas verosímiles se deja entender que se llamaba Quejana. Pero
esto importa poco a nuestro cuento:
basta que en la narración dél no se salga
un punto de la verdad.

Es, pues, de saber que este sobredicho
hidalgo, los ratos que estaba ocioso (que
eran los más del año), se daba a leer
libros de caballerías con tanta afición y
gusto, que olvidó casi de todo punto el
ejercicio de la caza, y aun la administra-
ción de su hacienda; y llegó a tanto su
curiosidad y desatino en esto, que vendió
muchas hanegas[5] de tierra de sembradura
para comprar libros de caballerías en
que leer, y así, llevó a su casa todos
cuantos pudo haber dellos; y de todos,
ningunos le parecían tan bien como los
que compuso el famoso Feliciano de

Silva; porque la claridad[6] de su prosa y
aquellas entricadas razones suyas le
parecían de perlas, y más cuando
llegaba a leer aquellos requiebros y
cartas de desafíos, donde en muchas
partes hallaba escrito: «La razón de la
sinrazón que a mi razón se hace, de tal
manera mi razón enflaquece, que con
razón me quejo de la vuestra fermo-
sura.»[7] Y también cuando leía: «. . .
los altos cielos que de vuestra divinidad
divinamente con las estrellas os fortifican,
y os hacen merecedora del merecimiento
que merece la vuestra grandeza.»

. . .

En resolución, él se enfrascó tanto en
su lectura, que se le pasaban las noches
leyendo de claro en claro, y los días de
turbio en turbio; y así, del poco dormir
y del mucho leer se le secó el celebro[8]
de manera, que vino a perder el juicio.
Llenósele la fantasía de todo aquello que
leía en los libros, así de encantamentos
como de pendencias, batallas, desafíos,
heridas, requiebros, amores, tormentas y
disparates imposibles; y asentósele de tal
modo en la imaginación que era verdad
toda aquella máquina de aquellas soñadas invenciones que leía, que para él no
había otra historia más cierta en el
mundo. Decía él que el Cid Ruy Díaz
había sido muy buen caballero; pero
que no tenía que ver[9] con el Caballero
de la Ardiente Espada, que de solo un
revés había partido por medio dos
fieros y descomunales gigantes. Mejor
estaba con Bernardo del Carpio, porque en Roncesvalles había muerto a
Roldán[10] el encantado, valiéndose de
la industria de Hércules, cuando ahogó

---

2. *duelos y quebrantos,* eggs and bacon
3. *de campo y plaza,* of all work. This boy is
never mentioned again in the book, an
example of Cervantes' slips of memory.
4. build, stature
5. Or *fanega,* about 1.59 acres
6. Said ironically
7. In imitating the style of the *libros de caballerías* Cervantes makes fun of the anti-

quated spelling with 'f' of words now
beginning with 'h.'
8. Modern Spanish, *cerebro*
9. *no tenía que ver,* he couldn't compare
10. Roland. In later forms of the legend
Roland, like Antaeus (the mythological son
of the goddess of the earth) renewed his
strength every time he touched the ground.
To kill these heroes it was necessary to hold
them in the air and strangle them.

a Anteo, el hijo de la Tierra, entre los brazos. Decía mucho bien del gigante Morgante,[11] porque, con ser de aquella generación gigantea, que todos son soberbios y descomedidos, él solo era afable y bien criado. Pero, sobre todos, estaba bien con Reynaldos de Montalbán,[12] y más cuando le veía salir de su castillo y robar cuantos topaba, y cuando en allende[13] robó aquel ídolo de Mahoma que era todo de oro, según dice su historia. Diera él por dar una mano de[14] coces al traidor de Galalón,[15] al ama que tenía, y aun a su sobrina de añadidura.

En efeto, rematado ya su juicio, vino a dar en el más extraño pensamiento que jamás dio loco en el mundo, y fue que le pareció convenible y necesario, así para el aumento de su honra como para el servicio de su república,[16] hacerse caballero andante, y irse por todo el mundo con sus armas y caballo a buscar las aventuras y a ejercitarse en todo aquello que él había leído que los caballeros andantes se ejercitaban, deshaciendo todo género de agravio, y poniéndose en ocasiones y peligros donde, acabándolos, cobrase eterno nombre y fama. Imaginábase el pobre ya coronado por el valor de su brazo, por lo menos, del imperio de Trapisonda;[17] y así, con estos tan agradables pensamientos, llevado del extraño gusto que en ellos sentía, se dio priesa a poner en efeto lo que deseaba. Y lo primero que hizo fue limpiar unas armas que habían sido de sus bisabuelos, que, tomadas de orín y llenas de moho, luengos siglos había que estaban puestas y olvidadas en un rincón. Limpiólas y aderezólas

lo mejor que pudo; pero vio que tenían una gran falta, y era que no tenían celada de encaje, sino morrión simple; mas a esto suplió su industria, porque de cartones hizo un modo de media celada, que, encajada con el morrión, hacía una apariencia de celada entera. Es verdad que para probar si era fuerte y podía estar al riesgo de una cuchillada, sacó su espada y le dio dos golpes, y con el primero y en un punto deshizo lo que había hecho en una semana; y no dejó de parecerle mal la facilidad con que la había hecho pedazos, y, por asegurarse deste peligro, la tornó a[18] hacer de nuevo, poniéndole unas barras de hierro por dentro, de tal manera, que él quedó satisfecho de su fortaleza y, sin querer hacer nueva experiencia della, la diputó[19] y tuvo por celada finísima de encaje.

Fue luego a ver su rocín, y aunque tenía más cuartos[20] que un real y más tachas que el caballo de Gonela,[21] que *tantum pellis et ossa fuit,*[22] le pareció que ni el Bucéfalo de Alejandro ni Babieca el del Cid con él se igualaban. Cuatro días se le pasaron en imaginar qué nombre le pondría; porque (según se decía él a sí mesmo) no era razón que caballo de caballero tan famoso, y tan bueno él por sí, estuviese sin nombre conocido; y ansí, procuraba acomodársele de manera, que declarase quién había sido antes que fuese de caballero andante, y lo que era entonces; pues estaba muy puesto en razón que, mudando su señor estado, mudase él también el nombre, y le cobrase famoso y de estruendo, como convenía a

---

11. The hero of a comic poem by Luigi Pulci
12. One of the knights in Ariosto's *Orlando furioso.*
13. across the seas, in the land of the pagans
14. *una mano de,* a lot of
15. Ganelon, the traitor responsible for the death of Roland
16. nation
17. A city on the Black Sea, often mentioned in chivalric romances.
18. Same as *volver a*
19. Here, to consider
20. Double meaning, defects (of horse); pennies
21. A famous court fool
22. *que . . . fuit,* which was all skin and bones; quoted from Plautus

la nueva orden y al nuevo ejercicio que ya profesaba; y así, después de muchos nombres que formó, borró y quitó, añadió, deshizo y tornó a hacer en su memoria e imaginación, al fin le vino a llamar *Rocinante,* nombre, a su parecer, alto, sonoro y significativo de lo que había sido cuando fue rocín, antes de lo que ahora era, que era antes y primero de todos los rocines del mundo.

Puesto nombre, y tan a su gusto, a su caballo, quiso ponérsele a sí mismo, y en este pensamiento duró otros ocho días, y al cabo se vino a llamar *don Quijote;* de donde, como queda dicho, tomaron ocasión los autores desta tan verdadera historia que, sin duda, se debía de llamar Quijada, y no Quesada, como otros quisieron decir. Pero, acordándose que el valeroso Amadís, no sólo se había contentado con llamarse Amadís a secas, sino que añadió el nombre de su reino y patria, por hacerla famosa, y se llamó Amadís de Gaula, así quiso, como buen caballero, añadir al suyo el nombre de la suya y llamarse *don Quijote de la Mancha,*[23] con que, a su parecer, declaraba muy al vivo su linaje y patria, y la honraba con tomar el sobrenombre della.

Limpias, pues, sus armas, hecho del morrión celada, puesto nombre a su rocín y confirmándose a sí mismo, se dio a entender que no le faltaba otra cosa sino buscar una dama de quien enamorarse: porque el caballero andante sin amores era arbol sin hojas y sin fruto y cuerpo sin alma. Decíase él:

«Si yo, por malos de mis pecados,[24] o por mi buena suerte, me encuentro por ahí con algún gigante, como de ordinario les acontece a los caballeros andantes, y le derribo de un encuentro, o le parto por mitad del cuerpo, o, finalmente, le venzo y le rindo, ¿no será bien tener a quien enviarle presentado, y que entre y se hinque de rodillas ante mi dulce señora, y diga con voz humilde y rendida: —Yo, señora, soy el gigante Caraculiambro, señor de la ínsula[25] Malindrania, a quien venció en singular batalla el jamás como se debe alabado caballero don Quijote de la Mancha, el cual me mandó que me presentase ante la vuestra merced, para que la vuestra grandeza disponga de mí a su talante?—» ¡Oh, cómo se holgó nuestro buen caballero cuando hubo hecho este discurso, y más cuando halló a quien dar nombre de su dama! Y fue, a lo que se cree, que en un lugar cerca del suyo había una moza labradora de muy buen parecer, de quien él un tiempo anduvo enamorado, aunque, según se entiende, ella jamás lo supo ni se dio cata[26] dello. Llamábase Aldonza Lorenzo, y a ésta le pareció ser bien darle título de señora de sus pensamientos; y, buscándole nombre que no desdijese mucho del suyo y que tirase y se encaminase al de princesa y gran señora, vino a llamarla *Dulcinea del Toboso,* porque era natural del Toboso: nombre, a su parecer, músico y peregrino y significativo, como todos los demás que a él y a sus cosas había puesto.

---

23. The humor of the name springs from the fact that *La Mancha* is a semi-arid, sparsely populated region, often referred to contemptuously by Spaniards.

24. *por malos de mis pecados,* because of my sins (often used humorously)
25. Old Spanish for *isla*
26. *darse cata,* to realize

PARTE PRIMERA—CAPÍTULO XXI

Que trata de la alta aventura y rica ganancia del yelmo de Mambrino,
con otras cosas sucedidas a nuestro invencible caballero.

En esto, comenzó a llover un poco, y quisiera Sancho que se entraran en el molino de los batanes; mas habíales cobrado tal aborrecimiento don Quijote, por la pesada burla, que en ninguna manera quiso entrar dentro; y así, torciendo el camino a la derecha mano, dieron en otro como el que habían llevado el día de antes. De allí a poco, descubrió don Quijote un hombre a caballo, que traía en la cabeza una cosa que relumbraba como si fuera de oro, y aun él apenas le hubo visto, cuando se volvió a Sancho y le dijo:

—Paréceme, Sancho, que no hay refrán que no sea verdadero, porque todos son sentencias sacadas de la mesma experiencia, madre de las ciencias todas, especialmente aquel que dice: «Donde una puerta se cierra, otra se abre.» Dígolo porque si anoche nos cerró la ventura la puerta de la que buscábamos, engañándonos con los batanes, ahora nos abre de par en par otra, para otra mejor y más cierta aventura, que si yo no acertare a entrar por ella, mía será la culpa, sin que la pueda dar a la poca noticia[1] de batanes, ni a la escuridad de la noche. Digo esto porque, si no me

engaño, hacia nosotros viene uno que trae en su cabeza puesto el yelmo de Mambrino, sobre que yo hice el juramento que sabes.[2]

—Mire vuestra merced bien lo que dice, y mejor lo que hace—dijo Sancho—; que no querría que fuesen otros batanes, que nos acabasen de abatanar y aporrear el sentido.

—¡Válate[3] el diablo por hombre!—replicó don Quijote—¡qué va de[4] yelmo a batanes!

—No sé nada—respondió Sancho—; mas a fe que si yo pudiera hablar tanto como solía, que quizá diera tales razones, que vuestra merced viera que se engañaba en lo que dice.

—¿Cómo me puedo engañar en lo que digo, traidor escrupuloso?[5]—dijo don Quijote—. Dime, ¿no ves aquel caballero que hacia nosotros viene, sobre un caballo rucio rodado, que trae puesto en la cabeza un yelmo de oro?

—Lo que yo veo y columbro—respondió Sancho—no es sino un hombre sobre un asno, pardo como el mío, que trae sobre la cabeza una cosa que relumbra.

—Pues ése es el yelmo de Mambrino—

1. In Chapter XX, Quijote and Sancho were searching for water in a small mountain valley when they heard the sound of regular blows, the clanking of iron chains and the roar of rushing water. Quijote had to curb his zeal to embark on a new adventure since the darkness of night prevented them from discovering the cause of the frightening din. The light of morning dashed Quijote's hopes for displaying his knightly valor since it revealed that six hammers of a fulling mill (*seis mazos de batán*) were causing the dreadful sounds. Fulling mills, which pound fuller's earth

(a fine quality of clay) into cloth to give it additional weight, were new in Spain at the time.
2. Quijote's helmet has been broken and he has sworn to take another in battle (Part I, Chapter X). The magic helmet of Mambrino, described by Ariosto, particularly intrigues him.
3. Modern Spanish, *válgate*
4. *qué va de,* what's the relation between. Some editions punctuate: . . . *por hombre —replicó don Quijote—que va . . .* ; as a man who jumps from the subject of . . .
5. filled with misgivings

dijo don Quijote—. Apártate a una parte y déjame con él a solas; verás cuán sin hablar palabra, por ahorrar del tiempo, concluyo esta aventura, y queda por mío el yelmo que tanto he deseado.

—Yo me tengo en cuidado[6] el apartarme—replicó Sancho—; mas quiera Dios, torno a decir, que orégano[7] sea, y no batanes.

—Ya os he dicho, hermano, que no me mentéis, ni por pienso,[8] más eso de los batanes—dijo don Quijote—; que voto . . . , y no digo más, que os batanee el alma.

Calló Sancho, con temor que su amo no cumpliese el voto que le había echado, redondo como una bola.[9]

Es, pues, el caso que el yelmo, y el caballo y caballero que don Quijote veía era esto: que en aquel contorno había dos lugares, el uno tan pequeño, que ni tenía botica ni barbero, y el otro, que estaba junto a él, sí; y así, el barbero del mayor servía al menor, en el cual tuvo necesidad un enfermo de sangrarse,[10] y otro de hacerse la barba, para lo cual venía el barbero, y traía una bacía de azófar; y quiso la suerte que, al tiempo que venía, comenzó a llover, y porque no se le manchase el sombrero, que debía de ser nuevo, se puso la bacía sobre la cabeza; y, como estaba limpia, desde media legua relumbraba. Venía sobre un asno pardo, como Sancho dijo, y ésta fue la ocasión que a don Quijote le pareció caballo rucio rodado, y caballero, y yelmo de oro; que todas las cosas que veía con mucha facilidad las acomodaba a sus desvariadas caballerías y malandantes[11] pensamientos. Y cuando él vio que el pobre caballero llegaba cerca, sin ponerse con él en razones, a todo correr de Rocinante le enristró[12] con el lanzón bajo, llevando intención de pasarle de parte a parte; mas cuando a él llegaba, sin detener la furia de su carrera, le dijo:

—Defiéndete, cautiva criatura, o entrégame de tu voluntad lo que con tanta razón se me debe.

El barbero, que, tan sin pensarlo ni temerlo, vio venir aquella fantasma sobre sí, no tuvo otro remedio para poder guardarse del golpe de la lanza sino fue el dejarse caer del asno abajo; y no hubo tocado al suelo, cuando se levantó más ligero que un gamo, y comenzó a correr por aquel llano, que[13] no le alcanzara el viento. Dejóse la bacía en el suelo, con la cual se contentó don Quijote . . . Mandó a Sancho que alzase el yelmo; el cual, tomándole en las manos, dijo:

—Por Dios que la bacía es buena, y que vale un real de a ocho como un maravedí.[14]

Y dándosela a su amo, se la puso luego en la cabeza, rodeándola a una parte y a otra, buscándole el encaje;[15] y como no se le hallaba, dijo:

—Sin duda que el pagano a cuya medida se forjó primero esta famosa celada, debía de tener grandísima cabeza; y lo peor dello es que le falta la mitad.

Cuando Sancho oyó llamar a la bacía celada no pudo tener la risa; mas vínosele a las mientes la cólera de su amo, y calló en la mitad della.

---

6. *Yo me tengo en cuidado,* I'll take care of
7. wild marjoram, an expensive herb. Sancho parodies a proverb: I hope it will be wild marjoram, and not caraway seed (which is cheap); meaning, I hope it's something good, not just the usual thing. He continues to tease his master about the fulling mills.
8. *ni por pienso,* not even in thought; here, not by any means

9. Quijote swore a 'round oath.'
10. to be bled. The barbers had also some of the functions of doctors.
11. A play on the words *caballería andante.*
12. Here, to charge
13. so that
14. *vale . . . maravedí;* translate, it's worth a piece of eight if it's worth a penny
15. neck-piece

¿De qué te ríes, Sancho? —dijo don Quijote.

—Ríome—respondió él—de considerar la gran cabeza que tenía el pagano dueño deste almete, que no semeja sino una bacía de barbero, pintiparada.

—¿Sabes qué imagino, Sancho? Que esta famosa pieza deste encantado yelmo por algún extraño accidente debió de venir a manos de quien no supo conocer ni estimar su valor, y, sin saber lo que hacía, viéndola de oro purísimo, debió de fundir la otra mitad para aprovecharse del precio, y de la otra mitad hizo esta que parece bacía de barbero, como tú dices.[16] Pero sea lo que fuere; que para mí que la conozca no hace al caso[17] su trasmutación; que yo la aderezaré en el primer lugar donde haya herrero, y de suerte,[18] que no le haga ventaja, ni aun le llegue,[19] la[20] que hizo y forjó el dios de las herrerías para el dios de las batallas; y en este entretanto la traeré como pudiere, que más vale algo que no nada; cuanto más, que bien será bastante para defenderme de alguna pedrada.[21]

—Eso será—dijo Sancho—si no se tira con honda, como se tiraron en la pelea de los dos ejércitos,[22] cuando le santiguaron[23] a vuestra merced las muelas, y le rompieron el alcuza donde venía aquel benditísimo brebaje[24] que me hizo vomitar las asaduras.

—No me da mucha pena el haberle perdido; que ya sabes tú, Sancho—dijo don Quijote—, que yo tengo la receta en la memoria.

—También la tengo yo—respondió Sancho—; pero si yo le hiciere ni le probare más en mi vida, aquí sea mi hora.[25] Cuanto más, que no pienso ponerme en ocasión de haberle menester, porque pienso guardarme con todos mis cinco sentidos de ser ferido ni de ferir a nadie. De lo de ser otra vez manteado[26] no digo nada; que semejantes desgracias mal se pueden prevenir, y si vienen, no hay que hacer otra cosa sino encoger los hombros, detener el aliento, cerrar los ojos y dejarse ir por donde la suerte y la manta nos llevare.

—Mal cristiano eres, Sancho—dijo oyendo esto don Quijote—, porque nunca olvidas la injuria que una vez te han hecho; pues sábete que es de pechos nobles y generosos no hacer caso de niñerías. ¿Qué pie sacaste cojo, qué costilla quebrada, qué cabeza rota, para que no se te olvide aquella burla? Que, bien apurada la cosa, burla fue y pasatiempo; que a no entenderlo yo ansí, ya yo hubiera vuelto allá, y hubiera hecho en tu venganza más daño que el que hicieron los griegos por la robada Elena. La cual si fuera en este tiempo, o mi Dulcinea fuera en aquél, pudiera estar segura que no tuviera tanta fama de hermosa como tiene.

Y aquí dio un sospiro, y le puso en las nubes.[27] Y dijo Sancho:

—Pase por burlas, pues la venganza no puede pasar en veras; pero yo sé de qué calidad fueron las veras y las burlas, y sé también que no se me caerán de la memoria, como nunca se quitarán de las espaldas. Pero dejando esto aparte, dígame vuestra merced qué haremos deste caballo rucio rodado, que parece asno pardo, que dejó aquí desamparado

16. Quijote is getting saner; he admits that the helmet looks like a basin.
17. *hacer al caso,* to make a difference
18. *de suerte,* in such a way
19. to equal in worth
20. the armor that
21. stoning (such as Quijote has already received from some shepherds)
22. Sancho is still teasing Quijote, alluding to

the two flocks of sheep which his master took for armies
23. Here, to strike (a blow)
24. beverage. Quijote had concocted a supposedly magic drink to cure wounds.
25. *aquí sea mi hora,* let me die here and now
26. tossed in a blanket (a misfortune which has already happened to Sancho)
27. *poner en las nubes,* to praise highly

aquel Martino[28] que vuestra merced derribó; que según él puso los pies en polvorosa[29] y cogió las de Villadiego,[30] no lleva pergenio de volver por él jamás. Y ¡para mis barbas, si no es bueno el rucio!

—Nunca yo acostumbro—dijo don Quijote—despojar a los que venzo, ni es uso de caballería quitarles los caballos y dejarlos a pie, si ya no fuese que el vencedor hubiese perdido en la pendencia el suyo; que en tal caso lícito es tomar el del vencido, como ganado en guerra lícita. Así que, Sancho, deja ese caballo, o asno, o lo que tú quisieres que sea; que como su dueño nos vea alongados de aquí volverá por él.

—Dios sabe si quisiera llevarle—replicó Sancho—, o, por lo menos, trocalle con este mío, que no me parece tan bueno. Verdaderamente que son estrechas las leyes de caballería, pues no se extienden a dejar trocar un asno por otro; y querría saber si podría trocar los aparejos siquiera.

—En eso no estoy muy cierto—respondió don Quijote—; y en caso de duda, hasta estar mejor informado, digo que los trueques, si es que tienes dellos necesidad extrema.

—Tan extrema es—respondió Sancho—, que si fueran para mi misma persona no los hubiera menester más.

Y luego, habilitado con aquella licencia, hizo *mutatio caparum*,[31] y puso su jumento a las mil lindezas, dejándole mejorado en tercio y quinto.[32]

Hecho esto, almorzaron de las sobras del real,[33] que del acémila despojaron, y bebieron del agua del arroyo de los batanes, sin volver la cara a mirallos: tal era el aborrecimiento que les tenían, por el miedo en que les habían puesto.

. . .

PARTE PRIMERA—CAPÍTULO XXII

De la libertad que dio Don Quijote a muchos desdichados que,
mal de su grado,[34] los llevaban donde no quisieran ir.

Cuenta Cide Hamete Benengeli,[35] autor arábigo y manchego,[36] en esta gravísima, altisonante,[37] mínima,[38] dulce e imaginada historia, que después que entre el famoso don Quijote de la Mancha y Sancho Panza, su escudero, pasaron aquellas razones que en el fin del capítulo XXI quedan referidas, que don Quijote alzó los ojos y vio que por el camino que llevaba venían hasta doce hombres a pie, ensartados como cuentas[39] en una gran cadena de hierro, por los cuellos, y todos con esposas a las manos. Venían así mismo con ellos dos hombres de a caballo y dos de a pie; los de a caballo, con escopetas de rueda,[40] y los

28. A nickname for the devil, which Sancho unconsciously substitutes for Mambrino.
29. *poner los pies en polvorosa*, to run away
30. *coger las de Villadiego*, to take French leave
31. change of capes (a religious rite)
32. *en tercio y quinto*, a legal phrase from the inheritance law, by which one child could receive more than the others
33. camp; here, provisions (of camp)
34. *mal de su grado*, against their will
35. Cervantes invented this Arabic historian

to whom he attributes the *Quijote*. In Chapter IX of the book, Cervantes specifically notes that he found the manuscript of the *Quijote* in Alcaná de Toledo, a marketplace in Toledo, according to various commentators.
36. from La Mancha
37. high-sounding
38. meticulous
39. *ensartados como cuentas*, strung together like beads
40. *escopetas de rueda*, firelocks

de a pie, con dardos y espadas; y que así como Sancho Panza los vio, dijo:

—Ésta es cadena de galeotes,[41] gente forzada del Rey,[42] que va a las galeras.

—¿Cómo gente forzada?—preguntó don Quijote—. ¿Es posible que el Rey haga fuerza a ninguna gente?

—No digo eso—respondió Sancho—, sino que es gente que por sus delitos va condenada a servir al Rey en las galeras, de por fuerza.

—En resolución—replicó don Quijote —, como quiera que ello sea, esta gente, aunque los llevan, van de por fuerza, y no de su voluntad.

—Así es—dijo Sancho.

—Pues de esa manera—dijo su amo—, aquí encaja la ejecución de mi oficio: deshacer fuerzas y socorrer y acudir a los miserables.[43]

—Advierta vuestra merced—dijo Sancho—que la justicia, que es el mismo Rey, no hace fuerza ni agravio a semejante gente, sino que los castiga en pena de sus delitos.

Llegó, en esto, la cadena de los galeotes, y don Quijote, con muy corteses razones, pidió a los que iban en su guarda[44] fuesen servidos de informarle y decirle la causa o causas porque llevaban aquella gente de aquella manera. Una de las guardas[45] de a caballo respondió que eran galeotes, gente de su Majestad, que iba a galeras, y que no había más que decir, ni él tenía más que saber.

—Con todo eso—replicó don Quijote

—, querría saber de cada uno dellos en particular la causa de su desgracia.

Añadió a estas otras tales y tan comedidas[46] razones para moverlos a que le dijesen lo que deseaba, que la otra guarda de a caballo le dijo:

—Aunque llevamos aquí el registro y la fe de las sentencias[47] de cada uno destos malaventurados, no es tiempo éste de detenernos a sacarlas ni a leerlas: vuestra merced llegue y se lo pregunte a ellos mismos, que ellos lo dirán si quisieren; que sí querrán, porque es gente que recibe gusto de hacer y decir bellaquerrías.[48]

Con esta licencia, que don Quijote se tomara aunque no se la dieran, se llegó a la cadena y al primero le preguntó que por qué pecados iba de tan mala guisa. El le respondió que por enamorado iba de aquella manera.

—¿Por eso no más?—replicó don Quijote—. Pues si por enamorados echan a galeras, días ha que pudiera yo estar bogando en ellas.[49]

—No son los amores como los que vuestra merced piensa—dijo el galeote—; que los míos fueron que quise tanto a una canasta de colar[50] atestada de ropa blanca, que la abracé conmigo tan fuertemente, que a no quitármela la justicia por fuerza,[51] aun hasta ahora no la hubiera dejado de mi voluntad. Fue en fragante, no hubo lugar de tormento, concluyóse la causa, acomodáronme las espaldas con ciento, y por añadidura tres

---

41. galley slaves
42. *gente . . . Rey,* men forced by the King. The phrase has two possible meanings: either the King had maltreated these men, or they had been condemned to the King's galleys because of their crimes. Naturally, Don Quijote's temperament and attitude towards life make him choose the first of the two meanings.
43. *deshacer . . . miserables,* the redressing of wrongs and the aiding and rescuing of the wretched
44. *a . . . guarda,* those who were guarding them (the prisoners)

45. Notice that in Cervantes' time *guarda* was always a feminine word.
46. polite, courteous
47. *fe de sentencias,* certificates of the sentences
48. villanous things
49. *días . . . ellas,* I should long ago have been rowing in them (the galleys)
50. *canasta de colar,* bleaching basket, i.e. a clothes basket with holes through which the bleach could filter.
51. *a no . . . fuerza,* if the law hadn't taken it from me by force

precisos de gurapas, y acabóse la obra.[52]

—¿Qué son gurapas?—preguntó don Quijote.

—Gurapas son galeras—respondió el galeote.

El cual era un mozo de hasta edad de veinte y cuatro años, y dijo que era natural de Piedrahita. Lo mismo preguntó don Quijote al segundo, el cual no repondió palabra, según iba de triste y melancólico; mas respondió por él el primero, y dijo:

—Éste, señor, va por canario,[53] digo, por músico y cantor.

—Pues ¿cómo?—repitió don Quijote—. ¿Por músicos y cantores van también a galeras?

—Sí, señor—respondió el galeote—; que no hay peor cosa que cantar en el ansia.[54]

—Antes he yo oído decir—dijo don Quijote—que quien canta, sus males espanta.

—Acá es al revés—dijo el galeote—; que quien canta una vez, llora toda la vida.

—No lo entiendo—dijo don Quijote.

Mas una de las guardas le dijo:

—Señor caballero, cantar en el ansia se dice entre esta gente *non santa* confesar en el tormento. A este pecador le dieron tormento y confesó su delito, que era ser cuatrero, que es ser ladrón de bestias, y por haber confesado le con-

denaron por seis años a galeras, amén de doscientos azotes, que ya lleva en las espaldas; y va siempre pensativo y triste porque los demás ladrones que allá quedan y aquí van le maltratan y aniquilan,[55] y escarnecen, y tienen en poco, porque confesó, y no tuvo ánimo de decir nones.[56] Porque dicen ellos que tantas letras tiene un *no* como un *sí*, y que harta ventura tiene un delincuente, que está en su lengua su vida o su muerte, y no en la de los testigos y probanzas; y para mí tengo que no van muy fuera de camino.[57]

—Y yo lo entiendo así—respondió don Quijote.

El cual, pasando al tercero, preguntó lo que a los otros; el cual, de presto[58] y con mucho desenfado, respondió y dijo:

—Yo voy por cinco años a las gurapas por faltarme diez ducados.[59]

—Yo daré veinte de muy buena gana—dijo don Quijote—por libraros de esa pesadumbre.

—Eso me parece—respondió el galeote—como quien tiene dineros en mitad del golfo, y se está muriendo de hambre, sin tener donde comprar lo que ha menester.[60] Dígolo porque si a su tiempo tuviera yo esos veinte ducados que vuestra merced ahora me ofrece, hubiera untado con ellos la péndola del escribano, y avivado el ingenio del procurador,[61] de manera, que hoy me viera

52. *Fue . . . obra,* I was caught red-handed and so there was no need to torture me (i.e. to make him confess). The trial was swiftly concluded and I received one hundred lashings plus three years in the galleys on top of everything, and that was the end of that. Many of the words in this passage are slang words. Don Quijote was naturally familiar with the refined speech of the heroes of the books of chivalry and could not be expected to know the slang of his day.

53. canary; in slang it meant one who confessed his crime to the authorities. The words *músico* and *cantor* convey the same meaning.

54. *cantar en el ansia,* to confess under torture

55. they abuse him

56. *y no . . . nones,* he lacked the courage to deny it all

57. *y para . . . camino,* and I think that they are hardly wrong

58. *de presto,* quickly

59. gold coin which derived its name of ducat from the fact that dukes were allowed to issue it

60. *como . . . menester,* it's like having money when you are in mid-ocean, starving, and with no place to buy what you need

61. *hubiera . . . procurador,* literally, I would have greased the clerk's pen and livened up my lawyer's wits; i.e. I would have bribed the court clerk and given my lawyer incentive to have me exonerated.

en mitad de la plaza de Zocodover, de Toledo, y no en este camino, atraillado como galgo;[62] pero Dios es grande: paciencia, y basta.

Pasó don Quijote al cuarto, que era un hombre de venerable rostro, con una barba blanca que le pasaba del pecho; el cual, oyéndose preguntar la causa, porque allí venía, comenzó a llorar y no respondió palabra; mas el quinto condenado le sirvió de lengua,[63] y dijo:

—Este hombre honrado va por cuatro años a galeras, habiendo paseado las acostumbradas, vestido, en pompa y a caballo.[64]

—Eso es—dijo Sancho Panza—, a lo que a mí me parece, haber salido a la vergüenza.[65]

. . .

Tras todos estos venía un hombre de muy buen parecer, de edad de treinta años, sino que al mirar metía el un ojo en el otro un poco.[66] Venía diferentemente atado que los demás, porque traía una cadena al pie, tan grande, que se la liaba por todo el cuerpo,[67] y dos argollas[68] a la garganta, la una en la cadena, y la otra de las que llaman guardaamigo o pie de amigo;[69] de la cual descendían dos hierros que llegaban a la cintura, en los cuales se asían dos esposas, donde llevaba las manos, cerradas con un grueso candado,[70] de manera, que ni con las manos podía llegar a la boca, ni podía bajar la cabeza a llegar a las manos. Preguntó don Quijote que cómo iba aquel hombre con tantas prisiones[71] más que los otros. Repondióle la guarda: porque tenía aquél solo más delitos que todos los otros juntos, y que era tan atrevido y tan grande bellaco, que aunque le llevaban de aquella manera, no iban seguros de él, sino que temían que se les había de huir.

—¿Qué delitos puede tener—dijo don Quijote—, si no han merecido más pena que echarle a las galeras?

—Va por diez años—replicó la guarda —, que es como muerte civil.[72] No se quiera saber más sino que este buen hombre es el famoso Ginés de Pasamonte, que por otro nombre llaman Ginesillo de Parapilla.

—Señor comisario—dijo entonces el galeote—, váyase poco a poco, y no andemos ahora a deslindar nombres y sobrenombres.[73] Ginés me llamo, y no Ginesillo, y Pasamonte es mi alcurnia,[74] y no Parapilla, como voacé dice; y cada uno se dé una vuelta a la redonda y no hará poco.[75]

—Hable con menos tono[76]—replicó el comisario—, señor ladrón de más de la marca,[77] si no quiere que le haga callar, mal que le pese.[78]

—Bien parece—respondió el galeote—

---

62. *atraillado como galgo,* like a greyhound on a leash
63. *le sirvió de lengua,* served as his interpreter
64. *habiendo . . . caballo,* having paraded through the town along the usual streets, wearing the criminals' cap and followed by a troupe of officials and a crowd of townspeople.
65. *haber . . . vergüenza,* to be exposed to public shame
66. i.e. he was crossed-eyed
67. *se . . . cuerpo,* it was wound around his body
68. collars
69. *guardaamigo . . . amigo,* double-pointed or forked object. It was usually placed under a criminal's chin so that he could not hide his face from public shame either when he was being flogged or paraded through the town.
70. padlock
71. fetters
72. civil death, i.e. he had no civil rights and for all purposes was legally dead
73. nicknames
74. lineage, in this case, surname
75. *cada . . . redonda,* let everyone take a good look at himself before pointing an accusing finger
76. *hable . . . tono,* Don't be so insolent!
77. *de más . . . marca,* most outstanding; i.e. he is the biggest thief ever
78. *mal que le pese,* like it or not

que va el hombre como Dios es servido;[79] pero algún día sabrá alguno si me llamo Ginesillo de Parapilla, o no.

—¿Pues no te llaman así, embustero?[80] —dijo la guarda.

—Sí llaman—respondió Ginés—; mas yo haré que no me lo llamen, . . . Señor caballero, si tiene algo que darnos, dénoslo ya, y vaya con Dios; que ya enfada con tanto querer saber vidas ajenas; y si la mía quiere saber, sepa que soy Ginés de Pasamonte, cuya vida está escrita por estos pulgares.[81]

—Dice verdad—dijo el comisario—; que él mismo ha escrito su historia, que no hay más, y deja empeñado[82] el libro en la cárcel, en doscientos reales.

—Y le pienso quitar—dijo Ginés—, si quedara en doscientos ducados.[83]

—¿Tan bueno es?—dijo don Quijote.

—Es tan bueno—respondió Ginés—, que mal año para *Lazarillo de Tormes* y para todos cuantos de aquel género se han escrito o escribieren.[84] Lo que le sé decir a voacé es que trata verdades, y que son verdades tan lindas y tan donosas,[85] que no puede haber mentiras que se le igualen.

—¿Y cómo se intitula el libro?—preguntó don Quijote.

—*La vida de Ginés de Pasamonte*—respondió el mismo.

—¿Y está acabado?—preguntó don Quijote.

—¿Cómo puede estar acabado—respondió él—, si aún no está acabada mi vida? Lo que está escrito es desde mi nacimiento hasta el punto que esta última vez me han echado en galeras.

—Luego ¿otra vez habéis estado en ellas?—dijo don Quijote.

—Para servir a Dios y al Rey, otra vez he estado cuatro años, y ya sé a que sabe el bizcocho[86] y el corbacho[87]—respondió Ginés—; y no me pesa mucho de ir a ellas, porque allí tendré lugar de acabar mi libro; que me quedan muchas cosas que decir, y en las galeras de España hay más sosiego de aquel que sería menester, aunque no es menester mucho más para lo que yo tengo de escribir, porque me lo sé de coro.[88]

—Hábil pareces—dijo don Quijote.

—Y desdichado—respondió Ginés;—porque siempre las desdichas persiguen al buen ingenio.[89]

—Persiguen a los bellacos—dijo el comisario.

—Ya le he dicho, señor comisario—respondió Pasamonte—, que se vaya poco a poco,[90] que aquellos señores no le dieron esa vara para que maltratase a los pobretes que aquí vamos, sino para que nos guiase y llevase adonde su Majestad manda. . . .

Alzó la vara en alto el comisario para dar a Pasamonte; mas don Quijote se puso en medio, y le rogó que no le maltratase, pues no era mucho que quien llevaba tan atadas las manos tuviese algún tanto[91] suelta la lengua. Y volviéndose a todos los de la cadena, dijo:

—De todo cuanto me habéis dicho, hermanos carísimos,[92] he sacado en

---

79. *va . . . servido,* man proposes and God disposes
80. rogue
81. thumbs, but here it means fingers
82. pawned
83. *Y le . . . ducados,* and I mean to redeem it even if it takes two hundred ducats
84. *mal . . . escribieren,* i.e. *Lazarillo* and any books of its genre, past, present and future had better watch out. This is the same picaresque novel *Lazarillo de Tormes,*

found in the previous chapter, "Types of the novel."
85. witty
86. biscuit fed to galley slaves
87. whip, used to flog galley slaves
88. *me . . . coro,* I know it by heart
89. talent
90. *que se vaya poco a poco,* that you take it easy
91. *algún tanto,* a little
92. dearest

limpio[93] que, aunque os han castigado por vuestras culpas, las penas que vais a padecer no os dan mucho gusto, y que vais a ellas muy de mala gana[94] y muy contra vuestra voluntad; y que podría 5 ser que el poco ánimo que aquél tuvo en el tormento, la falta de dineros déste, el poco favor del otro, y finalmente, el torcido juicio del juez, hubiese sido causa de vuestra perdición, y de no haber 10 salido con la justicia que de vuestra parte teníais. Todo lo cual se me representa a mí ahora en la memoria, de manera, que me está diciendo, persuadiendo, y aun forzando, que muestre 15 con vosotros el efeto[95] para que el Cielo me arrojó al mundo, y me hizo profesar en él la orden de caballería que profeso, y el voto que en ella hice de favorecer a los menesterosos y opresos de los mayores. 20 Pero, porque sé que una de las partes de la prudencia es que lo que se puede hacer por bien no se haga por mal, quiero rogar a estos señores guardianes y comisario sean servidos de desataros y 25 dejaros ir en paz; que no faltarán otros que sirvan al Rey en mejores ocasiones; porque me parece duro caso hacer esclavos a los que Dios y naturaleza hizo libres. Cuanto más, señores guardas— 30 añadió don Quijote—, que estos pobres no han cometido nada contra vosotros. Allá se lo haya cada uno con su pecado;[96] Dios hay en el cielo, que no se descuida de castigar al malo, ni de premiar al 35 bueno, y no es bien que los hombres honrados sean verdugos de los otros hombres,

no yéndoles nada en ello.[97] Pido esto con esta mansedumbre y sosiego, porque tenga, si lo cumplís, algo que agradeceros; y cuando de grado[98] no lo hagáis, esta lanza y esta espada, con el valor de mi brazo, harán que lo hagáis por fuerza.

—¡Donosa majadería![99]—respondió el comisario—. ¡Bueno está el donaire con que ha salido a cabo de rato![100] Los forzados del Rey quiere que le dejemos, como si tuviéramos autoridad para soltarlos, o él la tuviera para mandárnoslo! Váyase vuestra merced, señor, enorabuena su camino adelante, y enderécese ese bacín[101] que trae en la cabeza, y no ande buscando tres pies al gato.[102]

—¡Vos sois el gato, y el rato,[103] y el bellaco!—respondió don Quijote.

Y, diciendo y haciendo, arremetió con él tan presto, que sin que tuviese lugar de ponerse en defensa, dio con él en el suelo, malherido de una lanzada; y avínole bien; que éste era el de la escopeta. Las demás guardas quedaron atónitas[104] y suspensas del no esperado acontecimiento; pero, volviendo sobre sí, pusieron mano a sus espadas los de a caballo, y los de a pie a sus dardos, y arremetieron a don Quijote, que con mucho sosiego los aguardaba; y sin duda lo pasara mal, si los galeotes, viendo la ocasión que se les ofrecía de alcanzar libertad, no la procuraran,[105] procurando romper la cadena donde venían ensartados. Fue la revuelta de manera, que las guardas, ya por acudir a los galeotes, que se desataban, ya por acometer a don

---

93. *he sacado en limpio,* I have come to the conclusion
94. *de mala gana,* reluctantly
95. purpose
96. *allá . . . pecado,* let each man wrestle with his sins
97. *no . . . ello,* having no concern in the matter
98. willingly
99. *¡Donosa majadería!,* Fine nonsense this is!
100. *Bueno . . . rato,* That's a fine joke he's come up with after all this time!

101. *bacín,* basin, which Don Quijote still wears thinking it is Mambrino's helmet
102. *buscando . . . gato,* don't go about looking for a three-legged cat, i.e. don't look for trouble
103. rat
104. dumbfounded
105. *y sin . . . procuraran,* and undoubtedly things would not have gone well for him if the galley slaves, seeing the chance of gaining their freedom, had not taken it

Quijote, que los acometía, no hicieron cosa que fuese de provecho. Ayudó Sancho, por su parte, a la soltura[106] de Ginés de Pasamonte, que fue el primero que saltó en la campaña libre y desembarazado,[107] y, arremetiendo al comisario caído, le quitó la espada y la escopeta, con la cual, apuntando al uno y señalando al otro, sin dispararla jamás, no quedó guarda en todo el campo, porque se fueron huyendo, así de la escopeta de Pasamonte como de las muchas pedradas que los ya sueltos galeotes les tiraban. Entristecióse mucho Sancho deste suceso, porque se le representó que los que iban huyendo habían de dar noticias del caso a la Santa Hermandad,[108] la cual, a campana herida,[109] saldría a buscar los delincuentes, y así se lo dijo a su amo, y le rogó que luego de allí se partiesen, y se emboscasen en la sierra, que estaba cerca.

—Bien está eso—dijo don Quijote—; pero ya sé lo que ahora conviene que se haga.

Y llamando a todos los galeotes, que andaban alborotados y habían despojado al comisario hasta dejarle en cueros,[110] se le pusieron todos a la redonda[111] para ver lo que les mandaba, y así les dijo:

—De gente bien nacida es agradecer los beneficios que reciben, y uno de los pecados que más a Dios ofende es la ingratitud. Dígolo porque ya habéis visto, señores, con manifiesta experiencia,

el que de mí habéis recibido; en pago del cual querría, y es mi voluntad, que, cargados de esa cadena que quité de vuestros cuellos, luego os pongáis en camino y vais[112] a la ciudad del Toboso, y allí os presentéis ante la señora Dulcinea del Toboso, y le digáis que su caballero el de la Triste Figura[113] se le envía a encomendar,[114] y le contéis punto por punto todos los que ha tenido esta famosa aventura hasta poneros en la deseada libertad; y, hecho esto, os podréis ir donde quisiéreis, a la buena ventura.[115]

Respondió por todos Ginés de Pasamonte, y dijo:

—Lo que vuestra merced nos manda, señor y libertador nuestro, es imposible de toda imposibilidad cumplirlo, porque no podemos ir juntos por los caminos, sino solos y divididos, y cada uno, por su parte, procurando meterse en las entrañas de la tierra, por no ser hallado de la Santa Hermandad, que sin duda alguna, ha de salir en nuestra busca. Lo que vuestra merced puede hacer, y es justo que haga, es mudar ese servicio y montazgo[116] de la señora Dulcinea del Toboso en alguna cantidad de avemarías y credos,[117] que nosotros diremos por la intención de vuestra merced, y ésta es cosa que se podrá cumplir de noche y de día, huyendo o reposando, en paz o en guerra; pero pensar que hemos de volver ahora a las ollas de Egipto,[118] digo, a tomar nuestra cadena, y a ponernos en

---

106. release
107. *que saltó . . . desembarazado,* who leaped free and clear into the open
108. Holy Brotherhood, a vigilante organization to police the countryside
109. *a campana herida,* sounding the alarm, i.e. the officers of the Santa Hermandad would toll the town's bells whenever giving chase to a criminal, thus alerting the townspeople and enlisting their aid.
110. *en cueros,* stark naked
111. *se le . . . redonda,* they gathered around him
112. *vayáis*
113. In Chapter XIX Sancho bestowed on Don

Quijote the title of "Knight of the Sad Countenance" because of the dejected look on his face.
114. presents his regards and services to her
115. *a la buena ventura,* and good fortune to you
116. tax that peasants had to pay in order to take their cattle across a mountain. The very clever Ginés implies that Don Quijote's request is a form of taxation for services rendered.
117. *avemarías y credos,* prayers
118. *ollas de Egipto,* figuratively, a wretched life

camino del Toboso, es pensar que es ahora de noche, que aún no son las diez del día, y es pedir a nosotros eso como pedir peras al olmo.[119]

—Pues voto a tal—dijo don Quijote, ya puesto en cólera—, don hijo de la puta, don Ginesillo de Paropillo, o como os llamáis, que habéis de ir vos solo, rabo entre piernas, con toda la cadena a cuestas.

Pasamontes, que no era nada bien sufrido,[120] estando ya enterado que don Quijote no era muy cuerdo, pues tal disparate había acometido como el de querer darles libertad, viéndose tratar de aquella manera, hizo del ojo[121] a los compañeros, y apartándose aparte,[122] comenzaron a llover tantas piedras sobre don Quijote, que no se daba manos a cubrirse con la rodela, y el pobre de Rocinante no hacía más caso de la espuela que si fuera hecho de bronce. Sancho se puso tras su asno, y con el se defendía de la nube y pedrisco[123] que sobre entrambos llovía. No se pudo escudar tan bien don Quijote, que no le acertasen no sé cuantos guijarros en el cuerpo, con tanta fuerza, que dieron con él en el suelo; y apenas hubo caído, cuando fue sobre él el estudiante, y le quitó la bacía de la cabeza, y diole con ella tres o cuatro golpes en las espaldas y otros tantos en la tierra, con que la hizo casi pedazos. Quitáronle una ropilla[124] que traía sobre las armas, y las medias calzas le querían quitar, si las grebas[125] no lo estorbaran. A Sancho le quitaron el gabán, y, dejáronle en pelota,[126] repartiendo entre sí los demás despojos de la batalla, se fueron cada uno por su parte, con más cuidado de escaparse de la Hermandad que temían que de cargarse de la cadena e ir a presentarse ante la señora Dulcinea del Toboso.

Solos quedaron jumento y Rocinante, Sancho y don Quijote; el jumento, cabizbajo[127] y pensativo, sacudiendo de cuando en cuando las orejas, pensando que aun no había cesado la borrasca de las piedras, que le perseguían los oídos; Rocinante, tendido junto a su amo: que también vino al suelo de otra pedrada; Sancho en pelota, y temeroso de la Santa Hermandad; don Quijote, mohinísimo[128] de verse tan malparado[129] por los mismos a quien tanto bien había hecho.

---

119. *pedir peras al olmo,* well-known Spanish saying which literally means to expect pears from an elm-tree, i.e. to ask the impossible
120. *no . . . sufrido,* he was far from patient
121. *hizo del ojo,* winked
122. *apartándose aparte,* drawing aside
123. shower of stones

124. a kind of short-sleeved vest that knights wore over their armor to keep it shiny.
125. leg armor
126. *en pelota,* in his underwear
127. dejected
128. distressed
129. mistreated

PARTE SEGUNDA—CAPÍTULO X[1]

Donde se cuenta la industria que Sancho tuvo para encantar a la señora Dulcinea, y de otros sucesos tan ridículos como verdaderos.

Y así, prosiguiendo su historia, [el autor] dice: que así como don Quijote se emboscó en la floresta, encinar, o selva junto al gran Toboso, mandó a

1. Quijote and Sancho have set out on a new set of adventures. First Quijote wishes to pay his respects to Dulcinea, whom his imagination has transformed into a highborn princess. They reach her village, El Toboso, and spend a night wandering through it in search of her palace. Toward daybreak they retire to a woods not far from the village.

Sancho volver a la ciudad, y que no volviese a su presencia sin haber primero hablado de su parte a su señora, pidiéndola fuese servida de dejarse ver de su cautivo caballero, y se dignase de echarle su bendición, para que pudiese esperar por ella felicísimos sucesos de todos sus acometimientos y dificultosas empresas. Encargóse Sancho de hacerlo así como se le mandaba, y de traerle tan buena respuesta como le trujo la vez primera.[2]

—Anda, hijo —replicó don Quijote—, y no te turbes cuando te vieres ante la luz del sol de hermosura que vas a buscar. ¡Dichoso tú sobre todos los escuderos del mundo! Ten memoria, y no se te pase della cómo te recibe: si muda las colores el tiempo que la estuvieres dando mi embajada; si se desasosiega y turba oyendo mi nombre; si no cabe en[3] la almohada, si acaso la hallas sentada en el estrado rico de su autoridad; y si está en pie, mírala si se pone ahora sobre el uno, ahora sobre el otro pie; . . . que has de saber, Sancho, si no lo sabes, que entre los amantes, las acciones y movimientos exteriores que muestran, cuando de sus amores se trata, son certísimos correos que traen las nuevas de lo que allá en lo interior del alma pasa. Ve, amigo, y guíete otra mejor ventura que la mía, y vuélvate otro mejor suceso del que yo quedo temiendo y esperando en esta amarga soledad en que me dejas.

—Yo iré y volveré presto—dijo Sancho—; y ensanche vuesa merced, señor mío, ese corazoncillo, que le debe de tener agora no mayor que una ave-llana, y considere que se suele decir que buen corazón quebranta mala ventura, y que donde no hay tocinos, no hay estacas;[4] y también se dice: donde no piensan, salta la liebre. Dígolo porque si esta noche no hallamos los palacios o alcázares de mi señora, agora que es de día los pienso hallar, cuando menos lo piense; y hallados, déjenme a mí con ella.

—Por cierto, Sancho—dijo don Quijote—, que siempre traes tus refranes tan a pelo de[5] lo que tratamos cuanto[6] me dé Dios mejor ventura en lo que deseo.

Esto dicho, volvió Sancho las espaldas y vareó su rucio, y don Quijote se quedó a caballo descansando sobre los estribos y sobre el arrimo de su lanza, lleno de tristes y confusas imaginaciones, donde le dejaremos, yéndonos con Sancho Panza, que no menos confuso y pensativo se apartó de su señor que él quedaba; y tanto, que apenas hubo salido del bosque, cuando, volviendo la cabeza, y viendo que don Quijote no parecía, se apeó del jumento, y sentándose al pie de un árbol comenzó a hablar consigo mesmo y a decirse:

—Sepamos agora, Sancho hermano, adónde va vuesa merced. ¿Va a buscar algún jumento que se le haya perdido? —No, por cierto. —Pues ¿qué va a buscar? —Voy a buscar, como quien no dice nada,[7] a una princesa, y en ella al sol de la hermosura y a todo el cielo junto. —Y ¿adónde pensáis hallar eso que decís, Sancho?—¿Adónde? En la gran ciudad del Toboso. —Y bien, y ¿de parte de quién la vais a buscar?—De parte del

---

2. Once before Sancho was sent to Dulcinea with a message. He did not actually go to El Toboso but returned with a feigned reply and description of the 'princess.'
3. Here, to sit still on
4. Sancho constantly quotes proverbs, sometimes where they make little sense. Here he even misquotes the saying: *Donde piensan que hay tocinos, no hay ni estacas;*

where they expect to find bacon, there aren't even pegs (to hang it on). He refers to their fruitless search of the night before. This proverb has just the opposite idea of the next one Sancho cites.
5. *a pelo de,* apropos to, in harmony with
6. as
7. *como quien no dice nada,* as if it were nothing at all

famoso caballero don Quijote de la Mancha, que desface los tuertos, y da de comer al que ha sed, y de beber al que ha hambre. —Todo eso está muy bien. Y ¿sabéis su casa, Sancho? —Mi amo dice que han de ser unos reales palacios, o unos soberbios alcázares. —Y ¿habéisla visto algún día por ventura? —Ni yo ni mi amo la habemos visto jamás. —Y ¿paréceos que fuera acertado y bien hecho que si los del Toboso supiesen que estáis vos aquí con intención de ir a sonsacarles sus princesas y a desasosegarles sus damas, viniesen y os moliesen las costillas a puros palos, y no os dejasen hueso sano? —En verdad que tendrían mucha razón, cuando no considerasen que soy mandado, y que

> Mensajero sois, amigo,
> Non merecéis culpa, non.

—No os fiéis en eso, Sancho; porque la gente manchega es tan colérica como honrada y no consiente cosquillas de nadie. Vive Dios que si os huele, que os mando mala ventura . . . —¡Allá darás, rayo!⁸ ¡No, sino ándeme yo buscando tres pies al gato⁹ por el gusto ajeno! Y más, que así será buscar a Dulcinea por el Toboso como a Marica por Ravena, o al Bachiller en Salamanca.¹⁰ ¡El diablo, el diablo me ha metido a mí en esto; que otro no!

Este soliloquio pasó consigo Sancho, y lo que sacó dél fue que volvió a decirse: —Ahora bien, todas las cosas tienen remedio, sino es la muerte, debajo de cuyo yugo hemos de pasar todos, mal que nos pese, al acabar de la vida. Este mi amo por mil señales he visto que es un loco de atar, y aun también yo no le quedo en

zaga, pues soy más mentecato que él, pues le sigo y le sirvo, si es verdadero el refrán que dice: «Dime con quien andas, decirte he quién eres,» y el otro de «No con quien naces, sino con quien paces.» Siendo, pues, loco, como lo es, y de locura que las más veces toma unas cosas por otras, y juzga lo blanco por negro y lo negro por blanco, como se pareció cuando dijo que los molinos de viento eran gigantes, y las mulas de los religiosos dromedarios, y las manadas de carneros ejércitos de enemigos, y otras muchas cosas a este tono, no será muy difícil hacerle creer que una labradora, la primera que me topare por aquí, es la señora Dulcinea; y cuando él no lo crea, juraré yo; y si él jurare, tornaré yo a jurar; y si porfiare, porfiaré yo más, y de manera, que tengo de tener la mía siempre sobre el hito,¹¹ venga lo que viniere. Quizá con esta porfía acabaré con él que no me envíe otra vez a semejantes mensajerías, viendo cuán mal recado le traigo dellas, o quizá pensará, como yo imagino, que algún mal encantador de estos que él dice que le quieren mal la habrá mudado la figura, por hacerle mal y daño.

Con esto que pensó Sancho Panza quedó sosegado su espíritu, y tuvo por bien acabado su negocio, deteniéndose allí hasta la tarde, por dar lugar a que don Quijote pensase que le¹² había tenido para ir y volver del Toboso; y sucedióle todo tan bien, que cuando se levantó para subir en el rucio vio que del Toboso hacia donde él estaba venían tres labradoras sobre tres pollinos, o pollinas, que el autor no lo declara, aunque más se puede creer que eran borricas, por ser

---

8. The full proverb reads: *Allá darás, rayo, en casa de Tamayo.* It is used to petition lightning, or any trouble, to stay away from our house even if it has to strike some one else's. Translate here, I'm not looking for trouble!

9. *buscando . . . gato*, looking for something which is not there
10. *como a Marica . . . Salamanca*, looking for a certain woman in a populous city or a certain student in a university town.
11. *tener . . . hito*, to stick to my story
12. *le* refers to *lugar*, but in the sense of *time*

ordinaria caballería de las aldeanas, pero como no va mucho en esto, no hay para qué detenernos en averiguarlo. En resolución, así como Sancho vio a las labradoras, a paso tirado volvió a buscar a su señor don Quijote, y hallóle suspirando y diciendo mil amorosas lamentaciones. Como don Quijote le vio, le dijo:

—¿Qué hay, Sancho amigo? ¿Podré señalar este día con piedra blanca, o con negra?

—Mejor será—respondió Sancho—que vuesa merced le señale con almagre, como rétulos de cátedras, porque le echen bien de ver los que le vieren.[13]

—De ese modo—replicó don Quijote—, buenas nuevas traes.

—Tan buenas—respondió Sancho—, que no tiene más que hacer vuesa merced sino picar a Rocinante y salir a lo raso a ver a la señora Dulcinea del Toboso, que con otras dos doncellas suyas viene a ver a vuesa merced.

—¡Santo Dios! ¿Qué es lo que dices, Sancho amigo?—dijo don Quijote—. Mira no me engañes, ni quieras con falsas alegrías alegrar mis verdaderas tristezas.

—¿Qué sacaría yo de engañar a vuesa merced—respondió Sancho—, y más estando tan cerca de descubrir mi verdad? Pique, señor, y venga, y verá venir a la princesa nuestra ama vestida y adornada; en fin, como quien ella es. Sus doncellas y ella todas son una ascua de oro, todas mazorcas de perlas, todas son diamantes, todas rubíes, todas telas de brocado de más de diez altos;[14] los cabellos, sueltos por las espaldas, que son otros tantos rayos del sol que andan jugando con el viento; y, sobre todo, vienen a caballo sobre tres cananeas remendadas, que no hay más que ver.

—*Hacaneas* querrás decir, Sancho.

—Poca diferencia hay—respondió Sancho—de *cananeas* a *hacaneas;* pero vengan sobre lo que vinieren, ellas vienen las más galanas señoras que se puedan desear, especialmente la princesa Dulcinea mi señora, que pasma los sentidos.

—Vamos, Sancho hijo—respondió don Quijote—; y en albricias destas no esperadas como buenas nuevas, te mando el mejor despojo que ganare en la primera aventura que tuviere, y si esto no te contenta, te mando las crías que este año me dieren las tres yeguas mías, que tú sabes que quedan para parir en el prado concejil de nuestro pueblo.

—A las crías me atengo—respondió Sancho—; porque de ser buenos los despojos de la primera aventura no está muy cierto.

Ya en esto salieron de la selva y descubrieron cerca a las tres aldeanas. Tendió don Quijote los ojos por todo el camino del Toboso, y como no vio sino a las tres labradoras, turbóse todo, y preguntó a Sancho si las había dejado fuera de la ciudad.

—¿Cómo fuera de la ciudad?—respondió—. ¿Por ventura tiene vuesa merced los ojos en el colodrillo, que no ve que son éstas, las que aquí vienen, resplandecientes como el mismo sol a medio día?

—Yo no veo, Sancho—dijo don Quijote—, sino a tres labradoras sobre tres borricos.

—¡Agora me libre Dios del diablo!—respondió Sancho—. Y ¿es posible que tres hacaneas, o como se llaman, blancas como el ampo de la nieve, le parezcan a vuesa merced borricos? ¡Vive el Señor, que me pele estas barbas si tal fuese verdad!

—Pues yo te digo, Sancho amigo—dijo don Quijote—, que es tan verdad que son

13. *porque . . . vieren,* so that those who see it will see it well
14. The best brocade was *de tres altos* (of three levels) having a base cloth, embroidery, and gold or silver work, superimposed one on the other.

borricos, o borricas, como yo soy don Quijote y tú Sancho Panza; a lo menos, a mí tales me parecen.

—Calle, señor—dijo Sancho—; no diga la tal palabra, sino despabile esos ojos, y venga a hacer reverencia a la señora de sus pensamientos, que ya llega cerca.

Y diciendo esto, se adelantó a recebir a las tres aldeanas, y apeándose del rucio, tuvo del cabestro al jumento de una de las tres labradoras, y hincando ambas rodillas en el suelo, dijo:

—Reina y princesa y duquesa de la hermosura, vuestra altivez y grandeza sea servida de recebir en su gracia y buen talente al cautivo caballero vuestro, que allí está hecho piedra mármol, todo turbado y sin pulsos, de verse ante vuestra magnífica presencia. Yo soy Sancho Panza su escudero, y él es el asendereado caballero don Quijote de la Mancha, llamado por otro nombre el Caballero de la Triste Figura.

A esta sazón ya se había puesto don Quijote de hinojos junto a Sancho, y miraba con ojos desencajados y vista turbada a la que Sancho llamaba reina y señora; y como no descubría en ella sino una moza aldeana, y no de muy buen rostro, porque era carirredonda y chata, estaba suspenso y admirado, sin osar desplegar los labios. Las labradoras estaban asimismo atónitas, viendo aquellos dos hombres tan diferentes hincados de rodillas, que no dejaban pasar adelante a su compañera; pero rompiendo el silencio la detenida, toda desgraciada y mohína, dijo:

—Apártense nora en tal[15] del camino, y déjennos[16] pasar; que vamos de priesa.

A lo que respondió Sancho.

—¡Oh princesa y señora universal del Toboso! ¿Cómo vuestro magnánimo corazón no se enternece viendo arrodillado ante vuestra sublimada presencia a la coluna y sustento de la andante caballería?

Oyendo lo cual otra de las dos, dijo:

—Mas ¡jo, que te estrego, burra de mi suegro![17] ¡Mirad con qué se vienen los señoricos ahora a hacer burla de las aldeanas, como si aquí no supiésemos echar pullas como ellos! Vayan su camino, e déjennos hacer el nueso, y serles ha sano.

—Levántate, Sancho—dijo a este punto don Quijote—; que ya veo que la Fortuna, de mi mal no harta, tiene tomados los caminos todos por donde pueda venir algún contento a esta ánima mezquina que tengo en las carnes. Y tú, ¡oh extremo del valor que puede desearse, término de la humana gentileza, único remedio deste afligido corazón que te adora!, ya que el maligno encantador me persigue, y ha puesto nubes y cataratas en mis ojos, y para sólo ellos y no para otros ha mudado y transformado tu sin igual hermosura y rostro en el de una labradora pobre, si ya también el mío no le ha cambiado en el de algún vestiglo, para hacerle aborrecible a tus ojos, no dejes de mirarme blanda y amorosamente, echando de ver en esta sumisión y arrodillamiento que a tu contrahecha hermosura hago la humildad con que mi alma te adora.

—¡Tomá que mi agüelo![18]—respondió la aldeana—. ¡Amiguita soy yo de oír resquebrajos! Apártense y déjennos ir, y agradecérselo hemos.

Apartóse Sancho y dejóla ir, contentísimo de haber salido bien de su enredo. Apenas se vio libre la aldeana que había hecho la figura de Dulcinea, cuando picando a su *cananea* con un aguijón que en un palo traía, dio a correr por el

15. *nora en tal;* euphemism for *en hora mala*
16. Peasant speech for *déjennos*
17. *! jo . . . suegro,* whoa, for I'm rubbing you down, donkey of my father-in-law! That is, I'm not beating you, I'm doing you a favor. A proverb said of people who don't appreciate what others are doing for them.
18. *Tomá . . . agüelo,* 'My aunt!'

prado adelante. Y como la borrica sentía la punta del aguijón, que le fatigaba más de lo ordinario, comenzó a dar corcovos, de manera, que dió con la señora Dulcinea en tierra; lo cual visto por don Quijote, acudió a levantarla, y Sancho a componer y cinchar el albarda, que también vino a la barriga de la pollina. Acomodada, pues, la albarda, y queriendo don Quijote levantar a su encantada señora en los brazos sobre la jumenta, la señora, levantándose del suelo, le quitó de aquel trabajo, porque haciéndose algún tanto atrás,[19] tomó una corridica, y puestas ambas manos sobre las ancas de la pollina, dió con su cuerpo, más ligero que un halcón, sobre la albarda, y quedó a horcajadas, como si fuera hombre; y entonces dijo Sancho:

—¡Vive Roque, que es la señora nuestra ama más ligera que un alcotán, y que puede enseñar a subir a la jineta al más diestro cordobés o mejicano! El arzón trasero de la silla pasó de un salto, y sin espuelas hace correr la hacanea como una cebra. Y no le van en zaga sus doncellas; que todas corren como el viento.

Y así era la verdad; porque en viéndose a caballo Dulcinea, todas picaron tras ella y dispararon a correr, sin volver la cabeza atrás por espacio de más de media legua. Siguiólas don Quijote con la vista, y cuando vio que no parecían, volviéndose a Sancho, le dijo:

—Sancho, ¿qué te parece cuán mal quisto soy de encantadores? Y mira hasta donde se extiende su malicia y la ojeriza que me tienen, pues me han querido privar del contento que pudiera darme ver en su ser a mi señora. En efecto, yo nací para ejemplo de desdichados, y para ser blanco y terrero donde tomen la mira y asiesten las flechas de la mala fortuna. Y has también de advertir, Sancho, que no se contentaron estos traidores de haber vuelto y transformado a mi Dulcinea, sino que la transformaron y volvieron en una figura tan baja y tan fea como la de aquella aldeana, y juntamente le quitaron lo que es tan suyo de las principales señoras, que es el buen olor, por andar siempre entre ámbares y entre flores. Porque te hago saber, Sancho, que cuando llegué a subir a Dulcinea sobre su hacanea (según tú dices, que a mí me pareció borrica), me dió un olor de ajos crudos, que me encalabrinó y atosigó el alma.

—¡Oh canalla!—gritó a esta sazón Sancho—. ¡Oh encantadores aciagos y mal intencionados, y quién os viera a todos ensartados por las agallas, como sardinas en lercha! . . .

Harto tenía que hacer el socarrón de Sancho en disimular la risa, oyendo las sandeces de su amo, tan delicadamente engañado. Finalmente, después de otras muchas razones que entre los dos pasaron, volvieron a subir en sus bestias, y siguieron el camino de Zaragoza, adonde pensaban llegar a tiempo que pudiesen hallarse en unas solenes fiestas que en aquella insigne ciudad cada año suelen hacerse. Pero antes que allá llegasen les sucedieron cosas que, por muchas, grandes y nuevas, merecen ser escritas y leídas como se verá adelante.

19. *haciéndose . . . atrás,* drawing back a bit

Parte Segunda—Capítulo xli[20]

De la venida de Clavileño, con el fin desta dilatada aventura.

Llegó en esto la noche, y con ella el punto determinado en que el famoso caballo Clavileño viniese, cuya tardanza fatigaba ya a don Quijote, pareciéndole que, pues Malambruno se detenía en enviarle, o que él no era el caballero para quien estaba guardada aquella aventura, o que Malambruno no osaba venir con él a singular batalla. Pero veis aquí cuando a deshora[21] entraron por el jardín cuatro salvajes, vestidos todos de verde yedra, que sobre sus hombros traían un gran caballo de madera. Pusiéronle de pies en el suelo, y uno de los salvajes dijo:

—Suba sobre esta máquina el caballero que tuviere ánimo para ello.

—Aquí—dijo Sancho—yo no subo, porque ni tengo ánimo, ni soy caballero.

Y el salvaje prosiguió, diciendo:

—Y ocupe las ancas el escudero, si es que lo tiene,[22] y fíese del valeroso Malambruno, que si no fuere de su espada, de ninguna otra, ni de otra malicia, será ofendido,[23] y no hay más que torcer esta clavija que sobre el cuello trae puesta, que él los llevará por los aires, adonde los atiende Malambruno; pero porque la alteza y sublimidad del camino no les cause vaguidos, se han de cubrir los ojos hasta que el caballo relinche, que será señal de haber dado fin a su viaje.

Esto dicho, dejando a Clavileño, con gentil continente, se volvieron por donde habían venido. La Dolorida, así como vio al caballo, casi con lágrimas dijo a don Quijote:

—Valeroso caballero, las promesas de Malambruno han sido ciertas: el caballo está en casa, nuestras barbas crecen, y cada una de nosotras y con cada pelo dellas te suplicamos nos rapes y tundas, pues no está en más sino en que subas[24] en él con tu escudero, y des felice principio a vuestro nuevo viaje.

—Eso haré yo, señora Condesa Trifaldi, de muy buen grado y de mejor talente, sin ponerme a tomar cojín, ni calzarme espuelas, por no detenerme; tanta es la gana que tengo de veros a vos, señora, y a todas estas dueñas rasas y mondas.

—Eso no haré yo—dijo Sancho—, ni de malo ni de buen talante, en ninguna manera; y si es que este rapamiento no se puede hacer sin que yo suba a las ancas, bien puede buscar mi señor otro escudero que le acompañe, y estas señoras otro modo de alisarse los rostros; que yo no soy brujo, para gustar de andar por los aires. Y ¿qué dirán mis insulanos cuando sepan que su gobernador[25] se anda paseando por los vientos? Y otra cosa más: que habiendo tres mil y tantas leguas de

---

20. Quijote and Sancho have reached the house of a Duke and Duchess who have read the *Parte primera* and know the nature of Quijote's madness. They decide to have some fun at his expense. Some of their ladies-in-waiting put on false beards and appear before Quijote craving a boon. Their leader, who calls herself the Countess Trifaldi or the *Dueña dolorida*, says that the giant enchanter Malambruno has caused their beards to grow but that Quijote can undo the charm by riding a wooden horse (Clavileño), which flies

through the air, to Malambruno's castle and battling with him. The horse is Malambruno's property, but he has consented to send it from his distant land to the Duke's palace.
21. *a deshora,* when least expected
22. Subject, *el caballero*
23. will he (the knight) be harmed
24. *pues . . . subas,* since it depends on nothing else but your mounting
25. The Duke has also promised to give Sancho the government of a city, which he calls an *insula.*

aquí a Candaya,[26] si el caballo se cansa, o el gigante se enoja, tardaremos en dar la vuelta media docena de años, y ya ni habrá ínsula, ni ínsulos en el mundo que me conozcan; y pues se dice comúnmente que en la tardanza va el peligro, y que cuando te dieren la vaquilla acudas con la soguilla,[27] perdónenme las barbas destas señoras, que bien se está San Pedro en Roma; quiero decir, que bien me estoy en esta casa, donde tanta merced se me hace y de cuyo dueño tan gran bien espero como es verme gobernador.

A lo que el Duque dijo:

—Sancho amigo, la ínsula que yo os he prometido no es movible ni fugitiva: raíces tiene tan hondas, echadas en los abismos de la tierra, que no la arrancarán ni mudarán de donde está a tres tirones; y pues vos sabéis que sé yo que no hay ningún género de oficio destos de mayor cantía[28] que no se granjee con alguna suerte de cohecho, cuál más, cuál menos, el que yo quiero llevar por[29] este gobierno es que vais con vuestro señor don Quijote a dar cima y cabo a esta memorable aventura; que ahora volváis sobre Clavileño con la brevedad que su ligereza promete, ora la contraria fortuna os traiga y vuelva a pie, hecho romero, de mesón en mesón y de venta en venta, siempre que volviéredes hallaréis vuestra ínsula donde la dejáis, y a vuestros insulanos con el mesmo deseo de recebiros por su gobernador que siempre han tenido, y mi voluntad será la mesma; y no pongáis duda en esta verdad, señor Sancho; que sería hacer notorio agravio al deseo que de serviros tengo.

—No más, señor—dijo Sancho—: yo soy un pobre escudero, y no puedo llevar a cuestas tantas cortesías; suba mi amo, tápenme estos ojos, y encomiéndenme a Dios, y avísenme si cuando vamos por esas altanerías podré encomendarme a nuestro Señor, o invocar los ángeles, que me favorezcan.

A lo que respondió Trifaldi:

—Sancho, bien podéis encomendaros a Dios, o a quien quisiéredes; que Malambruno, aunque es encantador, es cristiano, y hace sus encantamentos con mucha sagacidad y con mucho tiento, sin meterse con nadie.

—Ea, pues—dijo Sancho—, Dios me ayude y la Santísima Trinidad de Gaeta.[30]

—Desde la memorable aventura de los batanes—dijo don Quijote—, nunca he visto a Sancho con tanto temor como ahora; y si yo fuera tan agorero como otros, su pusilanimidad me hiciera algunas cosquillas en el ánimo. Pero llegaos aquí Sancho; que con licencia destos señores os quiero hablar aparte dos palabras.

Y apartando a Sancho entre unos árboles del jardín, y asiéndole ambas las manos, le dijo:

—Ya vees, Sancho hermano, el largo viaje que nos espera, y que sabe Dios cuándo volveremos dél, ni la comodidad ni espacio que nos darán los negocios; y así, querría que ahora te retirases en tu aposento, como que vas a buscar alguna cosa necesaria para el camino, y en un daca las pajas[31] te dieses, a buena cuenta de los tres mil y trecientos azotes a que estás obligado,[32] siquiera quinientos, que dados te los tendrás; que el comenzar las cosas es tenerlas medio acabadas.

—Par Dios—dijo Sancho—, que vuesa

---

26. Malambruno's land
27. *acudas con la soguilla,* run with the rope (to take it away before they change their minds)
28. *de mayor cantía,* of importance (*cantía* for *cuantía*)
29. *llevar por,* to get in exchange for
30. Gaeta, a city in Italy
31. *daca las pajas,* jiffy

32. Quijote has told the Duke how he saw Dulcinea transformed into a peasant girl; so the nobleman arranges a feigned appearance of the enchanter Merlin, who informs them that the only way to disenchant Dulcinea is for Sancho to give himself 3,300 lashes! Sancho's ingenuity is taxed to think up ways to avoid carrying out this sacrifice.

merced debe de ser menguado; . . . ¿Ahora que tengo de ir sentado en una tabla rasa, quiere vuesa merced que me lastime las posas? En verdad, en verdad que no tiene vuesa merced razón. Vamos ahora a rapar estas dueñas; que a la vuelta, yo le prometo a vuesa merced, como quien soy, de darme tanta priesa a salir de mi obligación, que vuesa merced se contente, y no le digo más.

Y don Quijote respondió:

—Pues con esa promesa, buen Sancho, voy consolado, y creo que la cumplirás, porque, en efecto, aunque tonto, eres hombre verídico.

—No soy verde,[33] sino moreno—dijo Sancho—; pero aunque fuera de mezcla,[34] cumpliera mi palabra.

Y con esto se volvieron a subir en Clavileño, y al subir, dijo don Quijote:

—Tapaos, Sancho, y subid, Sancho; que quien de tan lueñes tierras envía por nosotros no será para engañarnos, por la poca gloria que le puede redundar de engañar a quien dél se fía; y puesto que todo sucediese al revés de lo que imagino, la gloria de haber emprendido esta hazaña no la podrá escurecer malicia alguna.

—Vamos, señor—dijo Sancho—; que las barbas y lágrimas destas señoras las tengo clavadas[35] en el corazón, y no comeré bocado que bien me sepa hasta verlas en su primera lisura. Suba vuesa merced, y tápese primero; que si yo tengo de ir a las ancas, claro está que primero sube el de la silla.

—Así es la verdad—replicó don Quijote.

Y sacando un pañuelo de la faldriquera, pidió a la Dolorida que le cubriese muy bien los ojos; y habiéndoselos cubierto, se volvió a descubrir y dijo.

—Si mal no me acuerdo, yo he leído en Virgilio aquello del Paladión de Troya, que fué un caballo de madera que los griegos presentaron a la diosa Palas, el cual iba preñado de caballeros armados, que después fueron la total ruina de Troya; y así, será bien ver primero lo que Clavileño trae en su estómago.

—No hay para qué—dijo la Dolorida—; que yo le fío y sé que Malambruno no tiene nada de malicioso ni de traidor; vuesa merced, señor don Quijote, suba sin pavor alguno, y a mi daño[36] si alguno le sucediere.

Parecióle a don Quijote que cualquiera cosa que replicase acerca de su seguridad sería poner en detrimento su valentía, y así, sin más altercar, subió sobre Clavileño, y le tentó la clavija, que fácilmente se rodeaba; y como no tenía estribos, y le colgaban las piernas, no parecía sino figura de tapiz flamenco, pintada o tejida, en algún romano triunfo. De mal talante y poco a poco llegó a subir Sancho, y acomodándose lo mejor que pudo en las ancas, las halló algo duras y no nada blandas, y pidió al Duque que, si fuese posible, le acomodase de algún cojín, o de alguna almohada, aunque fuese del estrado de su señora la Duquesa, o del lecho de algún paje; porque las ancas de aquel caballo más parecían de mármol que de leño. A esto dijo la Trifaldi que ningún jaez ni ningún género de adorno sufría sobre sí Clavileño; que lo que podía hacer era ponerse a mujeriegas, y que así no sentiría tanto la dureza. Hízolo así Sancho, y diciendo a Dios, se dejó vendar los ojos, y ya después de vendados, se volvió a descubrir, y mirando a todos los del jardín tiernamente y con lágrimas, dijo que le ayudasen en aquel trance con sendos paternostres y sendas avemarías, porque[37] Dios deparase quien por ellos los dijese cuando en semejantes trances se viesen. A lo que dijo don Quijote:

---

33. Sancho takes *verídico* to be *verdico*, a diminutive of *verde*.
34. mixed color, spotted

35. *las tengo clavadas*, (they) pierce my heart
36. *y a mi daño*, and let the harm be mine
37. *para que*

—Ladrón, ¿estás puesto en la horca por ventura, o en el último término de la vida, para usar de semejantes plegarias? . . . Cúbrete, cúbrete, animal descorazonado, y no te salga a la boca el temor que tienes, a lo menos en presencia mía.

—Tápenme—respondió Sancho—; y pues no quieren que me encomiende a Dios ni que sea encomendado, ¿qué mucho que tema no ande por aquí alguna legión de diablos, que den con nosotros en Peralvillo?[38]

Cubriéronse, y sintiendo don Quijote que estaba como había de estar, tentó la clavija, y apenas hubo puesto los dedos en ella, cuando todas las dueñas y cuantos estaban presentes levantaron las voces, diciendo:

—¡Dios te guíe, valeroso caballero!

—¡Dios sea contigo, escudero intrépido!

—¡Ya, ya vais por esos aires, rompiéndolos con más velocidad que una saeta!

—!Ya comenzáis a suspender y admirar a cuantos desde la tierra os están mirando!

—¡Tente, valeroso Sancho, que te bamboleas! ¡Mira no cayas; que será peor tu caída que la del atrevido mozo[39] que quiso regir el carro del Sol, su padre!

Oyó Sancho las voces, y apretándose con su amo, y ciñiéndole con los brazos, le dijo:

—Señor, ¿cómo dicen éstos que vamos tan altos, alcanzan acá sus voces, y no parece sino que están aquí hablando, junto a nosotros?

—No repares en eso, Sancho; que como estas cosas y estas volaterías van fuera de los cursos ordinarios, de mil leguas verás y oirás lo que quisieres. Y no me aprietes tanto, que me derribas; y en verdad que

no sé de qué te turbas ni te espantas; que osaré jurar que en todos los días de mi vida he subido en cabalgadura de paso más llano: no parece sino que no nos movemos de un lugar. Destierra, amigo, el miedo; que, en efecto, la cosa va como ha de ir, y el viento llevamos en popa.

—Así es la verdad—respondió Sancho —; que por este lado me da un viento tan recio, que parece que con mil fuelles me están soplando.

Y así era ello; que unos grandes fuelles le estaban haciendo aire: tan bien trazada estaba la tal aventura por el Duque y la Duquesa y su mayordomo, que no le faltó requisito que la dejase de hacer perfecta.

Sintiéndose, pues, soplar don Quijote, dijo:

—Sin duda alguna, Sancho, que ya debemos de llegar a la segunda región del aire, adonde se engendra el granizo o las nieves; los truenos, los relámpagos y los rayos se engendran en la tercera region; y si es que desta manera vamos subiendo, presto daremos en la región del fuego, y no sé yo cómo templar esta clavija para que no subamos donde nos abrasemos.

En esto, con unas estopas ligeras de encenderse y apagarse, desde lejos, pendientes de una caña, les calentaban los rostros. Sancho, que sintió el calor, dijo:

—Que me maten si no estamos ya en el lugar del fuego, o bien cerca; porque una gran parte de mi barba se me ha chamuscado, y estoy, señor, por descubrirme y ver en qué parte estamos.

—No hagas tal—respondió don Quijote—, y acuérdate del verdadero cuento del licenciado Torralba,[40] a quien llevaron los diablos en volandas por el aire, caballero en una caña, cerrados los ojos,

---

38. A village near Ciudad Real in which criminals were executed.

39. Phaethon, Apollo's son, tried to drive the chariot of the sun but was thrown into the sea.

40. A real man who was tried for witchcraft and accused of riding through the air on a stick.

y en doce horas llegó a Roma, y se apeó en Torre de Nona, que es una calle de la ciudad, y vio todo el fracaso y asalto y muerte de Borbón, y por la mañana ya estaba de vuelta en Madrid, donde dio cuenta de todo lo que había visto; el cual asimismo dijo que cuando iba por el aire le mandó el diablo que abriese los ojos, y los abrió y se vio tan cerca, a su parecer, del cuerpo de la luna, que la pudiera asir con la mano, y que no osó mirar a la tierra, por no desvanecerse. Así que, Sancho, no hay para qué descubrirnos; que el que nos lleva a cargo, él dará cuenta de nosotros; y quizá vamos tomando puntas⁴¹ y subiendo en alto, para dejarnos caer de una sobre el reino de Candaya, como hace el sacre o neblí sobre la garza, para cogerla, por más que se remonte; y aunque nos parece que no ha media hora que nos partimos del jardín, créeme que debemos de haber hecho gran camino.

—No sé lo que es—respondió Sancho Panza—; sólo sé decir que si la señora Magallanes, o Magalona,⁴² se contentó destas ancas, que no debía de ser muy tierna de carnes.

Todas estas pláticas de los dos valientes oían el Duque y la Duquesa y los del jardín, de que recibían extraordinario contento; y queriendo dar remate a la extraña y bien fabricada aventura, por la cola de Clavileño le pegaron fuego con unas estopas, y al punto, por estar el caballo lleno de cohetes tronadores, voló por los aires, con extraño ruido, y dio con don Quijote y con Sancho Panza en el suelo, medio chamuscados.

En este tiempo ya se habían desparecido del jardín todo el barbado escuadrón de las dueñas, y la Trifaldi y todo, y los del jardín quedaron como desmayados, tendidos por el suelo. Don Quijote y Sancho se levantaron maltrechos, y

mirando a todas partes quedaron atónitos de verse en el mesmo jardín de donde habían partido, y de ver tendido por tierra tanto número de gente; y creció más su admiración cuando a un lado del jardín vieron hincada una gran lanza en el suelo, y pendiente della y de dos cordones de seda verde un pergamino liso y blanco, en el cual con grandes letras de oro estaba escrito lo siguiente:

«El ínclito caballero don Quijote de la Mancha feneció y acabó la aventura de la Condesa Trifaldi, por otro nombre llamada la Dueña Dolorida, y compañía, con sólo intentarla.

«Malambruno se da por contento y satisfecho a toda su voluntad, y las barbas de las dueñas ya quedan lisas y mondas . . . Y cuando se cumpliere el escuderil vápulo, la blanca paloma se verá libre de los pestíferos girifaltes que la persiguen, y en brazos de su querido arrullador; que así está ordenado por el sabio Merlín, protoencantador de los encantadores.»

Habiendo, pues, don Quijote leído las letras del pergamino, claro entendió que del desencanto de Dulcinea hablaban; y dando muchas gracias al cielo de que con tan poco peligro hubiese acabado tan gran fecho, reduciendo a su pasada tez los rostros de las venerables dueñas, que ya no parecían, se fue adonde el Duque y la Duquesa aún no habían vuelto en sí, y trabando de la mano al Duque, le dijo:

—¡Ea, buen señor, buen ánimo; buen ánimo, que todo es nada! La aventura es ya acabada, sin daño de barras, como lo muestra claro el escrito que en aquel padrón está puesto.

El Duque, poco a poco y como quien de un pesado sueño recuerda, fue volviendo en sí, y por el mismo tenor la Duquesa y todos los que por el jardín estaban caídos, con tales muestras de maravilla y espanto, que casi se podían

---

41. *tomar puntas*, to fly from side to side (of a falcon)

42. A lady who was supposed to have ridden Clavileño on another occasion.

dar a entender haberles acontecido de veras lo que tan bien sabían fingir de burlas. Leyó el Duque el cartel con los ojos medio cerrados, y luego, con los brazos abiertos, fue a abrazar a don Quijote, diciéndole ser el más buen caballero que en ningún siglo se hubiese visto. Sancho andaba mirando por la Dolorida, por ver qué rostro tenía sin las barbas, y si era tan hermosa sin ellas como su gallarda disposición prometía; pero dijéronle que así como Clavileño bajó ardiendo por los aires y dio en el suelo, todo el escuadrón de las dueñas, con la Trifaldi, había desaparecido, y que ya iban rapadas y sin cañones. Preguntó la Duquesa a Sancho que cómo le había ido en aquel largo viaje. A lo cual Sancho respondió:

—Yo, señora, sentí que íbamos, según mi señor me dijo, volando por la región del fuego, y quise descubrirme un poco los ojos; pero mi amo, a quien pedí licencia para descubrirme, no lo consintió; mas yo, que tengo no sé qué briznas de curioso, y de desear saber lo que se me estorba y impide, bonitamente y sin que nadie lo viese, por junto a las narices aparté tanto cuanto[43] el pañizuelo que me tapaba los ojos, y por allí miré hacia la tierra, y parecióme que toda ella no era mayor que un grano de mostaza, y los hombres que andaban sobre ella, poco mayores que avellanas; porque se vea cuán altos debíamos de ir entonces.

A esto dijo la Duquesa:

—Sancho amigo, mirad lo que decís; que, a lo que parece, vos no vistes la tierra, sino los hombres que andaban sobre ella; y está claro que si la tierra os pareció como un grano de mostaza, y cada hombre como una avellana, un hombre solo había de cubrir toda la tierra.

—Así es verdad—respondió Sancho—;

pero, con todo eso, la descubrí por un ladito, y la vi toda.

—Mirad, Sancho—dijo la Duquesa—, que por un ladito no se ve el todo de lo que se mira.

—Yo no sé esas miradas—replicó Sancho—; sólo sé que será bien que vuestra señoría entienda que, pues volábamos por encantamento, por encantamento podía yo ver toda la tierra y todos los hombres por doquiera que los mirara; y si esto no se me cree, tampoco creerá vuesa merced como, descubriéndome por junto a las cejas, me vi tan junto al cielo, que no había de mí a él palmo y medio, y por lo que puedo jurar, señora mía, que es muy grande además. Y sucedió que íbamos por parte donde están las siete cabrillas,[44] y en Dios y en mi ánima que como yo en mi niñez fui en mi tierra cabrerizo, que así como las vi, ¡me dio una gana de entretenerme con ellas un rato . . . ! Y si no la cumpliera, me parece que reventara. Vengo, pues, y tomo,[45] y ¿qué hago? Sin decir nada a nadie, ni a mi señor tampoco, bonita y pasitamente me apeé de Clavileño, y me entretuve con las cabrillas, que son como unos alhelíes y como unas flores, casi tres cuartos de hora, y Clavileño no se movió de un lugar, ni pasó adelante.

—Y en tanto que el buen Sancho se entretenía con las cabras—preguntó el Duque—, ¿en qué se entretenía el señor don Quijote?

A lo que don Quijote respondió:

—Como todas estas cosas y esos tales sucesos van fuera del orden natural, no es mucho que Sancho diga lo que dice. De mí sé decir que ni me descubrí por alto ni por bajo, ni vi el cielo, ni la tierra, ni la mar, ni las arenas. Bien es verdad que sentí que pasaba por la región del aire, y aun que tocaba a la del

43. *tanto cuanto,* a bit
44. **The common name for the Pleiades**

45. *Vengo . . . tomo;* translate, Well then, I go and I take

fuego; pero que pasásemos de allí no lo puedo creer, pues estando la región del fuego entre el cielo de la luna y la última región del aire, no podíamos llegar al cielo donde están las siete cabrillas que Sancho dice, sin abrasarnos; y pues no nos asuramos, o Sancho miente, o Sancho sueña.

—Ni miento ni sueño—respondió Sancho—; si no, pregúntenme las señas de las tales cabras, y por ellas verán si digo verdad o no.

—Dígalas, pues, Sancho—dijo la Duquesa.

—Son—respondió Sancho—las dos verdes, las dos encarnadas, las dos azules, y la una de mezcla.

—Nueva manera de cabras es ésa—dijo el Duque—, y por esta nuestra región del suelo no se usan tales colores; digo, cabras de tales colores.

—Bien claro está eso—dijo Sancho—; sí, que diferencia ha de haber de las cabras del cielo a las del suelo.

. . .

No quisieron preguntarle más de su viaje, porque les pareció que llevaba Sancho hilo de pasearse por todos los cielos, y dar nuevas de cuanto allá pasaba, sin haberse movido del jardín.

En resolución, ésta fue el fin de la aventura de la Dueña Dolorida, que dio que reir a los Duques, no sólo aquel tiempo, sino el de toda su vida, y que contar a Sancho siglos, si los viviera; y llegándose don Quijote a Sancho, al oído le dijo:

—Sancho, pues vos queréis que se os crea lo que habéis visto en el cielo, yo quiero que vos me creáis a mí lo que vi en la cueva de Montesinos.[46] Y no os digo más.

PARTE SEGUNDA—CAPÍTULO LXXIV

De como don Quijote cayó malo, y del testamento que hizo, y su muerte.

Como las cosas humanas no sean eternas, yendo siempre en declinación de sus principios hasta llegar a su último fin,[47] especialmente las vidas de los hombres, y como la de don Quijote no tuviese privilegio del cielo para detener el curso de la suya, llegó su fin y acabamiento cuando él menos lo pensaba; porque, o ya fuese de la melancolía que le causaba el verse vencido,[48] o ya por la disposición del cielo, que así lo ordenaba, se le

arraigó una calentura,[49] que le tuvo seis días en la cama, en los cuales fue visitado muchas veces del cura, del bachiller y del barbero, sus amigos, sin quitársele de la cabecera Sancho Panza, su buen escudero.

Éstos, creyendo que la pesadumbre de verse vencido y de no ver cumplido su deseo en la libertad y desencanto de Dulcinea le tenía de aquella suerte, por todas las vías posibles procuraban alegrarle, diciéndole el bachiller que se

46. Quijote descended into the Cave of Montesinos. On his return he pretended that he had seen many of the heroes of chivalry and his lady, Dulcinea. In reality he was just fabricating an adventure, as Sancho has been doing here.

47. i.e. death

48. Reference to Don Quijote's return home after his defeat by his neighbor, the

bachiller Sansón Carrasco. Disguised as the Knight of the White Moon, Sansón Carrasco succeeded in his plan to triumph over Don Quijote in knightly combat in order to oblige him to return to his village and renounce his adventures for one year.

49. *se . . . calentura,* a fever seized him

animase y levantase, para comenzar su pastoral ejercicio,[50] para el cual tenía ya compuesta una égloga,[51] que mal año para cuantas Sanazaro había compuesto,[52] y que ya tenía comprados de su proprio dinero dos famosos perros[53] para guardar el ganado, el uno llamado Barcino, y el otro Butrón, que se los había vendido un ganadero del Quintanar.[54] Pero no por esto dejaba don Quijote sus tristezas.

Llamaron sus amigos al médico, tomóle el pulso, y no le contentó mucho, y dijo que, por sí o por no, atendiese a la salud de su alma, porque la del cuerpo corría peligro. Oyólo don Quijote con ánimo sosegado; pero no lo oyeron así su ama, su sobrina y su escudero, los cuales comenzaron a llorar tiernamente, como si ya le tuvieran muerto delante. Fue el parecer del médico que melancolías y desabrimientos[55] le acababan. Rogó don Quijote que le dejasen solo, porque quería dormir un poco. Hiciéronlo así, y durmió de un tirón,[56] como dicen, más de seis horas; tanto, que pensaron el ama y la sobrina que se había de quedar en el sueño.[57] Despertó al cabo del tiempo dicho,[58] y dando una gran voz,[59] dijo.

—¡Bendito sea el poderoso Dios, que tanto bien me ha hecho! En fin, sus misericordias no tienen límite, ni las abrevian ni impiden los pecados de los hombres.

Estuvo atenta la sobrina a las razones

del tío, y pareciéronle más concertadas[60] que él solía decirlas, a lo menos, en aquella enfermedad, y preguntóle:

—¿Qué es lo que vuesa merced dice, señor? ¿Tenemos algo de nuevo? ¿Qué misericordias son éstas, o qué pecados de los hombres?

—Las misericordias—respondió don Quijote—, sobrina, son las que en este instante ha usado Dios conmigo, a quien, como dije, no las impiden mis pecados. Yo tengo juicio ya, libre y claro, sin las sombras caliginosas[61] de la ignorancia, que sobre él me pusieron mi amarga y continua leyenda[62] de los detestables libros de las caballerías. Ya conozco sus disparates y sus embelecos,[63] y no me pesa sino que este desengaño ha llegado tan tarde, que no me deja tiempo para hacer alguna recompensa, leyendo otros que sean luz del alma. Yo me siento, sobrina, a punto de muerte; querría hacerla de tal modo, que diese a entender que no había sido mi vida tan mala, que dejase renombre de loco; que puesto que lo he sido, no querría confirmar esta verdad en mi muerte. Llámame, amiga, a mis buenos amigos: al cura, al bachiller Sansón Carrasco y a maese Nicolás el barbero que quiero confesarme y hacer mi testamento.

Pero de este trabajo se excusó la sobrina con la entrada de los tres. Apenas los vio don Quijote, cuando dijo:

—Dadme albricias,[64] buenos señores,

50. After his defeat, Don Quijote thought of becoming a shepherd. It is important to note that second to the novels of chivalry our knight enjoyed reading pastoral romances, i.e. tales depicting the idealized love conflicts of shepherds, of which *La Diana* of Montemayor is an example.

51. eclogue is the name of poetic compositions, such as that of Garcilaso de la Vega, dealing with an idyllic form of country life.

52. *que . . . compuesto*, which would surpass every one that Sannazaro had written. The Italian writer Jacopo Sannazaro (1458–1530) composed the *Arcadia*, prototype of the pastoral novel.

53. sheepdogs

54. town of Quintanar near Argamasilla del Alba, traditionally thought to be Don Quijote's home town.

55. despondency

56. *de un tirón,* at a stretch

57. *que se . . . sueño,* that he would die in his sleep

58. *al cabo del tiempo dicho,* at the end of the previously mentioned period of time

59. *dando una gran voz,* crying out

60. rational

61. misty

62. reading

63. lies

64. *Dadme albricias,* Congratulate me

de que ya yo no soy don Quijote de la Mancha, sino Alonso Quijano, a quien mis costumbres me dieron renombre de *Bueno*. Ya soy enemigo de Amadís de Gaula[65] y de toda la infinita caterva de su linaje;[66] ya me son odiosas todas las historias profanas de la andante caballería; ya conozco mi necedad y el peligro en que me pusieron haberlas leído; ya, por misericordia de Dios, escarmentado en cabeza propia,[67] las abomino.

Cuando esto le oyeron los tres, creyeron, sin duda, que alguna nueva locura le había tomado. Y Sansón le dijo:

—¿Ahora, señor don Quijote, que tenemos nueva[68] que está desencantada la señora Dulcinea, sale vuesa merced con eso? Y ¿ahora que estamos tan a pique de[69] ser pastores, para pasar cantando la vida, como unos príncipes, quiere vuesa merced hacerse ermitaño? Calle por su vida, vuelva en sí, y déjese de cuentos.[70]

—Los[71] de hasta aquí—replicó don Quijote—, que han sido verdaderos en mi daño, los ha de volver mi muerte, con ayuda del cielo, en mi provecho. Yo, señores, siento que me voy muriendo a toda prisa: déjense burlas aparte, y tráiganme un confesor que me confiese y un escribano que haga mi testamento; que en tales trances como éste no se ha de burlar el hombre con el alma; y así, suplico que en tanto que el señor cura me confiesa, vayan por el escribano.

Miráronse unos a otros, admirados de las razones de don Quijote, y, aunque en duda, le quisieron creer; y una de las señales por donde conjeturaron se moría fue el haber vuelto con tanta facilidad de loco a cuerdo; porque a las ya dichas razones añadió otras muchas tan bien dichas, tan cristianas y con tanto concierto, que del todo les vino a quitar la duda, y a hacer creer que estaba cuerdo.

Hizo salir la gente el cura, y quedóse solo con él, y confesóle. El bachiller fue por el escribano, y de allí a poco volvió con él y con Sancho Panza; el cual Sancho (que ya sabía por nuevas del bachiller en que estado estaba su señor), hallando a la ama y a la sobrina llorosas, comenzó a hacer pucheros[72] y a derramar lágrimas. Acabóse la confesión, y salió el cura, diciendo:

—Verdaderamente se muere, y verdaderamente está cuerdo Alonso Quijano el Bueno; bien podemos entrar para que haga su testamento.

Estas nuevas dieron un terrible empujón a los ojos preñados[73] de ama, sobrina, y de Sancho Panza su buen escudero, de tal manera, que los hizo reventar las lágrimas de los ojos y mil profundos suspiros del pecho; porque verdaderamente, como alguna vez se ha dicho, en tanto que don Quijote fue Alonso Quijano el Bueno, a secas, y en tanto que fue don Quijote de la Mancha, fue siempre de apacible condición y de agradable trato, y por esto no sólo era bien querido de los de su casa, sino de todos cuantos le conocían. Entró el escribano con los demás, y después de haber hecho la cabeza[74] del testamento y ordenado su alma don Quijote, con todas aquellas circunstancias cristianas que se requieren, llegando a las mandas,[75] dijo:

—Ítem, es mi voluntad que de ciertos

65. famous hero of the medieval chivalric novel (published 1508), of the same name, written by an unknown author of uncertain origin. Amadís is the epitome of the epic hero and the Renaissance courtier. The novel was frequently imitated and typified the genre.
66. *la . . . linaje*, the infinite throng of his progeny, i.e. all the fictional heroes who are like him.

67. *escarmentado en cabeza propia*, having learned my own lesson
68. news
69. *a pique de*, on the verge of
70. *vuelva . . . cuentos*, come to your senses and stop this foolishness.
71. i.e. *los cuentos*
72. to screw up his face
73. filled (with tears)
74. introduction
75. bequests

dineros que Sancho Panza, a quien en mi locura hice mi escudero, tiene, que porque ha habido entre él y mí ciertas cuentas, y dares y tomares,[76] quiero que no se le haga cargo dellos, ni se le pida cuenta alguna, sino que si sobrare alguno después de haberse pagado de lo que le debo, el restante sea suyo, que será bien poco, y buen provecho le haga; y si como estando yo loco fui parte para darle el gobierno de la ínsula,[77] pudiera ahora, estando cuerdo, darle el de un reino, se le diera, porque la sencillez de su condición y fidelidad de su trato lo merece.

Y volviéndose a Sancho, le dijo:

—Perdóname, amigo, de la ocasión que te he dado de parecer loco como yo, haciéndote caer en el error en que yo he caído, de que hubo y hay caballeros andantes en el mundo.

—¡Ay!—respondió Sancho llorando—. No se muera vuesa merced, señor mío, sino tome mi consejo, y viva muchos años; porque la mayor locura que puede hacer un hombre en esta vida es dejarse morir, sin más ni más, sin que nadie lo mate, ni otras manos le acaben que las de la melancolía. Mire no sea perezoso, sino levántese de esa cama, y vámonos al campo vestidos de pastores, como tenemos concertado: quizá tras de alguna mata hallaremos a la señora Dulcinea desencantada, que no haya mas que ver.[78] Si es que se muere de pesar de verse vencido, écheme a mí la culpa, diciendo que por haber yo cinchado mal a Rocinante

le derribaron; cuanto más que vuesa merced habrá visto en sus libros de caballerías ser cosa ordinaria derribarse unos caballeros a otros, y el que es vencido hoy ser vencedor mañana.

—Así es—dijo Sansón—, y el buen Sancho Panza está muy en la verdad destos casos.

—Señores—dijo don Quijote—, vámonos poco a poco, pues ya en los nidos de antaño no hay pájaros hogaño.[79] Yo fui loco, y ya soy cuerdo: fui don Quijote de la Mancha, y soy ahora, como he dicho, Alonso Quijano el Bueno. Pueda con vuesas mercedes mi arrepentimiento y mi verdad volverme a la estimación que de mí se tenía, y prosiga adelante el señor escribano. —Ítem, mando toda mi hacienda, a puerta cerrada,[80] a Antonia Quijana[81] mi sobrina, que está presente, habiendo sacado primero de lo más bien parado[82] della lo que fuere menester para cumplir las mandas que dejo hechas; y la primera satisfacción que se haga quiero que sea pagar el salario que debo del tiempo que mi ama me ha servido, y más veinte ducados para un vestido. Dejo por mis albaceas[83] al señor cura y al señor bachiller Sansón Carrasco, que están presentes.

—Ítem, es mi voluntad que si Antonia Quijana mi sobrina quisiere casarse, se case con hombre de quien primero se haya hecho información que no sabe qué cosas sean libros de caballerías; y en caso que se averiguase que lo sabe, y, con todo

---

76. *dares y tomares,* debts and credits
77. When Quijote first induced Sancho to be his squire he promised him the government of an *ínsula,* an archaic word constantly used in the *libros de caballería* but one which Sancho did not understand. In order to make fun of Sancho, the Duke —the same one who appears in Chapter XLI—granted him the rule of a city called Barataria, which Sancho took to be an *ínsula.* Despite the expectations of the jokers, Sancho guided the affairs of Barataria with surprising ability.

78. *que no . . . ver,* the prettiest thing ever
79. *en . . . hogaño,* i.e. things are not what they used to be; *antaño* means *ayer* and *hogaño* means *hoy* in this passage.
80. *a puerta cerrada,* all of the estate after debts and other legacies have been paid
81. It was common practice to use the feminine form of a last name when speaking of female relatives.
82. most convenient
83. executors

eso, mi sobrina quisiere casarse con él, y se casare, pierda todo lo que le he mandado, lo cual puedan mis albaceas distribuir en obras pías,[84] a su .voluntad. —Ítem, suplico a los dichos señores mis albaceas que si la buena suerte les trajera a conocer al autor que dicen que compuso una historia que anda por ahí con el título de *Segunda parte de las hazañas de don Quijote de la Mancha*,[85] de mi parte le pidan, cuan encarecidamente ser pueda, perdone la ocasión que sin yo pensarlo le di de haber escrito tantos y tan grandes disparates como en ella escribe; porque parto desta vida con escrúpulo de haberle dado motivo para escribirlos.

Cerró con esto el testamento, y tomándole un desmayo, se tendió de largo a largo en la cama.[86] Alborotáronse todos, y acudieron a su remedio, y en tres días que vivió después deste donde hizo el testamento, se demayaba muy a menudo. Andaba la casa alborotada; pero, con todo, comía la sobrina, brindaba[87] el ama, y se regocijaba Sancho Panza; que esto del heredar algo borra o templa[88] en el heredero la memoria de la pena que es razón que deje el muerto. En fin, llegó el último[89] de don Quijote, después de recibidos todos los sacramentos y después de haber abominado con muchas y eficaces razones de los libros de caballerías. Hallóse el escribano presente, y dijo que nunca había leído en ningún libro de caballerías que algún caballero andante hubiese muerto en su lecho tan sosegadamente y tan cristiano como don Quijote;

el cual, entre compasiones y lágrimas de los que allí se hallaron, dio su espíritu: quiero decir que se murió.

Viendo lo cual el cura, pidió al escribano le diese por testimonio como Alonso Quijano el Bueno, llamado comúnmente don Quijote de la Mancha, había pasado desta presente vida, y muerto naturalmente; y que el tal testimonio pedía para quitar la ocasión de que algún otro autor que Cide Hamete Benengeli le resucitase falsamente,[90] e hiciese inacabables historias de sus hazañas. Este fin tuvo el Ingenioso Hidalgo de la Mancha, cuyo lugar[91] no quiso poner Cide Hamete puntualmente, por dejar que todas las villas y lugares de la Mancha contendiesen entre sí por ahijársele y tenérsele por suyo, como contendieron las siete ciudades de Grecia por Homero.

Déjanse de poner aquí los llantos de Sancho, sobrina y ama de don Quijote, los nuevos epitafios de su sepultura, aunque Sansón Carrasco le puso éste:

> Yace aquí el Hidalgo fuerte
> Que a tanto extremo llegó
> De valiente, que se advierte
> Que la muerte no triunfó
> De su vida con su muerte.
> Tuvo a todo el mundo en poco;[92]
> Fue el espantajo y el coco[93]
> Del mundo, en tal coyuntura,
> Que acreditó su ventura,
> Morir cuerdo y vivir loco.

Y el prudentísimo Cide Hamete dijo a su pluma: "Aquí quedarás, colgada desta espetera[94] y deste hilo de alambre, ni sé

---

84. pious works, charity
85. Reference to Alonso Fernández de Avellaneda, pen name of the still unidentified author of a spurious continuation of the *Quijote* published in 1614.
86. *de . . . cama,* he lay fully stretched out on the bed
87. i.e., she drank
88. lessens
89. end, last day
90. It was common for writers of chivalric novels to "resurrect" a popular knight and continue his exploits indefinitely.
91. birthplace
92. *tuvo . . . poco,* he cared little for the world
93. *fue . . . coco,* he was the scarecrow and the boogyman
94. rack

si bien cortada o mal tajada péñola mía,[95] adonde vivirás luengos siglos, si presuntuosos y malandrines[96] historiadores no te descuelgan para profanarte. Pero antes que a ti lleguen, les puedes advertir, y decirles en el mejor modo que pudieres:

¡Tate, tate, folloncicos![97]
De ninguno sea tocada;[98]
Porque esta empresa, buen rey,
Para mí estaba guardada.

Para mí solo nació don Quijote, y, yo para él; él supo obrar, y yo escribir; solos los dos somos para en uno,[99] a despecho y pesar del escritor fingido y tordesillesco[100] que se atrevió, o se ha de atrever, a escribir con pluma de avestruz grosera y mal deliñada[101] las hazañas de mi valeroso caballero, porque no es carga de sus hombros, ni asunto de su resfriado ingenio; a quien advertirás, si acaso llegas a conocerle, que deje reposar en la sepultura los cansados y ya podridos huesos de don Quijote, y no le quiera llevar, contra todos los fueros de la muerte, a Castilla la Vieja,[102] haciéndole salir de la fuesa,[103] donde real y verdaderamente yace tendido de largo a largo, imposibilitado de hacer tercera jornada y salida nueva; que para hacer burla de tantas como hicieron tantos andantes caballeros, bastan las dos que él hizo, tan a gusto y beneplácito de las gentes a cuya noticia llegaron, así en estos como en los extraños reinos. Y con esto cumplirás con tu cristiana profesión, aconsejando bien a quien mal te quiere, y yo quedaré satisfecho y ufano de haber sido el primero que gozó el fruto de sus escritos enteramente, como deseaba, pues no ha sido otro mi deseo de poner en aborrecimiento de los hombres las fingidas[104] y disparatadas historias de los libros de caballerías, que por las de mi verdadero don Quijote van ya tropezando, y han de caer del todo, sin duda alguna." *Vale.*[105]

95. *mal tajada péñola,* ill-cut quill
96. rascally
97. *¡Tate . . . folloncicos!,* Beware scoundrels!
98. *tocada* refers to péñola
99. *para en uno,* at one with each other
100. Avellaneda claimed to be from Tordesillas in Valladolid province
101. ill-trimmed
102. Avellaneda's region
103. tomb
104. false
105. Farewell (in Latin)

Luis de Góngora y Argote (1561-1627)

Góngora was generally regarded by his contemporaries as the greatest master of lyric verse of the Golden Age. Yet this poet, in his attempts to lift Castilian poetry to even greater heights, so overstrained his language as to make his work difficult of comprehension. His poetry was directed to an elite group who had the patience to puzzle out its meaning. His imitators succeeded in copying only his obscurity. Hence from his style—*gongorismo*—stems more than a century of decadence in lyric verse.

But this is only half the story, for as a young man Góngora wrote easily and naturally in the popular meters, such as the *romance,* the *villancico* (rustic song that accompanies a dance), or *letrilla* (a song with a recurring refrain). The easy, melodious swing of these verses makes them equal to anything in their genre. Frequently Góngora distinguishes himself also in the field of humorous verse.

Older critics saw in Góngora two distinct personalities, a *príncipe de luz* and a *príncipe de tinieblas,* and declared that the year 1609 formed the dividing line between his two manners. They even went so far as to say that the poet's mind became afflicted about that time, and adduced as evidence a strange malady which once kept him unconscious for three days, and the recurrent violent headaches which Góngora suffered all his life. Yet modern criticism, while recognizing that the obscure style becomes predominant in 1609, finds many traces of it in his poetry before that date, as well as many simple, direct poems written in his later life. Thus what Góngora does is to intensify and develop fully the new style which already existed in embryonic form in his earlier work.

Góngora addressed himself to a select audience, whom he considered 'cultured' (*culto* or *culterano*), and hence called his new style *cultismo* or *culteranismo*. His ambition was not merely to make his poetry obscure. He was led on by a desire to improve and embellish the Spanish language and poetry. Many theorists of the Renaissance had already pointed out that Spanish, although a noble and sonorous language, still lacked the distinction of Latin or even of Italian, which had already been so brilliantly employed by Dante, Petrarch, and Boccaccio. It was thought that the beauty of Italian lay in its close resemblance to Latin. Góngora was by no means alone in believing that Spanish could be made more brilliant by approximating more closely the peculiarities of Latin. Already Garcilaso de la Vega and Herrera had imitated the Latin authors and style. Góngora's only difference is that he went much farther in the same line. He copied Latin word order by separating adjectives from their nouns, and subjects from their verbs, by omitting articles, and by interposing long, parenthetical clauses. In vocabulary he borrowed numerous new words from Latin, which could not of course be understood by any but cultured people; he used figures of speech abundantly; and he made numerous allusions to mythology, astronomy, and other erudite subjects. Since he made it a rule always to avoid naming a thing directly, his *culto* poems are a long series of periphrases and comparisons with the least expected or most artificial things.

While Góngora's aim was to improve Spanish poetry, there can be no doubt that he also wished to gain fame and distinction for himself at the same time. The bitter jealousy he felt towards the successes of other literary men, especially the facile triumphs of Lope de Vega, his satirical and venomous rejoinders to attacks on his new style, and his wheedling, insinuating manner with his social superiors, all lead us to the conclusion that fame was the spur that goaded him on. This same urge caused him to leave his native Córdoba, where he had passed the first fifty-one years of his life, with the exception of four years as a student at Salamanca, and where he held the important position of treasurer of the cathedral chapter, first as a lay member and later as a priest, to accept a position as honorary chaplain to King Felipe III. Where he had hoped to find patrons and reputation in Madrid, he found nothing but disappointments. He saw clearly the corruption of the court and was too sincere to flatter what he condemned. His attempts to maintain a costly household left him heavily burdened with debts for the rest of his life. Although he at times seemed to realize that his earlier obscure position in Córdoba had given him a tranquility which he never knew in the court, he could not bring himself definitely to break with the ambitions which held him in Madrid.

Góngora's poetry, like his character, is intellectual and unemotional. Its beauty—and there is much that charms, even in his *culto style*—consists in its musical cadence, vivid imagery, and extravagant, although often apt, figures of speech. Although all his contemporaries acknowledged his supremacy in his simpler style, they divided sharply in their judgment of his later manner. His new work was either lauded to the skies or ridiculed as worthless. Lope de Vega, Quevedo, and Calderón were all open enemies of *culteranismo,* yet to such an extent had its methods penetrated Spanish style that they too used its figures and word order. Among minor poets, *gongorismo* was the rule until after the middle of the eighteenth century. But despite the decadence which resulted from his innovations, in modern times, Góngora's reputation has taken a sharp rise. The poets of the twentieth century also feel that their verse is addressed to a chosen few, and they see in Góngora's extravagantly wrought metaphors a foreshadowing of the figures by which they attempt to express their innermost, subconscious selves.

LUIS DE GÓNGORA Y ARGOTE

Letrilla

Lloraba la niña
(Y tenía razón)
La prolija ausencia
De su ingrato amor.
Dejóla tan niña,   5
Que apenas creo yo
Que tenía los años
Que ha que la dejó.[1]
Llorando la ausencia
Del galán traidor,   10
La halla la Luna
Y la deja el Sol,
Añadiendo siempre
Pasión a pasión,
Memoria a memoria,   15
Dolor a dolor.

   Llorad, corazón,
   Que tenéis razón.

Dícele su madre:
«Hija, por mi amor,   20
Que se acabe el llanto,
O me acabe yo.»

Ella le responde:
«No podrá ser, no;
Las causas son muchas,   25
Los ojos son dos.
Satisfagan, madre,
Tanta sinrazón,
Y lágrimas lloren,
En esta ocasión,   30
Tantas como de ellos
Un tiempo tiró
Flechas amorosas
El arquero Dios.[2]
Ya no canto, madre,   35
Y si canto yo,
Muy tristes endechas
Mis canciones son;
Porque el que se fue,
Con lo que llevó,   40
Se dejó el silencio,
Y llevó la voz.»

   Llorad, corazón,
   Que tenéis razón.

1. ll. 7 and 8, translate: *que tenía tantos años como los que hace desde que la dejó.*
2. ll. 29–34, translate: *lloren (los ojos) tantas lágrimas como flechas amorosas tiró de ellos (los ojos) un tiempo (una vez) el arquero Dios (Cupido).*

Letrilla

Oveja perdida, ven
Sobre mis hombros, que hoy
No sólo tu pastor soy,
Sino tu pasto también.[3]

Por descubrirte mejor,   5
Cuando balabas perdida,
Dejé en un árbol[4] la vida,
Donde me subió[5] el amor;
Si prenda quieres mayor,
Mis obras hoy te la den.   10

Oveja perdida, ven
Sobre mis hombros, que hoy

No sólo tu pastor soy,
Sino tu pasto también.

Pasto, al fin, hoy tuyo hecho,   15
¿Cuál dará mayor asombro,
O el traerte yo en el hombro,
O el traerme tú en el pecho?
Prendas son de amor estrecho,
Que aun los más ciegos las ven. 20

Oveja perdida, ven
Sobre mis hombros, que hoy
No sólo tu pastor soy,
Sino tu pasto también.

3. The play on the words *pastor—pasto* is based on the fact that Christ is both the good shepherd and the communion wafer.

4. salvation's tree, the cross
5. Here a transitive verb, to lift up, raise

Soledad primera

(A fragment describing Magellan's voyage)

Zodíaco[1] después fue cristalino
a[2] glorïoso pino,[3]
émulo vago del ardiente coche
del Sol, este elemento,
que cuatro veces había sido ciento   5
dosel al día y tálamo a la noche,[4]
cuando halló[5] de fugitiva plata[6]
la bisagra,[7] aunque estrecha, abrazadora
de un Océano y otro siempre uno,[8]
o[9] las colunas[10] bese o la escarlata   10
tapete de la Aurora.[11]
Esta pues nave ahora
en el húmido templo de Neptuno[12]

1. The zodiac is the path around the skies in which the planets and sun seem to move. The water (*este elemento*) formed a path around the world for Magellan's ship.
2. for
3. ship (Words like *pine, oak, wood* were often used metaphorically for *ship* by Latin authors.)
4. According to B. Alemany, *Vocabulario de las obras de D. Luis de Góngora y Argote*, p. 355, the subject of *había sido* is *pino* (the ship). He explains the metaphor as follows: «Que había navegado durante cuatrocientos días; siendo sus velas durante el día como

dosel del navío, y éste, durante la noche, cama sobre la que se tendía ésta».
5. Subject: Magellan's ship
6. fugitive silver, i.e. restless, silvery water
7. hinge, conceived as a connecting link
8. united
9. Translate, that either
10. The Pillars of Hercules on either side of the Straits of Gibraltar
11. dawn; here, East
12. Translate: *Pues esta nave, ahora varada* (grounded, sunk) *en el húmido* (poetic for *húmedo*) *templo de Neptuno* (the sea), *pende a* (remains fixed in) *la inmortal memoria*. . . .

varada pende a la inmortal memoria
con nombre de Victoria.[13]
De firmes islas no la inmóvil flota
en aquel mar del Alba te describo,[14]   15
cuyo número[15]—ya que no lascivo[16]—
por lo bello agradable y por lo vario[17]
la dulce confusión hacer podía,
que en los blancos estanques[18] del Eurota[19]   20
la virginal desnuda montería,[20]
haciendo escollos o de mármol pario
o de terso marfil sus miembros bellos,[21]
que[22] pudo bien Acteón[23] perderse en ellos.   25

.   .   .

Soneto

Mientras[24] por competir con tu cabello,
oro bruñido al sol[25] relumbra en vano;
mientras con menosprecio en medio el llano[26]
mira tu blanca frente el lilio[27] bello;
   mientras a cada labio, por cogello,[28]   5
siguen más ojos que al clavel temprano;
y mientras triunfa con desdén lozano[29]
del luciente cristal tu gentil cuello:
   goza[30] cuello, cabello, labio y frente,
antes que lo que fue en tu edad dorada   10
oro, lilio, clavel, cristal luciente,
no sólo en plata o vïola troncada[31]
se vuela,[32] mas tú y ello juntamente
en tierra, en humo, en polvo, en sombra, en nada.

13. The name of Magellan's ship.
14. Word order: *No te describo la inmóvil flota de firmes islas en aquel mar del Alba.*
15. group
16. Two meanings: (a) not filled with gentle movement, gamboling; (b) not inciting love (as did the Amazons to which the islands will be compared).
17. Word order: *agradable por lo bello y por lo vario*
18. pools
19. The river which waters Sparta
20. hunting party, meaning the band of Amazons who accompanied Artemis (Diana), the goddess of the moon, of hunting, and of fertility
21. Word order: *sus bellos miembros haciendo escollos* (reefs) *o de mármol pario* (from Paros, an island noted for its white marble) *o de terso marfil.* The nymphs' beautiful forms, like marble or ivory, project above the surface of the water, like the islands of the Pacific.

22. so that
23. One day when out hunting, Actaeon happened to come upon the goddess Artemis and her nymphs as they were bathing in the river. In her wrath, Artemis changed him into a stag, and his own dogs killed him. Bearing Actaeon's tragic fate in mind, Góngora says one can easily understand how Actaeon could be wrecked on the reefs (*escollos*) formed by the nymphs' unsubmerged charms.
24. while
25. *bruñido al sol,* burnished in the sun
26. *en medio el llano,* in the midst of the plain
27. *lirio,* lily
28. *cogerlo*
29. proud
30. enjoy (your)
31. *vïola troncada,* crumpled violet
32. turns into, hastens to become

Letrilla xlviii (burlesca)

*Ándeme yo caliente
y ríase la gente.*[33]

Traten otros del[34] gobierno
del mundo y sus monarquías,
mientras gobiernan mis días   5
mantequillas y pan tierno,
y las mañanas de invierno
naranjada[35] y aguardiente,
  y ríase la gente.

Coma en dorada vajilla   10
el Príncipe mil cuidados,[36]
como píldoras dorados;
que yo en mi pobre mesilla
quiero más una morcilla
que en el asador reviente,   15
  y ríase la gente.

Cuando cubra las montañas
de blanca nieve el enero,
tenga yo lleno el brasero
de bellotas y castañas,   20

y quien las dulces patrañas
del Rey que rabió[37] me cuente,
  y ríase la gente.

Busque muy en hora buena[38]
el mercader nuevos soles;[39]   25
yo conchas y caracoles
entre la menuda arena,
escuchando a Filomena[40]
sobre el chopo[41] de la fuente,
  y ríase la gente.   30

Pase[42] a media noche el mar,
y arda en amorosa llama,
Leandro por ver su dama;
que yo más quiero pasar
del golfo de mi lagar   35
la blanca o roja corriente,[43]
  y ríase la gente.

Pues Amor es tan cruel
que de Píramo[44] y su amada
hace tálamo una espada,   40
do se junten ella y él,
sea mi Tisbe un pastel
y la espada sea mi diente,
  y ríase la gente.

33. *Ándeme . . . gente,* Let me be warm and let the people laugh. In other words, the poet is saying that he does not care at all if people laugh at what he does as long as he satisfies his personal needs.
34. *Traten otros del,* Let others deal with the
35. orange marmalade
36. Word order. *Coma el Príncipe mil cuidados en dorada vajilla*
37. *El Rey que rabió,* the raving-mad king, is a type who appears in popular sayings and alludes to remote, by-gone times.
38. *en hora buena,* with my blessings
39. suns, i.e. golden opportunities
40. Philomel, the nightingale
41. poplar tree

42. *Leandro* is the subject of *pase,* pass over. According to Greek legend, Leander swam the Hellespont nightly to visit Hero, his sweetheart. He drowned on a stormy night and Hero, finding his body, hurled herself to the rocks beside it.
43. He prefers the pleasure of drinking wine to the heroic deeds of Leander.
44. Pyramus and Thisbe were the two famous lovers of Babylon who were united only at the time of their death. Pyramus killed himself with a sword when he saw blood which he mistakenly believed to be Thisbe's and she killed herself also with a sword.

Francisco de Quevedo (1580-1645)

Quevedo lived a full and exciting life. After his early years in Madrid he went to the university at Alcalá de Henares, where he studied several ancient and modern languages. He became one of the best educated men of his day. He went to Sicily and there, under the protection of the Spanish Viceroy, the Duque de Osuna, he held many important and dangerous political and diplomatic positions. Later, after his return to Spain, he held an honorary position as secretary to the king. He hoped and strove to stir Felipe IV and his favorite, the Conde-Duque de Olivares, to action in order to remedy the deplorable condition of Spain, but only succeeded in bringing about his own imprisonment. The brutal treatment he received in jail, where he was confined three years in an underground dungeon, eventually brought about his death.

Although Quevedo lived a romantic and active life, seemingly full of glamour, he saw with the utmost clearness the condition of Spain and human society in his days. In his own country, weak kings and unscrupulous favorites were ruling. Rogues and grafters occupied high places. Everywhere vanity, haughtiness, and vice not only went unpunished, but were actually rewarded. Quevedo, as a man and as an author, was very much in touch with his times. Almost all of his writings are his personal reaction to the world about him. He brings his wit and satire (his most notable literary gifts) to bear upon the corruption and baseness which he saw as characteristic not only of Spain but of all mankind. He makes us laugh at the spectacle of corrupt society.

But Quevedo's witticisms are always caustic. He does not ever show sympathy or pity for human beings and cannot laugh with his fellows as does Cervantes, but rather at them. His keen vision of reality strips mankind of all pretense of idealism. For him woman, for example, is not an idealized, beautiful creature, but rather a selfish, grasping being. And while Quevedo would like to cure all the ills of humanity, he can see no remedy except a violent one. Man is fundamentally corrupt, he believes, and the only hope of his betterment would be to change his nature radically and to re-Christianize him. Given the basic vileness of man, such a change is practically impossible. Consequently Quevedo falls into an attitude of apparent hopelessness, expecting little from the mass of humanity and striving to live in solitary virtue. His philosophy is stoicism. He found a predecessor in Seneca, also a Spaniard, who lived under similiar conditions in the days of decadent Rome.

Senecan philosophy has often been called the typical philosophy of the Spaniards, even by modern authors. It fits in well with the Spanish point of view, since the individual retires from a corrupt world into his own personal, individualistic shell of virtue. Quevedo himself imitated Seneca in some of his writings, translated another Roman stoic, Epictetus, and wrote an interpretation of the great Biblical stoic, Job. But his surface attitude of indifference, of withdrawal from the world, did not keep him from being vitally interested in all that was going on about him.

Much of his work consists of a large number of generally short compositions both in prose and verse, usually focusing our attention on the brutal realities of his times. Although Quevedo wrote in almost every genre known to literature, we may divide his works into two great classes, the serious and the humorous. However, there are certain works, including his masterpieces, which lie between these two divisions. In both classes he strove for the same objective, that of pointing out to the world its shortcomings, never losing sight of the unrealizable desire to reform customs and to bring back civic and moral virtue. In some of his serious writings he calls upon the kings and rulers to return to Christian living (*La política de Dios*), or tells his erring brothers, as a model, the life of an ancient Roman noted for his stoic virtues (*Vida de Marco Bruto*), or preaches to them Senecan philosophy (*De los remedios de cualquier fortuna*).

We should pause here to consider another factor which no doubt darkened Quevedo's vision of the world. He was born with a deformed foot and was always lame. In the world of his day, such a misfortune was merely laughable, as we have seen in the case of Juan Ruiz de Alarcón. Some of the savageness with which Quevedo flays mankind must be attributed to the role of buffoon which nature forced him to play. Rather than await the jibes of his fellow men, he attacked first, and made his caustic wit so feared that few dared to exchange verbal thrusts with him.

Quevedo's humorous productions are satires, either in prose or verse, in which he attacks all classes of society—doctors, judges, merchants, poets, women, et cetera—and in which his immense talent for biting sarcasm is fully developed. All classes are represented as equally corrupt; all the sores of humanity are bared to our view. But although Quevedo sets out to depict to us the unvarnished reality of things, his wit leads him to exaggerate or to caricature the very things he is depicting and thus to distort reality.

What we have just said about Quevedo's vision of life reminds us of *Lazarillo de Tormes.* It is not surprising to us that Quevedo's genius found one of its greatest expressions in a picaresque novel—*La vida del buscón.* Into it he poured the same witty satire of life, the same tendency to caricature, and the same fundamental harshness and bitterness in his conception of humanity. Although beautifully written, *La vida del buscón* sometimes is excessively crude in both language and situation. The other great masterpiece of Quevedo, which lies partly in the realm of satiric and partly in that of philosophic prose, is *Los sueños,* a collection of six treatises in which the author imagines that he dreams of an ideal world or a day of judgment in which each person gets his just desserts. As in the other satires, we have a review of all classes of society and each one has to expiate the sins it has committed on this earth. For example, the doctors, who have killed so many people in this world, will be the executioners in the next. As a combination of moral philosophy and satire, *Los sueños* is the best work of its type in the Spanish language.

We must bear in mind that Quevedo, despite his corrosive criticism of women, has been considered one of Spain's greatest love poets. From his earliest love poems he exhibited his faithfulness to the Petrarchan tradition. The finest manifestation of his lyric poetry is found in the sixty-five sonnets and other verse compositions dedicated to Lisi. Quevedo was so deeply enamored of Lisi that in one sonnet he promised to continue loving her even after death. Her identity is unknown to us. Some say that Quevedo had no particular lady or ladies in mind in the Lisi poems but was indulging in a poetic exercise in the Petrarchan or courtly mode; others claim that Lisi was a composite of several ladies Quevedo knew at court; others assert that she was a specific woman whom he truly loved during a period of twenty-two years.

Quevedo handled an immense vocabulary, embracing words of both bookish and popular origin, with great ease. He loved to phrase his thought in an ingenious manner, to play upon words, and to pun. This witty phrasing of clever ideas (*conceptos*), a phenomenon of prose, became known as *conceptismo,* which was carried to lamentable extremes by some of Quevedo's followers. It is strange that Quevedo, the great enemy of *culteranismo,* should almost unconsciously contribute to a similar decadence in literary style.

Quevedo can profitably be compared to the Frenchman, Voltaire. Both were great satirists, both were very much men of their times, and both are famed for short compositions bearing on contemporary matters. But Quevedo was fundamentally a Spanish Christian and stoic and as such lacked the optimism, the Epicureanism, and implicit faith in man's powers which Voltaire possessed. Quevedo, a thinking Spaniard, seeing only too clearly the decadence of his nation and masking his bitterness behind witty sallies, is a symbol of the whole seventeenth century.

FRANCISCO DE QUEVEDO

La vida del buscón

CAPÍTULO III

De cómo fui a un pupilaje por criado de don Diego Coronel[1]

Determinó, pues, don Alonso[2] de poner a su hijo en pupilaje: lo uno por apartarle de su regalo y lo otro por ahorrar de cuidado. Supo que había en Segovia un licenciado Cabra[3] que tenía por oficio de criar hijos de caballeros, y envió allá el suyo y a mí para que le acompañase y sirviese. Entramos el primer domingo después de Cuaresma en poder del hambre viva, porque tal laceria no admite encarecimiento. El era un clérigo cerbatana,[4] largo[5] sólo en el talle, una cabeza pequeña, pelo bermejo. No hay más que decir para quien sabe el refrán que dice, ni gato ni perro de aquello color.[6] Los ojos avecinados en el cogote,[7] que parecía que miraba por cuévanos; tan hundidos y oscuros, que era buen sitio el suyo para tiendas de mercaderes;[8] la nariz, entre Roma y Francia,[9] porque se le había comido de unas bubas de resfriado, que aun no fueron de vicio, porque cuestan dinero; las barbas, descoloridas de miedo de la boca vecina, que, de pura hambre, parecía que amenazaba a comérselas; los dientes, le faltaban no sé cuántos, y pienso que por holgazanes y vagabundos se los habían desterrado; el gaznate, largo como avestruz, con una nuez tan salida, que parecía se iba a buscar de comer, forzada de la necesidad; los brazos, secos; las manos, como un manojo de sarmientos cada una. Mirado de media abajo,[10] parecía tenedor, o com-

1. Diego Coronel is a young nobleman, a school friend of Pablos, our hero. Pablos now becomes Diego's servant.
2. The father of Diego Coronel.
3. Quevedo was probably satirizing a real man, one of his enemies. Notice now he makes him a caricature and exaggerates the evil conditions of his school beyond any possibility of historical accuracy. After reading this passage, we can understand why Quevedo's wit was feared.
4. blowpipe, long tube; here used as an adjective in the sense of long and very lean

5. long, generous. A play on words.
6. Red hair was considered unlucky, and people (or even animals) with red hair were avoided. A popular legend said that Judas was red-headed.
7. nape of neck (because they were so deepset)
8. The merchants liked dark stores, the better to sell false goods for true.
9. half Roman and half French (the latter because it was covered with red pimples, a sign of the *mal francés*, syphilis)
10. *de media abajo,* from the waist down

pás con dos piernas largas y flacas; su andar, muy despacio; si se descomponía algo se sonaban los huesos como tablillas[11] de San Lázaro; el habla, ética; la barba, grande, por nunca cortársela por no gastar, y él decía que era tanto el asco que le daba ver las manos del barbero por su cara, que antes se dejaría matar que tal permitiese; cortábale los cabellos un muchacho de los otros. Traía un bonete los días de sol, ratonado con mil gateras, y guarniciones de grasa; era de cosa que fue paño, con los fondos[12] de caspa. La sotana, según decían algunos, era milagrosa, porque no se sabía de qué color era. Unos, viéndola tan sin pelo,[13] la tenían por de cuero de rana; otros decían que era ilusión; desde cerca parecía negra y desde lejos entre azul;[14] llevábala sin ceñidor; no traía cuello ni puños; parecía, con los cabellos largos y la sotana mísera y corta, lacayuelo de la muerte. Cada zapato podía ser tumba de un filisteo.[15] Pues ¿su aposento? Aun arañas no había en él; conjuraba los ratones de miedo que no le royesen algunos mendrugos que guardaba; la cama tenía en el suelo, y dormía siempre de un lado, por no gastar las sábanas; al fin, era archipobre y protomiseria.

A poder, pues, de éste vine y en su poder estuve con don Diego, y la noche que llegamos nos señaló nuestro aposento y nos hizo una plática corta, que, por no gastar tiempo, no duró más. Díjonos lo que habíamos de hacer, estuvimos ocupados en esto hasta la hora del comer; fuimos allá; comían los amos primero y servíamos los criados. El refectorio era un aposento como un medio celemín; sustentábanse a una mesa hasta cinco caballeros. Yo miré lo primero por los gatos, y como no los vi, pregunté que cómo no los había a un criado antiguo, el cual, de flaco, estaba ya con la marca del pupilaje. Comenzó a enternecerse, y dijo: «¿Cómo gatos? Pues ¿quién os ha dicho a vos que los gatos son amigos de ayunos y penitencias? En lo gordo se os echa de ver[16] que sois nuevo.» Yo con esto me comencé a afligir, y más me asusté cuando advertí que todos los que de antes vivían en el pupilaje estaban como leznas,[17] con unas caras que parecían se afeitaban[18] con diaquilén.[19] Sentóse el licenciado Cabra y echó la bendición; comieron una comida eterna, sin principio ni fin;[20] trajeron caldo en unas escudillas de madera, tan claro, que en comer en una de ellas peligraba Narciso[21] más que en la fuente. Noté la ansia con que los macilentos dedos se echaban a nado[22] tras un garbanzo huérfano y solo que estaba en el suelo.[23] Decía Cabra a cada sorbo: «Cierto que no hay tal cosa como la olla,[24] digan lo que dijeren; todo lo demás es vicio y gula.» Acabando de decirlo echóse su escudilla a pechos diciendo: «Todo esto es salud y otro tanto ingenio.»[25] «¡Mal ingenio te acabe!», decía yo entre mí, cuando vi un mozo medio espíritu[26] y tan flaco, con un plato de carne en las manos,

---

11. wooden rattles, or noise-makers, used to attract attention by the monks begging alms for the hospitals of Saint Lazarus
12. base
13. nap
14. *entre azul,* bluish
15. Philistine. According to Spanish tradition, the Philistines were giants.
16. *se os echa de ver,* one can see
17. awl
18. to use as a cosmetic
19. an ointment or salve, white in color
20. Play on words: *principio,* beginning, main course; *fin,* end, which suggests *postre* (dessert)
21. Narcissus so loved himself that he died by falling into a spring trying to reach his own reflection. Quevedo implies that had the soup been thick it would not have reflected the boys' faces.
22. *echarse a nado,* to dive
23. bottom (of bowl)
24. stew. Note that Pablos has called this same dish 'broth.'
25. brain food
26. *medio espíritu,* more spirit than flesh

que parecía la había quitado de sí mismo.
Venía un nabo aventurero a vueltas,[27] y
dijo el maestro: «¿Nabos hay? No hay
para mí perdiz que se le iguale; coman,
que me huelgo de verlos comer.» Repartió a cada uno tan poco carnero, que en
lo que se les pegó a las uñas[28] y se les
quedó entre los dientes pienso que se
consumió todo, dejando descomulgadas[29]
las tripas de participantes. Cabra los
miraba, y decía: «Coman, que mozos son
y me huelgo de ver sus buenas ganas.»
Mire vuestra merced[30] qué buen aliño
para los que bostezaban de hambre.

Acabaron de comer y quedaron unos
mendrugos en la mesa y en el plato
unos pellejos y unos huesos, y dijo el
pupilero: «Quede esto para los criados,
que también han de comer, no lo queramos todo.» «¡Mal te haga Dios y lo que
has comido, lacerado,» decía yo, «que tal
amenaza has hecho a mis tripas!» Echó
la bendición, y dijo: «Ea, demos lugar a
los criados y váyanse hasta las dos a
hacer ejercicio, no les haga mal lo que
han comido.» Entonces yo no pude tener
la risa, abriendo toda la boca. Enojóse
mucho y díjome que aprendiese modestia
y tres o cuatro sentencias viejas, y fuese.
Sentámonos nosotros, y yo, que vi el negocio mal parado,[31] y que mis tripas
pedían justicia, como más cano[32] y más
fuerte que los otros, arremetí al plato,
como arremetieron todos, y emboquéme
de tres mendrugos los dos y el un pellejo.[33] Comenzaron los otros a gruñir;
al ruido entró Cabra diciendo: «Coman
como hermanos, pues Dios les da con
qué; no riñan, que para todos hay.»
Volvióse al sol y dejónos solos. Certifico

a vuestra merced que había uno de ellos
que se llamaba Surre, vizcaíno, tan
olvidado ya de cómo y por dónde se
comía, que una cortecilla que le cupo la
llevó dos veces a los ojos, y entre tres[34]
no la acertaba a encaminar de las manos
a la boca . . .

Entretuvímonos hasta la noche. Decíame don Diego que qué haría él para
persuadir a las tripas que habían comido,
porque no lo querían creer. Andaban
vaguidos en aquella casa, como en otra
ahitos. Llegó la hora del cenar; pasóse
la merienda en blanco;[35] cenamos mucho
menos, y no carnero, sino un poco del
nombre del maestro, cabra asada. Mire
vuestra merced si inventara el diablo tal
cosa. «Es cosa muy saludable y provechosa,» decía, «cenar poco para tener el
estómago desocupado,» y citaba una
retahila de médicos infernales. Decía
alabanzas de la dieta, y que ahorraba un
hombre sueños pesados, sabiendo que en
su casa no se podía soñar otra cosa sino
que comían. Cenaron, y cenamos todos,
y no cenó ninguno. Fuímonos a acostar, y en toda la noche yo ni don Diego
pudimos dormir; él trazando de quejarse a su padre y pedir que le sacase
de allí, y yo aconsejándole que lo hiciese . . .

Entre estas pláticas y un poco que
dormimos se llegó la hora del levantar;
dieron las seis y llamó Cabra a lección;
fuimos y oímosla todos. Ya mis espaldas
e ijadas nadaban[36] en el jubón, y las
piernas daban lugar a otras siete calzas;
los dientes sacaba con tobas, amarillos,
vestidos de desesperación.[37] Mandáronme leer el primer nominativo a los

---

27. *a vueltas,* mixed in
28. In those days it was common practice to eat with one's fingers.
29. excommunicated; i.e. banned
30. Pablos addresses an imaginary protector, as did Lazarillo de Tormes.
31. *mal parado,* in a bad state
32. wise, gray-headed
33. *el un pellejo,* the one piece of skin
34. *entre tres,* in three trials
35. *pasarse en blanco,* to pass over without anything, to skip
36. Pablos had already become so thin that he was swimming in his clothes.
37. In Spanish color symbolism, yellow signifies hopelessness.

otros, y era de manera mi hambre, que me desayuné con la mitad de las razones, comiéndomelas.[38] Y todo esto creerá quien supiere lo que me contó el mozo de Cabra, diciendo que él ha visto meter en casa, recién venido, dos frisones[39] y que a dos días salieron caballos ligeros, que volaban por los aires; y que vio meter mastines pesados, y a tres horas salir galgos corredores; y que una Cuaresma topó muchos hombres, unos metiendo los pies, otros las manos, otros todo el cuerpo, en el portal de su casa, esto por muy gran rato, y mucha gente que venía a solo aquello de fuera; y preguntando un día que qué sería, porque Cabra se enojó de que se lo preguntase, respondió que los unos tenían sarna y los otros sabañones, y que metiéndolos en aquella casa morían de hambre, de manera que no comían[40] de allí adelante. Certificóme que era verdad. Yo, que conocí la casa, lo creo; dígolo porque no parezca encarecimiento lo que dije. Y volviendo a la lección, diola, y decorámosla, y proseguí siempre en aquel modo de vivir que he contado. Sólo añadió a la comida tocino en la olla, por no sé qué que le dijeron un día de hidalguía[41] allá fuera, y así, tenía una caja de hierro, toda agujerada como salvadera;[42] abríala y metía un pedazo de tocino en ella, que la llenase, y tornábala a cerrar, y metíala colgando de un cordel en la olla para que la diese algún zumo por los agujeros y quedase para otro día el tocino. Parecióle después que en esto

se gastaba mucho, y dio en sólo asomar el tocino en la olla.

. . .

Pasamos este trabajo hasta la Cuaresma que vino, y a la entrada de ella estuvo malo un compañero. Cabra, por no gastar, detuvo el llamar médico hasta que ya él pedía confesión más que otra cosa. Llamó entonces un practicante, el cual le tomó el pulso y dijo que el hambre le había ganado por la mano[43] el matar a aquel hombre. Diéronle el Sacramento, y el pobre cuando lo vio—que había un día que no hablaba—, dijo: «Señor mío Jesucristo, necesario ha sido el veros entrar en esta casa para persuadirme que no es el infierno.» Imprimiéronsele estas razones en el corazón; murió el pobre mozo; enterrámosle muy pobremente, por ser forastero, y quedamos todos asombrados. Divulgóse por el pueblo el caso atroz; llegó a oídos de don Alonso Coronel, y como no tenía otro hijo, desengañóse de las crueldades de Cabra, y comenzó a dar más crédito a las razones de dos sombras, que ya estábamos reducidos a tan miserable estado. Vino a sacarnos del pupilaje, y teniéndonos delante, nos preguntaba por nosotros,[44] y tales nos vio, que sin aguardar a más, trató muy mal de palabra al licenciado Vigilia.[45] Nos mandó llevar en dos sillas[46] a casa; despedímonos de los compañeros, que nos seguían con los deseos y con los ojos, haciendo las lástimas que hace el que queda en Argel[47] viendo venir rescatados sus compañeros.

38. swallowing them; i.e. muttering
39. Frisian horses (powerful draft-animals)
40. *Comer* has among other meanings that of *to itch*.
41. The implication is that someone called him a *cristiano nuevo*, or recent convert from Mohammedanism or Judaism. In both these religions, pork is prohibited, so to show his orthodoxy, Cabra introduces bacon into the menu.
42. a sand shaker (formerly used instead of blotting paper)

43. *ganarle por la mano*, to beat him, to win over him in
44. Not recognizing the boys, he asked them where they themselves were.
45. Pablos calls the schoolmaster not by his true name but 'Master Fast.'
46. sedan-chair
47. Algiers, where many Spaniards, including Cervantes, were taken by the Moorish pirates. Some were ransomed, others remained as slaves.

Los sueños

Las zahurdas[1] de Plutón[2]

. . .

Halléme en un lugar favorecido de naturaleza por el sosiego amable, donde, sin malicia, la hermosura entretenía la vista, muda recreación y sin respuesta humana, platicaban las fuentes entre las guijas y los árboles por las hojas, tal vez cantaba el pájaro, ni sé determinadamente si en competencia suya[3] o agradeciéndoles su armonía. Ved cuál es de peregrino nuestro deseo, que no hallo paz en nada de esto. Tendí los ojos, codicioso de ver algún camino por buscar compañía, y veo, cosa digna de admiración, dos sendas que nacían de un mismo lugar, y una se iba apartando de la otra, como que huyesen de acompañarse.

Era la de mano derecha tan angosta, que no admite encarecimiento, y estaba, de la poca gente que por ella iba, llena de abrojos y asperezas y malos pasos.[4] Con todo, vi algunos que trabajaban en pasarla; pero por ir descalzos y desnudos, se iban dejando en el camino, unos, el pellejo; otros, los brazos; otros, las cabezas; otros, los pies, y todos iban amarillos y flacos. Pero noté que ninguno de los que iban por aquí miraba atrás, sino todos adelante. Decir que puede ir alguno a caballo es cosa de risa. Uno de los que allí estaban, preguntándole[5] si podría yo caminar aquel desierto a caballo, me dijo:

—Déjese de caballerías y caiga de su asno.[6]

Y miré con todo esto, y no vi huella de bestia ninguna. Y es cosa de admirar que no había señal de rueda de coche ni memoria apenas de que hubiese nadie caminado en él por allí jamás. Pregunté, espantado de esto, a un mendigo, que estaba descansando y tomando aliento, si acaso había ventas en aquel camino o mesones en los paraderos. Respondióme:

—Venta aquí, señor, ni mesón, ¿cómo queréis que le haya en este camino, si es el de la virtud? En el camino de la vida —dijo—, el partir es nacer, el vivir es caminar, la venta es el mundo, y, en saliendo de ella, es una jornada sola y breve desde él a la pena[7] o a la gloria.[8]

Diciendo esto, se levantó y dijo:

—Quedaos con Dios, que en el camino de la virtud es perder tiempo el pararse uno y peligroso responder a quien pregunta por curiosidad y no por provecho.

Comenzó a andar dando tropezones y zancadillas y suspirando. Parecía que los ojos, con lágrimas, osaban ablandar los peñascos a los pies y hacer tratables los abrojos.

—¡Pesia tal![9] —dije yo entre mí—; pues tras[10] ser el camino tan trabajoso, ¿es la gente que en él anda tan seca y poco entretenida? ¡Para mi humor es bueno!

Di un paso atrás y salíme del camino del bien. Que jamás quise retirarme de la virtud que[11] tuviese mucho que

1. pigsties (So called because in this vision of hell, the different kinds of sinners are confined in separate pens.) *Los sueños* consists of several essays each bearing a title of its own. They are all dreams or visions of an ideal world in which everyone gets his just deserts.
2. The god of the underworld.
3. with them
4. *malos pasos,* stumbling blocks
5. when I asked him
6. come off your high horse. *Caerse de su burro,* to be disillusioned, to come back to reality
7. (eternal) suffering
8. (eternal) glory
9. For heaven's sake!
10. besides
11. when I

desandar ni que descansar.[12] Volvíme a la mano izquierda y vi un acompañamiento tan reverendo, tanto[13] coche, tanta[13] carroza cargada de competencias al sol[14] en humanas hermosuras y gran cantidad de galas y libreas, lindos caballos, mucha gente de capa negra[15] y muchos caballeros. Yo, que siempre oí decir: «Dime con quién andas y diréte quién eres,» por ir con buena compañía puse el pie en el umbral del camino, y, sin sentirlo, me hallé resbalado en medio de él, como el que se desliza por el hielo,[16] y topé con lo que había menester.[17] Porque aquí todos eran bailes y fiestas, juegos y saraos; y no el otro camino, que, por falta de sastres,[18] iban en él desnudos y rotos, y aquí nos sobraban mercaderes, joyeros y todos oficios. Pues ventas, a cada paso, y bodegones, sin número. No podré encarecer qué contento me hallé en ir en compañía de gente tan honrada, aunque el camino estaba algo embarazado, no tanto con las mulas de los médicos[19] como con las barbas de los letrados,[20] que era terrible la escuadra de ellos que iban delante de unos jueces. No digo esto porque fuese menor el batallón de los doctores, a quienes nueva elocuencia llama ponzoñas graduadas, pues se sabe que en las universidades estudian para tósigos.[21] Animóme para proseguir mi camino el ver, no sólo que iban muchos por él, sino la alegría que llevaban y que del otro se pasaban algunos al nuestro y del nuestro al otro, por sendas secretas.[22]

Otros caían que no se podían tener, y entre ellos fue de ver el cruel resbalón que una lechigada[23] de taberneros dio en las lágrimas, que otros habían derramado en el camino,[24] que, por ser agua, se les fueron los pies[25] y dieron[26] en nuestra senda unos sobre otros. Íbamos dando vaya[27] a los que veíamos por el camino de la virtud más trabajados.[28] Hacíamos burla de ellos, llamábamosles heces del mundo y desecho de la tierra. Algunos se tapaban los oídos y pasaban adelante. Otros, que se paraban a escucharnos, de ellos[29] desvanecidos de las muchas voces y de ellos persuadidos de las razones y de ellos corridos de las vayas[30] caían y se bajaban.

Vi una senda[31] por donde iban muchos

12. *ni que descansar,* nor when I had much toil to undo
13. Translate in plural, so many.
14. *competencias al sol,* competition with the sun; i.e. human beings dressed more brilliantly than the sun itself. The road to hell is not traveled by the poor and humble. A vast crowd of wealthy, proud, and mighty persons go down its primrose path, brought there by the very importance they concede to wealth and position. Notice how Quevedo ironically refers to them as 'honorable' people.
15. *gente de capa negra,* men of the learned professions
16. Once started on the road to perdition, one slides along with increasing rapidity. Contrast with this the toil and suffering necessary to travel the road to heaven.
17. *con . . . menester,* with everything necessary (to enjoy oneself)
18. According to Quevedo, all tailors would go to hell, as well as all merchants, jewelers, and other tradesmen. The tailors in particular were often accused of cutting their patrons' cloth in such a way as to keep a good piece of it for themselves.
19. The doctors were a frequent target of satire. They were accused of killing rather than curing their patients.
20. Learned men (especially lawyers) wore full beards.
21. poison
22. Some people, after living virtuously for awhile, turn to vice, and some sinners repent and turn to virtue.
23. brood, flock
24. the path of virtue. It was a standard joke that the tavern keepers watered their wine; hence water is the cause of their slipping from virtue to vice.
25. *se les fueron los pies,* their feet went out from under them
26. to land
27. *dar vaya,* to taunt
28. struggling hardest
29. *de ellos,* some of them
30. taunt
31. The third allegorical path is traveled by those who maintain the external appearance of virtue, but who are inwardly corrupt. They too end in hell, despite their fastings and self-castigation.

hombres de la misma suerte que los buenos, y desde lejos parecía que iban con ellos mismos, y, llegado que hube, vi que iban entre nosotros. Estos me dijeron que eran los hipócritas, gente en quien la penitencia, el ayuno, que en otros son mercancía del cielo, es noviciado[32] del infierno . . .

(*Quevedo follows the swarm of people destined for hell, enters its gates with them, and observes the punishments meted out to all the different classes, ranks, and trades of mankind. It is significant that all—with the exception of the soldiers—are condemned to everlasting torment.*)

Vi un mercader[33] que poco antes había muerto.

¿Acá estáis?—dije yo—. ¿Qué os parece? ¿No valiera más haber tenido poca hacienda y no estar aquí?

Dijo en esto uno de los atormentadores:

—Pensaron que no había más y quisieron con la vara de medir sacar agua de las piedras.[34] Éstos son—dijo—los que han ganado como buenos caballeros el infierno por sus pulgares, pues a puras pulgaradas[35] se nos vienen acá. Mas ¿quién duda que la oscuridad de sus tiendas les prometía estas tinieblas?[36] Gente es ésta—dijo al cabo muy enojado—que quiso ser como Dios, pues pretendieron ser sin medida; mas Él, que todo lo ve, los trajo de sus rasos[37] a

estos nublados,[38] que[39] los atormenten con rayos. Y si quieres acabar de saber[40] cómo éstos son los que sirven allá a la locura de los hombres, juntamente con los plateros y buhoneros, has de advertir que, si Dios hiciera que el mundo amaneciera cuerdo un día, todos éstos quedaran pobres, pues entonces se conociera que en el diamante, perlas, oro y sedas diferentes, pagamos más lo inútil y demasiado y raro[41] que lo necesario y honesto. Y advertid ahora que la cosa que más cara se os vende en el mundo es lo que menos vale, que es la vanidad que tenéis. Y estos mercaderes son los que alimentan todos vuestros desórdenes y apetitos.

Tenía talle de[42] no acabar sus propiedades,[43] si yo no me pasara adelante, movido de admiración de unas grandes carcajadas que oí. Fuime allá por ver risa en el infierno, cosa tan nueva.

—¿Qué es esto? —dije.

Cuando[44] veo dos hombres dando voces en un alto, muy bien vestidos con calzas atacadas.[45] El uno con capa y gorra, puños como cuellos[46] y cuellos como calzas. El otro traía valones[47] y un pergamino en las manos. Y a cada palabra que hablaban, se hundían[48] siete u ocho mil diablos de risa y ellos se enojaban más. Lleguéme más cerca por oirlos, y oí al del pergamino, que, a la cuenta,[49] era hidalgo, que decía:

---

32. preparation, foretaste.
33. a cloth merchant
34. Not believing in a hereafter or that their destiny depended upon God, the cloth merchants wished to perform miracles—especially those which would redound to their own material benefit.
35. inch. The cloth merchants enriched themselves by giving false measure. Also they deliberately darkened their shops to be able to pass off inferior cloths as more costly ones.
36. the darkness of hell
37. velvet; clear sky. A play on words.
38. the cloudy skies of hell
39. so that

40. *acabar de saber,* to finish knowing, to know completely
41. Read, *lo demasiado y lo raro;* what is superfluous and uncommon
42. *tener talle de,* to have the appearance of
43. list of bad qualities
44. And then
45. tight-fitting
46. *puños como cuellos,* cuffs as big as collars. Lace cuffs and pleated collars were the pride of Spanish gentlemen. The kings, in their efforts to conserve national resources, even went so far as to pass laws against too elaborate collars.
47. Another type of pleated collar.
48. *hundirse de risa,* to almost die of laughter
49. *a la cuenta,* apparently

—Pues si mi padre se decía tal cual[50] y soy nieto de Esteban tales y cuales, y ha habido en mi linaje trece capitanes valerosísimos y de parte de mi madre, doña Rodriga, desciendo de cinco catedráticos, los más doctos del mundo, ¿cómo me puedo haber condenado? Y tengo mi ejecutoria y soy libre de todo y no debo pagar pecho.[51]

—Pues pagad espalda—dijo un diablo. Y diole luego cuatro palos en ellas, que le derribó de la cuesta. Y luego le dijo:

—Acabaos[52] de desengañar, que el que desciende del Cid, de Bernardo y de Gofredo,[53] y no es como ellos, sino vicioso como vos, ese tal[54] más destruye el linaje que lo hereda. Toda la sangre, hidalguillo, es colorada. Parecedlo en las costumbres y entonces creeré que descendéis del docto, cuando lo fuereis o procurareis serlo, y si no, vuestra nobleza será mentira breve[55] en cuanto durare la vida. Que en la cancillería del infierno arrúgase el pergamino y consúmense las letras, y, el que en el mundo es virtuoso, ése es el hidalgo, y la virtud es la ejecutoria que acá respetamos, pues aunque descienda de hombres viles y bajos, como él con divinas costumbres se haga digno de imitación, se hace noble a sí y hace linaje para otros. Reímonos acá de ver lo que ultrajáis a los villanos, moros y judíos, como si en éstos no cupieran las virtudes, que vosotros despreciáis.

Tres cosas son las que hacen ridículos a los hombres: la primera, la nobleza; la segunda, la honra; la tercera, la valentía.[56] Pues es cierto que os contentáis con que hayan tenido vuestros padres virtud y nobleza para decir que la tenéis vosotros, siendo[57] inútil parto del mundo. Acierta a tener muchas letras el hijo del labrador, es arzobispo el villano que se aplica a honestos estudios, y los caballeros que descienden de buenos padres, como si hubieran ellos[58] de gobernar el cargo que les dan, quieren, ¡ved qué ciegos!, que les valga a ellos,[59] viciosos, la virtud ajena de trescientos mil años, ya casi olvidada, y no quieren que el pobre se honre con la propia.

Carcomióse[60] el hidalgo de oir estas cosas, y el caballero que estaba a su lado se afligía, pegando los abanillos[61] del cuello y volviendo las cuchilladas[62] de las calzas.

—Pues ¿qué diré de la honra mundana? Que más tiranías hace en el mundo y más daños y la[63] que más gustos estorba. Muere de hambre un caballero pobre, no tiene con qué vestirse, ándase roto y remendado, o da en[64] ladrón, y no lo pide,[65] porque dice que tiene honra; ni quiere servir, porque dice que es deshonra.[66] Todo cuanto se busca y afana dicen los hombres que es por sustentar honra. ¡Oh, lo que gasta la honra! Y llegado a ver lo que es la honra mundana, no es nada. Por la honra no come el que tiene gana donde le sabría bien. Por la honra se muere

50. *se decía tal cual,* was named so and so
51. tax; chest. Another pun.
52. See n. 40.
53. The Cid and Bernardo del Carpio we already know as heroes of epic poems; Geoffrey of Bouillon was the great leader of the first crusade.
54. *ese tal,* that person, such a one
55. short, because he will not be remembered after death, like the truly great
56. These paragraphs against the mundane conception of nobility, honor, and valor are among the best of Quevedo's writing. He has the insight to see through values commonly accepted as good, and the courage to proclaim that fundamentally they are bad. Against the accepted notions he opposes his ideas of true nobility, which each man must win for himself.
57. when you are
58. i.e. the ancestors
59. Here *ellos* refers to the worthless descendants.
60. Here, to become upset, angry.
61. pleats
62. slashings
63. Read: *y es la que*
64. *dar en,* to become, end as
65. to beg
66. Remember the *hidalgo* of *Lazarillo de Tormes* whose honor would not allow him to work, but would still permit him to eat the food Lazarillo begged.

la viuda entre dos paredes . . . Por la honra, pasan los hombres el mar. Por la honra, mata un hombre a otro. Por la honra, gastan todos más de lo que tienen. Y es la honra mundana, según esto, una necedad del cuerpo y alma, pues al uno quita los gustos y al otro el descanso. Y porque veáis cuáles sois los hombres desgraciados y cuán a peligro tenéis lo que más estimáis, hase de advertir que las cosas de más valor en vosotros son la honra, la vida y la hacienda. La honra está en arbitrio de las mujeres;[67] la vida, en manos de los doctores, y la hacienda en las plumas de los escribanos.[68]

—Desvaneceos, pues, bien, mortales— dije yo entre mí—. ¡Y cómo se echa de ver que esto es el infierno, donde, por atormentar a los hombres con amarguras, les dicen las verdades.

Tornó en esto a proseguir, y dijo:[69]

—¡La valentía! ¿Hay cosa tan digna de burla? Pues, no habiendo ninguna[70] en el mundo sino la caridad,[71] con que se vence la fiereza de otros y la de sí mismo y la de los mártires, todo el mundo es de valientes; siendo verdad que todo cuanto hacen los hombres, cuanto han hecho tantos capitanes valerosos como ha habido en la guerra, no lo han hecho de valentía, sino de miedo. Pues el que pelea en la tierra por defenderla, pelea de miedo de mayor mal, que es ser cautivo y verse muerto, y el que sale a conquistar los que están en sus casas, a veces lo hace de miedo de que el otro no le acometa, y los que no llevan este intento, van vencidos de la codicia.

—¡Ved qué valientes! A robar oro y a inquietar los pueblos apartados, a quienes Dios puso como defensa a nuestra ambición mares en medio y montañas ásperas![72] Mata uno a otro, primero vencido de la ira, pasión ciega, y otras veces de miedo de que le mate a él. Así, hombres que todo lo entendéis al revés, bobo llamáis al que no es sedicioso, alborotador y maldiciente; sabio llamáis al malacondicionado, perturbador y escandaloso; valiente al que perturba el sosiego, y cobarde, al que con bien-compuestas costumbres escondido de las ocasiones,[73] no da lugar a que le pierdan el respeto. Estos tales son en quienes ningún vicio tiene licencia.

—¡Oh, pesia tal!—dije yo—. Más estimo haber oído este diablo que cuanto tengo.

Dijo en esto el de las calzas atacadas muy mohino:

—Todo eso se entiende con ese escudero; pero no conmigo, a fe de caballero[74] —y tornó a decir caballero tres cuartos de hora—. Que es ruin término y descortesía. ¡Deben de pensar que todos somos unos![75]

Esto les dio a los diablos grandísima risa. Y luego, llegándose uno a él, le dijo que se desenojase y mirase qué había menester y qué era la cosa que más pena le daba, porque le querían tratar como quien era. Y al punto dijo:

—¡Bésoos las manos![76] Un molde para repasar el cuello.

Tornaron a reir y él a atormentarse de nuevo.

. . .

---

67. A man could be most gravely dishonored by the misconduct of his wife or daughter.
68. legal scribe. By legal technicalities property can be won or lost.
69. The same devil is speaking.
70. *Pues . . . ninguna*, Since there isn't any (bravery)
71. Charity is the greatest bravery, since it can conquer even the fiercest beings.
72. Quevedo must have the Indians, especially the Aztecs and Incas, in mind. See what an ultra-modern point of view he takes and how he doesn't hesitate to criticize Spain even in her glories.
73. quarrel
74. The *caballero* was of higher rank than the *escudero* (or *hidalgo*) and feels he deserves different treatment. He brings his rank into his conversation on every occasion.
75. *Deben . . . unos,* They (the devils) must think that we're all the same (in rank)!
76. Thank you. (Notice that the *caballero's* first thought is for the fine clothes which distinguish him from baser mortals.)

Letrilla satírica

Poderoso caballero
es don Dinero.

Madre, yo al oro me humillo;[1]
él es mi amante y mi amado,
pues, de puro enamorado,[2]   5
de contino[3] anda amarillo;[4]
que pues, doblón o sencillo,[5]
hace todo cuanto quiero,
poderoso caballero
es don Dinero.   10

Nace en las Indias honrado,
donde el mundo le acompaña;[6]
viene a morir en España,
y es en Génova[7] enterrado.
Y pues quien le trae al lado   15
es hermoso, aunque sea fiero,
poderoso caballero
es don Dinero.

Es galán y es como un oro,[8]
tiene quebrado[9] el color,   20
persona de gran valor,
tan cristiano como moro.
Pues que da y quita el decoro
y quebranta cualquier fuero,
poderoso caballero   25
es don Dinero.

Son sus padres principales,
y es de nobles descendiente,
porque en las venas de Oriente[10]

todas las sangres son reales;[11]   30
y pues es quien hace iguales
al duque y al ganadero,
poderoso caballero
es don Dinero.

Mas ¿a quién no maravilla   35
ver en su gloria sin tasa
que es lo menos[12] de su casa
doña Blanca[13] de Castilla?
Pero, pues da al bajo[14] silla
y al cobarde hace guerrero,   40
poderoso caballero
es don Dinero. . . .

Y es tanta su majestad
(aunque son sus duelos hartos),
que con haberle hecho cuartos,[15]   45
no pierde su autoridad;
pero, pues da calidad
al noble y al pordiosero,
poderoso caballero
es don Dinero.   50

Nunca vi damas ingratas
a su gusto y afición,
que a las caras de un doblón
hacen sus caras baratas;[16]
y pues las hace bravatas[17]   55
desde una bolsa de cuero,
poderoso caballero
es don Dinero.

1. *me humillo,* I humble myself
2. *de puro enamorado,* so deeply in love
3. *de contino* means *siempre*
4. The color yellow refers to gold and the love-sick lover.
5. *doblón o sencillo,* whether it is a doubloon or coin of lesser value
6. *donde . . . acompaña,* where everybody keeps him company, a reference to the many people who went to the Indies in search of gold.
7. a reference to the Genoese bankers who charged exorbitantly for their financial services to the Spanish crown.
8. Handsome persons or things were commonly compared to gold; cf. our expression today "he has a heart of gold."
9. pale
10. a reference to the veins in the mines of the New World.
11. *real* means royal and also is the name of a coin
12. lo *menos,* the least important member
13. *blanca* was a coin of little value and also was the name of several queens of Castile during the Middle Ages.
14. the lowly
15. *hecho cuartos,* quartered (like the criminal); *cuarto* is also a coin
16. *que . . . baratas,* in the face of a doubloon they cheapen their faces; sell themselves.
17. *y . . . bravatas,* and since he threatens them

Más valen en cualquier tierra
(¡mirad si es harto sagaz!)[18]   60
sus escudos en la paz
que rodelas en la guerra.

Y pues al pobre le entierra
y hace propio al forastero,[19]
poderoso caballero   65
es don Dinero.

Salmo XVII

Miré los muros de la patria[20] mía,
si un tiempo[21] fuertes, ya desmoronados,[22]
de la carrera de la edad cansados,
por quien caduca ya su valentía.[23]
    Salíme al campo; vi que el sol bebía   5
los arroyos del yelo[24] desatados,
y del monte quejosos los ganados,

que con sombras hurtó su luz al día.[25]
    Entré en mi casa; vi que, amancillada,
de anciana habitación era despojos;   10
mi báculo, más corvo y menos fuerte.
    Vencida de la edad sentí mi espada,
y no hallé cosa en que poner los ojos
que no fuese recuerdo de la muerte.

A un hombre de gran nariz

Érase[26] un hombre a una nariz pegado,
érase una nariz superlativa,
érase una alquitara[27] medio viva,
érase un peje espada mal barbado;[28]
    era un reloj de sol[29] mal encarado,[30]   5
érase un elefante boca arriba,[31]
érase una nariz sayón[32] y escriba,[33]

un Ovidio Nasón[34] mal narigado.[35]
    Érase el espolón[36] de una galera,
érase una pirámide de Egito,[37]   10
las doce tribus[38] de narices era;
    érase un naricísimo[39] infinito,
frisón[40] archinariz,[41] caratulera,[42]
sabañón garrafal, morado y frito.[43]

18. *¡mirad . . . sagaz!;* notice how very wise he is!
19. *y . . . forastero,* and naturalizes the foreigner; i.e. foreign countries welcome him because of his money.
20. native land, birthplace
21. *un tiempo,* once
22. dilapidated
23. *por . . . valentía* on account of which (*edad*) its (the country's) valor declines
24. *hielo*
25. Word order: *y los ganados quejosos del monte que con (sus) sombras hurtó su luz al día*
26. There once was
27. alembic, i.e. the shape of the man's nose is like an alembic, a vessel with a beaked cap or head, formerly used in distilling.
28. *un . . . barbado,* a poorly bearded swordfish
29. *reloj de sol,* sun dial
30. *mal encarado,* deformed
31. *un . . . arriba,* an elephant from the mouth up
32. With the meaning of executioner, *sayón*

may refer to the Jews who crucified Christ; as the augmentative of *sayo* (garment), it may be comparing the length of the nose to the long garments worn by Jews.
33. scribe, a reference to the shape of a scribe hunched over his desk.
34. *Ovidio Nasón,* a pun on the name of Ovidius Naso (*naso* is colloquial for big nose), a Roman poet (43 B.C.–A.D. 17?)
35. *mal narigado,* badly nosed
36. ram
37. *Egipto*
38. Supply, of Israel
39. This word combines *nariz* + the superlative *ísimo.*
40. Frisian horse; Quevedo uses *frisón,* a large, strong horse, to show large size.
41. This word combines *archi* (preeminent) + *nariz,* i.e. a nose superior in size to all others.
42. a mold for making (comic) masks
43. *sabañón . . . frito,* a tremendous chilblain (inflammation on the hands and feet caused by exposure to cold and moisture), a dark purple and fried

Amor constante más allá de la muerte

Cerrar podrá[44] mis ojos la postrera
sombra que me llevare[45] el blanco día,
y podrá desatar[46] esta alma mía
hora a su afán ansioso lisonjera;[47]
    mas no,[48] de esotra parte, en la ribera,[49] 5
dejará la memoria, en donde ardía:
nadar sabe[50] mi llama[51] la agua fría,
y perder el respeto a ley severa.

Alma a quien todo un dios prisión ha
    sido,[52]
venas que humor[53] a tanto fuego han
    dado,   10
medulas[54] que han gloriosamente ardido:
    su cuerpo dejará,[55] no su cuidado;[56]
serán ceniza, mas tendrá sentido;[57]
polvo serán, mas polvo enamorado.

Poema metafísico

*Represéntase la brevedad de lo que se
vive y cuán nada parece lo que se
vivió*[58]
    ¡Ah de la vida![59] . . . ¿Nadie me res-
ponde?
¡Aquí de los antaños[60] que he vivido!   5
La Fortuna mis tiempos ha mordido;
las Horas mi locura las esconde.
    ¡Que sin poder saber cómo ni adónde,

la salud y la edad se hayan huído!
Falta la vida, asiste lo vivido,[61]   10
y no hay calamidad que no me ronde.[62]
    Ayer se fue; mañana no ha llegado;
hoy se está yendo sin parar un punto;[63]
soy un fue, y un será, y un es cansado.[64]
    En el hoy y mañana y ayer, junto   15
pañales y mortaja, y he quedado
presentes sucesiones de difunto.[65]

44. The subject is *la postrera sombra*
45. *que me llevare,* which will take away from me
46. free
47. *hora . . . lisonjera,* a time propitious for its (my soul's) anxious yearning
48. use this negative with *dejará* in the next line
49. *de . . . ribera,* on the further shore of the river (Lethe, the river of forgetfulness in Hades)
50. can
51. flame of love
52. *Alma . . . sido,* a soul which the god of love has held imprisoned
53. *dar humor a,* to favor, to humor
54. marrow
55. i.e. the soul will leave its body
56. love

57. i.e. the body will become ashes which will, in turn, still retain feelings of love
58. *Represéntase . . . vivió,* Here is revealed the brevity of life as it is being lived and the ostensible nothingness of past life
59. *¡Ah de la vida!,* Ahoy life! (*Ah de* is an expression used to hail a ship.)
60. *¡Aquí . . . antaños,* Rally around me, yesteryears
61. *Falta . . . vivido,* Life is absent, what I have lived is present
62. *que no me ronde,* which does not threaten me; or, which does not prowl around me
63. moment
64. *soy, . . . cansado,* I am a has been, and a will be, and a tired being
65. *y he . . . difunto,* and I am merely a succession of deaths that are present in me

The Eighteenth Century in Spain

History

Spain seemed to be exhausted after a period of violent expansion and constant wars from the late fifteenth century through the seventeenth. During this time the Spanish discovered and colonized America, fought the Turks in the Mediterranean, the French in both Italy and France, the Flemish and Dutch in the Low Countries, and the English on the sea. Spain needed a long and profound rest. Even the population had fallen from some ten million to about six million during the course of the seventeenth century. While pursuing its double ideal of one universal religion and a single universal monarchy, Spain had struggled against practically the whole world. Furthermore, the monarchs steadily declined in quality from generation to generation until the famous Hapsburg line ended with the impotent Carlos II, in 1700.

The nation's decadence was also of an economic nature, and the country needed to replenish its stores and build up its national wealth. The gold from America, which had flowed into Spain in great quantities, had passed through Spain and ended in the coffers of the Italian bankers. Very little manufacturing took place in Spain itself. The well-to-do preferred luxurious imported articles, and the poor, glorying in the great deeds of the Spanish military forces, had developed a distaste for manual work and had conceived the idea that the only honorable ways of earning one's bread were by following the career of soldier, writer, priest, or government official. Heavy taxes had to be imposed to carry on the disastrous military campaigns. The most nefarious of these was the *alcabala,* a 10 per cent sales tax which affected every article, either manufactured or raw material, each time it changed hands. Furthermore, the expulsion of the Jews in 1492 and of the *moriscos* early in the seventeenth century was an economic mistake, as these classes had more industrial initiative than the other Spaniards.

The eighteenth century opened, then, with a new line of kings ascending the Spanish throne, of whom the first, Felipe V, was the grandson of Louis XIV of France, consequently a Frenchman and a Bourbon. Although the Bourbon kings ruled Spain until 1931, they were always looked on as outsiders or foreigners by the Spaniards. We may also say that they represented an idea of monarchy quite different from that of the earlier Spanish kings, who had felt themselves to be representatives of God and, as a result, responsible to His high authority. The Bourbon concept is best seen in the phrase said to be used by Louis XIV, the greatest monarch of that line: *'L'état, c'est moi'*;[1] or, on passing some decree, giving as his reason: *'car c'est notre bon plaisir.'*[2] It is obvious that the Bourbons always thought of their rule as absolute and personal, a policy which was continued by the Spanish branch of the line.

We must, however, give the eighteenth-century monarchs credit for representing an enlightened despotism. They brought many institutions into Spain which had already been established elsewhere, notably in France. Among these were the *Biblioteca Nacional* (1712), the *Academia Española*[3] (1714), and the *Academia de Medicina* (1734). Considerable advance was made in scholarship, manufacturing techniques, and the rudimentary science of the day. This policy of enlightenment reached its high point during the reign of Carlos III (1759–88); but immediately afterwards the decadence of the Bourbon line began with Carlos IV (1788–1808), who left the government of the nation to Godoy, a common soldier raised to the rank of prime minister, and a royal favorite through the attachment the queen had for him.

Intellectual and Literary Currents

As in most periods of Spanish intellectual history, there was a struggle between two conflicting ideas: one, the desire of a few cultured people of the upper classes to bring Spain, which they felt to be benighted and behind the

1. 'I am the state.'
2. 'for it is our good pleasure'
3. A group of 36 literary men, whose object was to decide on all disputed questions of language. Its dictionary, although not perfect, is the best in existence. Election to this group is a great honor, although the Spaniards have never revered their *Academia* to the same extent as the French their corresponding institution, *L'Académie française*.

times, abreast of contemporary thought; and the other, *casticismo,* or the clinging to good old Spanish ways of thinking and doing. The members of the first group were looked down upon as partisans of the always unpopular French cause; hence their name *afrancesados.* In reality, it was out of patriotism they tried to bring in new ideas from outside, in the hope of seeing Spain equal what they considered to be the brilliant civilization of the rest of Europe.

As French thought dominated all of Europe, naturally they turned to French theories of literature and attempted to propagate them in Spain. During the seventeenth century the French had developed a school of literature called *classicism,* which still dominated their literary productions in the eighteenth century. This was what the *afrancesados* attempted to introduce into Spain, with very little success, due to the fact that classicism was in no way compatible with Spanish temperament or with the literature the Spaniards had been used to in the past.

Classicism may be defined as a restrained, mature, authoritarian point of view towards life and literature. It starts from the premise that the ancient Greek and Latin authors were better writers than any modern man could be. Consequently, the modern must imitate the essence of their work. Fundamentally, classicism strove for universality in plots, ideas, and characters. Thus, it depicted things, people, and ideas which could be true not just at the present time, but in any age, and not just in one nation, but anywhere in the world. It tended to reject original ideas and new or unique characters. Originality was not considered to be a virtue among the classicists, for the very cornerstone of their literary theory was imitation. Often they were content merely to retell a story from ancient literature in their modern language. Because of their feeling that they must always subject themselves to the authority of the 'ancients,' they inherited certain restraints, most notable of which are the rules for the different forms, or genres, of literature. Each genre was subject to a series of strict limitations, among which the outstanding example is the three unities (time, place, and action) which governed the drama.

We have already emphasized the individualism of the Spaniard. As the classicists, in their effort to attain universality, sacrificed everything exceptional, picturesque, or individual, they were necessarily running contrary to the current of Spanish feeling. In reality, they achieved no successes at all in Spain until the eighteenth century was three-quarters over, and even in the last quarter of that century and the beginning of the nineteenth, such successes as they did attain were only minor ones. The first drama acted in Spain, written according to classic rules, appeared in 1770 (*Hormesinda,* of

Nicolás Fernández de Moratín) and ran only six nights. Only one classical tragedy had any real success (*Raquel*, of Vicente García de la Huerta, 1778). The classical comedy achieved only two notable successes, both plays of Leandro Fernández de Moratín (*La comedia nueva*, 1792, and *El sí de las niñas*, 1806). The two important schools of lyric poetry of the century, namely those of Salamanca and Sevilla, did not come into being until the century was three-quarters spent. In fact, only one classical work of any significance comes earlier in the century, Luzán's *Arte poética* (1737), in which he laid down the rules by which he hoped his compatriots would produce classic masterpieces. A later and far more readable codification of the rules and attitudes of classicism is Tomás de Iriarte's *Fábulas literarias* (1782).

The great masses of the people of Spain were always opposed to the innovations of the *afrancesados*, although they did little to produce a literature of their own. However, they maintained a constant preference for the dramas of the Golden Age, which continued to be acted in the theaters throughout this period. These dramas had nothing in common with classicism, as they respected none of the rules so sacred to that school. Furthermore, the immense success of the playwright Ramón de la Cruz is a reflection of the popular taste, for he made no attempt to abide by rules, but followed the deep-seated Spanish tendency towards pictorial realism. His little one-act plays, or *sainetes,* which continue the tradition of the *pasos* of Lope de Rueda and the *entremeses* of Cervantes, simply show some picturesque or characteristic detail of Madrid life. The same type of realism abounds in the works of Leandro Fernández de Moratín, which leads us to believe that his comedies owe their success, not to their adherence to the forms of classicism, but to their ingrained *españolismo*. García de la Huerta's successful tragedy was also only externally classic, for its subject matter was a legend from the Spanish Middle Ages which had already been treated in a Spanish drama of the Golden Age. In fact, much of the success of the play lay in its hidden attack on French dominance in politics at the very time that the author was following the French lead in literature. The best works of the lyric poets also are generally those in which they adhere least strictly to classicism. Thus, we find that the school of Sevilla, whose members were doctrinaire classicists, is far less important than that of Salamanca, some of whose members, such as Meléndez Valdés, Cadalso, and Cienfuegos, showed many moments of independence and originality.

One of the most representative figures of the eighteenth century was Fray Benito Jerónimo Feijoo (1676–1764), a Benedictine monk influenced by the French Enlightenment, who wrote numerous essays designed to overthrow false ideas and traditions. His *Teatro crítico universal* (8 volumes) and *Cartas eruditas,* 5 volumes, published between 1742 and 1760, range over an encyclopedic variety of themes: medicine, politics, philosophy, natural superstitions, mores, folklore, and the like. He relied on common sense and the experimental method in examining traditional Spanish beliefs and in admitting new European ideas. While seeking to establish the truth in a vast array of matters, in no way did he go counter to the essence of authentic Spanish Catholicism. Feijoo attributed the decadence of eighteenth-century Spanish literature to the lack of creative writers, a condition that could not be ameliorated by the simple adoption of neoclassic rules.

The influence of France and of classicism continued in Spain until the death of the most despotic of the Spanish monarchs, Fernando VII (1833), primarily because he exiled some 40,000 men who were liberal in politics and consequently liberal also in their literary point of view. Therefore, the new literary current, known as *romanticism,* which was developing in France and England in the early nineteenth century, was not free to appear in Spain until an amnesty, granted just before the monarch's death, made possible the return of these exiles. Logically, we should consider the first third of the nineteenth century as belonging to the eighteenth century in literature and intellectual history.

BENITO JERÓNIMO FEIJOO

Selections from *Teatro crítico universal*

Prólogo

Lector mío, seas quien fueres,[1] no te espero muy propicio,[2] porque siendo verosímil que estés preocupado de muchas de las opiniones comunes que impugno, y no debiendo yo confiar tanto, ni en mi persuasiva ni en tu docilidad que pueda prometerme conquistar luego tu asenso,[3] ¿qué sucederá sino que, firme en tus antiguos dictámenes, condenes 10 como inicuas mis decisiones? Dijo bien el padre Malebranche[4] que aquellos autores que escriben para desterrar preocupaciones comunes, no deben poner 5 duda en que recibirá el público con desagrado sus libros. En caso que llegue a triunfar la verdad, camina con tan perezosos pasos la victoria, que el autor, mientras vive, sólo goza el vano consuelo 10 de que le pondrán la corona de laurel[5]

1. *seas quien fueres,* whoever you are
2. favorable
3. agreement, assent
4. French philosopher (1638–1715), who sometimes was suspected of atheism for his modern views.

5. *corona de laurel,* laurel wreath. The wreath was initially used by the Greeks to crown victors of the Pythian games and individuals who distinguished themselves in certain offices. Later it was used to indicate academic honors.

en el túmulo.[6] Buen ejemplo es el del famoso Guillermo Harveo,[7] contra quien, por el noble descubrimiento de la circulación de la sangre, declamaron furiosamente los médicos de su tiempo, y hoy, le veneran todos los profesores de Medicina como oráculo. Mientras vivió le llenaron de injurias; ya muerto, no les falta sino colocar su imagen en las aras.

Aquí era la ocasión de disponer tu espíritu a admitir mis máximas, representándote con varios ejemplos cuán expuestas viven al error las opiniones más establecidas. Pero porque éste es todo el blanco del primer discurso de este tomo, que a ese fin como preliminar necesario, puse al principio, allí puedes leerlo. Si nada te hiciere fuerza,[8] y te obstinarás a ser constante sectario[9] de la voz del pueblo, sigue norabuena su rumbo. Si eres discreto, no tendré contigo querella alguna, porque serás benigno y reprobarás el dictamen, sin maltratar al autor. Pero si fueres necio, no puede faltarte la calidad de inexorable. Bien sé que no hay más rígido censor de un libro que aquél que no tiene habilidad para dictar una carta. En ese caso di de mí lo que quisieres. Trata mis opiniones de descaminadas por peregrinas,[10] y convengámonos los dos en que tú me tengas a mí por extravagante; yo a ti, por rudo . . . .

De suerte que cada tomo, bien que en el designio de impugnar errores comunes uniforme,[11] en cuanto a las materias parecerá misceláneo.[12] El objeto formal será siempre uno. Los materiales precisamente han de ser muy diversos.

Culparásme acaso porque doy el nombre de *errores* a todas las opiniones que contradigo. Sería injusta la queja si yo no previniese quitar desde ahora a la voz el odio con la explicación. Digo, pues, que *error,* como aquí le tomo, no significa otra cosa que una opinión que tengo por falsa, prescindiendo de si lo juzgo o no probable.[13]

Ni debajo del nombre de *errores comunes* quiero significar que los que impugno sean trascendentes[14] a todos los hombres. Bástame para darles ese nombre que estén admitidos en el común del vulgo,[15] o tengan entre los literatos más que ordinario séquito.[16] Esto se debe entender con la reserva de no introducirme jamás a juez en aquellas cuestiones que se ventilan entre varias escuelas, especialmente en materias teológicas; porque ¿qué puedo yo adelantar en asuntos que con tanta reflexión meditaron tantos hombres insignes? ¿O quién soy yo para presumir capaces mis fuerzas de aquellas lides, donde batallan tantos gigantes? En las materias de rigurosa física no debe detenerme este reparo, porque son muy pocas las que se tratan (y ésas con poca o ninguna reflexión) en otras escuelas.

Harásme también cargo[17] porque, habiendo de tocar cosas facultativas,[18] escribo en el idioma castellano.[19] Basta-

6. grave
7. William Harvey (1578–1658), English physician who discovered the circulation of the blood.
8. *si . . . fuerza,* if nothing will convince you
9. adherent
10. *Trata . . . peregrinas,* Consider my opinions misleading only because they are foreign and strange to you
11. *bien . . . uniforme,* although it has unity in its purpose of assailing common errors.
12. i.e. it will appear to be a collection of articles dealing with diverse topics
13. *prescindiendo . . . probable,* disregarding whether I judge it probable or not

14. applicable
15. *en el común del vulgo,* among the general run of people
16. following
17. *Harásme también cargo,* You will also criticize me
18. scholarly
19. Feijoo is here referring to the controversy begun in the Renaissance as to whether the modern languages were suited for scholarly writing or not. Feijoo treated the subject specifically in his *Discurso 15* ("Paralelo de las lenguas castellana y francesa"), where he defended the value of Spanish.

ríame por respuesta el que para escribir en el idioma nativo no se ha menester más razón que no tener alguna para hacer lo contrario. No niego que hay verdades que deben ocultarse al vulgo, cuya flaqueza más peligra tal vez en la noticia que en la ignorancia:[20] pero ésas[21] ni en latín deben salir al público, pues harto vulgo hay entre los que entienden este idioma;[22] fácilmente pasan de éstos a los que no saben más que el castellano.

Tan lejos voy de comunicar especies perniciosas al público, que mi designio en esta obra es desengañarle de muchas que, por estar admitidas como verdaderas, le son perjudiciales, y no sería razón, cuando puede ser universal el provecho, que no alcanzare a todo el desengaño.

No por eso pienses que estoy muy asegurado de la utilidad de la obra. Aunque mi intento sólo es proponer la verdad, posible es que en algunos asuntos me falte penetración para conocerla, y en los más, fuerza para persuadirla. Lo que puedo asegurarte es que nada escribo que no sea conforme a lo que siento . . . .

20. *cuya . . . ignorancia,* whose weakness is perhaps more endangered by knowledge (*noticia*) than by ignorance.

21. i.e. *verdades*

22. Feijoo says that many people who appear to be scholarly because of their knowledge of Latin really have run of the mill intelligence.

Voz del Pueblo

Aquella mal entendida máxima de que Dios se explica en la voz del pueblo, autorizó la plebe para tiranizar el buen juicio y erigió en ella una potestad tribunicia, capaz de oprimir la nobleza literaria.[1] Es éste un error de donde nacen infinitos; porque asentada la conclusión de que la multitud sea regla de la verdad, todos los desaciertos del vulgo se veneran como inspiraciones del Cielo. Esta consideración me mueve a combatir el primero este error, haciéndome la cuenta de que venzo muchos enemigos en uno solo, o a lo menos de que será más fácil expugnar los demás errores quitándoles primero el patrocinio que les da la voz común en la estimación de los hombres menos cautos.[2]

Aestimes judicia, non numeres,[3] decía Séneca. El valor de las opiniones se ha de computar por el peso, no por el número de las almas . . . .

Los que dan tanta autoridad a la voz común no prevén[4] una peligrosa consecuencia que está muy vecina a su dictamen. Si a la pluralidad de voces se hubiese de fiar la decisión de las verdades, la sana doctrina se había de buscar en el Alcorán[5] de Mahoma, no en el Evangelio de Cristo; no los decretos del Papa, sino

1. *y erigió . . . literaria,* and built upon it (*máxima,* principle) a tribunicial power capable of repressing the educated elite. Feijoo is referring to the tribune of ancient Rome, an officer or magistrate chosen by the people to protect them from the oppression of the patricians or nobles and to defend their liberties against any attempts that might be made upon them by the senate and consuls. In this essay, Feijoo shows little faith in the intellectual ability of the uneducated masses. He is alluding to the popular Latin phrase *vox populi, vox Dei,* the voice of the people (is) the voice of God.

2. *quitándoles . . . cuantos,* by removing first of all the support (*patrocinio*) which the voice of the common people gives them (*errores*) in the opinion of less prudent men

3. *Aestimes judicia, non numeres,* Value the merits, not the numbers. Feijoo gives his interpretation of this in the next sentence.

4. from *prever,* to foresee

5. the Koran, the sacred scripture of Islam, believed by Mohammedans to contain revelations made by Allah directly to Mohammed (*Mahoma*).

los del muftí,[6] habrán de arreglar las costumbres, siendo cierto que más votos tiene a su favor el Alcorán que el Evangelio. Yo estoy tan lejos de pensar que el mayor número deba captar el asenso,[7] que antes pienso se debe tomar el rumbo contrario, porque la naturaleza de las cosas lleva[8] que en el mundo ocupe mucho mayor país[9] el error que la verdad. El vulgo de los hombres,[10] como la ínfima y más humilde porción del orbe racional, se parece al elemento de la tierra en cuyos senos se produce poco oro, pero muchísimo hierro.

Quien considerase que para la verdad no hay más que una senda y para el error infinitas, no extrañará que caminando los hombres con tan escasa luz, se descaminen los más. Los conceptos que el entendimiento forma de las cosas son como las figuras cuadriláteras,[11] que sólo de un modo pueden ser regulares, pero de innumerables modos pueden ser irregulares o trapecias,[12] como las llaman los matemáticos. Cada cuerpo en su especie, sólo por una medida puede salir rectamente organizado; pero por otras infinitas puede salir monstruoso. Sólo de un modo se puede acertar; errar, de infinitos . . . .

No obstante todo lo dicho en este capítulo, concluiré señalando dos sentidos en los cuales únicamente, y no en otro alguno, tiene verdad la máxima de

que la voz del pueblo es voz de Dios. El primero es tomando por voz del pueblo el unánime consentimiento de todo el pueblo de Dios, esto es, de la Iglesia universal, la cual es cierto no puede errar en las materias de fe, no por imposibilidad antecedente que se siga a la naturaleza de las cosas, sí por la promesa que Cristo la hizo de su continua asistencia y de la del Espíritu Santo en ella. Dije *todo el pueblo de Dios,* porque una gran parte de la Iglesia puede errar, y de hecho erró en el gran cisma del Occidente,[13] pues los reinos de Francia, Castilla, Aragón y Escocia tenían por legítimo papa a Clemente VII; el resto de la cristiandad adoraba a Urbano VI, y de los dos partidos, es evidente que alguno erraba. Prueba evidente de que dentro de la misma Cristiandad puede errar en cosas muy sustanciales, no sólo algún pueblo grande, pero aun la colección de muchos pueblos y coronas.

El segundo sentido verdadero de aquella máxima es tomando por voz del pueblo la de todo el género humano. Es por lo menos moralmente imposible que todas las naciones del mundo convengan en algún error; y así, el consentimiento de toda la tierra en creer la existencia de Dios se tiene entre los doctos por una de las pruebas concluyentes[14] de este artículo.

6. muftí, a Mohammedan legal adviser consulted in applying the religious law
7. *captar el asenso,* to gain acceptance
8. inevitably implies
9. *ocupe mucho mayor país,* is much more widespread
10. *El vulgo de los hombres,* Mankind's common people
11. quadrilateral
12. trapezoidal, referring to a quadrilateral plane figure having two parallel and two nonparallel sides
13. The Great Schism, the division in the Roman Catholic Church from 1378 to 1417. During this period there were several popes at the same time, some in Rome and others in Avignon. The schism ended with the Council of Constance and the election of Martin V. Clement VII, who reigned as pope at Avignon, was one of the leaders of the cardinals who opposed Urban VI, the pope in Rome.
14. conclusive, convincing

Milagros supuestos

. . . Los milagros verdaderos son la más fuerte comprobación de la verdad de nuestra santa fe; pero los milagros fingidos[1] sirven de pretexto a los infieles para no creer los verdaderos. Los que entre ellos son más sagaces tienen justificada la suposición de algunos prodigios que corren entre nosotros; con esto hacen creer al pueblo rudo,[2] que cuanto se dice de milagros en la Iglesia católica es embuste y falsedad. Así la obstinación se aumenta, el error triunfa y la verdad padece.

En la ciudad de la Coruña[3] no ha muchos años corrieron en el pueblo, y aún se predicaron en el púlpito, dos milagros, de cuya falsedad, además de muchos de los nuestros, fue testigo ocular[4] Guillelmo Salter, inglés, y cónsul entonces por su nación en aquel puerto. El uno era la cura milagrosa de una pobre mujer, que no había sido milagrosa, sino natural y muy fácil, y la había costeado[5] en la forma regular, con médico y cirujano, el mismo Guillelmo Salter. La otra ficción aún era más ruborosa[6] para nosotros, porque para suponer el milagro se le imponía a Salter una fea falsedad en el trato, de que era su genio muy ajeno.[7] Cónstame este hecho por la relación de un religioso grave,[8] docto

y ejemplar, natural del mismo lugar de la Coruña. Guillelmo Salter volvió después a Inglaterra. Considérese qué concepto haría el común del vulgo de los decantados[9] milagros de la Iglesia católica, oyéndole a aquel hombre referir estos sucesos.

En dar o suspender el asenso a los milagros, caben dos extremos, ambos viciosos: la credulidad nimia[10] y la incredulidad proterva.[11] No creer milagro alguno, fuera de los que constan de la sagrada Escritura, es reprehensible dureza; creer todos los que acredita el rumor del vulgo, es liviandad demasiada . . . .[12]

Es el vulgo, hablando con propiedad, patria de las quimeras.[13] No hay monstruo que en el caos confuso de sus ideas no halle semilla para nacer y alimento para durar. El sueño de un individuo fácilmente se hace delirio de toda una región. Sobre el eco de una voz mal entendida se fabrica en breve tiempo una historia portentosa. Halágale, no lo verdadero, sino lo admirable; y llegó tal vez su propensión a creer prodigios a la extravagancia de atribuir milagros a los irracionales. Referiré a este intento una historia harto graciosa, que se halla en las *Memorias* de Trevoux.[14]

Un señor francés, natural del condado

1. fictitious
2. uncultured
3. Spanish city in the province of the same name. It is situated on the Atlantic in the N.W. tip of the peninsula.
4. *testigo ocular,* eye witness
5. *la había costeado,* had defrayed the cost of it (*la cura*)
6. embarrassing
7. *porque . . . ajeno,* because in order to give substance to the miracle, Salter was falsely accused of duplicity of character which was foreign to his nature
8. *la relación . . . grave,* by the account of a serious clergyman

9. exaggerated, highly praised
10. excessive
11. perverse
12. *es liviandad demasiada,* is taking things too lightly
13. *patria de las quimeras,* the birthplace of fantasy
14. Also known as the *Journal of Trevoux,* these *Mémoires* were first published in 1701 in Trevoux, Bourgogne (France), under the auspices of the Jesuit order. They contained articles on literature and science and exerted a certain degree of influence on the literature of the time.

de Auverna,[15] en tiempo de Ludovico Pío,[16] había salido a caza, dejando en casa un infante, único hijo suyo, al cuidado de la ama que le daba leche y de otras dos o tres mujeres. Éstas, apro- vechándose de la ausencia del amo, salie- ron a pasear, quedando el niño sin otra custodia que un valiente perro, llamado Ganelón, echado[17] junto a la cuna. Ya se habían apartado de la ' casa buen trecho, cuando los terribles aullidos que oyeron dar a Ganelón las hicieron volver solícitas[18] por saber qué accidente irri- taba la cólera del generoso bruto. Fue el caso que una espantosa serpiente, salien- do de un lago que ceñía el edificio, a la ayuda de una anciana yedra que llegaba a los balcones, había subido a la sala donde estaba el tierno infante; y acudiendo a su defensa Ganelón, la lid fue tan reñida. . . En efecto, las mujeres, cuando llegaron, hallaron tendidos sobre el pavimento, palpitando con las últimas agonías, mutuamente vencedores y venci- dos, los dos brutos. Sabidor[19] el dueño del suceso, y reconocido al servicio que el perro le había hecho en guardarle su más preciosa alhaja, hizo labrar un vistoso sepulcro junto a una fuente, donde enterró su cadáver.

Esta historia, aunque entendida en- tonces de toda la provincia, en el discurso de uno o dos siglos se fue olvidando de modo, que sólo quedó la noticia de ser aquel el sepulcro de Ganelón, sin saber quien fuese Ganelón, ni en individuo ni en especie. La experiencia o la imagina- ción de algunos empezó a acreditar de saludables para algunas enfermedades las aguas de la fuente vecina al sepulcro. No fue menester más para aprender el vulgo milagrosa aquella virtud,[20] infiriendo al mismo tiempo, que el sepulcro que se decía de Ganelón, lo era de un hombre santo que había tenido este nombre, y por cuyos méritos Dios había comunicado aquella sobrenatural virtud a la vecina fuente. Fortificada esta imaginación con el común asenso, se levantó en el mismo lugar una capilla con la advocación de San Ganelón, donde por mucho tiempo acudieron los pueblos vecinos con votos y ofrendas a implorar socorro a sus ne- cesidades; hasta que un sabio y celoso obispo, empeñándose, como debía, en averiguar el origen de esta devoción, después de mucho trabajo, al fin halló la historia que acabamos de referir en un antiguo papel, que se conservaba en el archivo del palacio, que había sido teatro del combate entre el perro y la serpiente.

15. Auvergne, a former province in central France
16. Louis I, the Pious, son of Charlemagne, was King of France and Emperor of the Holy Roman Empire from 814 to 840.

17. stretched out
18. anxious
19. informed
20. *No fue . . . virtud,* The common people needed nothing more than that to believe in that miraculous power (of the fountain's waters)

TOMÁS DE IRIARTE

Fábulas literarias

El burro flautista

(Sin reglas del arte, el que en algo acierta, acierta por casualidad.)

Esta fabulilla,   me ha ocurrido ahora
salga bien o mal,   por casualidad.

Cerca de unos prados
que hay en mi lugar,
pasaba un Borrico
por casualidad.
    Una flauta en ellos
halló, que un zagal   10
se dejó olvidada
por casualidad.
    Acercóse a olerla
el dicho animal,
y dio un resoplido   15
por casualidad.

En la flauta el aire   5
se hubo de colar,[1]
y sonó la flauta
por casualidad.   20
    «¡Oh!—dijo el Borrico—:
¡Qué bien sé tocar!
¡Y dirán que es mala
la música asnal!»
    Sin reglas del arte,   25
borriquitos hay
que una vez aciertan
por casualidad.

La cabra y el caballo

(Hay malos escritores que se lisonjean fácilmente de lograr fama póstuma
cuando no han podido merecerla en vida.)

Estábase una Cabra muy atenta
largo rato escuchando
de un acorde violín[2] el eco blando.
Los pies se le bailaban de contenta,[3]
y a cierto Jaco, que también suspenso   5
casi olvidaba el pienso,
dirigió de esta suerte la palabra:
«¿No oyes de aquellas cuerdas la armonía?
Pues sabe que son tripas de una Cabra
que fue en un tiempo compañera mía.   10
Confío (¡dicha grande!) que algún día
no menos dulces trinos
formarán mis sonoros intestinos.»
Volvióse el buen Rocín y respondióla:
«A fe que no resuenan esas cuerdas   15
sino porque las hieren con las cerdas
que sufrí me arrancasen de la cola.
Mi dolor me costó, pasé mi susto;
pero, al fin, tengo el gusto
de ver qué lucimiento   20
debe a mi auxilio el músico[4] instrumento.
Tú, que satisfacción igual esperas,
¿cuándo la gozarás? Después que mueras.»
Así, ni más ni menos, porque en vida
no ha conseguido ver su obra aplaudida   25

---

1. *se hubo de colar,* went through, penetrate
2. *acorde violín,* well-tuned violin
3. *de contenta,* because she was so happy, for joy
4. *músico,* here, musical

algún mal escritor, al juicio apela
de la posteridad, y se consuela.

El pollo y los dos gallos

(No ha de considerarse en un autor la edad, sino el talento.)

Un Gallo, presumido
de luchador valiente,
y un Pollo⁵ algo crecido,
no sé por qué accidente
tuvieron sus palabras, de manera   5
que armaron una brava pelotera.
Diose el Pollo tal maña,
que sacudió a mi Gallo lindamente,⁶
quedando ya por suya la campaña,
y el vencido sultán de aquel serrallo⁷   10
dijo, cuando el contrario no le oía:
«¡Eh!, con el tiempo no será mal Gallo;
el pobrecillo es mozo todavía.»
    Jamás volvió a meterse con el Pollo;
mas en otra ocasión, por cierto embrollo,   15
teniendo un choque con un Gallo anciano,
guerrero veterano,
apenas le quedó pluma ni cresta,
y dijo al retirarse de la fiesta:
«Si no mirara que es un pobre viejo . . .   20
Pero chochea y por piedad le dejo."
    Quien se meta en contienda,
verbigracia, de asunto literario,
a los años no atienda,
sino a la habilidad de su adversario.   25

5. *Pollo,* cockerel, young rooster
6. *sacudió . . . lindamente,* dusted off neatly, gave a good beating

7. *sultán de aquel serrallo,* the sultan of that harem, i.e. the cock

JUAN MELÉNDEZ VALDÉS

Oda VIII

A Lisi,¹ que siempre se ha de amar

La primavera derramando flores,
El céfiro bullendo licencioso,²

1. *Lisi.* Even when writing about his friends or his sweetheart, the classical author ad-dresses them with assumed names, usually taken from Latin literature.

2. *licencioso,* wantonly, haphazardly

Y el trino de las aves sonoroso
Nos brindan[3] a dulcísimos amores
         En lazo delicioso.   5
Viene el verano, y la insufrible llama
Agosta de su aliento congojado
Árboles, plantas, flores, yerba y prado:
Todo cede a su ardor, sólo quien ama
         Lo arrostra sin cuidado.   10
  El amarillo otoño asoma luego,
De frutas, yedra y pámpanos ceñido:
La luz febea,[4] su vigor perdido,
Se encoge, mientra[5] amor dobla su fuego
         Blando y apetecido.   15
  Y en el ceñudo invierno, cuando atruena
Más ronco el aquilón tempestuoso,
Entre lluvias y nieves en reposo
Canta su ardor, y ríe en su cadena[6]
         El amador dichoso.   20
  Que así plácido amor sabe del año
Las estaciones, si gozarlos quieres
Colmar, Lisi, de encantos y placeres.
¡Ay! cógelos, simplilla; ve tu engaño,
         Y a la vejez no esperes.   25

Epístola VI

El filósofo en el campo

Bajo una erguida populosa encina,
Cuya ancha copa en torno me defiende
De la ardiente canícula, que ahora
Con rayo abrasador angustia el mundo,
Tu oscuro amigo, Fabio,[7] te saluda.   5
Mientras tú en el guardado gabinete
A par del feble[8] ocioso cortesano
Sobre el muelle sofá tendido yaces,
Y hasta para alentar vigor os falta;
Yo en estos campos por el sol tostado   10
Lo afronto sin temor, sudo y anhelo;
Y el soplo mismo que me abrasa ardiente,
En plácido frescor mis miembros baña.

---

3. *brindan*, here, invite
4. *luz febea*, light of the sun
5. *mientra*, poetic for *mientras*, to preserve the rhythm of the line by permitting synalepha with the following word
6. *cadena*, bonds (of love)
7. *Fabio*. A name often used for a friend in classical poetry. Meléndez Valdés uses it in another poem to designate his friend Manuel María Cambronero, a prominent lawyer who was secretary of state under the French regime during the Napoleonic invasion.
8. *a par de*, like; *feble*, weak

Miro y contemplo los trabajos duros
Del triste labrador, su suerte esquiva,
Su miseria, sus lástimas; y aprendo
Entre los infelices a ser hombre.
    Ay Fabio ¡Fabio! en las doradas salas,
Entre el brocado y colgaduras ricas,
El pie hollando entallados pavimentos;⁹
¡Qué mal al pobre el cortesano juzga!

    Insensibles nos hace la opulencia,
Insensibles nos hace. Ese bullicio,
Ese contino¹⁰ discurrir¹¹ veloces
Mil doradas carrozas, paseando¹²
Los vicios todos por las anchas calles,
Esas empenachadas¹³ cortesanas,
Brillantes en el oro y pedrería
Del cabello a los pies; esos teatros,
De lujo y de maldades docta escuela,
Do un ocioso indolente a llorar corre
Con Andrómaca o Zaira;¹⁴ mientras sordo
Al anciano infeliz vuelve la espalda,
Que a sus umbrales su dureza implora;
Esos palacios y preciosos muebles, . . .
Ese incesante hablar de oro y grandezas;
Ese anhelo pueril por los más viles
Despreciables objetos, nuestros pechos
De diamante tornaron:¹⁵ nos fascinan,
Nos embebecen, y olvidar nos hacen
Nuestro común origen y miserias. . . .
El potentado distinguirse debe
Del tostado arador; próvido el cielo
Así lo ha decretado, dando al uno
El arte de gozar, y un pecho al otro
Llevador del trabajo: su vil frente
Del alba matinal a las estrellas¹⁶
En amargo sudor los surcos bañe,
Y exhausto expire a su señor sirviendo;
Mientras él coge venturoso el fruto
De tan ímprobo afán, y uno devora
La sustancia de mil. ¡Oh cuánto! ¡cuánto
El pecho se hincha con tan vil lenguaje!

15
20
25
30
35
40
45
50

9. *entallados pavimentos,* parquet floors
10. *contino,* poetic for *continuo*
11. *discurrir,* to run on, roll by
12. *paseando,* here, displaying
13. *empenachadas,* bedecked
14. *Andrómaca o Zaira,* heroines of the French

classical plays *Andromaque* by Racine and *Zaïre* by Voltaire. These plays were also acted in Madrid in Spanish translations.
15. *nuestros . . . tornaron,* made our hearts as hard as diamonds
16. *a las estrellas,* until the stars come out

Por más que grite la razón severa,
Y la cuna y la tumba nos recuerde[17]   55
Con que justa natura[18] nos iguala.

     . . .

  ¿Y estos miramos con desdén? ¿la clase
Primera del estado, la más útil,
La más honrada, el santuario augusto
De la virtud y la inocencia hollamos?   60
¿Y para qué? Para exponer tranquilos
De una carta al azar ¡oh noble empleo
Del tiempo y la riqueza! lo que haría
Próvido heredamiento a cien hogares;
Para premiar la audacia temeraria   65
Del rudo gladiador, que a sus pies deja
El útil animal que el corvo arado
Para sí nos demanda;[19] los mentidos
Halagos con que artera al duro lecho,
Desde sus brazos, del dolor nos lanza   70
Una impudente cortesana; el raro
Saber de un peluquero, que elevando
De gasas y plumaje una alta torre
Sobre nuestras cabezas, las rizadas
Hebras de oro en que ornó naturaleza   75
A la beldad, afea y desfigura
Con su indecente y asquerosa mano.

     . . .

  Huye, Fabio, esa peste. En tus oídos
De la indigencia mísera ¿no suena
El suspirar profundo, que hasta el trono   80
Sube del sumo Dios? ¿su justo azote
Amenazar no ves? ¿no ves la trampa,
El fraude, la bajeza, la insaciable
Disipación, el deshonor lanzarlos[20]
En el abismo del oprobio, donde   85
Mendigarán sus nietos infelices,
Con los mismos que hoy huellan confundidos?
  Húyelos, Fabio: ven, y estudia dócil
Conmigo las virtudes de estos hombres
No conocidos en la corte. Admira,   90
Admira su bondad: ve cuál su boca
Llana y veraz como su honrado pecho,
Sin velo, sin disfraz, celebra, increpa
Lo que aplaudirse o condenarse debe.

17. *nos recuerde*, recalls to us, reminds us of (subject: *la razón*)
18. *natura* for *naturaleza*
19. *el útil animal . . . nos demanda*, freely, the bull which could prefer to be hitched to the plow.
20. *lanzarlos. Los* refers to the inhabitants of the court, whose dissipation and sins will bring their descendants to poverty.

Mira su humanidad apresurada 95
Al que sufre, acorrer: de boca en boca
Oirás volar, oh Fabio, por la corte
Esta voz celestial;[21] mas no imprudente
En las almas la busques, ni entre el rico
Brocado blando abrigo al infelice.[22] 100
Sólo los que lo son, sólo en los campos
Los miserables condolerse saben . . .
    Admira su paciente sufrimiento;
O más bien llora, viéndolos desnudos,
Escuálidos, hambrientos, encorvados, 105
Lanzando ya el suspiro postrimero
Bajo la inmensa carga que en sus hombros
Puso la suerte. El infeliz navega,
Deja su hogar, y afronta las borrascas
Del inmenso océano, porque el lujo 110
Sirva a tu gula, y tu soberbio hastío
El café que da Moca perfumado,[23]
O la canela de Ceilán. La guerra
Sopla en las almas su infernal veneno,
Y en insano furor las cortes arden; 115
Desde su esteva[24] el labrador paciente,
Llorando en torno la infeliz familia,
Corre a la muerte; y en sus duros brazos
Se libra de la patria la defensa.
Su mano apoya el anhelante fisco:[25] 120
La aciaga mole de tributos carga
Sobre su cerviz ruda, y el tesoro
Del Estado hincha de oro la miseria.
    Ese sudor amargo con que inunda
Los largos surcos que su arado forma, 125
Es la dorada espiga que alimenta,
Fabio, del cortesano el ocio muelle.
Sin ella el hambre pálida . . . ¿Y osamos
Desestimarlos? Al robusto seno
De la fresca aldeana confiamos 130
Nuestros débiles hijos, porque el dulce
Néctar y la salud felices hallen,[26]
De que los privan nuestros feos vicios:
¿Y por vil la tenemos? ¿Al membrudo

21. *esta voz celestial*, i.e. *humanidad*, three lines above. A strong current of sentimental humanitarianism developed in France during the eighteenth century. It influenced Meléndez Valdés and other Spanish writers not only in the eighteenth century but also in the nineteenth.
22. *infelice*, poetic for *infeliz*

23. Understand as follows: *y el café perfumado que da Moca o la canela de Ceilán sirva tu soberbio hastío. Moca*, Mokka in Arabia; *Ceilán*, Ceylon.
24. *esteva*, plough handle
25. *fisco*, treasury
26. It was customary to hire wet nurses for the children of the middle and upper classes.

Que nos defiende, injustos desdeñamos?   135
Sus útiles fatigas nos sustentan;
¿Y en digna gratitud con pie orgulloso
Hollamos su miseria, porque al pecho
La roja cinta o la brillante placa,
Y el ducal manto para el ciego vulgo   140
Con la clara Excelencia nos señalen?[27]
   ¿Qué valen tantas raras invenciones
De nuestro insano orgullo, comparadas
Con el montón de sazonadas mieses
Que crió el labrador? Débiles niños   145
Fináramos[28] bien presto en hambre y lloro
Sin el auxilio de sus fuertes brazos.

27. *porque . . . nos señalen,* so a ribbon or a medal or a duke's mantle with their nobility may distinguish us from the common people. This passage is, of course, ironical.

28. *Débiles niños,* supply *como* before this phrase; *Fináramos,* we would die

Vocabulary

The following abbreviations are used: *arch.*—archaic (indicating words no longer in common use), *adj.*—adjective, *adv.*—adverb, *fig.*—figurative, *n.*—noun, *plu.*—plural, *aug.*—augmentative, *dim.*—diminutive, *super.*—superlative.

This vocabulary does not contain all the words in the book. Omitted are all the common pronouns, conjunctions, prepositions, etc., as well as many of the commonest words (according to Buchanan's count) and a considerable number of words whose form and meaning are closely similar in Spanish and English. However, words that are not exact cognates and all less familiar cognates have been included. The meaning of adverbs ending in *-mente* must usually be sought under the corresponding adjective.

A

abad abbot, priest

abajar arch. to lower, bring down to earth

abajo down; downstairs; *por* —— below

abalanzarse to rush, leap; —— *a* (or *sobre*) to leap upon

abalorio bead work

abandonar to abandon, leave, give up

abandono abandonment, abandon; slovenliness, negligence; giving up, relinquishing

abanico fan

abarcar to take in, include

abastar to provide, provision

abatamiento depression, dejection

abatañar to pound, beat

abatido downcast, dejected

abatir to cast down; to strike down; to dismay; to humble

abeja bee

aberración aberration

abertura opening

abismar to sink

abismo abyss; *plu.* hell

ablandar to soften, melt

abnegación abnegation, self-denial

abofetear to strike, slap

abogacía legal profession

abolengo lineage, family tree

abominar to abominate, hate

abonar to guarantee, recommend, speak for; to justify; ——*se a* to subscribe to, take a season ticket for

abono favor, behalf; support; guarantee

aborrecer to hate, abhor

aborrecible abominable, abhorrent

aborrecimiento abhorrence

aborto abortion; hideous offspring

abrasado hot, burning

abrasador burning

abrasar to burn; to boil

abrazador, -a embracer

abrazar to embrace

abrazo embrace

ábrego southwest wind

abreviadamente in brief, briefly

abreviar to shorten, abbreviate

abrigar to harbor, shelter, protect, cover up

abrigo shelter, protection; (over)coat; bed clothes

abrileño adj. April, of April

abrochar to fasten, button

abrojo thistle

abrumar to depress; to overwhelm; to pester

absolución absolution, forgiveness of sins
absolver (ue) to absolve; to excuse
absorbción absorption
absortar arch. to absorb
absorto wrapt, absorbed; amazed
absorver to absorb
abstenerse to abstain
abstinencia abstinence
abuela grandmother
abuelo grandfather; ancestor
abultar to enlarge
abundancia abundance
abundar to abound; *arch.* to adorn
abur so long, goodbye
aburrir to bore, tire
abusar de to abuse, impose on
abuso abuse
abyección abjection, abjectness
acá here
acabado finished, perfect
acabar to finish, end; —— *de* to have just; to cease to; *no* —— *de* to be at a loss to; *se acabó* that's all, it's all over
acacia acacia tree
academia academy; university
académico n. academician; *adj.* academic; classical
acaecer to happen, occur
acalorado excited
acaloramiento ardor, excitement; moment of enthusiasm
acallar to quiet
acariciar to caress
acarrear to transport, bring
acartonado thick; dry
acaso n. chance; *adv.* perhaps; *por si* —— just in case
acatar to respect
acceder to accede, give in
accesible accessible
acceso access; attack (of sickness)
accidentado in a faint
accidente accident; attack (of sickness); swoon; advances
acechar to lie in wait for, ambush
aceite oil
aceitoso greasy
aceituna olive; olives
acémila pack animal
acemilero mule driver
acento accent
acentuar to accentuate

aceña water mill
aceptar to accept
acequia irrigation ditch
acera sidewalk
acerado steely, of steel
acerbo bitter
acercar to bring near, approach; —— *se* to draw near, approach
acero steel, *fig.* sword
acertado right
acertar (ie) to hit the mark, be right; to do right; to solve, guess; —— *a* to succeed in; to happen
aciago n. bitterness; *adj.* fatal, unfortunate, bitter
acíbar bitterness
acicalar to polish
acierto good sense; success
aclarar to explain, make clear, clear up, clarify; to cultivate
acobardar to make cowardly, frighten; —— *se* to be terrified
acoger to receive; to take in; —— *se* to take shelter
acogida reception; asylum; *dar* —— *a* to welcome, receive
acogimiento reception, welcome
acometer to attack; to accost; to undertake
acometimiento encounter
acomodado well-to-do, rich
acomodar to accommodate; to make comfortable; to furnish; to arrange
acomodo job, employment
acompañamiento company
acompañante companion
acompasadamente leisurely, slowly
acompasado rhythmical
acondicionado adapted
acongojar to grieve, afflict
aconsejar to advise
acontecer to happen
acontecimiento event
acoquinar to frighten, intimidate
acordado harmonized, harmonious; well-tuned
acordar (ue) to agree; to determine, decide on; to accord; to give; to tune; —— *se de* to remember; —— *sele (algo)* to remember (something)
acorde in harmony; well-tuned
acorralar to corral, round up

acorrer to succor, aid
acortar to cut down
acosar to harass
acostar (ue) to put to bed; —— *se* to go to bed; to fall down
acostumbrar to accustom; to be accustomed
acotación citation
acotar to cite; to limit
acrecentar (ie) to increase
acreditar to authorize; to affirm; to give credence to; —— *se* to prove (oneself), demonstrate
acreedor n. creditor; *adj.* deserving
acrisolar to test
activo active
acto act; —— *continuo* immediately afterwards
actual present, present-day
actualidad present state, up-to-date condition; timeliness; novelty
acuchillar to cut, slash; —— *se* to fight with knives *or* swords
acudir to hasten, come; to help, rescue; to resort
acuerdo agreement; *de* —— *con* in accord with; along with
acullá there
acumular to gather, accumulate
acuñar to coin, make into coins
acurrucar to cuddle; —— *se* to curl up, get comfortable
acusación accusation
acusador accusing
acusar to accuse; to complain of
acústicamente acoustically, from the point of view of sound
achacar to impute
achantado hidden
achaque attack; illness; *en* —— *de* on the pretext of
achicado humble
achicarse to humble oneself
adamar to win (as a bride *or* lover)
adarga shield
adarve top of wall
adecuado adequate, suitable
adefesio ridiculous person
adelantado n. governor of a border province (especially on the Moorish frontier); *adj.* advanced, ahead

adelantar to advance, go ahead; to progress; to further; ——*se* to advance, go ahead; to be early

adelante forward; *calle* —— along the street

adelanto progress, improvement, advance

adelfa oleander

adeliñar arch. to go, direct oneself; ——*se* to direct oneself, go

ademán manner, gesture, look

adentro adv. within; n. plu. insides; *en mis* ——*s* within me, inwardly

aderezar to set straight, set aright, fix

adestrar (ie) to guide, lead

adherirse a (ie) to join oneself to

adiestrado trained

adiestramiento training, skill

adinerado moneyed, rich

adivinar to guess, divine

adivinatorio prophetic

adminículo a necessary thing, necessity

administrar to administrate, direct, manage

admiración admiration; surprise, amazement

admirador admirer

admirar to admire; to astound, amaze; ——*se de* to be astounded at

admitir to admit; to accept

adobado spiced (wine)

adobe mud brick

adolecer to suffer, grieve

adolescencia adolescence

adoptar to adopt

adorador adorer

adorar to adore

adormecerse to drowse, fall asleep

adornar to adorn

adornista painter

adquirir (ie) to acquire

adquisición acquisition

adrede on purpose

adscrito applying

aduana customhouse

aducir to adduce

adulación adulation, flattery

adular to flatter

adulator adj. flattering; n. flatterer

adúltero adulterous, corrupt

adusto austere, stern

advenedizo parvenu, adventurer, man of no position, upstart

adversario opponent

adverso adverse

advertencia warning; foresight

advertir (ie) to inform; to state; to note, notice, be aware, bear in mind

adyacente adjacent

aéreo airy, light

aeronauta aviator

afabilidad affability, pleasantness

afable pleasant, affable

afán anxiety, solicitude, tender care; longing, desire; worry

afanado anxious, eager, keenly interested

afanar to strive for; to win from; ——*se* to toil, strive for; to worry

afanoso eager

afear to make ugly; to speak evil of

afección disease

afectación affectation, assumed appearance

afectado imaginary

afectar to affect; to assume

afecto affection, love

afectuoso affectionate

afeitar to shave

afeite cosmetic

afeminación effeminacy

aferrado clinging

afición affection, liking, fondness

aficionado n. fan (of sports); adj. —— *a* fond of

aficionar to make fond, win

afilado sharp, pointed

afinar to polish; to tune; to make keen

afirmación affirmation

afirmar to state, affirm; to resolve; to be firmly established; —— *la mano* to strike a blow; to place one's hand firmly

afirmativa affirmative answer

afirmativo affirmative

aflictivo grievous, distressing

afligir to afflict, distress

aflojar to loosen; to diminish

afónico unharmonious

aforrar to fortify

afortunado fortunate, lucky

afrancesado partisan of the French (in 18th and early 19th centuries)

afrenta affront, insult; arch suffering

afrentar to insult; to attack; ——*se* to be insulted

afrentoso insulting

afrontar to face

afuera outside; ¡——! get out!

afufarse to run away

agachar to bend down, stoop

agalla gill

agarrado stingy, grasping, close-fisted

agarrar to clutch, seize, to get; ——*se* to clutch

agasajar to entertain, regale, treat

agente agent

ágil agile

agilidad agility

agitación agitation

agitar to agitate, upset; to wave; to move (violently); ——*se* to wave; to stir

aglomeración group, agglomeration

aglomerarse to congregate

agobiar to crush, overwhelm

agonía agony

agonizante dying, at death's door

agonizar to be in the throes of death; to die

agora arch. for *ahora*

agorero prophetic; addicted to augury

agostar to dry up, wither; to exhaust

agosto August; harvest

agotar to exhaust, dry up

agraciar to adorn; to favor

agradar to please

agradecer to be grateful (for), thank (for)

agradecimiento gratitude

agrado agreeableness

agrandar to enlarge; to lengthen

agrario agrarian

agravar to aggravate

agraviar to affront, insult

agravio insult, offense; harm, wrong

agraz: en —— unseasonably

agregar to add; to join

agresor aggressor

agreste wild

agrícola n. farmer; *adj.* agricultural

agridulce bitter-sweet

agrio bitter

agrónomo agricultural

agruparse to gather, form a group

aguacero shower, downpour

aguador water-seller

aguaducho water-seller's stand

aguamanos water for washing

aguantar to bear, endure

aguar to water, dilute; to spoil

aguardar to wait (for)

aguardiente a kind of cheap liquor; —— *de anís* liqueur of anise, anisette

agudeza sharpness; witticism

agudo acute, sharp; keen; clever; lean, thin

agüero augury

aguijar to spur

aguijón spur; goad

aguijonear to spur

águila eagle; *slang* shark

aguileño aquiline

aguilucho eaglet

aguja needle; spire

agujerado pierced with holes

agujero hole; hiding place

ah ah; ahoy; —— *del coche* hey, you in the coach

ahijado godson

ahijar to adopt

ahinco eagerness; perseverance, persistence

ahito indigestion

ahogar to stifle, suffocate; to drown; to choke; *fig.* to tighten the screws, torture

ahogo suffocation; affliction

ahondar to delve, penetrate

ahorcar to hang

ahorita right now

ahorrar to save; to spare; ——*se de* to avoid

ahorro saving

ahuecado loose

ahumado smoky

aijada goad

airado angry, wrathful

aire air; breeze

airoso airy, windy; graceful; brilliant

aislamiento isolation

ajar to crumple; to wither, fade, dry up; ——*le a uno la vanidad* to wound one's vanity

ajedrez chess

ajenjo wormwood

ajeno that belonging to another person, another's; —— *de* foreign to; free from

ajetreado worn-out

ajetreo agitation, confusion; weariness

ajo garlic

ajuar trousseau; furnishings

ajuntar to gather, get

ajustar to adjust, fit; to hire; —— *una cuenta* to add up an account

al *arch.* another thing, anything else

ala wing; brim (of hat); —— *de mosca* *fig.* thin, colorless material

alabanza praise

alabar to praise

alabarda halberd

alabastro alabaster

alamar button

alambicado very subtle, overrefined

alameda poplar grove, grove; public walk

álamo poplar tree

alarde display; parade

alargado long

alargar to lengthen, stretch out; hand to; to protract, postpone

alarido howl, shriek

alarmante alarming

alazán sorrel

alba dawn

albahaca sweet basil

albañil mason

albarda saddle; packsaddle

albedrío will; free will

albergar to lodge; to shelter

albergue shelter, dwelling

albo (snow) white

alborada dawn

alborear to dawn

alborotador agitator

alborotar to make noise, disturb; to stir up; ——*se* to become excited

alboroto tumult, hubbub, disturbance

alborozo gaiety, joy

albricias reward (for good news); good news

albura n. pure white

alcabala a 10% sales tax

alcahueta procuress, go-between, bawd

alcaide jailer

alcalde mayor; warden; judge; *alcalde-corregidor* mayor

alcaldesa mayor's wife

álcali alkali

alcance extent; pursuit

alcanza *arch.* pursuit

alcanzar to overtake; to reach, arrive at; to get, attain; to succeed in; to ascertain; to comprehend; to obtain

alcarreño from la Alcarria, a region a few miles east of Guadalajara

alcázar castle

alcoba bedroom

alcotán lanner, bird of prey

alcuza flask

aldaba door-knocker; catch, hook

aldabilla *dim.* of *aldaba*

aldea village

aldeano,-a n. villager, peasant; *adj.* country, rustic

alderredor same as *alrededor*

alegar to allege

alejar to separate; to keep away; ——*se* to move away

alemán German

Alemania Germany

alentado brave; dashing

alentar (ie) to breathe

aleteo fluttering

aleve treacherous

alevoso treacherous

alfamar blanket

alférez *arch.* lieutenant

alfiler pin

alfombra rug

alfombrado figured

alforja saddle bag (also worn over the shoulder as a knapsack)

alga seaweed, water plant

algarabía Arabic (language); din, clamor

algazara noise

algecireño from Algeciras

algo something; *arch.* wealth, wordly goods; *por* —— not for nothing

algodón cotton; cotton cloth

alguacil constable

alhaja jewel; fine furnishing

alhelí gilliflower

alianza alliance
alicantina deceit, swindle
aliciente incentive
aliento breath, breathing; courage; desire
aligerar to lighten
alijo contraband goods; bundle of smuggled goods
alimentación feeding
alimentar to feed; to sustain; ——*se* to eat
alimento food
alimpiar to cleanse
alinear to align; to line up
aliñar to cook
aliño spread, feast
alisar to smooth
aliviar to alleviate, relieve
alivio alleviation, relief, improvement
almacén store; warehouse
almacenista merchant
almagre red ochre
almanaque almanac; calendar of saints
almena battlement
almendra almond
almendro almond tree
almete helmet
almíbar syrup; sweet drink; preserves
almo venerable; revivifying
almohada pillow
almohaza currycomb
almorzar (ue) to lunch
almotacén office of market inspector
almuerzo lunch
alojamiento lodging, billeting
alojar to lodge, take lodgings
alongado away, at a distance
alpargatero maker of *alpargatas* (peasant's sandals); shoemaker
alquilar to rent
alquiler rent, hire
alquimia alchemy
alrededor *adv.* around; *n. plu.* surroundings; —— *de* around
altanería *plu.* lofty regions
altanero lofty; arrogant, haughty
altar altar
altarito *dim.* of *altar*
alteración irritation, strong emotion
alterar to anger, upset; to alter, change

altercar to dispute, bicker; —— *razones* to converse
alternar to alternate; to associate
alternativamente alternately; at regular intervals
alternativo alternate
alteza honor; height
Altísimo God, the Most High
altivez haughtiness, loftiness
altivo haughty, lofty
alto high; deep, profound; *n.* height; *lo* —— the upper part, the top; *dar de alta* to release (from hospital), to declare cured
¡alto! halt; *hacer* —— to halt
altura height; highland
alucinación hallucination
aludir to allude
alumbrar to light; to shed light; to enlighten
alusión allusion
alusivo allusive
alza: en —— on the rise (of the stock market)
alzada height
alzado raised; *cejas alzadas* arched eyebrows
alzar to raise; to gather up; to shrug
allá: más —— *de* beyond
allanarse to acquiesce; to resign oneself
allegar to procure
allende beyond; —— *de* beyond
ama housekeeper; mistress; hostess; nurse; —— *de llaves* housekeeper
amabilidad amiability, kindness
amable amiable, kind
amador lover
amagar to threaten
amancebado living with a concubine
amancebamiento concubinage
amancillar to stain
amanecer to dawn; to arrive *or* be at dawn; to awaken; *al* —— at dawn
amaneramiento mannerism
amansar to tame; to pacify, placate
amante lover
amargar to embitter
amargo bitter
amargura bitterness
amarillento yellowish

amarrar to moor; to tie
amartelado smitten
amasar to knead
amatar *arch.* to extinguish
amazona amazon; woman's riding costume
ámbar ambergris
ambicionar to desire, yearn for
ambiente atmosphere; —— *vital* life
ámbito compass, realm
ambos both
ambrosia ambrosia
ambulancia first-aid station; ambulance
amedrentar to frighten
amenaza threat
amenazador *adj.* threatening
amenazante threatening
amenazar to menace, threaten
amenidad pleasantness
ameno pleasant, agreeable
americana (suit) coat, jacket
amigote *aug.* of *amigo* pal
amilanarse to be terrified; to be cowardly
amistad friendship
amistoso friendly
amo master
amodorrado in a stupor, stupefied
amonestación admonition
amonestar to admonish, warn, advise
amontillado fine Sherry wine
amontonar to pile up
amor love; *plu.* love affair; words of love; —— *propio* vanity; self-love
amoratado purple, purplish
amoroso amorous, loving
amoroso-pastoril on love and nature
amortecer to faint
amortecido in a swoon; at the point of death
amortiguar to deaden; ——*se* to die down
amostazar to irk, exasperate; ——*se* to become angry
amparar to shelter, protect
amparo shelter, protection
amplio broad, ample
ampo pure white
amueblado furnished
amujerado effeminate
anafre small oven, stove
anal *plu.* annals

analizar to analyze

análogo analogous, in accord with, similar

anarquista n. anarchist; adj. anarchical

anatema anathema; prohibition

anatómico of anatomy

anca haunch, crupper; *a las* ——*s* on the back of one's horse

ancianía old age

ancianidad old age

anciano old; *ancianitas* old women's home

ancho wide; *a mis anchas* at my ease

andada track, trail; *volver a las* ——*s* to backslide, go back to one's old ways

andador fond of walking; fast-walking

andadura walk, pace

andaluz Andalusian

andamio stand

andanada broadside

andar n. step

andas stretcher, bier

andrajo rag; worn-out garment

andrajoso n. ragamuffin; adj. ragged

anegar to drown

anemia anemia

ángelus angelus

Angelus Domini prayer to the guardian angel

angosto narrow

angostura narrow place, pass

anguila eel

ángulo angle; corner

angustia anguish

angustiado anguished

angustiar to afflict, fill with anguish

angustioso filled with anxiety; difficult

anhelante longing, yearning, desiring

anhelar to yearn for; to pant (for breath)

anhelo yearning, desire

anheloso yearning, desiring, longing

anidar to nest

anilla ring

ánima soul

animación animation

animal animal; brute

animalote aug. of *animal*

animar to animate, incite, cheer, encourage; ——*se* to take or show courage

ánimo mind, spirit; courage; intention

animoso courageous, spirited

aniquilar to annihilate, overcome, destroy

anís aniseed, anise

anoche last night

anochecer to grow dark; to go to bed; n. nightfall

anochecido after dark

anonadar to annihilate, exterminate; to stupefy

anónimo adj. anonymous; n. anonymous letter

anotación note

ansi arch. for *así*

ansia yearning; worry, anxiety, anguish

ansiar to long for, desire

ansiedad anxiety

ansioso anxious, eager

antaño last year; previously

ante before, in front of; —— *que* arch. for *antes que;* elk skin

antecedente antecedent

antecesor predecessor

antecoger to drive before

antena yard-arm, spar

anteojo spyglass

anterior previous, foregoing, former

antes adv. before; rather

antesala waiting room

anticipado in advance

anticipar to take the lead; to anticipate

anticipo advance

anticristo Antichrist, devil

antigüedad antiquity, age

antiguo old, ancient

antiparras glasses

antipático disagreeable, unpleasant

antojadizo whimsical, capricious

antojársele a uno to occur to one, seem to one; to have a yearning for

antojo whim

anublar to cloud

anudar to knot

anular to annul

anunciar to announce

anuncio announcement; advertisement

anzuelo fish hook

añadidura: de —— or *por* —— in addition

añadir to add

añejo old

añil indigo blue

añoso aged, old

añudar to entwine

apacible peaceful

apadrinar to act as godfather; to aid, support

apagado wan

apagar to extinguish, put out (light); to pacify

apalear to beat

apandar to pilfer, steal

apañado clever; mended; clothed

aparato apparatus; equipment; pompous display

aparatoso showy

aparecer to appear

aparejado in pairs; together

aparejar to prepare

aparejo preparation, disposition; means; opportunity; plu. trappings; saddle

aparentar to pretend, feign

aparición apparition, vision

apariencia appearance; manifestation

apartado distant, remote; retired, solitary

apartamiento solitude; separation

apartar to withdraw, send away, draw away, draw aside, step aside; to remove, set aside, divert; ——*se (de)* to step to one side, move away; to differ (from)

aparte aside; apart, separate

apasionado impassioned, passionate

apearse to dismount

apechugar con to put up with

apedrear to stone

apegado attached, devoted

apego fondness, attachment

apelación appeal; summons (to court)

apelar to appeal, have recourse (to), call (on)

apellidar to appeal to, call on

apellido surname

apenado in pain

aperador overseer, foreman

apercibir to warn, advise; to get ready

apero implement, tool
apesadumbrar to grieve
apestar to stink
apestoso foul-smelling, sickening, offensive
apetecer to wish, hope for, desire
apetecible desirable, enticing
apetito appetite; desire
apiñar to crowd
apisonar to trample
aplacar to placate, quiet
aplaudir to applaud
aplauso applause; *en —— de* in favor of
aplicación application
aplicar to apply; to devote; to impute; to judge
apiolar to kill
aplomo aplomb, self-possession
apocado meek, humble, pusillanimous
apocalíptico apocalyptical, of the Apocalypse (*or* Revelation)
apócrifo false, apocryphal
apoderarse de to take possession of
aporrear to club
aposentar to lodge
aposento room
apostar (ue) to bet; to post (a watchman); *——se* to risk
apostólico apostolic
apostrofar to apostrophize, address
apóstrofe apostrophe, salutation
apostura bearing, disposition
apoyar to lean (on); to base one's assertions (on); to support
apoyo support, aid
apreciación judgment
apreciar to appreciate; to value, esteem; to become aware of
aprecio esteem; appreciation
apremiante pressing
apremio insistence
aprendiz apprentice
aprendizaje apprenticeship
apresurado swift, quick, hasty
apresurar to hasten; *——se* to hasten; *—— el paso* to quicken one's steps
apretado tight, close
apretar (ie) to tighten; to press; to oppress, torture; *—— el paso* to hasten one's step; *——se con* to press against

apretón pressure; *—— de manos* handshake
apretura difficulty; dunning
apriesa swiftly
aprieto strait, trouble
aprisa swiftly, quickly
aprisionar to imprison
aprobación approval; *estar a la —— to be waiting for approval
aprobar (ue) to approve
aprovechado proficient; advantageous
aprovechamiento profit, advantage
aprovechar to take advantage of; to profit by; to be useful; *——se de* to take advantage of
aproximar to bring near; *——se a* to approach; *——se de* to approach within
áptero wingless
apto capable, competent
apuesta bet, wager
apuesto graceful; elegant
apuntación note, jotting
apuntar to bet; to jot down; to point; to show up; to show faintly; to dawn; to start; to augur; to aim at
apunte note, jotting; sketch, study (of painting)
apurar to drain, exhaust; to scrutinize; to harass; *——se* to worry
apuro worry, trouble, difficulty
aquejar to grieve, afflict
aquese, -a arch. for *ese, esa*
aqueste, -a arch. for *este, esta*
aquesto arch. for *esto*
aquietar to calm, quiet
aquilón north wind
ara altar
arábigo Arabic
arado plow
arador plowboy
araña spider
arañar to scratch
arar to plow
arbitrio will; means, expedient; discretion, judgment
árbitro arbiter, judge
arboleda grove
arborescente arborescent, treelike
arbusto bush
arca chest, money box, coffer, ark

arcabucear to shoot
arcabuzazo gun shot
arcángel archangel
arcano secret
arciprestazgo position of archpriest
arcipreste archpriest
arco arch; bow
archiduquesa archduchess
archipiélago archipelago
archipobre very poor
archivo archive, record; file
arder to burn
ardid trick, wile
ardiente ardent, hot, burning
ardor heat; ardor; courage
ardoroso fiery, ardorous
arena sand
Argel Algiers
argentino silvery
argolla ring
argucia subtlety
argüir to argue; to show, reveal
argumento argument; summary
árido arid; dry
arisco surly, fierce
arista chaff
Aristóteles Aristotle
aritmética arithmetic
arma arm, weapon; coat of arms
armada armada, fleet; expedition
armadura armor
armar to arm; to set up, establish, prepare; to begin; to wage
armario cupboard, wardrobe
armero arms' rack
armiño *n.* ermine; *adj.* of ermine
armonía harmony
armónico harmonious
armonioso harmonious
aroma perfume, scent, aroma
aromado perfumed
arpa harp
arqueología archaeology
arqueólogo archaeologist
arquero archer
arquitectónico architectural
arrabal suburb, quarter
arraigado deep-rooted
arraigar to root, take root; *——se* to take root
arramblar to sweep over, sweep away
arrancar to tear from, tear out, tear away; to pull out; to start

arranque sudden start; outburst, burst

arras wedding gift; gift

arrasar to tear down, demolish

arrastrado n. rascal, good-for-nothing; *adj.* wretched

arrastrar to drag

arrayán myrtle

arre get up!; go away!

arrear to urge on, whip up (a horse)

arrebañadura last bit

arrebatado sudden, impetuous

arrebatar to snatch away; ——*se a* to act hastily in

arrebato transport, fit

arrebol dawn

arreciar to become stronger; ——*se* to gather one's strength

arredrar to terrify

arreglado moderate; at a moderate price

arreglar to arrange; to fix; ——*se* to get along, make out, manage; to fix oneself up

arreglo arrangement; order, management

arrellanar to settle comfortably, lean back

arremangado with sleeves rolled up

arremeter to attack; to launch forth

arremolinar to swirl; ——*se* to churn about

arrendar (ie) to rent (out)

arrendatario renter

arreo dress, decoration; *plu.* trappings

arrepentimiento repentance

arrepentirse (ie) to repent

arriar to lower

arriate border (in gardens)

arriba up, above; upstairs; *por* —— above

arribar to arrive

arriero muleteer

arriesgar to risk

arrimado close; —— *a* leaning on

arrimar to approach, draw near, bring near; to stow; to put aside; —— *contra* to back (someone) up against; ——*se* to approach; ——*se a* to lean against, press against, support oneself on

arrimo shelter; prop

arroba weight of 25 pounds

arrobamiento ecstasy

arrodillado kneeling

arrodillamiento kneeling

arrodillarse to kneel

arrogancia bravery; arrogance

arrogante arrogant

arrojado bold

arrojar to cast, throw (away), send forth, hurl; to drive away; to emit; ——*se* to dash, rush

arrojo impulsiveness, dash, boldness

arrollar to roll over, crush; to roll up

arroparse to bundle up

arropía taffy

arrostrar to face

arroyo brook; gutter

arroyuelo *dim. of arroyo*

arroz rice; rice dish

arruga wrinkle

arrugar to wrinkle, crumple

arruinar to ruin

arrullador n. luller, comforter; *adj.* lulling, soothing

arrullar to lull

arrullo cooing

arsénico arsenic

arte art; sort, kind; trick; *con buen* —— cleverly; *por tal* —— in such a way; *de poco* —— of low degree; *por el* —— *de* of the style of, like

artero crafty, cunning

articular to join

artículo article

artífice craftsman

artificio craft; artifice, trick

arzobispal of the archbishop

arzobispo archbishop

arzón saddle-tree

as ace

asa handle

asador spit

asadura *plu.* insides, guts

asalariado employee, wage earner

asaltar to assault

asalto assault, attack

asar to roast

asaz sufficient(ly), quite

ascender (ie) to ascend; to reach, amount (to)

ascendiente ancestor; influence

ascensión climb, ascent

asceta hermit

ascético ascetic

asco nausea, repugnance; *poner* —— to cause nausea *or* repugnance; *tener* —— to be sickened, be repelled by

ascua glowing coal, ember; *estar en* ——*s* to be on pins and needles; *hecho* —— glowing

aseado neat

asechanza snare, stratagem

asediar to besiege

asegurar to assure, state

asemejar to make like, cause to resemble

asenderado persecuted

asentar (ie) to seat; to fix, establish, set; to settle, calm; to take service

asentimiento consent

asentir (ie) to assent

aseo neatness

asequible attainable

asesinar to murder, assassinate

asesinato murder, assassination

asesino assassin

asesorar to advise

asestar to aim; to shoot

asfixiante asphyxiating

así: —— ... *como* in the same way ... as; as much ... as

asiduo assiduous

asiento seat; resting place; position; *hacer* —— to settle

asignación share; assignment

asignar to assign

asilo asylum

asimismo likewise

asir to seize; to cling (together)

asistencia aid, care; service, work as a servant

asistenta servant, cleaning woman

asistente assistant, helper

asistir to attend, be present (at); to take care of; to assist

asmático asthmatic, wheezy

asnal of a donkey, asinine

asno ass

asociar to associate; ——*se a* to join in

asolar to raze

asomar to appear; to show; to look out of; to look; ——*se* to peek out, look out

asombrar to startle, astonish; to take by surprise

asombro astonishment

asombroso amazing

asomo sign, indication, trace, bit

asonante assonance

aspaviento fuss, emotional demonstration

aspereza roughness; asperity; *plu.* rough terrain

áspero rough; sharp

aspiración aspiration, desire, objective

aspirante n. aspirant, candidate; *adj.* aspiring

aspirar to aspire; to breathe, breathe in; to blow

asqueroso repugnant

asta shaft (of lance); (flag) pole; horn (of bull)

astil shaft (of lance)

astillero rack

astilla splinter; kindling

astro star; *fig.* destiny

astrología astrology

astucia astuteness, cunning

astur Asturian, from Asturias

asturiano Asturian

astuto astute, cunning

asunto subject; affair

asurar to burn

asustar to startle, frighten

atacar to attack

atadijo bundle

atajar to stop; to cut off

atapar arch. to cover

atar to tie, fasten, bind; *loco de —— stark mad*

atarazado mangled; torn; wounded

ataúd coffin

ataviado decked out

atavío gear, finery, adornment

atemorizar to frighten

atenacear to tear off the flesh with pincers

atenazar same as *atenacear*

atención attention; *plu.* affairs, obligations

atender (ie) to pay attention; to take care of; to expect; *——se a* to take account of, take into consideration

atenerse a to abide by, adhere to; to depend on

atentado attack

atento attentive, heedful

atenuación attenuation; moderation

atenuar to attenuate, diminish

ateo atheist

aterido numb, stiff (with cold), frozen

aterrador terrifying

aterrar (ie) to cast down; to terrify; to amaze

atesorar to treasure up, hold

atestado crowded, full of; stuffed

atestar (ie) to stuff, fill up

atestiguar to bear witness to, testify

ático classic; high-toned

atinado sensible

atinar to succeed in; to guess (correctly), divine; *—— con* to hit on

atizar to poke, stir; *—— friegas* to massage vigorously

atolondramiento recklessness, forwardness

átomo atom

atónito astonished

atontado stupefied

atormentador tormenter, torturer

atormentar to torment

atortolado intimidated

atosigar to poison

atracar to bring near, approach; to stuff

atractivo n. attraction

atraer to attract

atrancar to bar, bolt

atrapar to catch, get

atrasado behind the times; overdue

atraso backwardness; *plu.* arrears

atravesar (ie) to cross; to pierce; to go through; *——se* to change hands

atreverse to dare

atrevido bold, daring; insolent

atrevimiento daring

atribuir to attribute

atribular to grieve, afflict; *——se* to become despondent

atrocidad atrocity; unjust act

atronar (ue) to thunder, rumble

atropellar to crush; to trample; to push (through)

atropello outrage

atroz atrocious, frightful

atufar to anger

aturdido upset, befuddled, stunned

aturdimiento befuddlement, perturbation

aturdir to upset, confuse

aturrullar to bewilder, daze

atusar to smooth

audacia audacity

audaz audacious

audiencia audience, court (of law); *dar ——* to receive (official visitors)

auditorio audience

augurar to augur, betoken

augurio augury

augusto august, majestic

aullido howl

aumentar to augment

aumento increase; *ir en ——* to increase

aura breeze

áureo golden, gold colored

aurora dawn

ausencia absence

ausente absent

austeridad austerity, puritanical living

austero austere

austro south wind

auto act; document (of lawsuit)

autoridad authority

autorizar to authorize; to justify

auxiliar to aid; n. helper; *adj.* auxiliary

auxilio aid

avance advance

avanzar to advance

avariento avaricious, greedy

avasallar to subject, dominate

ave bird

avecinado settled

avecinarse to draw near

avellana hazelnut

avellanado withered, wrinkled

avellano hazelnut tree

avemaría Hail Mary

avenir to reconcile; *——se* to agree; to put up with

aventajado superior, great, superb; gifted, charming

aventajarse to excel; to have the advantage

aventura adventure; *por ——* peradventure, perchance

aventurar to risk, venture

aventurero n. adventurer; knight errant; *adj.* adventuresome

avergonzar (*üe*) to shame; ——*se de* to be ashamed of
avería damage
averiguación inquiry
averiguado well-known
averiguar to find out, look into
avestruz ostrich
avezado accustomed
aviado well provided for
ávido avid, eager
avinagrado sour
avío preparation; care; *plu.* utensils, things necessary; *al* —— let's get started
avisar to give notice, inform, advise; to take counsel
aviso notice, warning; information; advice; care, watchfulness
avivar to sharpen; to enliven, quicken; to inflame; ——*se* to rally one's forces
ay oh!, ah!; —— *de mí* woe is me!
ayuda aid, help; *para* —— *de* to help toward; —— *de cámara* valet
ayudante aide, assistant
ayudar to help, aid
ayunar to fast; to do without
ayuno fast, fasting
ayuntamiento city council; city hall
azacán water-carrier; *fig.* one who works very hard, slave
azada adze
azafrán saffron
azahar orange blossom
azar hazard, chance; unfortunate moment *or* event
azaroso hazardous
azófar brass
azor falcon, hawk
azorado confused, nervous
azoramiento bewilderment; alarm, anxiety; trouble
azotar to whip, lash
azote whip, scourge; blow; *plu.* whipping
azotea flat roof
azúcar sugar
azucarillo stick of honeycombed sugar for sweetening drinks
azufre sulphur
azulejo tile
azumbre liquid measure, about two quarts
azur azure

azuzar to urge on

B

baba drivel, drooling, slobbering
babilonia disorder, confusion
bacalao codfish
bacanal drinking bout, bacchanal
bacía basin
báculo cane
bachiller bachelor (of arts, etc.); chatterbox
bachillerato undergraduate work
bagaje military baggage
bailar to dance
bailarín dancer
baile dance
bajel vessel (poetic word)
bajeza baseness; disgrace
bajo adj. low; *por lo* —— in a low tone; *sala baja* downstairs room; *n. plu.* petticoat
bajón lessening; fall; backward step
bajura lowland
bala bullet
baladí ordinary, common
balar to bleat
balazo bullet wound
balbuciente stammering
balbucir to stammer
balcón balcony; window
baldado lame
balde: en —— in vain, fruitlessly; *de* —— free, gratis
baldonar to insult
baldosín tile
balido bleating
balsa pool
bálsamo balsam, ointment, salve
baluarte bulwark
ballena whale
ballesta crossbow
bambolearse to sway, wobble
banal banal
banca bank
banco bench
banda scarf; bandage; side; *por* —— on each side
bandeja tray
bandera flag, banner
bando proclamation
bandolera game bag
bandolero highwayman
banquero banker

banquillo dim of *banco*
bañar to bathe
baraja pack of cards
barajar to shuffle (cards)
barandilla railing
baratija trifle
barato n. fee, tip; *adj.* cheap
baratura cheapness, low cost
barba beard; chin; *hacer la* —— to shave
barbado bearded
barbaridad barbarity; nonsense
bárbaro n. barbarian; *adj.* barbarous
barbero barber
barbudo bearded
barca small boat
barco ship, boat
bardal thicket of brambles
bargueño chest (of drawers)
barniz polish
barnizado glossy
barón baron
baroncita dim. of *barona* baroness
barquilla basket (of balloon)
barra bar; weight; —— *de nariz* bridge of nose; *sin daño de* ——*s* without injury or danger
Barrabás thief who was saved from crucifixion instead of Christ
barraca hut, cabin
barranco ravine
barredura sweeping
barrer to sweep
barrera barrier, wall; fortification
barricada barricade
barriga belly
barrio quarter (of town)
barrizal mire; mudhole
barro clay; mud
barrote heavy bar
barrunto conjecture
barullo commotion, confusion
basquiña skirt
bastante enough, sufficient; quite a lot
bastar to be enough, be sufficient
bastardo illegitimate
bastidor wing (of stage setting); framed needle work
bastón cane; staff
basura refuse; garbage

bata robe, dressing gown, negligée
batahola hubbub
batalla battle
batallar to battle, struggle
batallón battalion
batanear to bat
batiente leaf (of door)
batir to beat; to clap (hands); —— *se* to fight
batueco fool
baúl trunk
bautismo baptism
bautizo baptism
bayeta woolen cloth
bayoneta bayonet
bazofia refuse, slops
beata woman who frequents the churches; hypocrite
bebé baby
bebedizo potion, philter
bebida drink
becerro calf
Belcebú Beelzebub, the devil
beldad beauty
bélico of war, warlike
belicoso warlike
bellaco rogue
bellaquería cunning, slyness
belleza beauty
bellota acorn
bendición blessing, benediction
bendito blessed; *agua bendita* holy water
beneficencia charity; —— *domiciliaria* social service
beneficio benefit, blessing; profit
benéfico beneficent, generous
benemérito worthy, meritorious
beneplácito approval, consent
benevolencia benevolence, kindness
benévolo benevolent
bengala staff; symbol of command
benigno benign
benino poetic for *benigno*
benjuí benzoin
beodo n. drunkard; adj. drunk
berenjena eggplant
bergantín n. brigantine; adj. brigantine-rigged
bermejo reddish
bermellón vermilion
berrear to bellow
berrendo spotted
berrido bellow, shout

berruga for *verruga* wart
berza cabbage
bestia animal
bíblico Biblical
bicentario two hundred years old
bicicleta bicycle
bicho bug; creature
bieldo winnowing rake
bien n. good; happiness; dowry; darling; plu. wealth, treasure, blessings; *con* —— safely; *hombre de* —— worthy man; *Sumo Bien* supreme good, God; adv. quite, very; indeed; *no* —— hardly, scarcely, as soon as
bienaventurado n. fortunate person; adj. fortunate, blessed
bienaventuranza blessedness glory
bien-compuesto orderly
bienestar well-being
bienhacer charity, good deeds
bienhechor benefactor
bienquisto loved, well liked
bigardón loafer
bigotazo aug. of *bigote*
bigote mustache
bilioso bilious
billete ticket, banknote, bill; note
binar to cultivate for the second time
bisabuelo great-grandfather
bisoño tenderfoot
bizarría splendor; generosity
bizarro gallant; generous; splendid
bizcar to squint
bizco squinting; cross-eyed
bizcocho lady finger; sponge cake
blanca a copper coin, farthing
blanco white; n. target, mark; *poner los ojos en* —— to show the whites of one's eyes
blancura whiteness
blandengue wishy-washy person
blando soft; gentle
blandura softness; blandishment; *tiempo de* —— weather too warm to keep fish
blanquear to be white, snow white
blanquecino whitish
blasfemar to blaspheme

blasfemia blasphemy
blasón coat of arms; device (of heraldry)
blasonar to boast
bobada silly notion, foolishness
bobalicón dunce, fool
bobo fool
boca mouth; *a* —— *de jarro* point-blank
bocado mouthful; bite; delicacy
bocanada puff
boceto sketch
bocona n. loudmouth
bochornoso humiliating
boda or *bodas* marriage
bodega cellar; wine cellar
bodegón wine cellar
bofetada blow, slap
bola ball
boleta card, ticket
boliche bowling
bolichera woman in charge of bowling
bolita dim. of *bola*
bolsa stock exchange; purse
bolsilla purse
bolsillo pocket; purse
bolsón large purse, pocketbook
bomba pump; fire-engine; bomb
bombonera candy box
bonachón good-natured; simple-minded
bonanza calm
bondad goodness, kindness
bondadoso kindly
bonete hat
bonitamente neatly
bonito pretty
bono coupon (for food)
borbollón: a ——*es* in gushes
bordado embroidery
bordadura embroidery
bordar to embroider
borde edge, border; *al* —— *de* at the edge of
bordón staff (of pilgrim)
borla tassel
borracho drunk
borrador rough draft
borrar to erase
borrasca squall
borrascoso squally, stormy
borrego (young) sheep, lamb
borrico, -a donkey
borrón blot, stain
boscaje grove
bosque woods, forest
bostezar to yawn

bota shoe, boot; wineskin; —— *de agua* overshoe
botarate blustering fellow
bote bound; bucking; jar
botecillo *dim* of *bote*
botella bottle
botica drugstore
boticario apothecary, druggist
botín boot
botina *dim.* of *bota*
botón button
bóveda dome
bozo down, fine hair
bramar to bellow
bramido bellow, roar
brasero brazier, heater
bravío wild
bravo *n.* bully; *adj.* wild; fine; brave
bravura bravery
braza fathom
brazal arm band
brazalete bracelet
brazo arm; *arch.* sword arm
brea pitch
bregar to work hard, struggle
breva bargain, good deal
breve brief, short; small
brevedad brevity; speed
breviario breviary, prayer book
brial *arch.* silk skirt
bribonaza impostor; great cheat
brida bridle
bridón charger
brillante diamond
brillar to shine
brillo brilliance, lustre; renown
brincar to jump, jump up and down (for joy); to bounce
brinco jump; hopping
brindar to toast, drink a toast; to offer; to invite; —— *con* to treat with; to offer
brindis toast; dedication
brío spirit, dash; animation, life
brioso spirited; courageous
brisa breeze
brisca a card game; —— *cruzada* a card game
brizna sprig, blade; bit
brocado brocade
brocal curb (of well)
broche brooch
broma joke; *en* —— as a joke, jokingly; *andar con* ——*s* to fool around
bromista joking

bromuro bromide
bronce bronze
bronceado bronzed
broquel small shield
brotar to spring forth, come forth, bud
bruces: de —— face downward
bruja witch
brujo wizard
brújula compass
bruma mist
bruñir to polish, give luster to
brusco *n.* knee holly; *adj.* brusque
bruto *n.* animal, brute; *adj.* rough; sturdy
buba pustule
bucle curl
buche mouthful (of liquid); craw (of bird)
buenaventura fortune
buey ox
bufanda muffler
bufete desk
bufón court fool
bufonesco comical, clownish
buhardillón garret, attic
buho owl
buhonero peddler
buitre vulture
bula bull, indulgence
bulto bundle; form, bulk
bulla noise, bustle; *meter* —— to make a lot of noise
bullicio noise, stir, hubbub, bustle
bullicioso noisy; spirited, animated
bullir or ——*se* to stir, move
buñolería doughnut stand
buñolero selling doughnuts; maker of doughnuts
buñuelo doughnut
buque boat
burla joke, trick, mockery; *de* ——*s* jokingly
burlador trickster, libertine
burlar to mock, deceive; to evade; ——*se* to joke, mock, make light of
burleta joke
burlón *n.* banterer, mocker; *adj.* mocking, bantering
burra ass, donkey
burro ass, donkey; —— *ciego* a card game; —— *con vista* a card game
busca search

buscón cheat
busilis crux, knotty point
busto bust
butaca armchair; orchestra seat (in theater)

C

ca arch. for
cabal perfect, precise(ly); *estar en sus* ——*es* to be in one's right mind
cabalgadura mount
cabalgar to ride (horseback); to mount
cabalgata cavalcade
caballeresco chivalrous; equestrian
caballería cavalry; cavalcade; chivalry; mount
caballeriza stable
caballero gentleman; knight; ——*en* mounted on
caballista horseman, expert on horses
caballo horse; queen (in cards)
caballote *aug.* of *caballo*
cabaña cabin
cabe next to
cabecera head of bed; pillow
cabellera hair; wig
cabello hair
caber to be contained in; to fit; to be possible; to be natural; to fall to one's lot; to belong; *no* —— *en sí* to be bursting; to be beside oneself
cabestro halter
cabeza head; head of cattle; *mala* —— uncontrolled person, 'bad actor'
cabezada blow with head
cabezo hilltop
cabezudo big-headed; stubborn
cabida acceptance; influence
cabildo (cathedral) chapter; town council; guild
cable cable
cabo end; envoy; *a* —— *de* at the end of; at the edge of; *al* —— finally; in short; *dar* —— to bring to an end
cabra goat
cabrerizo goatherd
cabrilla kid
cabrío of goats
cabrón goat
cacería hunting party

cacerola pan, casserole
cacicato position of political boss
cacique political boss
cacharro pot; vase
cachivache worthless utensil, junk
cacho strip, piece, slice
cadalso scaffold, gallows
cadáver corpse
cadavérico death-like
cadena chain
cadete youngster
caduco perishable; frail; old, worn-out
caer to fall; to be located; *dejar —* to drop; to bring down; *ya caigo* I see, I catch on
cafetera coffee pot
caída fall
caja box; drum
cajón drawer, money drawer
cajoncito dim. of *cajón*
cal whitewash
calabaza pumpkin; dolt; *dar —s* to refuse; *llevar —s* to be refused
calabazada knock (with the head against something)
calabozo dungeon, prison cell
calamar squid, ink fish; *—es en su tinta* squid prepared in a sauce made of the black fluid they contain
calamidad calamity
calamitoso calamitous
calandria lark
calar to pierce, run through; to cock (a gun); to pull down (a hat)
calavera n. skull; wild fellow; adj. wanton, loose-living
calcular to calculate; to be scheming in
calculista calculating
cálculo calculation; scheming; plan
caldera caldron, kettle
calderilla small change
caldero kettle
caldo broth
calendario calendar
calentar (ie) to heat, warm; to animate; *— la cabeza* to excite
calentura fever
calenturiento feverish
caletre mind

calidad nature; rank; quality
calificación qualification
calificar to qualify, classify; *— de* to classify as
cáliz chalice, cup
calmante sedative
calmar to calm; *—se* to calm oneself
calomelano calomel (medicine)
calumnia slander
calumniador slanderer
calumniar to slander
caluroso hot
calva bald spot
calvo bald, hairless
calzado shoe; footwear
calzar to shoe; to wear (shoes); to put on (shoes or gloves)
calzas breeches
calzones breeches, trousers
callado silent
callar to be silent; to become silent; *tan callando* so silently
calle street
calleja narrow street
callejero street
callejón narrow street
callejuela narrow street
cama bed; *— imperial* expensive coffin
cámara bedchamber
camarada comrade
camarero valet, steward
camareta dim. of *cámara*
camarilla bedchamber
camarín boudoir
camastro cot; poor bed
cambiar to change; to exchange
cambio change; exchange; *a — de* in exchange for; *en — on* the other hand
camilla stretcher; cot
caminante traveler
caminar to walk; to go; to travel
caminata traveling; hike, (long) walk
camino road, path; *— real* highway; *de — in* passing; in traveling costume; ready for traveling
camión truck
camisa shirt; chemise
camisola fancy shirt
camorra quarrel
campal in the country
campamento camp
campana bell

campanada stroke of a bell
campanario bell tower
campanilla dim. of *campana*
campanillazo ringing (of bell)
campanudo bell-like; pompous
campaña campaign; experience
campeador arch. surpassing in bravery, champion
campear to dominate; to excel
campeón champion
campesino, -a country man or woman; adj. rural, country
campestre country, rural
campiña countryside
campo country; field; *— santo* cemetery
can dog
cana white hair
canalla rabble; cur, vile person
cananea (Sancho's mistake for hacanea) Canaanite
canario canary (bird)
canasta basket, hamper
cancela iron grating at entrance of patio
cancillería chancellery
cancionero book of poetry, anthology
candado padlock
candela light; candle
candelero candelabrum, candlestick
candente incandescent
cándido candid, pure; simple
candil lamp
candilón aug. of *candil*
candiotera wine cellar
candor candor
candoroso filled with candor, simple, unaffected
canela cinnamon
cangilón pitcher, jar
canícula midsummer heat, dog days
cano white-haired, gray-haired
canónico canonical; canon
canónigo canon, priest attached to a cathedral
cansado tired; tiresome
cansancio weariness; boredom
cansar to tire
cantábrico Cantabrian; *mar — Bay* of Biscay
cantador singer
cantaleta serenade
cantar n. lay, song
cántaro jug, pitcher
cante hondo see *cante jondo*

cante jondo Gypsy music
cántico song, chant
cantidad quantity; sum
cantiga song, lay
canto singing; song; canto; chant
cantor *n.* singer; *adj.* singing
canuto tubular case
caña pointer; cane; wicker; pole; *jugar* ——*s* to joust
cañada ravine
cañizo wicker frame
cañón cannon; bristle; barrel (of gun)
cañonazo cannon shot
caoba mahogany
caos chaos
capa cape
capacete helmet
capacidad capacity; ability
capataz foreman
capaz capable
capelo (cardinal's) hat
capellán chaplain
capigorrón slovenly fellow
capilla chapel; hood
capital *n. masc.* capital (funds); *n. fem.* capital city; large city
capitán captain
capitanear to captain
capítulo chapter
capón capon
capote large cape
capricho caprice; whim; bizarre notion; *a* —— capriciously
caprichoso capricious
caprichudo capricious, given to whims, crotchety
capucha hood
capullo (rose)bud; cocoon
capuz cloak
carabinero border guard
caracol snail; curl (of hair); *plu.* the dickens!
caracolear to cavort
caracterizar to characterize
caramba the dickens!
caramelo (piece of) candy
carasol solarium, sun porch
carbón coal; charcoal
carbonizar to burn up
carbunclo precious stone; ruby
carcajada burst of laughter
cárcel prison, jail
carcomido worm-eaten, rotten
cardenal cardinal; bruise, welt
cardíaco cardiac; person suffering from heart disease

cardinal cardinal, most important
cardo thistle
carecer de to lack
carencia lack
carga burden, load; cargo
cargado loaded, laden, overcast; *estar* —— *de* to have one's fill of, be sick of
cargante boring
cargar to load; to carry; to charge; to run off with; ——*se* to become peeved; —— *sobre* to be resting on
cargo charge; job, task; *hacer* —— *a* to blame, incriminate; *hacerse* —— *de* to take into consideration; *llevar (a)* —— to have in charge; *tener a* —— to be in charge
caricia caress
caridad charity
Cariñena a kind of wine
cariño affection
cariñoso affectionate
carirredondo round-faced
caritativo charitable
cariz aspect (of weather *or* sky); *fig.* appearance
carmelita Carmelite
Carmín carmine
carminoso reddish
carnal blood (relation)
carnalidad physique
carnaval carnival, Mardi Gras
carnero sheep; mutton
carnicería butcher shop
carnicero butcher
carnívoro carnivorous
carnoso fleshy
caro dear
carrasca swamp oak
carrera run, dash; career; course; profession; way, road; *seguir or estudiar* —— to study for a profession
carreta wagon, cart
carretada cartload
carretera highway
carretero cart driver
carretilla wheelbarrow; *de* —— by heart, by rote
carricoche carriage; wagon
carrik reefer, jacket
carrillo cheek
carro cart; chariot; —— *fúnebre* hearse
carroza carriage

carruaje carriage
carta letter; playing card
cartel chart, placard; poster; *poner en* ——*es* to publicize
cartelón *aug.* of *cartel*
cartera card case, billfold
cartón cardboard
cartuchera cartridge box
cartucho roll (of coins); cartridge
casaca dress coat
casada married woman
casado married man
casamiento marriage
casar to marry (off); ——*se con* to marry
cascabel bell (on harness)
cascada waterfall
cascar to crack, break; *(slang)* to die
casco *plu.* brains, mind
casería farmhouse
caserío farmhouse, farm buildings; group of houses
casero *n.* landlord; *adj.* domestic
caserón *aug.* of *casa*
caseta hut
casilla keeper's lodge
casino casino, club; dance hall
caso case; situation; condition; event; *hacer* —— to pay attention
casorio marriage
caspa dandruff
casquivano muddle-headed
casta race, breed
castaña bun (of hair); chestnut
castañeta castanet
castañetear to chatter
castaño *n.* chestnut tree; *adj.* chestnut-colored
castañuela castanet
casticismo the quality of being purely Spanish, without foreign influences or modern innovations
castidad chastity
castigar to punish; to instruct, teach
castigo punishment
castillo castle
castizo pure, without foreign influence
casto chaste
casual casual; accidental
casualidad chance
casuco hut; den, dive

cataclismo upheaval

catalejo spy-glass

catalinaria violent speech, savage attack

catar to look at, see; to try out, have for the first time

catarata cataract

catarrazo bad cold

catástrofe catastrophe

catecismo catechism

catecúmeno catechumen, neophyte

cátedra professor's chair; lecture hall

catedral cathedral

catedrático professor

categoría class, category

categórico categorical, precise

catequizar to convert

caterva swarm

catre cot

cauce channel, watercourse, bed (of stream)

caudal n. wealth, funds, fortune; adj. having much water, great (of rivers)

caudaloso copious

caudillo leader

causa cause; lawsuit, case

causador, -a causer

cautela caution; precaution; stratagem

cautivar to captivate, capture

cautivo, -a n. and adj. captive; arch. wretched

cavar to dig

caverna cave, cavern

cavernario of the cave

cavernoso hollow, deep

cavidad cavity, empty space

cavilación thought; worry

cavilar to ponder, think over carefully

cayado staff

caza hunt

cazador hunter

cazar to hunt

cazuelo pot

cebada barley

cebar to stuff

cebo bait

cebón pig

cebra zebra

cecina dried beef

ceder to give in to, yield

cedro cedar

cédula document; —— con re-

cargo document with surcharge

céfiro zephyr

cegado blinded; deafened

cegar (ie) to blind; to become blind

ceguedad blindness

ceguera blindness

ceja eyebrow

celada helmet; ambush; trick; —— de encaje helmet with neckpiece

celaje skyscape, cloud effect; bright cloud

celar to be jealous

celda cell

celebérrimo super. of célebre

celebrado famous

celebral arch. adj. brain

celebrar to celebrate; to honor, praise, applaud

célebre famous

celebridad fame

celemín peck; basket or measure containing a peck

celeste celestial, heavenly

celestial celestial

celillos dim. of celos

celo zeal; jealousy; plu. jealousy

celosía Venetian blind, shutter; lattice

celoso jealous; zealous

celtíbero n. Celtiberian; adj. of the Celtiberians

cementerio cemetery

cena supper

cenador outdoor dining room

cenagoso muddy

cenar to sup, have supper; —— fuerte to dine and wine well

cencerrada tin-pan serenade

cencerreo noise of cowbell

cencerro mule bell, cowbell

cendal gauze

ceniciento dusty

ceniza ash, ashes

censura censure, blame

censurar to censure

centauro centaur

centella spark; lightning bolt; flash of light

centellear to sparkle

centén an old Spanish coin worth about 25 pesetas

centena three-figure number

centenar one hundred

centeno rye

céntimo one hundredth of a peseta

centinela sentinel

céntrico central

centro center; fuera de mi —— outside my orbit

ceñido tight-fitting; fig. bedecked

ceñidor belt

ceñir (i) to gird on; to encircle

ceño frown

ceñudo frowning; angry

cepa stump; strain, species

cepillo brush

cepo plu. stocks (for prisoners)

cera wax; candles

cerca n. hedge, fence; city wall

cercanía plu. nearby regions

cercano near

cercar to surround; to besiege

cercenar to cut through, cut off

cerco hedge; siege; ring

cerda bristle; coarse hair

cerdear to refuse to do something

cerdo pig, hog

cerebro brain, mind

ceremonioso ceremonious

cereza cherry (crop)

cero zero

cerradura lock

cerrar (ie) to close; to seal

cerro hill

cerrojo bolt

certero sure

certeza certainty

certidumbre certitude

certificar to certify; to assure

certísimo super. of cierto

cerveza beer

cerviz neck

cesante unemployed person (especially a government employee out of work because his party is out of power)

cesantía period of unemployment

cesar to cease

césped sod

cesta basket; —— de papeles waste paper basket

cesto basket

cetrino yellowish, lemon-colored

cetro scepter

cicatrizar to heal

ciclista bicyclist

ciclón cyclone

ciego blind; *a ciegas* groping-ly, blindly
cielo sky; heaven
ciencia science, knowledge
cieno mud
cientificismo scientism
científico scientific
cientifista scientific
cierto certain, true; *de* —— certainly, for sure; *por* —— indeed
ciervo stag
cierzo north wind
cifra figure; symbol; abbreviation
cifrado in résumé, summed up
cigarra locust; cicada fly
cigüeña stork
cilicio hair shirt
cima peak, top; *dar* —— to bring to a happy conclusion; *por* —— *de* above
cimbel decoy
cimbreante vibrating
cimera plumes (on helmet), crest
cimiento foundation
cincha cinch
cinchar to cinch up
cine movie
cínico cynic
cinismo cynicism
cinta ribbon; belt; film
cinto belt
cintura waist
cinturón belt
ciprés cypress
circo circus
circular to circulate
círculo circle; club
circundante surrounding
circundar to surround
cirio taper, candle
cirujano surgeon
cisma schism
cisne swan
cita rendezvous, appointment, meeting
citar to cite, mention, mention by name; to quote; to subpoena, call (to a meeting)
cítara zither
ciudadano *n.* citizen, townsman; *adj.* of the city
clamar to cry, exclaim
clamor noise
claridad clarity; brilliance, (strong) light, brightness
clarificar to clarify; to purify

claro *n.* opening; *adj.* clear, bright; light-colored; famous; *de* —— *en* —— from dusk to dawn
clásico classic; classicist, partisan of the classic point of view
clasificar to classify
claustro cloister
clavar to nail, fix, fix firmly (to a spot), stick (to *or* into)
clave clavichord
clavicordio clavichord
clavija peg
clavo nail
clemencia clemency, mercy
clerical priestly
clérigo clergyman; theological student; student
clerigucho clergyman
cleriguicio clergy
clerizonte clergyman
clero clergy
cliente client; patron; patient
clima climate; region
club club; political gathering
coadjutor coadjutor, assistant
cobarde coward
cobardía cowardice
cobardón *aug.* of *cobarde*
cobertura cover
cobrador collector; bank messenger
cobranza collection
cobrar to collect; to acquire; to recover; to rescue
cobrir *arch.* for *cubrir*
cobro shelter, safe place
cocer (ue) to boil, cook
cocido stew
cocina kitchen; cooking; —— *económica* stove
cocinera cook
coco bogeyman
coche carriage, coach, chariot
cochera carriage shed
cochero coachman
cochino *n.* pig; *adj.* vile, wretched
códice manuscript
codicia avarice, greed
codiciar to covet, desire
codicioso greedy; eager
código code of laws, law book
codo elbow
codorniz quail
cofre coffer
coger to catch, seize; to gather; to strike

cogida attack (of bull); —— *de coche* accident caused by a carriage
cogote back of the neck
cohecho bribery
cohete skyrocket; —— *tronador* explosive skyrocket
cojear to limp
cojín cushion
cojo lame
col cabbage
cola tail
colada wash
colar (ue) to flow (through); to drink
colcha bedspread
colchón mattress, pad
colectivista community-centered
colegial student
colegio secondary school; private school
colegir (i) to deduce; to select
cólera wrath
colérico angry, wrathful, irascible
coleto jacket; *decir para su* —— to say to oneself
colgadura tapestry, hanging
colgajo hanging article, pendant
colgar (ue) to hang
colina hill
colmar to heap, fill to overflowing; to come to a climax; to overwhelm; to satisfy fully
colmena beehive
colocación position, job
colocar to place
colodrillo nape of neck
coloquio colloquy, conversation
color color; appearance; *plu.* blush
colorado red
colorar to color
coloso colossus
columbrar to make out
columna column, pillar
columpio swing; swaying motion
coluna *arch.* for *columna*
collada (mountain) pass
collado hill
collar collar; necklace
comarca region, district
comarcano neighboring
combate fight, duel, struggle
combatido battered

combatiente combatant, adversary

combatir to combat, fight

combo curved

comedido polite, courteous

comedimiento civility, politeness; polite expression

comedirse (i) to be kind enough, be obliging

comendador knight commander

comentar to comment on

comentariar to comment on

comentario commentary

comerciante merchant, storekeeper

comerciar en to deal in

comercio store; business

comestible plu. food, things to eat

cometa comet

cometer to commit; to attempt

cómico comical, ridiculous

comido fed

comienzo beginning

comisario agent; quartermaster

comisión commission, order; committee

comistrajo mess, hodgepodge

comitiva company; committee

cómoda commode, bureau

comodidad comfort; opportunity

cómodo comfortable; suitable; convenient

como que as if

como quiera que as

como quier que arch. although

compadecer to pity

compadecido de pitying, filled with compassion for

compadre crony

compaginar to bring into harmony; to unite

compañerismo companionship; spirit of solidarity

compañero, -a companion; pal

compañía company; *hacer* —— to keep company, do the same as

comparación comparison

comparsa group

compartir to share, divide

compás rhythm, time; compass; *a* —— in rhythm, rhythmically; *a* —— *de* in harmony with

compasar to measure equally

compasión compassion, pity

compasivo compassionate

compatriota fellow citizen

compendio summary, compendium

compenetrarse to mingle

compensar to compensate

competencia competition

competente adequate

competir (i) to compete

complacencia complacency; pleasure

complacer to please; ——*se en* to get pleasure by, enjoy oneself in

complejo complex

complemento complement

completo: por —— completely

complexión build, stature

complicado complicated

cómplice accomplice, one who shares guilt

componer to compose; to arrange, settle; to mend, fix; to prepare; to strengthen; ——*se* to fix oneself up; to get one's hopes up; ——*selas* to arrange things

comportarse to bear oneself

compostura modesty; composure, sedateness; structure

compra purchase; *ir a la* —— to go shopping

comprador buyer, shopper

comprimido restrained, held back

comprometer to compromise; to jeopardize; ——*se* to be obligated

compromiso compromise; promise; engagement; predicament

compuesto well-arranged; composed; *interés* —— compound interest

compunción compunction

compungido afflicted

comulgar to receive communion

común common; *por lo* —— commonly

comunero member of party which upheld civic liberties against Charles V

comunicar to communicate; to instill in

comunidad community

conato attempt

concatenación concatenation, linking

concebir (i) to conceive

conceder to concede, grant

concejil public; *prado* —— common

concejo council, board of aldermen; —— *de guerra* court martial, military council

concepción conception

concepto concept; conceit, cleverly phrased thought

conceptual intellectual, rational

conceptuar to consider

concertador arranger

concertar (ie) to arrange; to agree; to bring into harmony; ——*se* to be joined; to harmonize; to make an agreement

conceto arch. for *concepto*

conciencia conscience; consciousness

concierto concert; plan; concord, agreement; harmony

conciliábulo consultation, deliberation

conciliar to reconcile; —— *el sueño* to get to sleep

concluir to conclude, finish; ——*se* to come to an end

concordar (ue) to agree

concorde concordant, harmonious

concordia agreement, harmony

concurrencia group, gathering

concurrido crowded

concurrir to attend, frequent; to come together; to be in conjunction

concurso company, crowd; contest; aid, help

concha shell

conde count

condenación punishment; condemnation

condenar to condemn; to damn

condición condition, quality, nature, character; rank, state, station

condigno worthy

condolecerse to condole

condoler (ue) to commiserate

conducción transportation; leading

conducir to lead; to carry

conducta conduct

conducto conduit; *por* —— *de* through

condumio fare; food

conejo rabbit

confección confection, concoction

confeccionar to cook up, prepare

conferencia lecture; conference

conferir (ie) to confide

confesar (ie) to confess; to hear one's confession

confesión confession

confesionario confessional

confesor confessor

confianza confidence, intimacy, trust

confiar to trust; to entrust, confide

confidente, -a confident

confín end, limit

confirmación confirmation

confirmar to confirm

confite preserves

confitería candy shop

conflicto conflict

conformación conformation, shape, figure

conformar to conform; ——*se con* to resign oneself to; to conform oneself with

conforme corresponding, accordant, in conformity; resigned; —— *con* in agreement with; in favor of

conformidad conformity; resignation

confortar to comfort

confundir to confound; to abash; to mingle

confuso confused, puzzled; jumbled

congeniar to be congenial

congestionar to congest; ——*se* to become flushed

congoja anguish; fainting spell

congojado afflicted, anguished

congojarse to be afflicted; to complain

congregar to gather, congregate

congrio conger eel

conjetura conjecture

conjeturar to conjecture

conjugar to join (with); to conjugate

conjunto whole, ensemble

conjurar to conjure, entreat, implore; to conspire

conjuro entreaty; incantation; charm

conmoción trembling; mental disturbance; shock

conmover (ue) to move, stir; ——*se* to become excited; to be moved

conocer to know; to recognize

conocido acquaintance

conocimiento knowledge, consciousness, senses; understanding; acquaintance

conque so that

conquista conquest

conquistar to conquer, win

consabido aforementioned

consagrar to consecrate; to devote

consecuencia consequence

consecuente consistent

conseguir (i) to obtain, attain; to suceed in

conseja tale, yarn

consejar *arch.* for *aconsejar*

consejero adviser, counsellor

consejo council; advice, counsel; consultation; opinion; —— *de guerra* court martial

consentimiento consent

consentir (ie) to consent, permit

conservación preservation, upkeep

conservador conservative

conservar to keep

consideración consideration; thought, meditation; deduction; *tener* —— *con* to show consideration for

considerado esteemed, respected

considerar to consider; to think; to esteem; to notice

consignar to consign; to state in writing

consiguiente obvious; *por* —— consequently

consistencia substance

consistir to consist; —— *en* to consist of

consolador consoling; *n.* consoler

consolar (ue) to console

consolatorio consoling

consonancia harmony

consorcio union

consorte spouse, husband, consort

constancia constancy, steadiness

constante constant

constar to be a fact, be evident; to consist; to be stated

consternación consternation

consternado overcome with consternation, horrified

consternarse to be consternated

constipado (head) cold

constituir to constitute, establish

constitutivo institutional

consuelo consolation

consulta consultation

consumar to consummate

consumidor consumer

consumir to consume, burn out, use up

consumo consumption

consurrección revival, revivification

contabilidad bookkeeping

contado counted, limited in number, rare; *ser para* —— *to* be fit to be told; *al* —— cash; *de* —— in full

contador money cabinet

contadorcillo *dim.* of *contador*

contagiado de infected with

contagio contagion

contagioso contagious

contaminar to contaminate, infect

contar (ue) to count; to tell, relate; —— *con* to count on

contemplar to contemplate

contemplativo contemplative

contender (ie) to contend, dispute

contener (ie) to contain; to restrain; ——*se* to restrain oneself

contenido contents

contentamiento contentment

contentar to content

contento *n.* happiness, joy, contentment; *adj.* happy

contienda quarrel, dispute

contiguo adjoining

continente *n.* mien, bearing; continent; *adj.* abstemious

continuación constant succession

continuo continuous; *de* —— constantly

contorno region; contour, outline, figure

contorsión contortion

contra: de —— on the contrary; *en* —— *mía* against me

contrabando contraband, smuggled goods

contradanza quadrille

contradecir to contradict

contradicción contradiction; obstacle, difficulty
contradictorio contradictory
contraer to contract
contrahecho disfigured
contraminar to countermine; to get the better of
contrariado vexed
contrariar to contradict; to thwart; to offend
contrariedad vexation
contrario n. opponent, adversary; *arch.* adverse fortune, harm; *adj.* contrary, opposite; adverse; opposed; *al* —— on the other hand, on the contrary, quite the contrary
contrastar to oppose
contraste contrast; officer *or* office of fair weights and measures
contratiempo mishap
contrato contract
contravenir to go against
contribución tax
contribuir to contribute
contrito contrite
conturbar to disturb
contusión bruise, contusion
convaleciente convalescent
convencer to convince
convención convention; *de* —— conventional
convenible fitting
conveniente fitting
convenio agreement
convenir to agree; to suit, be appropriate; ——*se en* to agree on
convento monastery; convent
conversar to converse
conversión conversion, change
convertir (ie) to change, convert, turn
convexo convex
convidar to invite
convite invitation; party
convivencia living together, community life
convocar to call, convoke
convulso convulsed, convulsive
conyugal conjugal, of marriage
coordinar to coordinate
copa goblet, glass; treetop; *plu.* clubs (in cards)
copar to bet a sum equal to what there is in the bank (in gambling games)

copete forelock; vanity
copia copy
copiar to copy
copioso copious
copla stanza; verse; song
copo tuft
coqueta coquette
coquetear to flirt
coquetería coquetry, flirtation
coquito *dim.* of *coco*
coracha leather bag
coraje anger
coral coral
coraza breastplate, armor
corazón heart; courage
corazonada intuition, hunch
corbata necktie
corcel steed
corcovado hunchback
corcovo caper
corchete policeman
corcho cork
cordel cord, string
cordelejo: dar —— *to jest*
cordelería shop where rope is made or sold
cordero lamb
cordial of the heart; cordial
cordillera mountain range
cordobés Cordovan, from Córdoba
cordón cord, ribbon, narrow sash
cordonera rope maker's wife
cordura good sense, sanity
corear to form a chorus; to chime in with
cornada blow, wound (with horn)
corneja raven, crow
cornisa cornice, ledge
coro chorus, choir; group; *de* —— by heart
corona crown; *fig.* the best
coronar to crown
coronel colonel
coronela wife of colonel
corporal corporal, bodily
corpulento thick, large
corral corral, barnyard, yard
corralera a type of folksong
corralón *aug.* of *corral*
correa belt
corredor n. corridor; solicitor; *adj.* fast-running
corregir (i) to correct
correo mail; courier

correonazo blow with leather strap
correr to run; to spread; to be in course
correría excursion
correrse to become ashamed; to spread oneself
correspondencia reciprocation; agreement
corresponder to correspond; to pertain (to), belong (to); to love in return; —— *a* to pay back
correspondiente corresponding; fitting
corrida run; —— *de toros* bullfight
corridica *dim.* of *corrida*
corrido ashamed
corriente n. and adj. current; *adj.* running; agreed, admitted; completed
corrillo group (of gossips); clique
corro group
corroído crumbled, weatherbeaten
corromper to corrupt
corrompido corrupt, imperfect
corrupto decayed
corsario corsair, pirate
corsé corset
cortado confused, abashed; fashioned
cortar to cut, cut off
corte court, capital; *plu.* parliament
cortecilla little slice
cortedad shyness, timidity; diffidence
cortejo cortège, suite
cortés courteous, polite
cortesana n. courtesan
cortesanía courtesy
cortesano adj. courtly, courteous; citified, stylish; n. courtier
cortesía courtesy
corteza bark; covering
cortijo farm
cortina curtain
cortinaje curtain, hanging
corto short, brusque; small; *pecar de* —— to sin through omission
corveta caper, bound
corvo curved
corzo deer
cosa de que possible that
cosaria hang-out

coscorrón bump (on the head)
cosecha harvest
coselete corselet, breast plate
coser to sew
cosmético cosmetic
cosquillas tickling; teasing, joking; misgivings
costa cost; coast; *a toda* —— at all costs
costado side
costal sack
costanilla steep street
costar (ue) to cost
costear to pay for, stand the expense of
costilla rib
costoso costly
costumbre custom; *de* —— usual
costumbrista pertaining to local customs
costura sewing; seam
costurón scab
cotizarse to have a value
cotorra magpie; kind of parrot
coyuntura joint; opportune moment
coz kick
cráneo skull, cranium
craso greasy; crass
creador *n.* creator; *adj.* creative
crear to create
crecer to grow, grow up
creces: con —— abundantly
crecido lofty; full
crédito credit, credence
credo credo; moment
credulidad belief
creencia belief
crepúsculo dim light, twilight
cresta crest
cretense Cretan
cría offspring; colt
criado, -a servant; *arch. masc.* ward
criar to bring up, raise, rear; to cause to grow; ——*se* to grow
criatura creature; child, baby
cribar to sieve
cribo sieve
crimen crime
crinado like a mane, long (of hair)
crisma pate, crown
crispar to make tense *or* rigid
cristal window pane; glass; crystal
cristalino crystalline, clear

cristianismo Christianity
criterio criterion, judgment
crítica criticism
criticar to criticize
crónica chronicle
crónico chronic
crucificar to crucify; to torment
crucifijo crucifix
crudo raw, uncooked; crude, rough
crujir to creak, squeak; to clash
cruz cross; burden, trial
cruzada crusade
cruzar to cross; to fold; to pierce; to traverse; —— *la cara a uno* to strike one in the face
cuadra stable; ward
cuadrado square; *elevado al* —— squared (*math.*)
cuadrante point of compass
cuadrar to suit
cuadriculado square (on graph paper)
cuadrilla band
cuadro square; picture; bed (of garden); —— *de costumbres* descriptive essay on everyday life
cuádruple quadruple
cuajado *n.* meat pie; *adj.* congealed, coagulated
cual *prep.* like
cualdidad quality
cuán *adv.* how, how much
cuando when; *arch.* even if; —— *más* at the most
cuantioso large, vast, copious
cuanto: —— *antes* as soon as possible; *en* —— as soon as; *en* —— *a,* —— *a* as to, concerning
cuarentena about forty (of anything); forty days; quarantine
cuaresma Lent
cuartel barracks; quarter (of escutcheon); square; —— *general* general headquarters
cuarterón panel
cuartilla sheet (of paper)
cuarto room; apartment; a small coin (less than a cent); quarter; *plu.* money; ——*s traseros* hind quarters
cuartucho wretched room *or* apartment
cuasi almost
cubierta cover; envelope

cubierto table silver; place at table
cubil lair (of beasts)
cuchara spoon
cucharón aug. of *cuchara*
cuchicheo whispering
cuchilla knife; sword
cuchillada blow (with knife *or* sword)
cuchillo knife; —— *de monte* hunting knife
cuchufleta jest
cudicia arch. for *codicia*
cuello neck; collar
cuenca valley, hollow
cuenta account, reckoning; bead; *a buena* —— on account; *caer en la* —— to realize; *darse* —— *de* to realize; *hacer* —— to make believe; take for granted; *más de la* —— more than proper; *tener* —— to keep account; *vamos a* ——*s* let's get down to brass tacks; *en resumidas* ——*s* in short, when all is said and done
cuento tale, short story; *sin* —— innumerable
cuerda string, cord, rope; match
cuerdo wise, sane, discreet
cuero skin; leather; *en* ——*s* naked; *en* ——*s vivos* stark naked
cuerpo body, form; person; —— *de guardia* guardhouse, headquarters; *en* —— in indoor clothing, without overcoat *or* cape; *no poder con su* —— to be scarcely able to move; —— *de tal* My God!
cuervo crow
cuesta hill; *a* ——*s* on one's back; burdened
cuestión question; argument
cueva cave; —— *de ladrones* nest of thieves
cuévano large, deep basket
cuidado care, worry; delicate health; love affair, love; *de* —— serious; *perder* —— not to worry
cuidadoso careful
cuidar to care for, take care of; to think; to be on the alert
cuita care, trouble
cuitado wretched, unfortunate; *n.* coward
culebra snake

culebrear to wind
culpa fault, blame
culpable guilty, blameworthy
culpado blamed, guilty
culpar to blame
culto *n.* cult; *adj.* cultured
cumbre mountain top, peak
cumplido fulfilled, passed; full, complete; large
cumplimiento compliment
cumplir to fulfill, carry out, do one's duty, pay up, attain; to be fitting, necessary *or* important; —— *(veinte) años* to reach the age of (twenty); —— *con* to carry out
cúmulo mass, lot, series
cuna cradle; source
cundir to spread; to grow
cuña wedge
cuñada sister-in-law
cuñado brother-in-law
cuño stamp; *fig.* sort
Cupido Cupid
cupiera third person singular imperfect subjunctive of *caber*
cupo third person singular preterit of *caber*
cura cure; convalescence; priest
curango priest
curar to care; to cure; ——*se* to get well; to care; —— *de* to care about; to take care of
curia (law) court
curiosidad curiosity
curita *dim.* of *cura*
cursar to take a course in, study
curso course
curtido experienced
curtir to tan (hides)
curva curve
cúspide point, peak
custodia custody; monstrance
custodiar to care for, look after

CH

chabacano rude, rough
chacota noisy mirth
cháchara chit-chat
chaleco vest
chambra house coat, dressing gown
champaña champagne
chamuscar to scorch, singe
chancear to joke; ——*se* to joke
chanza joke; *ni de* —— not even in jest

chanzoneta joke
chapa sheet metal
chapear to veneer
chapín slipper
chaquet jacket
chaqueta jacket
chaquetón jacket
charada puzzle
charanga brass band
charco puddle
charla talk, chatting
charlar to chat; to chatter
charlatán humbug, fake
charretera epaulet
chasco: llevar un —— to be disappointed
chasqueado tricked, deceived
chato pug-nosed
chavala girl, 'kid'
chiar to squeak, chirp
chico *n.* child; *adj.* small, little
chicuelo *dim.* of *chico*
chillar to shriek, shout
chillería scolding
chillido shriek
chillón loud
chimenea fireplace
china pebble
chinche bedbug
chinesco Chinese
chiquillada childish deed
chiquillo *dim.* of *chico*
chirrido squeak, shrill sound
chisme *plu.* gossip
chismorrear to gossip, gabble
chismoso gossiper
chispa spark
chispeante sparking, giving off sparks
chistar to utter a word
chiste joke; *tener* —— to be a joke
chistera top hat
chitón silence!
chivo he-goat, buck
chocar to displease; to clash; to shock; to hit (against)
chochear to be doddering
chocho doddering; —— *por* doting on
chopo (*slang*) musket, gun
choque clash, shock
chorreante dripping
chorro stream, trickle
choza hut
chuleta chop
chulo, -a dandy *or* coquette of the lower classes

chupar to suck
chupón bloodsucker
churro fritter, kind of doughnut
chuzo pike

D

daca give me
dádiva gift
dado que provided that
daga dagger
dama lady; *plu.* checkers
damasco damask, fine figured silk cloth
dantesco of Dante, Dantesque
Danubio Danube
danzante dancer
danzar to dance
dañado harmful
dañar to harm, hurt
dañino harmful
daño harm
dañoso harmful, injurious
dar to give; to strike, hit; —— *a* to force; ——*se* to be considered; —— *con* to find; to strike; to land (in); to slam (a window); —— *con su cuerpo* to land, fall; —— *de alta* to release (from hospital), to declare cured; —— *de comer* to feed; —— *de mano* to strike; —— *de pie* to kick; —— *en* to take to, hit upon, bring oneself to, come upon; to insist on; —— *lugar* to give occasion; —— *lugar a* to cause, permit; —— *por libre* to set free; —— *por hecho* to consider something a fact; ——*se por* to consider oneself (as); —— *sobre* to attack, fall upon; *lo mismo le da* it's all the same to him
dardo dart
datar to date
dátil date
dato information
deán dean
deber to owe; ought; *n.* duty
debido due
débil weak
debilidad weakness
debilitar to weaken
débito debt
decadencia decadence, decline

decantar to exaggerate; to praise
decena two-figure number
decencia decency; respectability
decente respectable
decidido resolved, determined
decidir to decide; to persuade; ——*se* to make up one's mind
décimo tenth
decisión determination
declaración explanation, elucidation; testimony
declarar to declare; ——*se* to make a declaration of love; *estar declarado* to be engaged
declinar to draw to an end
declive slope
decoración stage setting
decorar to memorize
decoro decorum
decoroso decorous, proper
decretar to decree
dechado mold, model
decreto decree
dedal thimble
dedicar to devote, dedicate
dedo finger
defecto fault, defect
defender (ie) to defend
defensa defense; safety
deferencia deference
deficiencia shortcoming, deficiency
definición definition; decision
definitivo definite, definitive
defraudar to defraud; to frustrate
defunto popular for *difunto*
degenerar to degenerate
degollar (üe) to behead
dehesa grazing land
deidad deity, divinity, divine nature
dejadez lassitude
dejar to leave; —— *de* to leave off, cease, leave aside, abstain from; to fail to
dél arch. for *de él*
delación accusation; scandalous information
delantal apron
delantero front, forward
delatar to proclaim; to inform upon
delectación pleasure, delight
deleitable delectable

deleitar to delight; ——*se* to enjoy
deleite delight
deleitoso delightful
deleznable slippery; frail; perishable
delgado slender, thin
delicadeza delicacy
delicado delicate
delicia delight
delicioso delightful
delincuente delinquent, guilty
delinquir to transgress, do wrong
delirante delirious
delirar to be delirious
delirio delirium, madness, passion
delito crime
délla arch. for *de ella*
demacrado emaciated
demanda demand; petition; endeavor
demandadero a monastery servant
demandar to beg, ask (for)
demás: los —— others; —— *de* arch. besides; *por* —— uselessly
demasía excess; *en* —— excessively
demediar arch. to be half through; to be half enough
demencia madness
demente demented, crazy
demonio demon; *qué* ——*s* what the dickens
demontre dickens
demostrar (ue) to represent, show
denegación negation, denial
denegrir to become black (by weathering)
dengoso finicky; affected
denostar (ue) to insult
denotar to denote
dentadura teeth
denuedo daring, bravery
denuesto insult
denunciar to denounce
deparar to provide; to present
departir to talk, converse
depender to depend
dependiente clerk
deplorar to deplore
deponer to put aside
deporte sport
depositar to deposit

depositaria depository, custodial
depositorio trustee, receiver
depósito storehouse, depository, depot; deposit, trust
depresión depression, hollow,
depurado purified, pure
de que arch. after
derecho n. right; law; fee; adj. straight; *al* —— properly; *a la derecha* to the right; *de derechas* rightist, conservative
derramar to pour; to shed; to strew, spread; ——*se* to fall (of water); to spill; to be diffused
derredor: en —— around
derrengado crippled
derretir (i) to melt
derribado low (of shoulders)
derribar to knock down, strike down, throw down; to take down; to conquer
derrochar to squander
derroche flood
derrota defeat, rout
derruir to demolish, tumble down
derrumbadero cliff
derrumbarse to fall
desaborido insipid; witless
desabrido disagreeable, rude
desabrimiento rudeness; harshness
desacato disrespect, incivility
desacierto error, blunder; lack of success
desacorde discord
desacreditar to discredit
desafiar to challenge; to rival, compete with
desafío challenge; duel
desaforado excessive, immense; given to excesses; very loud
desagradar to displease
desagradecido ungrateful
desagrado displeasure
desaguisado n. improper *or* unjust deed; adj. improper, senseless
desahogado adj. comfortable, easy; n. brazen-faced fellow
desahogar to unburden
desahogo relief, ease, comfort; outpouring
desahucio dispossession
desairado unpleasant, unbecoming, graceless
desairar to rebuff, scorn
desaire slight, rebuff

desalado hasty, impatient
desalentado breathless
desaliento discouragement
desalmado heartless
desalojar to dislodge
desalumbrado dazzled, flattered
desamar to hate
desamor lack of love
desamparado unprotected, helpless, abandoned
desamparar to abandon
desamparo helplessness
desandar to retrace
desangrar to bleed (to death)
desanillar to uncoil
desaparecer to disappear
desaparición disappearance
desapiadado pitiless
desarmar to disarm
desarrapado ragged
desarrollar to develop
desarrollo development
desaseado unkempt, rumpled
desasir to loosen, free, detach
desasosegado restless
desasosegar (ie) to upset; ——se to become nervous
desasosiego restlessness, perturbation
desastrado disastrous, ill-fated, unfortunate, fatal
desastre disaster, misfortune
desastroso disastrous, unfortunate
desatar to untie, undo, loosen; ——se to become frayed (of the nerves)
desatender (ie) to neglect
desatentado discourteous; injudicious
desatento heedless; rude, discourteous
desatinado senseless, stupid, unintelligent
desatinar to talk foolishly
desatino stupidity, foolishness
desavenencia disagreement
desavío aberration; upset
desazón uneasiness; upset (health)
desbancar to break the bank
desbarajuste disorder, confusion
desbaratado dishevelled, disorderly
desbaratar to destroy, break up
desbocado runaway (horse); broken-mouthed (jug)
descabalgar to dismount

descabellado crack-brained
descabezar: —— *un sueño* to nap
descalabrado wounded in the head
descalabradura wound in the head
descalabrar to break one's head, wound in the head
descalzar to take off (shoes or stockings)
descalzo barefoot
descansado restful, calm
descansar to rest; to ease
descanso rest, ease; (*military command*) at ease!
descarado barefaced, impudent
descargar to unload, unburden
descargo exoneration; excuse
descarnado bare; bony
descaro impudence, effrontery
descarriado straying, wandering
descender (ie) to descend; to get down
desceñir to take off
desclavado unnailed; disjointed
descoger to unfurl
descolgar (ue) to hang down; to take down
descolorido discolored
descollar (ue) to stand out
descomedido discourteous
descomponer to distort; to disarrange, unsettle; ——se to lose one's temper
descompuesto unprepared; slovenly, deranged; upset; discourteous
descomunal extraordinary
desconcertado disarranged; garbled
desconcertar (ie) to disconcert
desconcierto disturbance, confusion
desconfiado doubtful, suspicious; lacking in self-confidence
desconfianza distrust; diffidence
desconfiar to mistrust, doubt
desconocido unknown
desconsiderado inconsiderate
desconsolado miserable, disconsolate
desconsolador disheartening, grief-inspiring
desconsuelo desolation, misery
descontar (ue) to discount; to keep out
descontentamiento discontent

descontentar to displease
descontento n. dissatisfaction; adj. displeased
descorazonado dejected; cowardly
descorazonar to discourage
descorrer to run back, draw aside
descortés discourteous
descortesía discourtesy; arrogance
descoser to rip out
descuajar to dissolve
descubierta n. reconnoitering
descubierto unprotected
descubrir to discover, uncover, find; to reveal; ——se to take off one's hat; to uncover oneself
descuento discount; discounting
descuidado careless; unaware, off-guard
descuidarse to neglect; to be at ease; *si me descuido* if I don't watch out
descuido carelessness
desdecir to deny; to be out of harmony with
desde luego immediately; of course
desdén disdain
desdeñar to disdain
desdeñoso disdainful
desdicha unhappiness, misfortune
desdichado unhappy, unfortunate, wretched, unlucky
desdoblar to unfold, open
desechar to reject, cast aside
desecho rubbish
desembarazado empty; unencumbered, free
desembarazar to clear; ——se to free oneself from
desembarazo freedom; indifference, flippancy
desembarcadero landing place
desembaular to bring out, take out
desembocadura mouth (of river)
desembocar to debouch; to open; to enter; to end
desembozarse to unmuffle oneself
desemejado strange looking
desempedrado unpaved
desempeñar to perform, carry

out; to redeem (from pawn-shop)

desencadenar to unchain, un-leash; ——*se* to be unleashed

desencajado popping (of eyes)

desencuadernado unbound

desenfadado easy going

desenfado ease, natural manner

desengañar to disillusion, unde-ceive; ——*se* to become dis-illusioned

desengaño disillusionment, un-deceiving; (bitter) truth

desenhebrado disjointed, disor-ganized

desenlace outcome

desenlazar to come to an end, have its outcome

desenojarse to calm oneself

desentender (ie) to ignore

desentonar to clash with, be out of harmony with

desentrañar to dig out

desenvainar to unsheathe

desenvoltísimo *super.* of desen-vuelto

desenvoltura ease, facility, non-chalance

desenvolver (ue) to unwrap, un-do; ——*se* to develop

desenvuelto forward, free and easy; clever

deseoso desirous

desequilibrar to unbalance

desequilibrio lack of balance

desertor deserter

desesperación desperation, hopelessness

desesperado hopeless, desperate

desesperar to despair, be hope-less, desperate

desestimar to scorn, hold in low esteem

desfallecer to decline, diminish; to grow weak

desfallecimiento weakness, faint-ness

desfavorecer to disdain

desfigurar to disfigure

desfiladero narrow mountain pass

desgano lack of appetite

desgarrador rending, tearing

desgarrar to shred, tear

desgarrón rip, tear

desgastar to wear

desgracia misfortune

desgraciado unfortunate, mis-erable, luckless, unlucky

desgranar to fall to pieces

desgreñado disheveled

deshacer to undo; to muss up; to destroy; ——*se* to be un-done; to collapse; ——*se en* to work hard at something, do a thing vehemently; to be overcome with

deshecho undone, consumed, destroyed

desherrar (ie) to unshoe (a horse)

deshilachar to shred

deshojado leafless; undone

deshojar to strip the leaves off of; to wither; ——*se* to lose leaves; to fade or die

deshonesto indecent

deshonor dishonor

deshonrar to dishonor

deshora: a —— untimely; unex-pectedly

desierto *n.* desert, wild region; *adj.* arid, desert

designar to designate; to show; to outline

designio design; qualification; purpose

desigual uneven, unequal; dif-ferent

desigualdad inferiority

desinteresado disinterested, im-partial

desistir to desist, refrain

deslenguado foul-mouthed

desligar to untie

deslizar to slip, slide; ——*se* to slip

deslucir to tarnish

deslumbrar to dazzle

deslustrar to tarnish

desmandarse to get out of hand; to go so far as

desmañado clumsy, awkward

desmayar to fade, disappear; ——*se* to faint, swoon

desmayo swooning, fainting, weakness; setting (of sun)

desmedido without measure, immense

desmedrar to deteriorate

desmelenado disheveled (hair)

desmentir (ie) to give the lie to, contradict; to deny

desmérito lack of merit, worth-lessness

desmoralizar to demoralize

desnaturalizar to denationalize; to denaturalize

desnivel unevenness

desnudar to bare; to unsheathe (a sword); ——*se* to undress

desnudez nakedness; simplicity

desnudo nude; bare, naked; un-provided for, empty-handed; —— *de* devoid of

desocupado unoccupied, idle, empty

desolado desolate

desollar (ue) to skin

desorden disorder

desordenado disorderly, hap-hazard

desorientar to confuse

despabilar to brighten by snuf-fing or trimming; to snuff out; to sharpen (one's eyes)

despacio slowly

despachar to dispatch, accom-plish, finish; to attend to; to make haste

despacho office

despavorido startled, terrified

despechado spiteful

despechar to spite, pique, anger

despecho spite; despair; *a* —— *de* in spite of

despedazar to break to bits, pulverize

despedida leave-taking, parting; dismissal

despedir (i) to discharge; to give off; to send (away); ——*se* to take leave

despegar to part, open; to tear away; ——*sele a uno* to dis-like

despeinado uncombed, disheve-led

despejado wide awake; bright; clear

despejar to clear; to unburden

despejo spriteliness, ease, smart-ness; wakefulness

despensa pantry

despeñadero cliff, precipice

despeñar to throw (from a pre-cipice); ——*se* to fall; to throw oneself

desperdiciar to waste; not to avail oneself of

desperdicio garbage, waste

despernado legless

despernarse (ie) to walk one's legs off

despertador arouser; stimulus

despertar (ie) to awaken

despiadado heartless

despintado unpainted

despintar to disfigure, disguise

desplegar (ie) to unfold, open

desplomarse to plunge, fall

desplumar to pluck; to strip *or* despoil (of property); to clean out

despoblado n. uninhabited place; *adj.* unpopulated; bare

despojar to plunder, despoil, rob, take as booty

despojito left over bit; worthless portion

despojo plunder, spoils; *plu.* spoils; leavings; treasure

desposar to marry

despotismo despotism

despotricar to chatter

despreciable despicable

despreciar to despise

desprecio scorn

desprender to let fall; to loosen; ——*se* to detach; to fall; to follow, be a consequence of; ——*se de* to give up, give away

desprendido loosened; beginning to fall (of rain)

despreocupado unconcerned; unprejudiced

desprestigiar to lessen one's prestige, bring into disrepute

desprovisto devoid

despuntar to begin, start; to break (of the dawn); to graze

des que or desque arch. after

desquiciamiento unhinging; overthrowing, destruction

desquitar to get even, make up for

desquite revenge, satisfaction

desruralizado removed from the country

destacar to cause to stand out; ——*se* to stand out

destartalado sloppy, unkempt

deste arch. for *de este*

destello flash; spark

destemplado untuned, out of tune

desteñido faded, lusterless

desterrado exiled

desterrar (ie) to exile

destiempo: a —— untimely

destierro exile

destilar to distill; to run

destinar to destine

destino destiny, fate, lot; job

destornillado unbalanced; 'touched'

destreza dexterity, skill

destrozar to break, destroy; to tear; to ruin

destruir to destroy

desusado unusual

desvalido helpless, destitute

desván attic room; *plu.* attic, garret

desvanecer to cause to disappear, sweep away, dissolve; ——*se* to fade away; to faint

desvariado extravagant, mad, delirious

desvariar to rave, be mad

desvarío mental disturbance wandering, raving; strange idea

desvelado wakeful; sleepless

desvelarse to lie awake

desvelo vigilance; anxiety; pains

desventajoso unfavorable

desventura misfortune

desventurado unhappy; unlucky

desvergonzado shameless

desvergüenza shamelessness; shame

desviar to turn aside

desvío deviation; going astray; aversion, coldness

desvivirse to outdo oneself, make every effort

detallado detailed

detalle detail

detención delay, halt; *con ——* closely, carefully

detener to detain, hold back, restrain; to put off; ——*se* to stop; to delay

detenidamente at length, carefully

deteriorado deteriorated

determinado definite; certain

determinante determining; —— *de* bringing about, conducive to

determinar to determine; to persuade; to ascertain; to decide; to define, outline

detestar to detest

detrimento detriment

deuda debt

deudo relative

deudor n. debtor; *adj.* owing, in debt

devanar to wind up; —— *los sesos* to rack one's brains

devaneo mental aberration, illusion, dream; giddiness, dissipation; vanity

devastador devastating

devengar to draw, earn

devocionario prayer book

devolver (ue) to return

devorador devouring

devorante devouring

devorar to devour

devoto devout, religious; devoted; ——*s míos* devoted to me

día day; *el mejor ——* some one of these days; *en el ——* at the present time

diablo devil

diablura mischief, prank, deviltry

diabólico diabolic

diáfono diaphanous

dialéctica dialectics; argument

diamante diamond

diantre demon

diario daily, every day

dibujante artist, one who sketches

dibujar to sketch, outline; to depict

diccionario dictionary

dictadura dictatorship

dictamen opinion

dictaminar to state (opinions)

dictar to dictate

dicha happiness; fortune; *por —— by chance*

dicho n. saying; *adj.* aforesaid

dichoso happy; blessed; (ironically) cursed

diente tooth

diestra right hand

diestro n. halter; fencing master; *adj.* right (hand); dexterous

dieta diet

diferir (ie) to differ

dificultarse to become difficult

dificultoso difficult

difundir to spread, diffuse; to infuse

difunto dead, deceased

difuso diffused, scattered

digerir (ie) to digest

dignarse to deign
dignidad dignity; high office
digno worthy
digresión digression
dije ornament, trinket
dilación delay
dilatado extensive, long
dilatar to dilate; to put off, delay
dilatorio delaying, postponing
dilema dilemma
diligencia errand; diligence, care, activity; precaution; stagecoach
diligente diligent, indefatigable
diluir to dilute
diluvio deluge, flood
dineral fortune
dinero money; obsolete silver coin
diocesano of the diocese
diosa goddess
diosecito little god
diputado deputy, congressman
dirección administration, management
directe directly (latinism)
director, -a director, manager
directriz leading, directing
dirigir to direct; ——*se (a una persona)* to address, direct oneself to, go toward
discernir (ie) to discern clearly
disciplina discipline, penance; *plu.* whip, scourge
discípulo pupil
discordancia discord
discorde discordant
discordia discord
discreción cleverness; discretion
discreto clever; discreet; intelligent
disculpa excuse, pardon; explanation
disculpable excusable
disculpar to excuse
discurrir to run; to discourse; to reflect, think of
discurso speech, discourse; thought; course (of time)
discutible questionable
disertación dissertation, speech
disertar to discourse
disforme hideous
disfraz disguise
disfrazar to disguise
disfrutar to enjoy
disgustar to displease

disgusto displeasure; unpleasantness; quarrel
disimular to feign, pretend, dissemble, hide (one's feelings)
disimulo dissimulation
disipar to disperse, scatter, dissipate
dislate foolish idea
disminuir to diminish
disnea labored breathing
disonar (ue) to be dissonant, out of tune
disparado like a shot
disparar to shoot; to break out, begin suddenly
disparate crazy idea, stupidity, foolish notion
dispendioso expensive
dispensa dispensation
dispensar to pardon, excuse
dispersar to disperse, scatter
disperso dispersed
displicencia peevishness
displicente peevish, unpleasant
disponer to dispose; to prepare
disposición aptitude, bent; arrangement; appearance
dispuesto disposed; trained; ready
disputa dispute
disputar to dispute
distar to be distant
distensión stretching, distention
distinción distinction
distinguir to make out, distinguish; to show regard for
distinto distinct; different
distracción distraction, amusement
distraer to distract, amuse; ——*se de* to be inattentive to
distraído absent-minded
disturbar to disturb
disturbio disturbance
diversidad diversity, difference
diverso different, diverse; several
divertido amusing
divertimiento amusement
divertir (ie) to divert, turn aside; ——*se* to amuse oneself, have a good time
divinal divine
divinidad divinity, divine nature
divino divine, holy
divisar to make out, sight
divulgar to divulge, spread

do *arch.* where
dobla gold coin
doblar to double, bend, fold; to cross; to turn (a corner *or* a page); to toll (bells); ——*le la edad* to be twice as old as
doble double
doblegarse to bend
doblez fold
doblón doubloon
docena dozen
dócil gentle, docile; peaceful
docto learned
doctor learned man
doctrina doctrine; learning; *de gran* —— filled with learning
dogal hangman's noose
dolencia illness; pain, suffering
doler (ue) to ache, pain; to grieve; to take pity
doliente doleful, sorrowful; suffering
dolo deceit, fraud
dolor pain; grief
dolorido suffering; aching
domador trainer (of animals), master
domar to tame
domesticidad household
doméstico *adj.* family; domestic
domicilio domicile
dominador dominating
dominante predominant, dominant
dominar to dominate
dominguero *adj.* Sunday, related to Sunday
dominio domain; sway, rule
dompedro morning-glory
don gift
donación donation, gift
donaire witticism; wit; grace, charm
doncel youth; squire
doncella damsel, maiden; housemaid
dónde: ¿—— *bueno?* where are you off to?
donoso charming; witty
donosura charm
don-pedro see *dompedro*
doquier *arch. or poetic for dondequiera* everywhere, wherever
dorado golden; gilded
dorador gilder; dealer in art objects
dorar to gild, brighten
dormilón *adj.* sleepy

dormir (*ue*) to sleep
dormitorio bedroom; dormitory
dosel canopy; curtain
dotar to endow
dote dowry; endowment
dríada dryad
dril drill (cloth)
dromedario dromedary
ducado ducat
duda doubt
dudar to doubt; to wonder
dudoso doubtful; indistinct
duelo duel; grief; group of mourners
dueña possessor; chaperon; lady-in-waiting; *arch.* woman
dueño owner, possessor; master; employer
dulcificar to sweeten
dulzón sugared; overly sweet
dulzor sweetness
dulzura sweetness, gentleness
duplicar to duplicate
duquesa duchess
duradero enduring
durar to last, endure; to remain
durazno variety of peach
dureza harshness; hardness; obstinacy
duro *n.* dollar (five-peseta piece, now worth about seven cents); *adj.* hard
dux doge

E

ea well, all right; come on
ébano ebony
ebrio drunk, inebriated
écarté (*French*) card game for gambling
eclampsia convulsions
eclesiástico ecclesiastical
eclipsar to eclipse; to cause to disappear; to disappear
eco echo
economía thriftiness, saving, economy
económico financial; thrifty
ecuánime unruffled
ecuestre equestrian
echar to throw; to pay (compliments); to put; to set out; to stretch out; to set aside; to dismiss; —— *de ver* to show; —— *menos* (cf. *echar de menos*) to miss; —— *por delante* to send ahead; —— *por otro*

lado to turn aside; —— *un cigarro* to smoke a cigar; —— *un sermón* to lecture (*slang*); —— *un viaje* to take a trip; —— *se* to lie down; to slip on (of a garment); ——*se a* to begin; ——*selas* to put on the air of; ——*se a revolucionario* to plunge into revolutionary activity; ——*se a la calle* to rush out; *echado adelante* daring, reckless
edad age; time; —— *media* Middle Ages
edén Eden, paradise
edicto edict
edificar to build
edificio building
educación rearing; breeding
educando pupil
educar to rear
efectivamente in fact
efectivo real
efecto effect; dramatic effect; result; *en* —— in fact
efectuar to carry out
efeto *arch.* for *efecto*
eficacia effectiveness; efficiency; strength, force
eficaz efficacious; efficient
efímero ephemeral
efluvio emanation
efusión effusion; expression
egipcio Egyptian
égloga eclogue, idyll
egoísmo selfishness, egotism
egoísta selfish
egolatría self-worship
egregio extraordinary
eje axle
ejecución execution
ejecutar to carry out, execute
ejecutivo executive
ejecutoria patent of nobility
ejemplar *adj.* exemplary; *n.* copy (of a book)
ejemplo example; fable; *por* —— for example
ejercer to exercise; to practice
ejercia rigging (of ship)
ejercicio exercise; task; military drill; employment
ejercitar to exercise; to train; ——*se en* to exercise; to practice
ejército army
ejido commons; community
elección choice

eléctrico electric
elegancia elegance
elegante elegant, tasteful
elegantón *aug.* of *elegante*
elegir (*i*) to choose; to elect
Elena Helen
elevamiento absent-mindedness
elevar to raise; ——*se* to rise
eliminar to eliminate
elocuencia eloquence
elogiar to praise
elogio praise, eulogy
emanar to emanate
emancipar to emancipate
embajada mission
embajador ambassador
embalsamar to perfume
embarazado embarrassed; encumbered
embarazar to embarrass; to hinder
embarazozo bothersome
embarcación ship
embarcarse to take ship, embark
embargar to check, hinder, hold back, suspend; to attach (legally)
embargo (legal) attachment
embebecer to enrapture
embeber to imbibe; ——*se* to be enraptured
embelesado engrossed; enraptured
embelesar to enrapture
emberrincharse to fly into a rage
embestir (*i*) to attack
emblemático emblematic
embobado fascinated; astonished
embocarse to swallow in haste, wolf
emborracharse to get drunk
emboscarse to hide in the forest
embotar to blunt, dull
embozado *n.* masked person (with cape pulled over face); *adj.* muffled, disguised
embozar to wrap up, muffle up
embozo collar of cape pulled over the face; mask
embriagar to intoxicate
embriaguez intoxication
embridar to bridle
embrocación embrocation, application of a liquid medicine

embrollo tangle; deception; mis-understanding

embromar to make fun of

embuste trick, deceit

embustero n. deceiver; *adj.* de-ceitful

embutido inlay

embutir to stuff, cram; to set into, inlay

emigrar to emigrate

eminencia marvel; eminence

emisión emanation

emocionado moved, stirred

empacho shyness

empalmarse to join, unite

empañar to sully; to blur; to veil; to muffle

empapar to soak through

emparedar to wall up

empecatado incorrigible

empecer to harm

empecible harmful

empeñado en mixed up in, in-volved in

empeñar to insist; to pawn; to pledge; to swear (an oath); ——*se* to insist; to persist; *la lucha está empeñada* the struggle has begun

empeño insistence; intense de-sire; care; influence, 'pull'; effort; pawning; *papeleta de* —— pawn ticket; *casa de* —— pawnshop

emperador emperor

emperatriz empress

emperifollado dressed elegantly, 'dolled up'

empero however

empezar (ie) to begin

empinado steep

empinar to raise; —— *el codo* 'to bend the elbow,' drink

empíreo celestial, empyreal

empleado employee, job-holder

emplear to employ, use

empleo job; use

emplomado leaded

empollar to hatch

emponzoñar to poison

empotrar to embed

emprender to undertake, en-gage in

empresa business; undertaking; affair

empujar to push, impel

empujón shove

empuñar to seize, grasp

emulación emulation, imitation

émulo emulator

enaguas petticoat

enajenación derangement

enajenarse de sí to make one beside himself

enamorada lover, mistress

enamorado n. lover; *adj.* en-amored, lovesick

enamoramiento love-making

enamorar to inspire love in; to make love

enano dwarf

enarbolar to raise

enarcar to bend, arch

enardecerse to become heated, become angry

encajar to fit (into *or* on); to bring together, close; to pass off

encaje neck-piece (of helmet); lace

encalabrinar to make dizzy

encalar to whitewash

encaminar to direct; to destine; ——*se a* to approach, go for-ward

encandilar to light up

encanijar to make sick

encantado charmed

encantador n. magician, en-chanter; *adj.* enchanting

encantamento arch. for *encan-tamiento*

encantamiento enchantment

encantar to enchant

encanto charm, enchantment

encaprichado given to whims, headstrong

encaramado mounted (on)

encaramar to exalt; ——*se* to climb

encararse con to face

encarcelar to jail

encarecer to enhance; to extol; to overrate; to exaggerate

encarecimiento exaggeration

encargado, -a agent, manager

encargado de in charge of

encargar to entrust, charge; to request, order; ——*se de* to take charge of

encargo duty, commission

encariñado infatuated

encariñar to inspire affection

encarnado red

encarnar to incarnate, symbol-ize

encarnizado bloodthirsty

encarrilar to set on the path, set straight

encasillar to pigeonhole

encefálico encephalic, of the brain

encelarse to become jealous

encenagar to stir up, muddy

encender (ie) to kindle; to burn; ——*se* to become angry

encendido flushed

encerado blackboard

encerrar (ie) to enclose, shut in, imprison

encierro enclosure; detention

encima on top; *por* —— *de* above, on a higher plane than; *venirle* —— to befall (some-one)

encina evergreen oak

encinar oak grove

enclavado nailed

encoger to shrink; —— *los hom-bros,* ——*se de hombros* to shrug one's shoulders

encogido shy, timid

encogimiento shyness

encomendar (ie) to commend; to entrust; to send regards

encomiador praiser, extoller

encomienda commission; deco-ration carrying with it the ad-ministration of and income from ecclesiastical estates

encomio praise, encomium

encontrado opposed, conflicting

encontrar (ue) to find, meet; —— *con (algo)* to come upon (something), find (something)

encorvado bent (down)

encrespar to curl; ——*se* to ruffle

encrucijada crossroads

encuadernación binding

encuadernar to bind (books)

encubierto disguised

encubrir to cover, hide, shield

encuentro meeting, encounter; *salirle al* —— *a uno* to come out to meet one

encumbrado lofty

encumbrar to raise; ——*se* to rise, soar

ende or *de ende* arch. of it, from it; from there; from that time; *por* —— on account of it, therefore

endecha dirge

enderezar to straighten; to go

straightway; to direct; to prick up (the ears)

endiablado devilish, diabolical

endilgar to surprise; to send

endiosado deified; haughty

endulzar to sweeten

endurecer to harden

enemigo n. enemy; *adj.* inimical

enemistad enmity

enérgico energetic

energúmeno madman

enfadar to anger; to repel; to tire; ——*se* to become angry

enfado anger; irritation, bore

enfadoso irking

enfermar to make sick; to become sick

enfermedad sickness

enfermero, -a nurse

enfermizo sickly

enflaquecer to weaken

enfrascar to bottle; ——*se* to be wrapped up, absorbed

enfrenar to check, hold back

enfrente opposite, across the street

enfriar to cool; to become cold; ——*se* to become cold

enfurruñado angry, peeved

enfurruñarse to get angry

engalanar to adorn

enganche (action of) hooking, tripping

engañador deceiving

engañar to deceive

engaño deceit, trick; deception

engañoso deceitful, treacherous

engarzar to set (jewels)

engendrar to engender, give life to

engolfar to engulf

engordar to grow fat

engreimiento self-satisfaction, conceit

engreír to encourage one's conceit; to elate

enhiesto upright

enhorabuena congratulations

enigmático enigmatic, unfathomable

enjaezar to harness; to saddle

enjalma pad

enjambre swarm

enjaretarse to insinuate oneself into

enjuagar to rinse

enjugar to dry

enjuto dry; lean

enlace union; marriage

enlazar to bind, intertwine; —— *de* to set round with

enloquecer to become mad; to madden

enlosado paved

enlutar; to dress in mourning; to darken

enmendar (ie) to mend, amend

enmudecer to become silent, keep silent

enojar to anger; ——*se* to become angry

enojo anger; annoyance; distress

enojoso burdensome, troublesome

enramada arbor; grove

enrarecido rarefied

enredadero climbing

enredado involved

enredar to tangle; to fool around; ——*se* to entangle oneself, become involved in

enredo tangle; falsehood, deceit

enredoso involved, intricate

enrevesado tangled; mixed up

enriquecimiento enrichment

enronquecer to become hoarse

enroscar to coil

ensalada salad

ensalzar to exalt, raise up

ensanchar to enlarge; ——*se* to broaden, widen; —— *el corazón* to cheer up

ensanche widening; freedom

ensangostarse to become narrow

ensañarse to vent one's fury

ensartar to string together

ensayar to try; to rehearse; ——*se arch.* to try out one's powers, do one's first deeds, strike one's first blows

enseñanza teaching; *primera* —— elementary school; *segunda* —— secondary school

ensilar to ensilage, store away

ensillar to saddle

ensueño dream, illusion

entablar to start; to initiate

entapujarse arch. to cover oneself

ente being

entena yard-arm

entendederas understanding, brain

entendedor one who understands, wise man

entender (ie) to understand; to know (of); to believe; *arch.* to hear; —— *en* to give attention to, attend to; ——*se (con)* to get along (with)

entendido well informed; intelligent

entendimiento intellect, mind, intelligence

enterar to inform; ——*se de* to find out about; to understand

enterito every bit

enternecer to move, soften; ——*se* to be moved

enternecido moved, stirred

entero entire; firm, unshaken; *(math.)* whole number

enterrador grave-digger

enterrar (ie) to bury

entibiar to cool off

entoldar to adorn

entonación tone; intonation

entonadamente in harmony

entonar to intone, chant, sing

entornar to half close

entrada entrance; foray

entrambos both

entraña entrail, vital organ; *plu.* heart; vitals; depths; bowels; *sin* ——*s* heartless

entrañable heartfelt; dear

entrar to enter; to bring in; —— *le a uno* to come over one

entreabierto half-opened

entrecano grayish

entrecejo brow

entrecuesto backbone

entrechocar to bump together; to rattle

entrega delivery; payment

entregar to hand over, **give,** give over; to pay; ——*se* to devote oneself

entrellano level space

entremés farce

entremetido gossip

entresemana: días de —— week days

entretanto adv. meanwhile; *n.* interval

entre tanto que while

entretejer to intertwine; to string

entretela: de mis ——*s* of the cockles of my heart

entretener to converse with,

keep one interested; to while away; to foster; ——*se* to amuse oneself; to take time

entretenido amusing, interesting; amused

entretenimiento amusement, entertainment

entrever to glimpse, see vaguely

entrevista interview

entricado *arch.* intricate

entriega *arch.* for *entrega*

entristecer to sadden

entrometer to meddle

entrometido meddlesome

entronizar to enthrone

entumecido numb

enturbiar to disturb, stir up

entusiasmar to enthuse

entusiasmo enthusiasm

entusiasta enthusiastic

envainar to sheathe (a sword)

envejecer to grow old

envenenado poisoned

envergonzante modest, poor but proud

enverjado grating

enviado envoy, messenger

envidia envy

envidiable worthy of envy

envidiar to envy

envidioso envious

envilecer to vilify

enviudar to become a widow

envoltorio wrapping, package

envoltura wrapping, coating

envolver (*ue*) to wrap; to swaddle; to cover

epiceno: género —— common gender

epicúreo epicure

epidemia epidemic

epifanía epiphany, appearance

epigrama epigram

epilepsia epilepsy

epílogo epilogue

epitalamio epithalamium, marriage song

época epoch

equilibrio balance

equis (the letter) X

equitación equitation, riding

equivocado mistaken

equivocar to mix up; ——*se* to be mistaken

era field, plot (of vegetables); threshing floor

eregir (*i*) to build, erect

erguido lofty; tall and straight

erguir (*ie, i*) to erect; to hold high; to straighten up

erizado bristly

erizar to bristle; ——*se* to stand on end (hair)

erizo hedgehog; porcupine

ermita hermitage

ermitaño hermit

errante wandering; stray

errar (*ie*) to err, to make a mistake in; to stray

erróneo wrong, erroneous

erudición erudition, learning

erudito learned

erupción eruption; breaking out, rash

esbeltez slenderness

esbelto slender, svelte

esbozar to sketch; to outline

escabechar to pickle

escabel footstool

escabrosidad rough region

escabroso rough; scandalous

escabullirse to slip away

escala ladder; stairway; scale

escalar to scale

escaldar to scald

escalera stairs, stairway

escalofrío chill, cold sweat; shiver

escalón step

escaloncito *dim.* of *escalón*

escalpelo scalpel, dissecting knife

escama scale

escanciadora pourer, woman who pours

escandalizar to scandalize

escándalo scandal; uproar

escandaloso scandalous

escaño bench

escapada escape

escapar to escape

escaparate display window

escape: a —— very fast; in a hurry

escapatoria escape; surreptitious trip

escapulario scapulary

escarbar to scratch, dig, pick (the teeth)

escarceo *plu.* prancing, capers

escarcha frost

escarlata scarlet

escarmiento warning; lesson

escarnecer to scorn

escarnio scorn, jeering, derision

escarpado precipitous, steep; craggy

escasear to be scarce

escasez scarcity; privation

escaso scanty

escatimar to hold back; to be stingy with

escena scene; stage

escenario stage; setting

escenografía staging; acting

escéptico skeptic

esclavina pilgrim's cloak (ornamented with shells which betoken a visit to the shrine of Santiago de Compostela, near the sea)

esclavitud slavery

esclavizar to enslave

esclavo, -a slave; humble servant

escoba broom

escobajo stalk

escoger to choose

escogido choice; *lo* —— choiceness

escolar *n.* student; *adj.* scholastic, of a school

escombrera dump

escombro ruin; *plu.* rubbish

esconder to hide

escondrijo hiding place; hoarding

escopeta shotgun, gun

escoria impurity, dross

escorpión scorpion

escribano notary

escribiente notary; scribe

escrito *n. plu.* writings

escritor writer, author

escritorio desk

escritura writing; *divina* ——, *sacra* —— Holy Scriptures

escrúpulo scruple

escrupuloso scrupulous; squeamish

escrutinio scrutiny

escuadra squadron; squad

escuadrón squadron

escuálido skinny, undernourished

escudar to shield

escuderil of a squire

escudero squire

escudilla trencher, wooden bowl

escudillar to dish out

escudo escutcheon, shield, coat of arms

escudriñar to scrutinize

esculpir to sculpture; to engrave

escupir to spit (forth)

escurecer arch. to make obscure; to surpass

escureza arch. darkness

escuridad arch. for *oscuridad*

escuro arch. for *oscuro*

escurridizo slippery

escurrirse to slip away; to slip

esencia essence

esfera sphere

esfinge sphinx

esforzarse (ue) to strive, make an effort

esfuerzo strength; effort; fortitude

esgrima fencing

esgrimidor fencer

eslabonado linked together

esmaltar to enamel; to adorn (with bright colors)

esmerado painstaking; delicate

esmeralda emerald

esmerarse to take care

esmero pains, special attention

espabilar to wake up, make wide awake

espacio space; region, place; room; occasion; time; *con* —— at leisure

espacioso spacious; slow

espada sword; *plu.* spades (in cards)

espadachín swordsman

espadaña reed

espadín rapier

espalda shoulder; back

espaldar backplate

espantable frightful

espantajo scarecrow

espantar to frighten; to surprise, astound

espantoso fearful, frightful

españolismo the quality of being typically Spanish; love for typically Spanish things

esparcido gay, jovial

esparcir to scatter, spread, spread abroad, divulge

esparto esparto grass (used in rugs and seats of chairs)

espasmódico spasmodic

espatarrado spread-eagled

espatarrarse to stretch out one's legs

especie kind, species, sort; rumor

espectáculo spectacle

espectador spectator

espectro specter

especulación speculation; investment; business proposition

espejo mirror

espejuelos glasses

espera: sala de —— waiting room

esperar to hope; to wait for

esperpento absurdity; odd person

espeso thick; heavy

espesura thicket; thick woods; thickness; density; darkness

espía spy

espiga head of grain

espigado tall (for one's age)

espina thorn; quill; suspicion; *dar mala* —— to cause doubt, suspicion

espionaje spying

espíritu spirit; ghost

espiritual spiritual

esplendente splendid

esplendidez munificence; magnificence

espléndido splendid, magnificent

esplendor splendor; glow

espolear to spur

espolique groom

espontáneo spontaneous

esposa wife; *plu.* handcuffs

esposo husband

espuela spur

espuma foam

espumajo foam

espumoso foamy

esquela note

esqueleto skeleton

esquema plan, outline

esquila bell

esquina corner

esquividad isolation

esquivo elusive; isolated; harsh, cruel

estable adj. stable

establecer to establish

establecimiento establishment, business

establo stable

estaca stake

estación season; station

estada stay, being

estado state; rank (in society), station; a measure of length

(about 2 yds.); —— *mayor* general staff

estafar to swindle

estallar to burst, burst out, explode

estampa print, picture; figure; printing; appearance

estampar to print, imprint

estampía: de —— in a rush; stormily

estancarse to cease flowing, stagnate

estancia stay, sojourn; room; dwelling place

estandarte standard, banner

estante shelf; bookcase

estaño tin

estar: —— *por* to have a notion to; to be in favor of; —— *de buenas* to be in a good mood; —— *en* to agree to

estatua statue

estatura stature, figure

estera grass rug, mat

estéril sterile, unproductive

esterilizar to make sterile

estética esthetics

estético esthetic

estigma mark, stigma

estilarse to be the style; to be common

estilística style; stylistics

estilo style; kind; *a* —— *de* in the manner of; *por el* —— of that kind, like that

estimación esteem, worth, value

estimar to esteem

estímulo stimulus, inducement, incitement

estío summer, dog-days

estipendio stipend, fee

estirado stiff

estirar to stretch

estirpe race; lineage, family

estocada sword thrust

estofado stew

estómago stomach

estopa tow; ——*s de encenderse y apagarse* easily kindled and extinguished materials

estoque sword

estorbar to disturb; to impede

estorbo hindrance

estorcer (ue) arch. to turn aside

estoria arch. for *historia*

estornudar to sneeze

estornudo sneeze

estrado dais
estrafalario strange, extravagant
estrago loss, havoc, ravishing
estrechar to tighten; to bind more closely; to press; ——*se* to become narrow
estrechez narrowness; constraint; straitened circumstances, straits
estrecho n. strait; adj. narrow; close, intimate; strict
estrella star; fig. fortune, fate
estrellado starry
estrellar to break to pieces; ——*se* to burst; to break, be shattered; to bump
estremecer to tremble, shake
estremecimiento quivering, trembling
estrena beginning, first deed
estrenar to act a play for the first time; to inaugurate; to wear for the first time; ——*se* to begin
estreno first night (of play); beginning
estrépito noise
estrepitoso noisy
estribar to rest (on); to lie (in)
estribo stirrup
estridente strident
estropear to ruin; to harm, hurt
estructurar to give structure to
estruendo loud noise; de —— sonorous
estruendoso noisy
estrujar to crush; to press hard
estuche (jewel) box
estudio study; school; studio (of artist); painting
estudiosillo fairly studious
estufa hothouse
estupendo stupendous
éter ether
eternidad eternity
eterno eternal
ético ethical
étnica ethnology, racial makeup
etiqueta formal attire; de —— in formal dress
europeizante believing in a united Europe
europeo European
evacuar to take care of, perform
evangélico evangelical
evangelio scripture, gospel
evaporar to evaporate

evidencia evidence; con —— clearly
evitar to avoid
evocación evocation
evocador evocative
evocar to evoke, call, call up
evolución evolution; turn
exactitud exactitude, correctness
exacto assiduous
exageración exaggeration
exagerar to exaggerate; to increase
exaltación excitement; exaltation, uplifting
exaltar to exalt; ——*se* to become excited
exánime in a faint, weak, lifeless
excelencia excellence; excellency; por —— extremely good or well
excelso noble, excellent
exceso excess
excitar to excite; to stimulate, urge
exclamar to exclaim
excomulgado fig. cursed
excomulgar to excommunicate
excomunión excommunication
excusa excuse
excusado es it's unnecessary
excusar to excuse; to avoid, turn aside; ——*se* to spare oneself
exégesis exegesis, critical study
exentar to exempt
exequia plu. funeral services
exhalar to exhale
exhausto adj. exhausted
exigir to demand
eximir to exempt; ——*se de* to free oneself from
existencia reality; existence
éxito success
exótico exotic
expedicionario member of an expedition
experiencia experience; experiment; hacer —— de to try out, experiment with
experimentar to experience, feel
experimento experiment
expiar to expiate
expirar to die
explanadita little level space
explanar to explain

explotable exploitable
exponente proposer, originator of a plan
exponer to expose; to expound, explain
expresivo expressive; amiable
exquisito exquisite, delicate
extasiado ecstatic, in ecstasy
extático ecstatic
extender (ie) to extend; to make out (a receipt)
extenso: por —— at length, extensively, in detail
extenuado extenuated
exterminador n. exterminator; adj. exterminating
exterminio extermination
extinguir to extinguish
extraer to extract, take away
extramuros outside (a walled city)
extranjero n. foreigner; foreign countries; adj. foreign
extrañar to surprise, amaze; ——*se* to be surprised, amazed
extrañeza strangeness; surprise, wonder
extraño strange; foreign; n. stranger
extravagancia wild idea
extravagante eccentric
extraviado wandering, strayed
extravío wandering, aberration
extremado extreme, great
extremaunción extreme unction
extremo n. extreme, end; exaggeration; adj. extreme
extremoso exaggerated, vehement
extrínseco extrinsic, objective
exuberante exuberant, great
exvoto votive offering

F

fábrica building
fabricar to make, manufacture
fábula fable
fabulista writer of fables
fabuloso fabulous; fictitious
facción feature
facilidad facility; opportunity
factura bill
facultad faculty; subject (of curriculum)
facultar to empower
facha appearance, sight; frightful appearance

fachada façade

faena task

faetonte Phaethon; driver

faisán pheasant

faja sash, band

fajo bundle, sheaf

falange phalanx

falaz deceitful

falcón falcon

falda skirt; shirttail; slope (of mountain); —— *de montar* riding skirt; —— *espesa* thickly wooded slope

faldamenta tails (of coat)

faldear to skirt, traverse a slope

faldero lap; *perrillo* —— lapdog

faldilla de barros petticoat

faldriquera pocket

falsar arch. to pierce

falsario fraud

falsía falsehood

falsificador falsifying, mendacious

falso false, counterfeit

falta lack; fault; flaw; *hacerle* —— *a uno* to need; *sin* —— without fail

faltar to be missing, be absent; to be lacking; to fail; —— *a* to offend against; *no faltaba más* that's the last straw

falto de lacking in; through lack of

faltón adj. defective, deficient

faltriquera pocket, bag

fallar to pass judgment, sentence; to fail; to be lacking

fallecer to die; to falter, fail; —— *de* to falter in

fallecimiento decease, death

fallo judgment, sentence

fama fame; reputation; rumor

famélico hungry, starving, ravenous

familiar n. dependent, domestic; bosom friend; adj. familiar; unceremonious; of the family

familión aug. of *familia*

fanal (large) lantern; lighthouse

fandango popular song and dance of Andalucía

fandanguero 'dizzy'

fanega land measure (about 1.59 acres); grain measure (about 1.60 bu.)

fanfarrón braggart

fanfarronada boasting, braggadoccio

fantasear to day-dream, indulge in fantastic imaginings

fantasía fantasy, imagination; conceit

fantasma ghost, phantom, apparition

fantasmagoría illusion; melodrama

fantástico fantastic

fardel sack

farmacia pharmacy; medicine

farol lantern; light

fárrago farrago, jumble

farsante (slang) fake, stuffedshirt

fascinación fascination

fascinar to fascinate; to daze

fascista fascist

fastidiar to bore, weary; to do harm to, give trouble

fastidio boredom, ennui

fastidioso annoying; boring

fatal fatal; unlucky

fatalidad unlucky chance; calamity, fatality

fatídico fateful

fatiga fatigue, toil, pain; hardship

fatigar to fatigue; to molest; ——*se* to worry

fatigoso toilsome, debilitating

fauces jaws

fauna fauna

fauno faun

fausto happy

favorecedor favorer; flatterer

favorecer to favor

favorito favorite

faz face, surface

fe faith; *a*—— by my faith; I swear

fealdad ugliness

febril feverish

fecundidad fecundity, fertility

fecundo fertile, fecund

fecha date

fehaciente trustworthy

felice poetic for *feliz*

felicidad happiness, felicity

feligrés parishioner

feliz happy

fementido false, perfidious

fenecer to die; to end

feo ugly; bad

féretro coffin

feria fair; market

fermento ferment; yeast

feroz fierce, ferocious, savage

férreo iron; unbending

ferrocarril railroad

ferruginoso containing iron

ferviente fervent

fervoroso fervent

festejar to entertain; to celebrate; to do honor to

festejo rejoicing

festín feast

festivo gay

fetidez evil smell, stench

fétido fetid

feudal feudal

feudalismo feudalism

fiar to trust; to provide bail; ——*se de* or *en* to trust in; ——*se* to be satisfied

ficción fiction; imagining

ficticio fictitious

ficus (Latin) fig tree

fidelidad faithfulness

fiebre fever

fiel faithful

fiera wild animal, beast

fiereza fierceness

fiero fierce, wild, terrible, severe

fiesta party; festival; holiday; fun; plu. demonstrations of joy; *hacer* —— *a* to celebrate; *de* —— in a gay mood

figón low tavern

figura figure, build; face card; face; spectre

figurado imagined, imaginary

figurar to sketch, represent; to figure, take part in; to cut a figure, be of importance; —— *sele a uno* to imagine

figurón aug. of *figura*

fijar to fix, establish; to fasten; to stop; ——*se en* to notice, pay attention to

fijo fixed; *de* —— surely

fila rank, file

filete steak

filial filial

Filipinas Philippine Islands

filo edge, cutting edge

filomena nightingale

filósofo philosopher

filtrar to filter

filtro philter, love potion

fin end; object; objective; plu. conclusion; *en* —— in short, finally; *sin* —— *de* a great number of

financiero financial

finarse to die

finca farm; property; house

fincar *arch.* to remain; to rest on; to fix on

fineza delicacy; *plu.* courteous deeds *or* words

fingir to feign, pretend; to imagine; to deceive

fino fine; refined, courteous; skillful; *labio* —— thin lip; *de lo* —— of the finest quality

finura fine manners, delicacy, politeness

firma signature; *estar a la* —— to be waiting for a signature

firmamento firmament, heavens

firmar to sign

firme firm, steadfast, constant; (*military command*) hold firm!

firmeza firmness; strength; steadfastness

fisco treasury

fisga banter

fisgonear to snoop

físico physical

fisiólogo physiologist

fisonomía physiognomy

fláccido flaccid, limp

flácido see *fláccido*

flaco thin; weak

flamante resplendent; brand-new

flamear to blaze

flamenco Flemish

flámula banner, flag

Flandes Flanders

flaquear to weaken, falter

flaqueza weakness, leanness

flato gas

flauta flute

flautista flute player

flecha arrow

flema phlegm

flojedad flabbiness

flojo loose; slight

Flora Flora, goddess of flowers and gardens

florecer to flower; to flourish, thrive

florero (flower) vase

floresta forest

florete foil

florido flowery, in flower

flota fleet

flotante floating

flotar to float, drift

foco focus

fogón stove

fogoso fiery

follaje foliage

folletín newspaper serial novel

folleto pamphlet

fomentar to encourage

fonda inn

fondo bottom; depths, substance; background; backstage; *al* —— at the back

fontana spring; stream

forastero *n.* stranger; *adj.* foreign, strange

forcejear to struggle

forjar to forge

formación formation; ranks

forma form; manner

formal serious, solemn; well mannered; grown-up, mature

formalidad good manners; seriousness

formalizar to execute, legalize; to carry out

fórmula formula; *de* —— prescribed

formular to formulate, form

foro law court, forum

forro cover

fortaleza strength; fortitude, fortress

fortificar to fortify

fortuna fortune, fate; *por* —— fortunately

forzado necessary

forzar (*ue*) to force; to rape; —— *la fuerza del tiempo* to force events

forzoso necessary

forzudo powerful

fosfórico phosphorescent

fósforo match

fotógrafo photographer

fosa grave

foso ditch

frac frock coat

fracaso failure; calamity; ruin

fragilidad fragility; frailty

fragoso broken; rocky

fragua forge

fraguar to forge; to make

fraile monk, friar

francachela huge meal, debauch

franciscano Franciscan

franco frank; generous; open; free and easy; gratis

franela flannel

franja fringe

franquear to pass through *or* over; to open

franqueza frankness

fraque frock coat

frasco flask

frase phrase; sentence

fraterno fraternal

fraude deceit

fray brother (of a monastic order)

frecuencia frequency; *con* —— frequently

frecuentar to frequent

fregar (*ie*) to scour, scrub

freile knight of military order

freír (*i*) to fry

frenesí frenzy

frenético frantic

freno brake; curb, restraint; bridle

frente forehead, brow; front; *a su* —— in front of him; *en* or *de* —— *de* in front of, opposite; —— *a* in front of, before; —— *por* —— opposite

fresa strawberry

fresca angry scolding; piece of one's mind

fresco *n.* cool air, fresh air; *tomar el* —— to enjoy the coolness, cool off; *adj.* cool; fresh

frescor coolness

frescura coolness; freshness; insolence

fresno ash tree

frialdad coldness

friega rubbing, massage

frisado fuzzy

frisar to border (on)

frito fried

frívolo frivolous

frondoso leafy

frontera frontier, limit

fronterizo frontier

frontero opposite

fructificar to flower; to bear fruit

fructuoso fruitful

fruncir to wrinkle; —— *las cejas* to frown

frutal *adj.* fruit

fruto product; fruit; *sin* —— fruitlessly, without result

fuego fire; *al* —— next to the fire

fuelle bellows

fuente fountain; source; spring; platter; tureen

fuera outside; get out!; —— *de sí* beside oneself

fuero privilege, legal exemption; law

fuerte *n.* fort, fortification

fuerza force, strength; *a* —— *de* by dint of, on account of; *a* —— *de derecho* by rights, rightly; *por* —— by force, necessarily; *sacar* ——*s de flaqueza* to make a great effort; to screw up one's courage; *ser* —— to be necessary

fuga flight; escape

fugarse to run away

fugaz fugitive(ly), fleeting

fugitivo fugitive

fulano so-and-so

fúlgido bright, shining

fulgor glow

fulgurante flashing, gleaming

fulgurar to shine brightly; to flash

fulminio giving off lightning flashes, flashing

fullero cheat

fumar to smoke

fumigar to fumigate

función function; party

funcionar to work

funcionario, -a functionary, official; bureaucrat

fundación foundation

fundado well-founded; serious

fundamento foundation, basis

fundar to found; to base; ——*se en* to found one's belief on

fundir to fuse; to melt down

fúnebre funereal; *empresa de servicios* ——*s* undertaking establishment

funebridad undertaking; gloomy business

funeral funereal, tragic, deathlike

funerario undertaker

funesto very unfortunate, fatal

furia fury

furibundo furious

furor fury, madness

furtivo furtive

fusil rifle; gun

fusilar to shoot

fusilería gunfire

fustán fustian (cotton cloth)

futileza futility

futuro future

G

gabán overcoat, outer coat

gabinete sitting room

gacela gazelle

gaceta gazette, the official newspaper

gacho bent down; *sombrero* —— hat with brim turned down

gaita bagpipe

gala adornment, finery; glory; accomplishment

galán *n.* lover, dandy, beau; *adj.* gallant; elegant

galano elegant; clever

galante gallant; flirtatious

galanteo courting

galantería gallant speech, compliment

galanura elegance

galardón gift; reward

galera galley

galería corridor, passageway

galgo greyhound

galopar to gallop

galopín *dim* of *galopo*

galopo rascal

gallardete pennant, flag

gallardía elegance, handsomeness

gallardo gallant, dashing; graceful; charming

gallego Galician, from Galicia

gallina hen, chicken

gallineja *sing. or plu.* fried chicken intestines

gallo cock, rooster

gallofero tramp, vagabond, loafer

gamo deer

gana desire; appetite; *lo que me ha dado la* —— just as I pleased; *tener* ——*s* to desire

ganadería cattle raising

ganadero cattleman

ganado cattle; flock; goats; animal; *(slang)* rabble

ganancia gain, earnings; conquest

ganapán day laborer

ganar to gain, win; to reach

gancho hook; *punto de* —— crochet, crochet work

ganga bargain; *(slang)* cinch; marvel

ganso goose; stupid person

gañán farmhand

garabatear to scribble

garabato scrawl

garambaina ridiculous affectation

garantía guarantee

garbanzo chick-pea

garboso sprightly

garganta throat, gullet; narrow mountain valley

gárgara gargling

garguero throat

garito low dive

garra claw

garrafa carafe

garrote death penalty (by strangulation); club; walking stick

garza heron

gasa gauze

Gascuña Gascony

gaseosa soft drink, pop

gastado worn; see also *gastar*

gastar to spend; to waste; to indulge in

gasto expenditure; waste

gatera (large) hole

gato cat; *(slang)* stake, hoard

gaveta till, money drawer

gaviota sea gull

gazapón gambling den, dive

gaznate windpipe

gazpacho cold soup

gelatina gelatine, aspic

gemelo twin

gemido moan; moaning, suffering

gemir (i) to moan

genealogista genealogist

generación generation

género class, kind, type; goods

generoso generous; noble; brave

genial genial; full of genius; of one's native disposition

geniecillo *dim.* of *genio*

genio genius; disposition, temper; bad temper; *corto de* —— diffident, shy

gente people; *plu.* servants

gentezuela low people

gentil graceful; handsome; splendid, fine

gentileza nobility; courtesy

gentilhombre gentleman

gentuza low people

genuflexión kneeling, genuflexion

geranio-hiedra climbing geranium

germánico Germanic, German

germano German; Germanic tribesman

germen germ

germinar to germinate; to hatch

gesticulación gesticulation, expression

gesto expression (of face); face; attitude

gigante giant

giganteo of giants

gigantesco gigantic

gira excursion; outing; —— *campestre* picnic

girar to revolve, gyrate

girifalte hawk

giro gyration; turn

gitano gypsy

glacial icy

gladiador gladiator

gleba land, glebe

globo balloon

gloria glory; delight; *dar* —— to be a pleasure

gloriar to glorify

glorificar to glorify

glotón glutton

gobernador governor

gobernante governing

gobernar (ie) to govern; to control, manage

gobierno government; governing, managing, administration

goce joy, pleasure

godo Goth

golfo gulf

golondrina swallow

golosina sweetmeat, dainty

goloso gluttonous; fond of sweets

golpe blow; stroke; *en un* —— at one stroke; *de* —— suddenly; —— *de tos* fit of coughing; —— *de vista* insight, ability to size up a situation

golpear to beat (on), pound

golpeteo beating

goma rubber

gordo fat, big

gordura fatness

gorguera collar

gorjear to warble

gorra cap

gorrión sparrow

gorro cap

gota drop

gotear to fall (in drops). dribble

gótico Gothic

gozar to enjoy; —— *de* to enjoy

gozo joy

gozoso joyful, glad

grabado engraving, etching

grabar to engrave; to mark

gracejo grace; humor, witty talk, charm

gracia grace; attractive quality; witty saying; wit; stunt; *tiene* —— that's funny; *hacer* —— to please

grácil graceful, delicate

gracioso witty, funny, amusing; graceful; pretty; pleasant

grada step

gradación gradation

grado degree; will; pleasure; rank; *de buen* —— willingly

grama grass

grana *n.* scarlet

granada pomegranate

granadero grenadier

granado pomegranate tree

grand *arch.* for *grande*

grande *n.* grandee, nobleman of highest rank; *en* —— on a large scale

grandeza greatness, magnificence; nobility

grandiosidad grandeur

grandor bigness, size

granero granary

granizo hail

granjear to gain

granjería gain

grano seed; grain; grain (of weight)

grant *arch.* for *grande*

granuja rascal

grasa grease

gratificar to recompense; to satisfy

grato pleasing

gratuito gratuitous, free; undeserved

grave heavy; grave

gravedad gravity

graveza *arch.* heaviness

gravitación gravitation

graznar to caw

graznido croak

Grecia Greece

gregoriano Gregorian

gremio guild, union

greña lock (of hair)

gresca revolt, riot

grey flock

griego Greek

grieta crack, fissure

grillo *plu.* irons (for prisoners), shackles

grima horror, revulsion

gris gray

gritar to shout, call; to protest

grito scream, shout; *poner el* —— *en el cielo* to shout to high heaven

grosería bad manners, crudeness

grosero crude, rough, coarse, vile

grotesco grotesque

grueso heavy, stocky

gruñido grunt

gruñir to grumble

gruta cave, grotto

guadaña scythe

guantada blow (with glove), slap

guante glove

guapetón *aug.* of *guapo*

guapín *dim.* of *guapo*

guapo handsome; pretty

guarda guard; *guarda-agujas* switchman

guardado sheltered

guardar to keep; to save; to guard

guardarnés armor closet

guardesa guard's wife; switchman's wife

guardia guard; policeman; *cuerpo de* —— troop of guards; —— *civil* civil guard, national policeman, gendarme; national constabulary; —— *del orden* municipal police

guardián guardian; *padre* —— father superior

guardilla garret

guardillón garret

guarida den, lair

guarnamiento *arch.* adornment

guarnecer to adorn, embellish

guarnición trimming, ornament

guasón joker

guedeja lock

guerra war; *dar* —— to give trouble

guerrero n. warrior, soldier; *adj.* warlike

guerrilla band of irregular troops, guerrilla band

guerrillero partisan; member of a guerrilla band

guia m. guide; f. guidebook

guiar to guide

guija pebble

guijarro stone

guillar (*slang*): *me las guillo* I'll beat it

guinda cherry

guiñapo rag; ragged person

guiñar to wink; to close the eye to evil

guirnalda garland

guiropa stew

guisa way; manner

guisante pea

guisar to cook; —— *de comer* to cook

guiso dish

guitarra guitar

guitarrista guitar player

gula gluttony

gulusmear to nibble; to pry into

gusanera worm heap

gusano worm; —— *de luz* glow-worm

gustar to please; to taste; —— *de* to like

gustazo aug. of *gusto*

gusto pleasure; taste; fancy, whim; *a* —— pleased, content; with pleasure

H

haba bean

habano of Havana

haber n. credit; property; *plu.* credit; property

hábil able, clever

habilidad ability

habilitado director; agent

habilitar to enable

habitación room; apartment

habitador dweller, inhabitant

habitar to live in, inhabit

hábito habit; robe; clothing

habituarse to become accustomed

habla speech

hablador talkative; slanderous

hablilla gossip

hacanea hackney, riding horse

hacendoso industrious

hacer to make; to do; to cause (with following *inf.*); to hold (a market); —— *caso* to give attention to; —— *de* to act as; —— *por* to try; —— *que* to pretend; —— *ventaja* to be ahead of, surpass; ——*se cargo de* to realize; ——*se el tonto* to play the fool

hacerio arch. blame

hacienda estate; wealth, property, fortune; treasury

hacinamiento pile, accumulation

hacha torch; ax

hachazo blow with ax

hachero torch stand

hachón torch; —— *de viento* torch

hada fairy; Fate (mythological figure)

hadar to enchant, bewitch

hado fate

hala move along!, come on!; so there!

halagador flattering, cajoling

halagar to flatter; to please

halago flattery, insinuating way; caress

halagüeño flattering; endearing, alluring

halagüero flattering

halcón falcon

hambriento hungry; lean

hanega same as *fanego*

haraposo ragged

harina flour

harpa harp

hartar to satisfy, fill; ——*se (de)* to get one's fill (of); to stuff oneself (with)

hartazgo satiety, fill (of food)

harto adj. sufficient, more than enough; satiated, satisfied; adv. quite, very; very well

hasta up to; until; even; as many as

hastiar to bore

hastío boredom

hatajo despicable flock

hato flock

haya beech tree

haz bundle; rank, file (of army); surface

hazaña deed

he behold, see; —— *aquí* here is

hebra thread; hair

hecha: de esta —— from this moment

hechicera witch, enchantress

hechicero adj. bewitching, charming

hechicero adj. bewitching

hechizo spell, charm

hecho fact; deed; adj. ready made

hechura make; form

hedor stench

helado frozen, cold

helar (ie) to freeze

helecho fern

helenizante lover of Greek culture

hembra female

hemisferio hemisphere

hemorragia hemorrhage

henchir (i) to stuff, fill

hendir (ie) to split open; force one's way

heno hay

heredad field, land; fief

heredado having received an inheritance

heredamiento heritage

heredar to inherit

heredera heiress

heredero heir

hereditario hereditary

hereje heretic

herejía heresy; fig. blasphemy

herencia inheritance, legacy; heredity

herida wound

herir (ie) to wound; to strike

hermafrodita hermaphrodite

hermosear to beautify

héroe hero

heroico heroic

herradura horseshoe; *camino de* —— bridle path, lane

herramienta tool

herrería forge

herrero blacksmith

hervir (ie) to boil, seethe

hervor boiling; ardor, excitement

hez dreg

hidalgo nobleman (of low rank); gentleman; adj. noble

hidalgote aug. of *hidalgo*

hidalguía nobility

hiedra ivy

hiel gall, bitterness

hielo ice; cold

hierático hieratic, priest-like

hierba grass; weed; herb; —— *corrompida* weed; *mala* —— weed

hierro iron; bar; buckle

hígado liver

higiene hygiene

higuera fig tree

hilado thread; *huevo* —— a mixture of eggs and sugar made in the form of threads

hilandera spinner

hilar to spin

hilo string; thread; theme

himno hymn

hincar to fix; —— *de rodillas*, —— *la rodilla* to kneel; ——*se* to kneel down

hinchar to swell

hinojo: de ——*s* kneeling

hipérbole hyperbole, exaggeration

hiperbólico hyperbolical, exaggerated

hípico equestrian

hipo hiccup; urge; *darle el* —— *por* to have a yen for

hipocondría hypochondria

hipocresía hypocrisy

hipócrita *n.* hypocrite; *adj.* hypocritical

hipoteca mortgage; security

hisopo sprinkler for holy water

Hispania Hispania, the Iberian peninsula

hispano Hispanic

historia history; story

historiador historian

hito: de —— *en* —— fixedly

hocico *sing. or plu.* snout, nose (of animal)

hogar hearth; home

hoguera fire

hoja leaf; page; —— *de lata* sheet metal; tin

hojaldre kind of pastry

hojarasca dead leaves; rubbish

hojear to glance over (book, writing)

hola hello; here!

holgachón lenient, soft

holgado comfortable

holgar (ue) to enjoy, have a good time; to be pleased; —— *más* to prefer

holgazán lazy; idle

holgura ease; indulgence

hollar (ue) to tread, trample (on); to be bold

hombre man; one; —— *de bien* gentleman; man of worth

hombro shoulder

hombruno mannish, masculine

homeopático homeopathic

homicida murderer

homicidio murder

homilía homily, sermon

honda sling

hondo deep, profound

hondonada ravine

hondura depth

honestidad modesty; purity; honor

honesto respectable, decent

hongo mushroom; derby; *sombrero* —— derby

honra honesty

honrado honorable, honest; decent

honrar to honor

honroso honorable

hora hour; time; *a la* —— at once; *en buena* —— at a fortunate moment; very well

horca gallows

horcajada: a ——*s* astride

horda horde

horizonte horizon

hormiga ant

hornilla stove hole (in old coal range)

horno oven

horquilla hairpin

horrendo horrible

horrísono horrible sounding, deafening

horrorizar to horrify

hortaliza vegetable, vegetables, garden stuff

hortelano gardener

hosco gloomy, sullen

hospedaje lodging; billeting

hospicio refuge, asylum

hostia host, communion wafer; *hacer un pan como una* —— to make a splendid bargain

hotel hotel; private home

hoyuelo dimple

huebra *arch.* ornament

hueco hollow; little space

huella trace, track

huérfano orphan

huero sterile, empty; *salir huera una cosa* to turn out badly

huerta vegetable garden; garden

huerto orchard; garden

huesa tomb, grave

huesecillo *dim. of hueso*

hueso bone

huésped, -a guest; host *or* hostess

hueste host, army

huida flight

huir to flee; to turn away

humanar to humanize, make human; *Dios humanado* God in man's form; the communion wafer

humanidad humanity; humane treatment

humanista humanist

humano human; humane, kindly

humareda cloud of smoke

humedad dampness

humedecer to moisten, water

húmedo damp

humildad humility; *hacer* —— *a* to humble oneself to

humilde humble

humillación humbling; humiliation; loss of prestige

humillar to humiliate

humo smoke; *plu.* airs

humor humor, vein

humorada humorous idea

hundimiento sinking

hundir to sink; to plunge, fall

huracán hurricane

huraño shy, withdrawn

hurgón poker; brawl

hurón ferret

huronear to ferret out; to pry into, investigate

huronera den, hole

hurtar to steal

hurto theft

huso spindle

I

ida going, outward trip

idem the same, ditto

ides *arch. for vais*

idílico idyllic

idiotizar to stupefy

idólatra idolater

idolatría idolatry

ídolo idol

idóneo appropriate

iglesia church; —— *mayor* cathedral

ignominia ignominy, shame

ignominioso ignominious

ignorar not to know, be ignorant of

igual n. and adj. equal; adj. same, similar; fitting; even

igualar to equal, make equal

igualdad equanimity

igualmente likewise; equally

ijada flank, side

ijar flank

ileso unharmed, unscathed

ilícito illicit

iluminar to light; to brighten; to enlighten

ilusión illusion, dream; hope

ilusorio illusory, fleeting

ilustración education

ilustrado enlightened; cultured

ilustrar to cultivate; to enlighten

ilustre illustrious

imagen image

imaginar to imagine; to invent; to scheme; to think

imaginativo thoughtful

imán magnet

imbécil imbecile

imbuido steeped

imitador imitator

imitar to imitate

impacientarse to grow impatient

impasible passive, unmoved

impávido fearless

impedir (i) to impede, prevent, stop

impenetrable impenetrable

impensado unexpected

imperar to rule over; to overlook

imperdonable unpardonable

imperial imperial; soldier of the emperor

imperio empire; domination, sway

imperioso imperious

impertinencia impertinence; impertinent words

imperturbado undisturbed

ímpetu impetus; rushing, headlong motion

impetuoso impetuous

impiedad impiety, lack of piety

impío impious; pitiless, heartless

implacable implacable, relentless

implorar to beseech, implore

imponente impressive

imponer to impose

importar to matter, be important; to be at stake

importunar to importune, bother

importunidad persistence, importunity, annoyance

importuno importunate, persistent, annoying

imposibilitado prevented

impostor impostor

impotencia impotence; weakness; inability

imprecación imprecation

impregnar to impregnate

imprescindible indispensable

impresión printing

impresionar to affect

imprevisión recklessness

imprevisor improvident

imprevisto unforeseen

imprimir to impress, print

ímprobo dishonorable; difficult, laborious

impropio unbecoming, unfitting

improviso unexpected; *de ——* unexpectedly

impudente shameless; thoughtless; impudent

impúdico immodest

impugnable inexpugnable, unconquerable

impugnar to contest; to assail

impulsar to impel

impulso impulse; *a ——s de* by force of

impune unpunished

impuro impure

imputar to attribute

inacabable unending

inaccesible inaccessible

inadvertencia unawareness, unpreparedness

inadvertido unwarned, unaware

inagotable inexhaustible

inanición inanition, weakness caused by hunger

inanimado inanimate

inasequible unattainable

inaudito unheard of

inaugurar to inaugurate

incansable tireless

incapaz incapable

incendiar to burn

incendio fire; flame

incensario incense burner

incentivo incentive, impulse

incesable unceasing

incesante incessant

incienso incense

incitar to incite

inclemente merciless

inclinación inclination; love

inclinado bent; resting; inclined

inclinar to bend down, bow; to win (over); *——se* to take an inclination; *——se a* to have an inclination for, be inclined

ínclito illustrious

incluso including

incógnito unknown, nameless

incoherente incoherent

incomodar to make uncomfortable; to disturb; *——se* to become angry

incomodidad discomfort

incompatible incompatible

incomprensible incomprehensible

inconexo unconnected, incoherent

inconsciente unconscious

inconsecuencia inconsistency

inconsistente unsubstantial

inconsolable inconsolable

inconstante inconstant, fickle

inconveniencia undesirability; unsuitability

inconveniente n. objection; unpleasantness; disagreeable aspect; adj. objectionable

incorporarse to sit up; to stand up; to join

incorpórea bodyless

incorrección inaccuracy; breaking of the rules

increado uncreated

incredulidad incredulity

incrédulo incredulous

increíble unbelievable

increpar to rebuke, reproach

incruento bloodless

inculto uncultivated; uncultured

incumbencia task

incurrir to incur; to commit

indagación investigation

indagar to find out; to investigate

indecente indecent, low
indecible unspeakable
indeciso undecided
indecoroso unbecoming; bad-mannered
indefectible unfailing
indescriptible indescribable
indeterminado indeterminate, vague
indiano Spaniard who had spent some time in the American colonies and returned to Spain
indicar to point out, indicate
índice index
indicio indication, sign
indigencia poverty, indigence
indigestar to give indigestion
indignado indignant
indigno unworthy
indio Indian; American
indirecto indirectly
indiscreto indiscreet
indisculpable inexcusable
indispensable indispensable
indispuesto indisposed, ill
indistinto vague, indiscriminate
individuo individual; member
índole nature
indolente indolent
inducir to induce, persuade
indudable without doubt, certain
indulgencia indulgence
indulgente indulgent; compassionate
indulto pardon
indumentario pertaining to clothes
industria industry; trick
industriar to scheme
industrioso industrious; crafty
inédito unpublished
ineducado uncultured, unpolished
inefable ineffable, inexpressible
ineficaz ineffectual
ineluctable inescapable, irresistible
ineludible unavoidable
inepcia incompetency
ineptitud ineptitude
inercia inertia; laziness; immobility
inerme unarmed, defenseless
inesperado unexpected
inestabilidad instability
inexperto inexperienced

inexplicable unexplainable, inexplicable
inextinguible inextinguishable; ceaseless
infamante insulting, defaming
infamar to defame
infame infamous, base
infamia infamy, base thing
infancia infancy
infanta princess
infantazgo rank *or* estate of prince *or* princess
infante prince; infantryman
infantería infantry
infantil childish, infantile
infantina little princess
infatigable indefatigable
infección infection; corruption
infecto tainted; stagnant
infeliz unhappy
inferir (ie) to infer
infestar to pollute
inficionar to infect, poison
infidelidad unfaithfulness, infidelity
infidencia broken pledge, treachery
infiel faithless, unfaithful
infierno hell
infiltrar to infiltrate, seep (into)
infinito infinity
inflamable inflammable; easily stirred
inflamado flaming
inflamar to kindle, inflame
inflar to inflate; to swell
influir to influence; to inspire
influjo influence
información information; (judicial) investigation
informante appraiser
informar to inform; to give evidence
informe report; *plu.* news, information
infortunio misfortune
infractor violator
infringir to infringe
infundado unfounded, untrue
infundio trickery, deceit
infundir to instill
ingeniero engineer
ingenio cleverness; genius; intelligence; talent
ingenioso ingenious, clever; *arch.* insane, mad
ingénito innate
ingente huge

ingenuidad ingenuousness
ingenuo ingenuous
inglés English; *(slang)* money lender
ingratitud ingratitude
ingrato ungrateful
ingreso admission
inhabitable uninhabitable
inicial initial
iniciar to initiate, begin
iniciativa initiative
inicuo iniquitous
iniquidad iniquity, foul deed
injerto graft
injuria insult
injuriar to insult
injurioso insulting
injusto unjust; unworthy
inmaculado immaculate, spotless, pure
inmarchitable unwithering, evergreen
inmarchito unwithered
inmaterial incorporeal
inmediación *plu.* neighborhood
inmediato next, nearby
inmemorial immemorial
inminencia imminence
inmodestia lack of modesty
inmoralidad immorality
inmotivado unmotivated
inmóvil motionless
inmundicia filth; filthy hole
inmundo foul, filthy, unclean
inmutable immutable, unchangeable
innecesario unnecessary
innegable undeniable
inocente innocent
inopinado unexpected
inoportuno inopportune
inquebrantable irrevocable
inquietar to worry, disquiet, disturb; ——*se* to worry
inquieto worried, disturbed; restless
inquietud worry; restlessness; problem
inquilino, -a renter, tenant; householder
inquirir (ie) to inquire
insano unhealthy
inseguro uncertain; insecure
insensatez senselessness
insensato senseless, foolhardy
insensible unfeeling
insidia ambush, snare
insigne famous, renowned

insignia insignia

insinuante insinuating

insistencia persistence

insistir to insist; —— *en* to emphasize; to harp on

insolente insolent

insolvencia lack of payment; insolvency

insomnio sleeplessness, insomnia

insoportable unbearable, insupportable

inspeccionado overlooked

inspiración inspiration

inspirar to inspire

instable unstable

instalar to install

instancia insistence, urging

instantáneo instantaneous

instante instant

instar to urge

instintivo instinctive

instinto instinct

instituido instructed, informed

instrucción education

instruir to instruct

instrumento instrument

insuficiencia lack of learning; lacking

insufrible unbearable, intolerable

insula arch. for *isla*

insulano islander

ínsulo humorous for *insulano*

insulsez insipidity

insultante abusive person

insultar to insult

insulto insult

integridad integrity; entirety

íntegro entire, complete

inteligencia intelligence; understanding

intendente: —— *de ejército* quartermaster general

intensidad intensity

intentar to try, attempt; to strive; to intend

intento intention, plan, purpose

interés interest; *plu.* money matters, financial interests

interesar to interest; to be important

interior interior, inner

interlocutor interlocutor, one who takes part in a conversation

intermediario middle man

intermedio intermediate

internarse en to penetrate, enter within

interpelación demand for an explanation

interpelar to appeal to, speak to

interpolar to interpolate; to assert

interponer to interpose

interpretar to interpret

intérprete interpreter

interrogar to interrogate, question

interrumpir to interrupt

intervalo interval

intervenir to intervene, take part; to play a part

intimar to become intimate

intimidad intimacy

íntimo, -a intimate

intranquilo worried

intransitable impassable

intrépido intrepid

intricar arch. to make intricate

intriga plot, intrigue

intrincado involved, complicated; entangled

intríngulis (slang) hidden drive, mystery, 'trick'

introducir to usher in; to introduce; ——*se (en)* to enter, penetrate; to extend

intruso intrusive

intuición intuition

inumerabilidad infinite number

inundación flood

inundar to inundate, flood

inútil useless

inutilizado disabled

invalidar to invalidate

inválido crippled, lame

invencible invincible, unconquerable

invención invention; trick, stratagem; cleverness; composition

inventar to invent

inventario inventory

inventivo inventive, clever

inverecundia shamelessness

inverosímil untrue; unbelievable

invertir (ie) to invest

invicto never conquered

invierno winter

inviolable inviolable, inviolate

invocación invocation

invocar to invoke, call upon

invulnerable invulnerable

ir to go; *me va la vida en ello* my life is at stake; *no va mucho en esto* this isn't very important

ira ire, wrath

iracundo wrathful

irascible irascible

irracional irrational, animal

irradiación radiation

irradiar to radiate

irrealizable unattainable

irreflexivo unthinking

irregularidad irregularity

irreverente irreverent

irrevocable irrevocable; unavoidable

irritado angered

irritarse to become angry

irrupción bursting into; invasion

isla island

islote aug. of *isla*

itálico Italian

ítem item; also; —— *más* also, furthermore

izquierdo left; *a la izquierda* to the left; *de izquierdas* leftist, radical

J

ja ha!

jabalí wild boar

jaca pony

jácara folk song (about deeds of violence)

jacarandaina ruffians

jacarandina ruffians

jacarear to sing *jácaras;* to have a noisy good time

jacerina coat of mail

jaco pony; nag

jactancia boasting

jactarse de to boast of

jadeante panting

jaez trappings (for horse); kind

jalear to urge on dancers by clapping

jaleo high time, excitement; type of peasant dance

jalma pack-saddle

jamelgo nag

jamón ham; —— *en dulce* boiled ham

*jamuga*s side-saddle

jaque bully

jaqueca headache, migraine

jaquita dim. of *jaca*

jara arrow

jarana carousal
jardín garden
jarra jug, pitcher
jarrazo blow with jar
jarro pitcher, jug
jaspe jasper (an opaque colored variety of quartz)
jaula cage
jauría pack of hounds
jayán giant, burly fellow
jazmín jasmine
jazminero jasmine bed
jefe chief, head man, leader, boss; important person
jerarquía hierarchy, rank
Jeremías Jeremiah
jerez sherry
jerga serge, dark-colored cloth; jargon
jergón pallet, straw mattress
jeringado (slang) blasted, cursed
Jesú heavens!
jícara (chocolate) cup; *(slang)* nut, bean, head
jilguero linnet
jineta a style of horsemanship; *a la* —— in fancy style; *de* —— mounted
jinete rider, horseman
jipío blubbering, sobbing
jira see *gira*
jirón shred
jofaina wash basin
jornada act; journey, day's trip, expedition; circumstance
jornalero day laborer
Jove Jove, Jupiter
jovenzuelo *dim.* of *joven*
jovialidad gaiety
joya jewel
joyel piece of jewelry
joyero jeweler
ju whew!
jubileo jubilee, festival; indulgence
júbilo joy
jubón doublet
Judea Judea
judía green bean; bean
judío Jew; skin–flint
juego game; gambling; set; *dar* ——to mesh, gear in with
juez judge
jugador gambler; player
jugar (ue) to play; to gamble
juglar minstrel
jugo juice

juguete plaything, toy; *de* —— toylike
juicio judgment; good sense; *sano* —— right mind
juicioso sensible
jumento ass, donkey
juncia sedge
junco rush, reed, cane
junta council
juntamente together; at the same time
juntar to join; to gather; ——*se* to meet, come together
junto together; at the same time; *arch. plu.* both; all
jurado court (of law); judge
jurador blasphemous
juramento oath, pledge
jurar to swear
jurisdicción jurisdiction
justa joust
justador tilter, jouster
justicia justice; judge; police; court
justiciero giver of justice
justificar to justify
justo just, proper; precise(ly); *al mes* —— just a month after; *el Justo* the Just One, Jesus
juvenil youthful
juventud youth
juzgado court (of law)
juzgar to judge; to believe

K

kilo kilogram
kilómetro kilometer

L

laberinto labyrinth, maze
labia 'gift of gab'
labio lip
laboriosidad industry
labor work
laborioso industrious
labrado wrought; carved; built
labrador farmer, peasant
labradora farm girl; farmer's wife
labrandera seamstress, embroiderer
labranza farming
labrar to embroider; to build
labriego *n.* farmer; *adj.* of a farmer
lacayo lackey

lacayuelo *dim.* of *lacayo*
lacerado miserable
laceria hardship; miserable portion
lacerio misery
lacónico laconical
laconismo laconism, brevity of speech
lacrimoso tearful, lachrymose
ladearse to move to one side
ladera side, slope
ladino sly; astute
lado side
ladrar to bark
ladrido bark, barking
ladrón, a- thief; *cueva de* ——*es* nest of thieves
lagar wine press
lago lake
lágrima tear
lagrimear to weep
lamentar to lament; ——*se* to lament
lamento lament
lamer to lick; to lap
lámina engraving, print
lámpara lamp
lampiño beardless
lana wool
lance affair; difficult position; affair of honor; occasion; matter
lancero lancer
languidez languor
lánguido languid
lanteja *arch.* for *lenteja* lentil
lanzar to throw, cast; to give forth
lanzón short thick lance
largar to come out with; to let fly; to drive away; ——*se* to get out; 'to light out'
largo long; *a lo* —— *de* along; through; *pasar de* —— to pass without stopping
larguillo *dim.* of *largo* longish
lástima pity; *plu.* lamentations; griefs
lastimado pitiful, poor
lastimar to pain, hurt, wound
lastimero pitiful, piteous
lastimoso pitiful
latania latania palm
latero *(slang)* annoying
latido beat; throbbing
latigazo blow with a whip
látigo whip
latino Roman, Latin

latir to beat; to bark
laúd lute
laureado crowned
laurel laurel
laureola mezereon (flowering shrub)
lauro laurel
lavabo washbowl and pitcher, wash stand
lavandera laundress
lazada bow knot
lazo knot; snare; bond; ribbon, ornament
lealmente loyally; truly
lealtad loyalty
lebrel greyhound
lector reader
lectura reading
lecho couch, bed
lechoso milky
lechuga lettuce, head of lettuce
lechuza barn owl
legajo bundle; sheaf; file (of papers)
legal arch. for *leal*
legalizar to legalize
legión legion, Roman regiment
legislador legislator, lawgiver
legítima inheritance
legítimo legitimate
lego n. lay brother; layman; adj. lay, secular; fig. uneducated, uninstructed
legua league
leído well-read
lejanía distance
lejano distant, far
lejos: a lo —— in the distance
lema motto
lencero linen seller
lengua tongue; language; *con media* —— stammering
lenguaje speech, language
lentejuela sequin
lentitud slowness
lento slow
leña firewood, wood
leño log
león lion
leona lioness
lercha wooden stringer
letal lethal
letanía litany, religious chant
letra letter; words; letter of credit
letrado n. educated man; adj. educated, learned
letrero sign

levadura yeast, leaven
leve light; slight
levita Prince Albert coat
levitilla dim. of *levita*
ley law; rule; obligation; *a toda* —— under all circumstances; *de baja* —— of low standard; *de la mejor* —— of best quality, unsurpassable
leyenda legend
leyente reader
liar to bind, fasten
libar to suck
libelo slander, libel
liberal liberal; generous
libertar to free
libertinaje licentiousness
libra pound; *entran pocos en* —— are few and far between
libraco aug. of *libro*
librado: bien —— successful, lucky
librar to free; ——*se* to deliver to, turn over to
librea livery
librecultista freethinker
librepensador n. freethinker; adj. skeptical
librería bookstore
libreta loaf of bread weighing a pound
licencia leave, furlough; permission
licenciado licentiate, bachelor of laws
licencioso wanton
lícito lawful, permissible
licor liquid; liquor
lid fight, battle
lidiar to fight, struggle
liebre hare
lienzo linen cloth; canvas
liga birdlime; garter
ligadura binding
ligar to bind
ligereza swiftness; lightness; ease; thoughtlessness, lack of foresight
ligero light; swift, fast; slender; fine, delicate
lima lime
limar to file (down), make smooth
límite limit; boundary, border
limosna alms
limosnero n. almoner, almsgiver; adj. charitable
limpiar to clean, wipe off

límpido limpid
limpieza cleanliness; cleaning; clarity; emptiness
limpio clean; clear, straightforward; *poner en* —— to make a clear copy; to set aright; *sacar en* —— to see clearly
linaje lineage, family; kind
linajudo of noble descent
lince n. lynx; adj. lynx-eyed
linde boundary
lindeza beauty; *a las mil* ——*s* very beautifully
lindo pretty, beautiful, handsome; fine; *de lo* —— in fine style
lino linen
lío bundle, roll; tangle, mixup
lira lyre
lirio lily
lisiado crippled
liso smooth
lisonja flattery; caress
lisonjear to flatter; to fondle
lisonjero flattering; pleasing
listo ready; clever
listón ribbon, tape
lisura smoothness
litera litter
literato author, literary man
litografía lithograph
litúrgico liturgical, of the liturgy
liviandad licentiousness; frivolity
liviano frivolous; licentious; slight, light, faint
lívido livid, pale
loa praise; laudable reputation
loar to praise
lobo -a wolf
lóbrego gloomy
local n. locale; office
localidad place; seat (in theater)
loco mad; extravagant
locuacidad loquacity
locuaz loquacious
locura madness; mad idea
lodo mud
logaritmo logarithm
lograr to attain, get; to succeed in
logro success; attainment
loma ridge
lomo back; loin
lona canvas

longaniza sausage
longura length
lontananza distance
loor praise, acclaim
loriga armor, cuirass
loro parrot
losa flagstone; stone slab; tomb-stone
lotería lottery; *caerle a uno la* —— to win the lottery
loza china
lozanía vigor; freshness; luxuriance
lozano strong, brisk
lúbrico lewd
lucero bright star; morning star
lucidez lucidity; brilliance
lucido brilliant; superb
luciente bright
Lucifer Lucifer
lucir to shine; to show, show off
lucrarse to enrich oneself; to make a killing
lucha fight, struggle
luchador fighter
luchar to struggle, fight
luego immediately; afterwards; *desde* —— immediately; of course
luengo long
lueñe arch. distant
lugar place; village; occasion
lugareño, -a n. villager; adj. rustic
lúgubre lugubrious
lujo luxury
lujoso luxurious
lujuria lust
lujurioso lustful
lumbre fire; light; *echar* —— to burn (with fever)
lumbrera luminary
luminaria illumination
luminoso luminous, bright
lunada ham
lustre luster, brilliance
lustro period of five years
lustroso shiny, glossy, lustrous
luto mourning
luz light; intelligence; *de cortas luces* of little intelligence

LL

llaga sore; wound
llagar to wound

llama flame; light
llamado so-called
llamar to call; to knock; to ring
llamativo seductive
llanamente plainly
llano n. plain; adj. flat, level; clear, evident; plain, smooth
llanto weeping, tears
llanura plain
llave key
llavecita dim. of *llave*
llavín key
llegada arrival
llegar to arrive; —— *a (followed by infinitive)* to come to; to go as far as; ——*se* to approach
llenar to fill; to fulfill; to cover
llevadero bearable
llevador adj. capable of bearing, long suffering
llevar to take, carry; to take away; to lead; to wear (clothes); ——*a mal* to take badly; —— *dos días, tres meses,* etc. to have been two days, three months, etc.
lloricón whining
lloro weeping, tears
llorón weeping
lloroso tearful, weeping
llovizna drizzle
lluvia rain

M

maceta flower-pot
macilento withered; pale; emaciated
macizo robust, husky
mácula stain
macho n. mule; adj. male
madeja skein; lazy fellow; *coser madejillas* to tie up skeins
madera wood
madero beam
madrastra stepmother
madre mother; —— *política* mother-in-law
madreselva honeysuckle
madriguera rabbit warren
madrugada early morning
madrugador n. early riser; adj. early rising
madrugar to rise early; to arrive early
madurar to mature, ripen
madurez ripeness; maturity

maduro ripe; mature
maestra teacher; boss (slang)
maestrante member of an aristocratic riding club
maestrazgo mastership
maestre grand master (of religious order)
maestrescuela rector
maestría skill
maestro, -a master, teacher; expert
Magdalena Madeline; Mary Magdalen
magia magic
mágico magic
magín mind, imagination
magistral masterly
magnánimo magnanimous
magnético magnetic
magnificar to magnify
magnificencia magnificence; generosity
magnitud magnitude, immensity
mago, -a enchanter; *reyes magos* Magi, Wise Men
magullado mauled, bruised
Mahoma Mohammed
maitines matins (a church service)
majada fold
majadería silly speech or act
majadero stupid
majestad majesty
majestuoso majestic
majo n. a dandy and bully of the lower classes in Andalucía; adj. elegant, dressed up
majuelo new vine
mal n. evil; ailment, sickness; misfortune; trouble; —— *haya* curses on!
malacondicionado surly, disagreeable
malandante unfortunate
malaventurado unfortunate
maldad wickedness; plu. evil deeds
maldecir to curse
maldiciente n. slanderer; adj. slandering
maldición curse
maldito cursed
maleante villainous
maledicencia slander, calumny
maleta suitcase, bag
malévolo malevolent
maleza thicket

malhadado bewitched, cursed
malhechor evil-doer, criminal
malhumorado bad-humored
malicia malice, wickedness, perversity
malicioso malicious; sly; mischievous
maligno malign, evil
malmascado badly chewed
malograr to come to an untimely end
malquerencia ill-will
maltratado bruised
maltratar to abuse, mistreat; to wear out
maltrecho battered
malva mallow
malvado wicked
malla mail, armor
mamar to suckle
mamarracho grotesque figure, sight
mamotreto monstrosity
manada swarm; flock
manantial spring (of water); source
manar to well forth, spring forth
mancebo n. youth; adj. youthful
mancilla spot, blot
mancillar to stain
manco maimed; one-armed; one-handed
Mancha, La the southeast district of Castilla la Nueva
mancha stain, blot, spot
manchar to spot, stain
manchego from la Mancha
manchón aug. of mancha
mandado order
mandamiento commandment
mandar to send; to order; *como Dios manda* proper(ly), fitting(ly)
mandato command, order
mandil cloth (for wiping down horses)
mando command; power
manejar to manage; handle; to drive
manejo management
manera manner, means; *de —— arch.* in such a way; *a —— de* like
manga sleeve; *——s de camisa* shirt sleeves
mangoneo meddling

manía mania, craze, whim
manicomio insane asylum
manifestación manifestation
manifestar (ie) to state; to show, manifest
manifiesto manifest
manjar dish, portion (of food)
mano hand; front foot (of animal); *tener buena ——* to be skillful; *tener mala ——* to be unskillful
manojo bundle, sheaf; bunch
manotada blow (with hand); *dar ——s* to paw the ground
manotazo blow (with hand)
mansedumbre gentleness, meekness
mansión dwelling place, mansion
manso gentle; quiet
manta blanket
manteca butter
mantel tablecloth
mantener to maintain, support, keep, sustain
mantenimiento maintenance; sustenance
mantequilla butter
mantilla light scarf worn on head
manto robe; mantle, cloak
mantón shawl
manuscrito manuscript
manzano apple tree
maña skill; cunning; trick; evil trait
mañana morning; tomorrow; *muy de ——* very early in the morning
mañoso clever
máquina machine; structure; fabric; apparatus
maquinal mechanical
maquinar to scheme
maravedí penny, small coin
maravilla marvel, wonder; *a las mil ——s* marvelously
maravillar to marvel; *—— se* to be surprised; *——se de* to marvel at
maravilloso marvelous
marca brand; sign
marcar to mark; to be noticed
marcial martial
marco frame; mark (about ½ pound)
marcha march; movement, pro-

gress; *en ——* en route; *romper la ——* to set out
marchar to go away; to walk; to march
marchitar to wither
marchito withered
marea tide
mareante causing dizziness, heady
marear to make seasick; to make dizzy
marfil ivory
margarita daisy
margen margin; shore
maricón sissy
marido husband
marinero n. sailor, mariner; adj. seafaring
marina seascape, picture of the sea
marino of the sea
mariposa butterfly
mármol marble
marqués marquis
marquesa marchioness
marron glacé (French) candied chestnut
marroquí Moroccan
marrullero whining
Marte Mars
martillo hammer
mártir martyr
martirio martyrdom; suffering
martirizar to martyr; to torture
más: de —— unneeded, superfluous
masa mass; dough
mascarada masquerade; disguise
mástel arch. for mástil mast
mastín mastiff
mastranzo mint
mata underbrush
matadero slaughter-house
matador killer, assassin
matanza slaughtering, killing
matar to kill
materia matter; material
material material; *en lo ——* with respect to physical things; *lo ——* the flesh, the physical being
materialismo materialism; specific nature; material gain
materialista materialistic
materializarse to become materialistic
materialmente physically, in the flesh
maternal maternal; native

matinal morning

matiz shade (of color)

matizar to tint

matón ruffian, bully

matorral thicket

matraca nonsense, twaddle

matrimonio marriage; married couple

matrona matron

matutino morning

maulería trickery

máxima principle

mayonesa mayonnaise

mayor *n.* major; *adj.* greater, greatest; larger, largest; higher; important; chief; *plu.* betters; *persona* —— grown-up person

mayorazgo *n.* estate (inherited by eldest son); eldest son; *adj.* eldest

mayordomo steward

mayormente principally, especially

mazmorra dungeon

mazo hammer

mazorca ear of corn; bunch

mecachis the deuce!

mecánico mechanical

mecer to rock; to sway

mechón lock

media stocking

mediado: a ——*s de* toward the middle of

mediano medium; medium-sized; moderate; mediocre

mediante by means of, through, by virtue of

mediar to intervene

medicamento medicine

médico doctor

medida measure; *a* —— *que* as, in proportion as

medio *n.* means; middle; *adj.* half; *en* —— between; in the meantime

mediodía noon; south

mediquillo *dim.* of *médico*

medir (i) to measure; *vara de* —— yardstick

meditabundo pensive, meditative

meditar to meditate

medrar to get ahead, progress

medroso fearful; frightening

mejilla cheek

mejor: —— *que* —— better than

ever; *estar* —— *con* to be on better terms with

mejora improvement

mejorar to better, improve

mejoría improvement

melancolía melancholy

melecina enema

melena mane; long hair

melifluo sweet, honeyed

melindroso prudish

melocotón peach

melodía melody, melodiousness

melón melon

melosidad honeyed tone

meloso honeyed

mella nick; impression

mellar to nick

membrado robust, husky

memorial proposition, brief (of proposal); *echar* ——*es* to make a proposition

mención mention

mencionar to mention

mendicante *n.* beggar; *adj.* mendicant, begging; of a beggar

mendicidad begging

mendigar to beg

mendigo, -a beggar; —— *de punto* beggar having a regular station

mendrugo crust

menear to move from side to side; to shake; to stir; to wiggle; to manage, direct; to move

meneo swaying motion

menester need; occupation; *haber* or *tener* —— to need; *ser* —— to be necessary

menesteroso needy

mengano what's-his-name

mengua lack, need; flaw, shortcoming, fault; shame

menguado reduced; slight; short; stupid; exhausted

menguar to lack; to diminish; *menguado de* lacking in

meníngeo pertaining to meningitis

menor younger; smaller, smallest, slightest; less; —— *edad* youthful age

menos: por lo —— at least; *venir a* —— to fall into bad circumstances

menospreciar to despise, scorn

mensaje message

mensajería message carrying

mensajero messenger

mensual monthly

mentar (ie) to mention

mente mind

mentecato *n.* fool; *adj.* foolish, crack-brained

mentidero place where gossipers gather

mentido false

mentir (ie) to lie

mentira lie; error; *parece* —— it seems impossible

mentís: dar un —— *a* to give the lie to, accuse of lying

mentor mentor, counselor

menudear to become frequent, be frequent

menudencias pork products

menudo small, tiny; short; fine; *a* —— often, frequently; *por* —— in detail

mequetrefe jackanapes

mercader merchant

mercado market

mercancía merchandise, goods

mercantil commercial

mercar to purchase

merced grace; favor; *arch.* thanks; —— *a* thanks to; *a* —— *de* under the influence of; a prey to; *hacer* —— to spare

mercenario mercenary

merecedor meritorious, deserving

merecer to merit, deserve

merecido due, deserts

merecimiento merit; rank; *plu.* deserts

merendero summer house (for picnics)

merendona *aug.* of *merienda*

meridiano noonday; southern

meridional southern

merienda snack; picnic; lunch

merina merino sheep

merino merino, kind of wool cloth

mérito merit

merluza hake

mermar to diminish

mero mere

merodeo marauding

mesa table, desk; branch, subdivision (of a government office)

mesar to tear (the hair)

Mesías Messiah

mesmo arch. for *mismo*

mesón inn

mesonero innkeeper

mestizo half-breed

mesura restraint; courtesy

meta goal

metafísico n. metaphysician; *adj.* metaphysical

metal metal; timbre

metamorfosis metamorphosis, change

meter to put, put in, place; ——*se a* to set oneself up as; ——*se con* to meddle with, interfere with, pick a quarrel with

metimiento familiarity, intimate dealings

metrificar to compose poetry

metro meter

mezcla mixture; *de* —— mixed color, spotted

mezclar to mix, mingle

mezcolanza mixture

mezquino wretched; mean; puny

mezquita mosque

miaja bit

miasma miasma, infected air

microscópico microscopic

miel honey

miembro member; limb

mientes arch. mind; *parar* —— to fix one's attention on

mies grain; wheat

miga crumb; soft part of bread; *hacer* ——*s* to become *or* be friends

migaja crumb

milagro miracle

milagroso miraculous

milenario thousand year old; age-old

milicia troops, army; militia

militar n. soldier; officer (of armed forces); *adj.* military

milla mile

millar thousand; *a* ——*es* by thousands

mimar to indulge

mimbre willow

mimbrón aug. of *mimbre*

mimo indulgence; fondness

mina mine

minero spring (of water)

mínimo very small; smallest degree

ministro minister

minucioso minute, diminutive; thorough

minúsculo tiny, minute

minuta minutes; notes; copy

miopía near-sightedness

mira aim, object

mirada look, glance, gaze

mirado circumspect, straitlaced; *bien* —— well regarded; *mal* —— with evil intent

miramiento consideration; circumspection

mirar to look at; to pay attention to; *fig.* to consider, take into consideration, think; ——*a* to aim at

mirilla peephole

mirón onlooker

mirra myrrh

misa mass

miserable base; miserable, wretched, unfortunate

miserere Miserere (a religious chant)

miseria misery; baseness, meanness; poverty; filth; vermin; miserable amount

misericordia pity, compassion, mercy

misericordioso merciful

miseriuca wretched trait

mísero miserable; mean

misión mission

misionero missionary

misterio mystery

misticismo mysticism

místico mystic

mitad half; mid-point; *cara* —— 'better half'

mitigar to mitigate

mito myth

mixto mixed

mobiliario furniture, household goods, furnishings

mocedad youth

mocito dim. of *mozo*

moco mucus; drivel; *llorar a* ——*y baba* to cry violently

mocoso sniveling; (*slang*) small boy

moda style, mode

modal plu. manners

modelado modeling

modelo model

moderado moderate

moderar to moderate

modificar to modify

modo manner; good manners; sort; *plu.* means; *a* —— *de* a sort of, something like; *de* —— *que* so that; *de todos* ——*s* in any case

modorra stupor

modosito dim. of *modoso*

modoso modest; well-bred

modular to modulate

mofa mockery

mofarse to mock

mohín grimace; pouting expression

mohino peevish, pouting

moho mold; rust

mojama dried fish

mojar to soak, wet

molde form; *letras de* —— type, print

mole mass

moler (*ue*) to grind; to press; to beat

molestar to bother

molestia bother, trouble, annoyance

molicie softness

molienda grinding

molino mill; —— *de viento* windmill

mollar soft; simple

mollera head, pate

momentáneo momentary

momento: al —— immediately, instantly; *por* ——*s* at times

momia mummy

mona n. ape, monkey; *dormir la* —— to sleep off one's drunkenness

monacal monastic

monarca monarch

monasterio monastery

mondo clean; unembellished; trimmed

moneda coin; *monedita de veintiuno y cuartillo* a gold coin withdrawn from circulation in 1786, worth 21¼ *reales; casa de la* —— the Mint

monería cute action

monigote lay brother; poorly painted figure

monja nun

monje monk

mono n. ape; *adj.* cute

monomanía mania

monotonía monotony

monótono monotonous

monserga gibberish

monstruo monster; freak

montado a pelo on the ragged edge
montar to ride (horseback); to mount; to cock (a firearm); to set (precious stones)
montaraz wild; mountain
monte hill, mountain; forest, woods; card game; *vestido de* —— in hunting costume; *Monte de Piedad* government pawnshop and savings bank
montepío savings account (in the Monte de Piedad); savings
montera hunter's cap
montero hunter
montiña mountain side
montón pile; lot
moño bun (of hair)
mora blackberry
morada dwelling place, house
morado purple
morador dweller
moral n. black mulberry tree; f. ethics; adj. mental; moral
moralista moralist
morar to dwell
morazo aug. of *moro*
morbidez smoothness
morcilla blood pudding; —— *de sesos* head pudding
mordaza gag
mordelón biting
morder (ue) to bite
mordida bite
moreno dark; dark-skinned
morería Moorish camp; Moorish quarter (of city); Moorish people
moribundo dying
morilla dim. of *mora* Moorish woman
morisco n. a Mohammedan converted to Christianity; adj. Moorish; *a la morisca* Moorish fashion
moro n. Moor; adj. Moorish
morrión helmet (without attached parts), morion
morrocotudo dandy, swell
mortaja shroud
mortecino sickly; wan; deathly
mortificación mortification
mortificar to mortify
mosca fly; —— *de luz* firefly; —— *de nieve* snowflake
moscatel impertinent person
moscón horsefly; annoying person

mostaza mustard
mosto grape juice; juice
mostrador counter
mostrar (ue) to show
mostrenco stupid
mota speck; burl; knot of thread
mote nickname; offensive title; motto, device
motejar to call offensive names; to mock
motín uprising
motivo motive, reason, cause
mover (ue) to move; to wage (war)
movible movable
moza lass, girl
mozo lad, youth; servant; —— *de caballo* groom, stable boy; —— *de cuerda* porter
mozuela aug. of *moza*
mucho: de —— much; *ni* —— *menos, ni con* —— nor far from it; *qué* —— what wonder; *no es* —— *que* it is unlikely that
muchedumbre multitude
muda cosmetic
mudable fickle; undecided
mudanza change; move; fickleness; figure (of a dance); *estar de* —— to be in the process of moving
mudar to change; ——*se* to be fickle
mudo dumb; silent
mueble n. piece of furniture; plu. furniture; furnishings; adj. movable; *capital* —— personal property
mueca grimace
muela tooth; molar
muelle n. spring; dock, pier; adj. soft
muerto dead; fig. half dead, tired out
muestra sample; sign; face (of clock)
mugre filth
mugriento filthy
mujercita dim. of *mujer*
mujeriego womanish; *a mujeriegas* side-saddle
mujeril womanly
mujerona aug. of *mujer*
mula mule
mulato mulatto
mulero muleteer; servant in

charge of mules
muleta crutch
mulo mule
multitud crowd, multitude
mullido soft
mundanal worldly
mundano worldly
mundo world; high society; *gran* —— high society
municipio city, municipality
munificencia generosity, munificence
muñeco doll; puppet
muralla wall, city wall
murciano from Murcia
murciélago bat
murmullo murmur
murmuración gossip; slander
murmurador gossiper
murmurar to murmur; to gossip, backbite, slander
muro wall
murria melancholy
murta myrtle
mus a card game
musa muse
musculatura muscles
músculo muscle
musculoso muscular
musgo moss
música music; tune
músico n. musician; adj. musical
muslo thigh
mustio sad
musulmán Moslem
mutilar to mutilate
mutuo mutual

N

nabo turnip
nácar mother-of-pearl
nacer to be born
nacimiento birth
nadar to swim
nado swimming; *a* —— by swimming; *arrojarse a* —— to strike out swimming
naipe playing card
nalga buttock
napolitano of Naples, Neapolitan
naranja orange
naranjada orange
naranjo orange tree
nariz nose; plu. nostrils
narrador narrator

narrar to narrate, tell
nata cream
natal native
nativo native
natura nature; kind
natural *n.* nature, character; *adj.* native
naturaleza nature
naturalidad naturalness
naufragio shipwreck
náufrago shipwrecked person
navaja razor; clasp knife; —— *de afeitar* razor
nave ship
navegar to sail, navigate
navidad Christmas
navío ship
nazareno Nazarene
neblí falcon
necedad foolishness, stupidity; *plu.* foolish words
necesidad need, necessity
necesitado needy
necio *n.* fool; *adj.* foolish, stupid
negar (*ie*) to deny; ——*se a* to turn a deaf ear to; to refuse
negativa negative; denial; refusal
negociante businessman
negociar to handle
negocio business; affair; deal; matter
negro *n.* Negro; *adj.* black; wretched
nelumbo water lily
nemoroso wooded, bosky
nene baby; child
neófito neophyte, convert
nervioso nervous
neto genuine; pure
neumático airtight, pneumatic
neurosismo neurosis
nevado covered with snow
nevar (*ie*) to snow
nido nest
niebla mist, fog
nicho niche; grave
nieto grandson
nieve snow
nimiedad prolixity; excess
nimio prolix; enduring, constant
ninfa nymph
Nínive Nineveh
niñería childish thing
niñez childhood
nitidez neatness; whiteness

nítido clean; pure; bright; neat
nivel level
nobleza nobility; generosity
nocturno nocturnal
noche: de —— at night; night; in evening attire
nodriza nurse
nogal walnut tree; walnut wood
nómada nomad
nombramiento appointment, naming
nombrar to name; to appoint
nombre: mal —— depreciatory nickname
nómina appointment
nominativo nominative
non *arch.* no, not; odd (number)
normalizar to become normal
norte north; *fig.* guide; direction
nostalgia nostalgia; yearning
notable remarkable, extraordinary
notar to note
notario notary
noticia report; information; notice; knowledge; *plu.* news
noticioso aware
notorio evident; notable
novato beginner
novedad novelty; change; innovation; surprise
novel *adj.* novice
novela novel
novelesco storylike, romantic
novelero beginner
novelista novelist
novena novena (series of religious devotions lasting nine days)
novia sweetheart; bride
noviazgo engaged couple; engagement
novio suitor; bridegroom
nube cloud; *poner por* (or *en*) *las* ——*s* to praise highly, extol
nublar to cloud
nubarrón heavy, dark cloud
núcleo nucleus
nudo knot
nuera daughter-in-law
nueso *arch.* for *nuestro*
nueva *n.* news
nuevo new; *de* —— again, anew

nuez walnut; Adam's apple; trigger
nulo null; nil
numantino. *n.* inhabitant of Numancia; *adj.* of Numancia
numen god; inspiration
numérico numerical
nuncio messenger
nupcial nuptial
nupcias marriage
nutrimiento nutrition, nourishment
nutrir to nourish

O

obcecado blind; unyielding
obedecer to obey
obediencia obedience
obediente obedient
obelisco obelisk
obispado bishopric
obispo bishop
obligar to oblige; to cause; to place under obligation
obra work; deed
obrar to work; to act
obscurecer to darken
obscuridad darkness; vagueness
obscuro dark; gloomy; stupid (of people); *a obscuras* in the dark
obsequiar to treat; to entertain
obsequias *arch.* obsequies, funeral service
obsequio gift
observante strict
observatorio observatory; lookout
obsesión obsession
obstáculo obstacle
obstante: no —— nevertheless; in spite of
obstinado obstinate
obstinarse to persist; to insist
obstruir to obstruct
ocasión occasion; opportunity; situation; provocation; reason why
ocaso sunset; setting (of sun)
occidente west, occident
océano ocean
ocio idleness; leisure
ociosidad idleness
ocioso idle; useless, vain
octogenario octogenarian
ocultar to hide
ocultis: de —— on the sly

oculto hidden
ocupar to occupy
ocurrencia idea
ocurrir to happen; to occur; —— *a* to take care of; to think of
ochavo coin; *plu.* money
odalisca harem beauty
odiar to hate
odio hatred
odioso odious
ofender to offend; to attack; to insult, to do harm
ofensa offense
oficial officer (of army); official; tradesman
oficina office; (government) job
oficinista office worker; bureaucrat
oficio religious service; job; position; career; trade; political office
oficioso officious; accommodating
ofrecer to offer; *¿Qué se ofrece?* What do you wish?
ofrecimiento offer
ofrenda offer
ofuscar to darken; to confuse
oída hearing; *por* ——*s* by hearsay
oído ear
ojazo big *or* wide eye
ojeada glance
ojera circle under the eye
ojeriza ill will
ojeroso having rings under the eyes
ojival ogive, Gothic
ola wave
ole come on!; hurray!
oler (ue) to smell
olfatear to sense; to smell
olfativo olfactory
oliente smelling
olímpico Olympic
oliscar to sniff; to seek out; to ferret out
olivar olive grove
olivo olive tree
olmo elm
olor odor, perfume; fragrance; *agua de* —— toilet water; —— *de santo* odor of sanctity
olorcillo *dim.* of *olor*
oloroso fragrant
olvido forgetfulness; oblivion

olla pot; stew; *fig.* food, livelihood
omecillo hate
omitir to omit; to leave undone
omnipotencia omnipotence
omnipotente all-powerful
onda wave
ondulante undulating
ondular to undulate
ontológico ontological, based on the nature of being
onza ounce; a gold coin (worth about $8)
opaco opaque
opalino opalescent
opinante one who holds an opinion
opinión opinion; public opinion; reputation, honor
oponer to oppose
oportuno opportune
opresión pressure
oprimir to oppress; to weigh down; to constrict, choke
oprobio opprobrium; disgrace
óptica optics; *ilusión de* —— optical illusion
optimista optimistic
opuesto *n.* opponent; *adj.* opposite; opposed
opulencia opulence, wealth
opúsculo article, pamphlet
oquedad hollowness
ora..now; ora . . . ora . . . now . . . now . .
oración prayer; sentence
oráculo oracle
orador orator
orangután orangutan
orar to pray
oratoria oratory
oratorio oratory, place for prayer
orbe orb, earth
orden *m.* order; *guardia del* —— municipal police; *público* police; *f.* order, command; religious order; *recibir las órdenes* to be ordained
ordenación ordaining, ordination
ordenado well-ordered
ordenanza orderly; officers' handbook, manual of arms; *de* —— standard, of the regular issue
ordenar to order; to ordain
ordeñar to milk

ordinario ordinary; unrefined; *de* —— ordinarily
orear to refresh
oreja ear
orejera ear covering
orfandad orphan's estate
organista organist
órgano organ
orgía orgy
orgullo pride
orgulloso proud
oriente East, Orient; luster (of pearls)
origen origin
originar to originate
orilla border, edge; bank; shore
orín rust
oriundo de native to; coming from
orla border
ornar to ornament, decorate
orondo filled with vanity
osadía daring
osado bold, daring
osar to dare
oscilar to waver
oscuridad darkness; obscurity
oscuro dark; obscure; unimportant; *a oscuras* in the dark; ignorant
ostentar to show
otero (isolated) hill
otoñal autumnal
otoño autumn
otorgar to grant; —— *testamento* to make a will
otrosí *arch.* likewise
oveja sheep
overo peach-colored, sorrel

P

pabellón canopy
pábulo food; *dar* —— to encourage
pacer to pasture, graze
paciencia patience
paciente patient
pacto pact, agreement
padecer to suffer
padecimiento suffering
padrastro stepfather
padrenuestro Lord's Prayer
padrino godfather; second (of duelist)
padrón column *or* post with inscription
paga payment

pagador one who pays
pagamento payment
paganismo paganism
pagano pagan
pagar to pay; *arch.* to please; ——*se de* to be pleased with
pagaré promissory note, I.O.U.
página page
pago: en —— *de* in payment for
paisaje landscape
paisano *n.* peasant; *adj.* from the same region
paja straw; *silla de* —— cane chair
pajarillo *dim.* of *pájaro*
pájaro bird; (*slang*) fellow, guy
paje page boy
pajecico *dim.* of *paje*
pala spade
palabra word; word of honor; *tomar la* —— to take the floor
palacio palace; mansion
paladar roof of mouth; palate
paladión safeguard; offering to Pallas
palafrén palfrey
palangana wash basin
palco box (in theater)
paletilla shoulder blade
palidecer to grow pale
pálido pale
palillo toothpick
paliza beating
palma palm; hand
palmada blow (with palm of hand), slap, pat; *dar* ——*s* to clap
palmar palm grove
palmatoria small candlestick
palmetazo slap, blow (with ruler)
palmito dwarf fan palm; (*slang*) (woman's) face *or* figure
palmo span (measure); palm; small amount
palo stick, club; blow (with stick)
paloma dove
palomar dovecot
palomica pigeon
palomino pigeon
palomo pigeon
palosanto lignum-vitae (a tropical wood)
palpar to feel
palpitación palpitation

palpitante palpitating
palpitar to palpitate, beat
pámpano vine leaf; vine shoot
panadero baker
panal honeycomb; stick of honeycombed sugar for sweetening drinks
pandero tambourine
pánico panic, terror
pantalón trousers, pants
pantano swamp
panteón pantheon, burial crypt
pantera panther
pantorrilla calf (of leg)
pantuflo slipper
pañal diaper
pañizuelo handkerchief
paño woolen cloth; cloth; —— *de manos* hand towel; —— *de pared* tapestry
pañolito kerchief
pañuelo handkerchief
papa Pope; *plu.* nonsense
papel paper; role; note; promissory note; *plu.* wallpaper; —— *sellado* legal paper; *hacer un* —— to play a role
papelejo old piece of paper
papelera filing case
papeleta pawn ticket; ticket; paper; card
papelucho *aug.* of *papel* old paper
papilla pap, baby food
paquete package
par pair, couple; even (number); *a la* —— *con* equal to; *de* —— *en* ——wide (open); —— *de* next to
par *arch.* for *por*
parabrisa windshield
parada stop
paradero stopping place
paradoja paradox
paradójico paradoxical
parador inn; tenement house
paraíso paradise
paralítico paralytic
paramento adornment
parar to stop; to parry; to end; ——*se* to stop
parche sticking plaster
Pardillo a kind of wine
pardo dark gray, brown
parecer to seem; to appear; ——*se* to appear; ——*se a* to resemble; *n.* opinion; *a mi* —— in my opinion

parecido *adj.* similar; *n.* resemblance, likeness; similarity
pared wall
paredilla *dim.* of *pared*
paredón *aug.* of *pared*
pareja pair, couple
parentesco relationship
pariente, -a relative
parihuela stretcher
parir to give birth to
parlanchín chattering, talkative
parlero talkative
parlotear to chatter
paroxismo paroxysm
párpado eyelid
parra grape arbor; vine
párrafo paragraph
parroquia parish church; parish
parte part; cause; place; party (of lawsuit); *plu.* talents, qualities; *de mi* —— on my behalf; *de* —— *de* on behalf of; *de* —— *en* —— from one side to the other; *en buena* —— with good intention; *dar* —— to inform; *en mala* —— with bad intention; *en todas* ——*s, por todas* ——*s* everywhere
participación sharing, share
participante participant, sharer
participar to share; to inform (of)
partícipe participant
particular special; peculiar; private
partida departure; group; match, game; *arch.* part
partidario partisan
partido game, match; band, party; marriageable person; decision
partir to depart, set out; to split, cut in two; to keep from; to take away; to divide, share
parto birth; confinement; offspring; *profesora en* ——*s* midwife
parva stack (of wheat ready for threshing)
pasada: de —— on passing
pasadizo corridor
pasado *n.* past; *adj.* passed; last; previous
pasaje passage
pasajero passing, temporary

pasar to pass (through); to happen; to run through; to lead across; to get along; to swallow; to suffer; to bring; —— *a* to come to be, turn into; —— *de* to go beyond; to be more than; ——*lo bien* to get along well; ——*se* to bear; ——*se al enemigo* to go over to the enemy; ——*se sin* to get along without; ——*se por* to pass over; *se me pasa* I forget

pasatarde appetizer

pasatiempo pastime

pascua Easter; festival; *buena* —— what a pleasure

paseante idler

pasear to walk; ——*se* to walk, take a walk; to walk up and down; to ride; to travel

paseo walk; ride; *dar un* —— to take a walk; to take a trip; *mandarle a uno a* —— to give someone the gate; to brush him off

pasillo hall

pasión passion; emotion; suffering; illness

pasionado one who suffers

pasitamente softly

pasito softly

pasividad passiveness

pasmar to astonish, surprise; to chill; ——*se* to be overcome; to faint; to be surprised

pasmo fainting spell; astonishment

pasmoso astounding

paso step; walk; pace; passage, way, course; difficulty; feat; *a* —— at a walk; *abrir* —— to open a way; *al* —— in passing; *al* —— *de* in proportion to; *cortar el* —— to intercept, block; —— *contado* measured step; *de* —— in passing, incidentally; —— *tendido* long stride; *sala de* —— antechamber; *salir al* —— to intercept, come to meet; *salir del* —— to get out of difficulty

pasta cookie

pastar to graze

pastel pastry; pie

pasto food; fodder; *fig.* meal; *a* —— with meals

pastor shepherd

pastora shepherdess

pastoril pastoral

pata foot (of animal); shank; *volverle patas arriba* to turn upside down; to defeat

patada kick

pataleo kicking, stamping

pataleta convulsion

patata potato

patatita *dim.* of *patata*

patatús fainting fit

pataza huge foot

patear to stamp one's foot; to kick

patente *n.* patent; mark; *adj.* obvious

paterno paternal

paternostre Lord's prayer

patíbulo scaffold, gallows

patiecillo *dim.* of *patio*

patilla sideburn, side whisker

patilludo with sideburns

patitieso stiff-legged; dumbfounded

pato duck

patraña tale

patria fatherland, country

patriarca patriarch

patrimonio patrimony

patrio native, of one's home

patriota *n.* patriot; *adj.* patriotic

patrón master; patron; patron saint

patrona landlady, woman who runs a boarding house

patrono patron

patulea disorderly band

pausado slow, deliberate

pavesa ember, coal; hot ash

pavimento pavement; stone floor

pavo turkey; —— *real* peacock

pavor fear, terror

payaso clown

paz peace

peal good-for-nothing

peana pedestal

pecado sin

pecador, -a sinner

pecaminoso sinful

pecar to sin

peculio purse

pecuniario pecuniary

pecho chest, bosom, breast; heart; tax; tribute; *tomar a* —— to take to heart; *hacer* —— *a* to stand up to

pedalear to pedal

pedante pedant

pedantería pedantry; stupidity

pedazo piece, fragment, bit; —— *de ángel* lovable person

pedernal flint

pedestal pedestal

pedestre pedestrian

pedigüeño demanding, grasping, begging

pedir (*i*) to ask for; to beg

pedrada stoning

pedregoso stony

pedrería jewelry

pedrisco hailstorm

pedrusco rough stone

pegado stuck on, glued on

pegajoso sticky

pegar to stick; to beat; to press; to set (fire to); to infect, give (a disease); —— *se* to be catching (of a disease); —— *gritos* to shout

pegujar small farm

peinar to comb; to dress one's hair

peine comb

pejuguar see *pegujar*

pelado plucked; hairless

pelar to pull out (hair); to peel

peldaño step

pelea fight, battle

pelear to fight

pelele nincompoop

peleón strong wine

pelgar ragamuffin; tramp

peligrar to be in peril

peligro danger

peligroso dangerous

pelmazo indigestible; hard to take

pelo hair; *venir al* —— to be very apropos

pelota ball; *jai alai*

pelotera quarrel, fight

pelucona slang for *onza*

peluquero hairdresser; barber

pella lump; (*slang*) nest-egg

pelleja hide

pellejo skin, hide

pellizco pinch; *dar* ——*s* to pinch; to nibble

pena penalty; pain; punishment; sorrow; suffering; *valer la* —— to be worth the trouble; *so* —— *de* under penalty of; *¡Qué pena!* What a pity!

penado grieved, grieving
penar to grieve
pendencia quarrel; struggle, combat
pender to hang
pendiente n. hill, slope; earring; adj. pending; hanging; —— *de* dependent on, living on
péndola clock
pendón banner, flag, pennant
penetrar to penetrate; to see; to see through
penitencia penitence; penance
penitente penitent, repentant
penoso painful, difficult
pensamiento thought; intention
pensativo pensive, thoughtful
pensil beautiful garden
pensión pension
penumbra shadow
penumbroso shadowy
penuria penury, poverty
peña rock, crag; stone
peñasco crag
peón foot soldier; —— *de albañil* hod-carrier
peonza top
pepino cucumber
pepita seed
pepitoria stewed chicken
peplo tunic
pequeñez smallness; petty detail; pettiness
pequeñuelo dim. of *pequeño*
pera pear
percal percale
percatarse to observe
perceptible perceptible
percibir to perceive; to receive
percha clothes-hanger, hat tree
perchero hat tree, clothes rack
perder (*ie*) to lose; to ruin, bring to perdition
perdición perdition; *de* —— wicked
pérdida loss
perdidizo easily lost, subject to being lost
perdido n. debauchee, base fellow; adj. ruined, in wretched condition; *ratos* ——*s* spare moments
perdiz partridge
perdulario n. wastrel; adj. reckless
perdurable enduring, unending, everlasting

perecedero perishable
perecer to perish
peregrinación wandering, peregrination
peregrino n. pilgrim; adj. strange; singular
perejil parsley
perenne perpetual
pereza indolence, laziness
perezoso lazy
perfidia perfidy, perfidious
pérfido perfidious
perfil profile
perfilar to outline
perforar to pierce
perfumar to perfume
perfume perfume
perfumear to give forth perfume
perfumera maker or seller of perfumes
pergamino parchment
pergenio disposition; appearance
pericial expert
perico parrot
periferia edge, periphery
perilla goatee
perímetro perimeter, boundary
período period; sentence
peripecia crisis, unforeseen event
perito skilled, expert
perjudicar to harm
perjudicial harmful, prejudicious
perjuicio prejudice; harm
perjurar to swear, vow
perla pearl; *de* ——*s* wonderful, perfect
permanecer to remain
permanente permanent
perniquebrar (*ie*) to break a leg
perpetuador perpetuator
perpetuo perpetual
perplejo perplexed, perplexing
perra dog; —— *chica* five céntimo piece (1/20 of a peseta); —— *gorda* ten céntimo piece (1/10 of a peseta)
perrillo dim. of *perro*
perrita dim. of *perra*; —— *de lana* poodle
perro adj. vile, base
persecución persecution; *en* —— *de* chasing
perseguir (*i*) to pursue; to persecute

perseverancia perseverance
perseverante persevering
perseverar to persevere, continue
persignarse to cross oneself
persistencia insistence, persistence
persistir to persist
personaje person, person of importance, personage; character
personalista centered in the individual
personarse to present oneself
perspectiva perspective; view
perspicacia perspicacity
perspicaz perspicacious
perspicuo perspicacious, clearsighted
persuadir to persuade
pertenecer to belong
pertinacia persistence, stubbornness
pertinaz pertinacious, persistent, obstinate, opinionated
pertrechar to provide; to arm
perturbador n. disturber; adj. disturbing
perturbar to disturb
perverso perverse, wicked
pesadilla nightmare
pesado insistent; stupid; heavy
pesadumbre sorrow, trouble
pesar to weigh; to grieve, sadden; to feel sorry about
pesar n. sorrow, grief, woe; *a* —— *de* in spite of; *a* —— *mío* in spite of myself
pescado fish
pescador fisherman
pescuezo neck
peseta silver coin (1/5 of a duro)
pesia oath, curse
peso weight; burden; coin originally worth about a dollar; *tener en* —— to keep in abeyance
pespuntar to backstitch
pesquisa investigation
pesquisar to investigate, snoop
pesquisidor judge
pestaña eyelash
peste plague
pestífero pestiferous
pestillo bolt; latch
petaca cigar case
petición petition; request
petitorio begging

peto breastplate
petrificado petrified
petulancia petulance; conceit
petulante insolent
pez *m.* fish; *f.* pitch
piadoso pious; piteous, compassionate
pica pike
picacho *aug.* of *pico*
picadero riding ring; slaughter-house
picajoso touchy, easily angered
picante ironical, stinging
picar to stick; to sting; to burn (of sun); to vex; to chop up fine; to pick; to spur; —— *en* to border on; to dabble in; —— *por* to go in for; —— *espuelas* to spur
picaramente in a rascally fashion
picardía low trick
pícaro *n.* rascal, rogue; *adj.* roguish; sly
picaruelo *dim.* of *pícaro*
pico peak; point; corner; bit; talkativeness; mouth; beak
picotear to chat, chatter
picotero chattering, talkative
pie foot; footing, basis; *al* —— *de la letra* literally
piedad pity; piety; act of mercy
piel fur; skin
pienso *n.* fodder
pierna leg; *hacer* ——*s to* prance; *dormir a* —— *suelta* to sleep soundly
pieza piece; way; game, quarry; animal; coin; room; (artillery) piece; —— *de a dos* coin worth two silver *reales* (a fourth of a *duro*); —— *de a ocho* piece-of-eight, *duro*
pila baptismal font
pilar pillar
piloto pilot
piltrafa scrap (of food)
pillete rascal, crook
pillo rogue
pim zing; —— *pam* whizz bang
pimentón red pepper; paprika
pimienta black pepper
pimiento pepper
pinar pine grove
pincel brush
pindonguería trinket, cheap jewel

pingajo rag, tatter
pingo rag
pino pine
pinta edge
pintado excellent
pintar to paint, represent; to color, dye
pintiparado made to order, perfect
pintor painter
pintoresco picturesque
pintura painting, picture
piña pineapple; pine cone
piñón pine nut
piñonate candied pine nuts
pío *n.* chirping; *adj.* pious
piojoso lousy
pipa pipe; cask, hogshead
pique: a —— *de* at the point of
piquillo bit, small amount
piramidal pyramidal
pirámide pyramid
pirata *n.* or *adj.* pirate
piropo compliment
piruetear to pirouette
pisada footfall, step
pisar to tread
pisaverde foppish
piso floor; apartment
pisotear to trample underfoot
pista track
pistola pistol
pitañoso gummy
pitillera woman who sells cigarettes *or* works in a cigarette factory
pizarra blackboard
pizca bit, particle
placa badge, insignia
placentero pleasant, pleasing
placer to please; *n.* pleasure
plácido calm, placid
plagado plagued; filthy
plan plan
plancha sheet (of metal)
planchadora laundress
planchar to iron
planeta planet
plano *n.* plane; flat (of sword); *de* —— with the flat of sword; *adj.* flat
planta plant; sole (of foot); ground plan; *fig.* foot; *en* —— up and about
plantación planting
plantar to plant; to set up; to rebuff; ——*se* to hurry
plantear to set up; to offer

plantel nursery
plañidero whining
plata silver
plataforma platform; level space
plateado silvery
platear to silver
platero silversmith
plática chat, talk
platicar to chat; to chatter
Platón Plato
platónico Platonic
playa beach, shore
plaza square; place; bull ring; employment, job
plazo time; period of time, term
plazuela small square
plebe populace, common people
plebeyo plebeian
plegar (ie) to fold
plegaria prayer
pleguería fold; roundabout phrase
pleitear to litigate
pleitista quarrelsome person
pleito lawsuit; quarrel
pleno full, complete
pliego folded paper; envelope
pliegue fold; wave
plomo lead
pluguiera imperfect subjunctive of *placer*
pluma feather; pen
plumaje feathers, plumage
población population; town
poblado *n.* town; *adj.* populated; clothed (with vegetation)
poblar (ue) to people, populate; to fill
pobrete, -a *dim.* of *pobre*
probretería poor people
pobretón *aug.* of *pobre*
pobreza poverty
poco: a —— *de* after a short while of
podadera pruning hook
podenco hound
poder: no —— *menos de* not to be able to help; *n.* power; power of attorney
poderoso powerful
podredumbre rot, putrefaction
poético poetic
poetizar to poetize, make poetical

policía m. policeman; *f.* police force

polilla moths; mildew

política politics; policy

político n. politician; *adj.* political; *madre política* mother-in-law

polizonte 'cop'

polo pole (of the earth *or* sky)

poltrón indolent

polvo dust

pólvora gunpowder

polvoriento dusty

polvoroso dusty

pollino, -a ass's colt, young donkey

polla chicken; *(slang)* young woman, 'spring chicken'

pollo chicken; youth; dandy

pomito flask

pomo hilt, pommel

pompa pomp, ostentation

pomposo pompous

pómulo cheekbone

ponderación exaggeration; eulogy

ponderar to weigh, consider; to praise highly

poner to put; to arrange *or* furnish (a house); —— *blanco* to wash white; —— *la mesa* to set the table; —— *por obra* to set to work on; to carry out; ——*se a* to begin; to take time to; ——*se (el sol)* to set

poniente n. west; *adj.* setting

pontificio pontifical

ponzoña poison

ponzoñoso poisonous

popa poop, stern; *llevar el viento en* —— to sail before the wind, make good progress

popular popular, of the people

populoso populous; *fig.* thick-leaved

por arch. in order to; —— *que* (*followed by subjunctive*) so that; ——*si* in case

porcelana porcelain

porción portion

pordioseo begging

pordiosero beggar

porfía persistence; importunity; obstinacy; conflict; *a* —— in competition, each striving to outdo the other

porfiado stubborn

porfiar to insist; to persist

pormenor detail

poro pore

porquería dirty *or* disgusting thing

porrada blow; knocking

portada title page

portado dressed

portal entrance way, street door; arcade

portarse to bear oneself

porte bearing, carriage

portento marvel

portentoso astonishing, prodigious

portera janitress, janitor's wife

portería gatehouse; room of doorkeeper *or* janitor

portero doorman; janitor

pórtico entrance, portico

portón aug. of *puerta*

porvenir future

porvida oath, swearing

pos: en —— *de* after, behind, following

posada inn; rooming house; dwelling place, lodging

posar to rest; to lodge; ——*se* to rest

posas buttocks, seat

poseedor possessor

poseer to possess

posesionarse de to take possession of

posible adj. possible; *n. plu.* means

positivista adj. positivistic, materialistic

poso sediment, dregs

posponer to put behind, put in second place

pospuesto put in second place, put behind

posta post

poste post, pillar

postema abscess; *fig.* nuisance, hindrance

posterior subsequent, following

posternado prostrate

posternar to prostrate

postigo postern gate, small door within a larger one

postizo false

postrar to prostrate

postre dessert; end

postrero last, rear

postrimería last days

postrimero last

postulante supplicant

póstumo posthumous

postura posture

potencia power; faculty (of mind *or* soul)

potentado magnate, potentate

potente powerful

potestad ruler

potinque concoction

potro steed; young horse, colt; rack

poyo stone bench

pozo well

práctica practice, experience

practicable usable, workable

practicante doctor

práctico practical

pradecillo dim. of *prado*

pradera meadow

prado meadow

preámbulo preamble

preboste provost; *capitán* —— officer in charge of military police

precario precarious

precaución precaution

preceder to precede

precepto rule, precept

preciar to value, esteem; ——*se* to pride oneself; ——*se de* to boast of

precio price; worth

preciosidad darling; lovely thing

precioso cute, lovely, darling; dainty

precipicio precipice; gulf

precipitación haste

precipitado fast, hasty

precipitar to hurry, hasten, rush forward; to impel; ——*se* to rush; to throw oneself

precisamente precisely; right now

preciso precise; necessary, urgent; *ser* —— to be necessary

preclaro illustrious, outstanding

precocidad precociousness

preconizar to praise

precoz precocious; early

predecir to predict

predestinación predestination

predicación preaching

predicador preacher

predicar to preach; to say

predicción prediction

predilección preference, predilection

predilecto favorite

predominio predominance

prefación preface

preferencia preference; *con* —— first

preferente of preference, choice

preferir (ie), to prefer; to take preference over

pregón announcement, proclamation

pregonar to cry out, proclaim

pregonero n. town crier; *adj.* loud; public

pregunta question

preguntón inquisitive; given to asking questions

prelado prelate, bishop, abbot

premiar to reward

premio reward; prize

premioso burdensome, difficult; slow

prenda object of value; treasure; good quality; token; garment; *juego de* ——s game of forfeits

prendarse de to become fond of, fall in love with

prender to arrest; to capture; to catch (fire); to set (fire to); to hold together; *arch.* to take

prendido well groomed

prensa (printing) press; the press, newspapers

preñado pregnant

preocupación preoccupation; fixed notion

preocupar to preoccupy

preparativo preparation

presa prey; captive; prize, booty; dam; pond (formed by

preferir (ie, i) to prefer; to take help oneself to

presagio prognostication, sign

presbiterio chancel, area around altar

presbítero priest

prescindir to dispense with, to ignore

prescrito prescribed

presencia presence

presenciar to witness

presentado as a present

presente n. present (time); gift; *adj.* present; *tener* —— *to* keep in mind

presentir (ie,i) to have a presentiment of

presidir to preside (over)

presión pressure

presita: tomar una —— to take something, help oneself

preso, -a n. prisoner; *adj.* captive, captured; seized, caught

prestamista money lender

préstamo loan

prestar to loan, lend; to contribute; ——*se* to offer

preste priest

presteza haste, speed

prestigioso honored, prestigious

presto adv. quickly; *adj.* swift; *de* —— swiftly

presumido presumptuous, conceited

presumir to presume; —— *de* to boast of being

presunción presumption, conceit; assumption

presuntuoso conceited, vain

presura haste, swiftness

presuroso swift, fast, hurrying

pretencioso pretentious

pretender to try; to intend; to claim; to pay court to; to aspire to

pretendiente suitor; self-seeker

pretensión intention; suit; courting

pretérito past, preterite

pretextar to give as a pretext

pretexto pretext; *dar* —— *to* serve as a pretext

prevalecer to prevail

prevención warning; foresight; preparation

prevenir to warn, forewarn; to look after, attend to; to prepare, arrange; to forestall; to avoid; ——*se* to prepare; to foresee

prever to foresee

previo adj. previous; *prep.* after

previsión foresight

prez glory, honor

priesa same as *prisa*

primaveral springlike

primero que before

primicia first fruit

primo, -a n. cousin; *adj.* first; *a prima noche* in the early evening; —— *hermano* first cousin

primogénito first born; heir

primogenitura birthright

primor delicacy; elegance

primoroso graceful; exquisite; dexterous

principal principal; first, foremost; most important; illustrious; main floor

príncipe prince

principio beginning; first step; principle; *al* —— at first

pringar to apply grease or ointment

prior prior

prisa haste, hurry; *a* —— fast; *darse* —— to hurry; *de* —— in a hurry

prisión prison, jail; *plu.* shackles

privación privation

privado n. favorite; *adj.* private

privar to deprive

privativo private

privilegio privilege

pro advantage; *en* —— *de* in favor of; *de buena* —— worthy

probanza proof

probar (ue) to prove; to try, test, try out, put to trial; to taste

proceder to proceed; n. act; behavior

proceso trial

procurador lawyer

procurar to try; to seek

prodigalidad prodigality

prodigio prodigy, marvel

producto product; income

proeza prowess; *plu.* deeds of bravery

profanación desecration

profanar to desecrate

profano n. layman; *adj.* profane, worldly; uninitiated

proferir (ie,i) to utter; to proffer

profesar to profess

profeta prophet

profético prophetic

prófugo, -a fugitive

profundidad depth, profundity

profundizar to delve deep

profundo n. depths; *adj.* deep, profound

progresista progressive

prohibir to prohibit

prójimo neighbor (in Biblical sense); fellow man

prole offspring, children

prolijo prolix, tedious; constant; long

prólogo prologue

prolongar to prolong

promesa promise

prometer to promise

promover (ue) to stir up, set in motion; to move

pronosticar to predict, prognosticate

pronóstico prediction

prontitud speed

pronto ready, prepared; soon; quick; *de* —— suddenly; *por de* —— at first

pronunciar to pronounce, say; to enunciate

propaganda advertising

propagar to spread, propagate

propender to tend

propensión tendency

propenso inclined, disposed

propiamente properly speaking

propicio propitious; appropriate

propiedad quality, nature; *plu.* nature

propietario landowner; owner

propinar to give

propio own; characteristic; proper, appropriate; very; himself, etc.; *lo* —— the same; —— *a,* —— *de* appropriate to

proponer to propose; to set forth

proporción proportion

proporcionado proportioned

proporcionar to provide, furnish, give

proposición proposal

propósito *n.* objective, intention, purpose, plan; subject; *adj.* appropriate, fitting; *a* —— on purpose; apropos; *a* —— *de* suited for

propuesto put in first place

prórroga postponement

prorrumpir to burst out

prosa prose; prosaic thing

prosaico prosaic

prosapia lineage

proscenio front of stage

proseguir (i) to continue

prosperado prosperous

prosperar to prosper

prosternarse to prostrate oneself

proteger to protect

protervo perverse, evil

protestante Protestant

protoencantador archenchanter

protomiseria poverty itself

provecto mature

provecho profit, advantage; *buen* —— good luck

provechoso profitable, beneficial

proveer to dispose; to provide; to manage; —— *de* to confer (the rank of)

provenir de to come from, spring from

providencia providence

próvido provident, foreseeing

provincia province

provisión food

provisto provided

provocante provocative

provocar to provoke; to incite, tempt

próximo next; near; —— *a* about to

proyectil projectile

proyecto plan, project

prudencia prudence

prudente prudent

prueba proof; trial

prurito itch; intense desire

psicológico psychological

psíquico psychic

pubertad adolescence

publicar to make public, publish, declare

publicidad publicity; public knowledge

público public; well-known

puchero pot; stew; *hacer* ——*s* to pout

pueblo town, village; people; common people

puente bridge

puerco *n.* hog; *adj.* dirty

pueril puerile, childish

puerto (sea) port; mountain pass

pues *adv.* so; *conj.* since; for; then

puesto stand; post; place; position; *adj.* prepared

puesto caso que *arch.* although

puesto que *arch.* although, even though

pugilato struggle

pugnar to struggle; to fight

pujanza power, force, impetus

pujar to falter; to struggle

pulcritud pulchritude, beauty; neatness

pulcro beautiful; neat

pulga flea

pulgar thumb

pulido polished

pulir to polish

pulmón lung

pulmonía pneumonia

pulso pulse

pulular to swarm

pulla repartee, low wit; *echar* ——*s* to make smart remarks

pundonor honor; susceptibility (respecting honor)

pundonoroso punctilious; honorable

punir to punish

punta corner; end; point

puntada stitch

puntapié kick

puntear to strum

puntiagudo pointed

puntillas: de —— on tip-toe

punto point; bit; instant, moment, jiffy; dot; stitch (sewing); *al* —— instantly; *a* —— *fijo* precisely; *andar en* ——*s* to quarrel; *de todo* —— completely; *estar a* —— to be ready; to be just right; *poner* —— *or poner* —— *final* to bring to an end; *por* ——*s* frequently; —— *final* period

puntual punctual

punzante piercing

punzar to prick, pierce

puñada blow (with fist)

puñado handful

puñal dagger; ¡*puñales!* darn it!

puñalada dagger thrust

puñetazo blow with fist

puño fist; cuff; hand; handle (of sword *or* cane); (physical) power

pupila pupil; eye

pupilaje boarding school

pupilero master of boarding school

pupilo boarder; ward

purgatorio purgatory

purificar to purify

puro *n.* cigar; *adj.* sheer

púrpura purple; *n.* purple cloth

purpurino lavender, purplish

pusilánime pusillanimous

pusilanimidad pusillanimity, cowardice
puta whore

Q

quebradero de cabeza puzzle
quebrantado in broken health, afflicted
quebrantar to break; to violate
quebranto weakness; affliction; broken health; rough road
quebrar (ie) to break; —— *la cabeza* to torment
quedar to remain; —— *mal* to be in a bad position, come out badly
quedo quiet, still
quehacer task
queja complaint; trouble
quejarse to complain
quejoso complaining
quejumbroso complaining, whining
quema: vino de —— new wine
quemadero burning place, stake
quemar to burn
querella complaint
querellar to complain; to bring charges
querencia affection
querer to want, wish; to will; to try; *n.* will
querido *n.* lover, beloved
quesito *dim.* of *queso*
queso cheese
quia bah!
quicio door jamb
quietar to quiet
quietecito *dim.* of *quieto*
quietud quiet, repose
quilate carat; degree of excellence
quimera chimera; strange idea
quimérico chimerical, fantastic
quincena fortnight
quinta farm; estate; *plu.* draft
quinto fifth
quisquilloso touchy
quisto *arch.* for *querido*
quitar to take away, remove, take off; to get out of the way

R

rábano radish; *fig.* a bit; *(slang)* the dickens!

rabel rebec (stringed musical instrument)
rabia anger, wrath
rabiar to be mad; to rage
rabioso mad, raging
rabo tail
racimo bunch
raciocinar to reason
raciocinio reasoning; argument
ración share, portion, helping; food
racional rational
racionalista rationalist; freethinker
radiante radiant
radical deep-seated; —— *numérico* root
radio radius
raído worn, threadbare
raigón big root
raíz root; *bienes raíces* real estate
ralo sparse
rama branch; roof
ramo branch; species; bouquet; administrative division
rana frog
rancio old
rapacidad rapacity, greed
rapagón lad
rapamiento shaving; trimming
rapar to shave; to crop the hair
rapaz rapacious, predatory; *n.* lad, youth
rapaza girl
rapiña plundering
rapiñar to plunder
raposa fox
rapto ecstasy, rapture
rareza rarity, strange trait, strangeness
raro curious, odd; rare
ras level; *all* —— *de* on the level of; *ras ras* the sound of tearing cloth or paper
rascar to scratch
rasgado large (of eyes)
rasgar to tear; to scratch; to destroy
rasgo trait, feature; stroke; (splendid) deed; clever phrase
rasguear to strum
rasguñar to scratch
rasguño scratch
raso *n.* satin; *adj.* smooth; uninhibited; devoid; ignorant; *lo* —— or *campo* —— open country

rastras: a —— by dragging
rastro trail, track, trace
rata rat
ratero pickpocket
rato while; *dar mal* —— *a uno* to make things unpleasant for one; to make one suffer
ratón mouse
ratonar to gnaw
raudal flood
raudo swift
raya line; limit
rayar en to border on
rayo ray (of light); lightning flash
raza race
razón reason; right; word, speech, part of conversation; *dar* —— to give information; *en* —— *de* with respect to; *puesto en* —— reasonable; *ser* —— to be right; *tener* —— to be right
razonable reasonable; fairly good
razonamiento reasoning, argument; speech
razonar to talk; to reason (out); to rationalize
reacio obstinate, stubborn
real *n.* old coin (of copper, ¼ of a *peseta*; of silver, ⅛ of a dollar or *duro*); camp; *adj.* real; royal; handsome, fine; *camino* —— highway
realizar to realize; to bring about; to make real
realzar to elevate; to re-establish; to increase
reanimado reanimated
rebajamiento lowering
rebajar to lower
rebanada slice (of bread)
rebañadura pickings
rebaño flock
rebasar to go past; to exceed
rebelde rebellious
rebeldía rebellion, revolt
rebelión rebellion
rebocillo *dim.* of *rebozo*
rebosar to overflow
rebotar to rebound; to exasperate
rebozado clandestine; muffled, disguised
rebozo shawl (worn over head); *sin* —— openly, frankly; *de* —— disguised

rebramar to roar
rebueno very good
rebullir to squirm
rebuscar to inquire thoroughly (into), make researches; to search carefully
rebutir to stuff
recado errand; message; materials; —— *de escribir* writing set
recaer to fall
recalcado emphasized; —— *de facciones* with prominent features
recapacitar to meditate, think carefully; to recollect
recargo recurrence; increase (of fever)
recatado cautious; quiet
recatar to hide
recato modesty; prudence; inhibition
recaudo care, precaution
recebir arch. for *recibir*
recelar to fear, distrust, suspect; to threaten
recelo fear, misgiving
receloso timid, fearful
recentísimo very recent
receta recipe; formula
recibimiento reception; hall, entrance room
recibo receipt
recién adj. recent; adv. recently
recio strong, stout; heavy; hard; loud
recíproco reciprocal
recitar to recite
reclamación claim; demand
reclamar to claim, demand
reclamo lure; complaint; tale, yarn
reclinar to rest; to lean back
recluta recruit
recobrar to recover
recoger to pick up, gather, get; to take back; to pull in; to shelter; to recollect (the senses; ——*se* to retire, withdraw; to take shelter
recogida arrest
recogido compact
recogimiento protection; withdrawal from the world, retirement; refuge, asylum
recomendar (ie) to recommend; to commend
recompensa recompense

recompensar to recompense
reconcentrar to bring together
reconciliar to reconcile
reconcomio suspicion
reconocer to recognize; to reconnoitre; to examine closely
reconocimiento gratitude; reconnaissance
recontar (ue) to recount
reconvenir to reproach
recordar (ue) to remember; to remind; to recall; arch. to wake up
recorrer to travel; to visit; to walk back and forth; to look over, glance through
recortadito cut very short
recortar to outline; to cut
recostar (ue) to lean, lean back, recline
recovero poultry dealer
recrear to delight, entertain
recreo recreation; expansion; indulgence
recrudecer to increase
rectificar to rectify
rectitud honesty, rectitude
recto straight; upright, honest
rector rector; priest
recuerdo memory, remembrance, recollection
recuesto slope
recurrir to have recourse
recurso recourse; resort, resource
rechazar to reject, refuse
rechifla hissing, mockery, ridicule
red net; snare
redacción editorial staff or office (of a newspaper)
rededor plu. surroundings, neighborhood; en —— around
redención redemption
redentor redeemer
redimir to redeem; to purchase redemption from
rédito return; plu. interest (on loan)
redoble roll (of drum)
redondamente roundly; flatly
redondo round; complete; a la redonda round about; en —— around
reducido small
reducir to reduce; to subjugate
redundante redundant, superfluous

redundar to redound
refajo sash
refectorio refectory, dining hall
referencia account
referir (ie, i) to tell, relate; ——*se a* to refer to
refinado subtle; artful
refinamiento refinement
reflejar to reflect
reflejo reflection
reflexión reflection, thought
reflexionar to reflect
reforma improvement
reformar to reform; to amend; to rehabilitate; —— *conciencia* to salve one's conscience
reforzar (ue) to reinforce
refrán proverb; saying
refregar (ie) to rub, massage
refrenar to check
refrescar to refresh, cool
refresco refreshment; rest
refriega scuffle, struggle
refrigerio cool drink
refugiarse to take refuge
refugio refuge
refulgente refulgent
refundición reworking; amalgamation
refunfuñar to growl, grumble
refunfuño growling
regalado heartening, caressing; comfortable, well off
regalar to regale; to give (a present); to pet
regalo present; treat; easy life
regar (ie) to water, irrigate
regatear to bargain; to lower in worth
regazo lap
regidor alderman
regimiento regiment; town council
regio regal
regir (i) to rule; to manage; to drive
registrar to search, examine; to register
registro search; register; tone
regla rule; en —— proper order
reglado moderate
reglamento regulation; de —— usual, expected
regocijado cheerful, merry
regocijar to make joyous
regocijo rejoicing, merry-making

regresar to go back, return
regreso return
regulado regulated
regular regular; moderately good, ordinary; proper, right
rehabilitar to rehabilitate
rehacer to remake
rehusar to refuse
reinado reign
reinar to reign
reino kingdom
reintegrarse to rejoin, go back to
reja grating, window bars; plowshare
rejón short spear; thrust with spear
rejuvenecer to rejuvenate
relación relation, account; love affair; *plu.* love affair
relámpago lightning flash; flash, spark
relampaguear to flash (of lightning)
relatar to relate
relegar to relegate
relente dampness, dew
relevar (ie) to stand out; to exonerate
relieve relief; *plu.* remnants
religioso monk
relinchar to whinny
reliquia relic; trace, vestige
reluciente shining
relucir to shine
relumbrar to shine
relumbrón luster; tinsel
rematar to bring to an end, finish
remate end
remedar to imitate
remediar to help; to remedy
remedio remedy; help
remedo imitation
remembranza remembrance
remendado spotted; patched
remendar (ie) to mend
remendón: zapatero —— shoe repair man
remilgado affected, prudish
remilgarse to act terrified
remitir to remit, hand over; send; to lessen, become less intense; to defer; ——*se* to send
remolino swirl, eddy; commotion
remontarse to rise; to climb

remorder (ue) to produce remorse
remordimiento remorse
remoto remote
remover (ue) to move, stir
remozar to rejuvenate
remusgo keen cold wind
renacer to be reborn
rencilla bad humor; dispute
renacimiento renaissance, rebirth
rencor spite, rancor
rencoroso spiteful
rendido worn out; submissive, abject, humble
rendija crack
rendir (i) to render; to pay; to humble; to surrender; to conquer, overcome; ——*se* to surrender
renegado, -a renegade; Moor; *fig.* rough, harsh
renegar (ie) to disown
reniego oath, curse
renglón line
renombre fame
renovación renewal; replacement
renovar (ue) to renew
renta income
rentar to yield
rentista person having an income from investments
renuevo sprout, shoot
renunciar to renounce, give up; to make known
reñido con at odds with
reñir (i) to quarrel; to scold; to fight
reo criminal; —— *de muerte* man condemned to death
reojo: de —— from the corner of the eye
reparación reparation, amends; repairs
reparar to amend, correct; to redeem; to restore; —— *en* to notice, pay attention to
reparo repair; help; objection
repartimiento distribution
repartir to divide; to spread, scatter; to distribute
repasar to iron, press; to review, look over
repelar to pull out the hair of
repelón hair pulling
repente: de —— suddenly
repentino sudden

repercutir to reverberate
repetir (i) to repeat, do again
repicar to ring
repiqueteo clicking
replegar (ie) to fold back; ——*se* to bend back
repleto replete, full
replicar to answer; to talk back, answer impertinently
repliegue fold
reponer to replace; to reply
reportar to restrain
reposado calm
reposar to rest; ——*se* to rest
reposo repose; calm
repostería pastry
repostero caterer; tapestry with coat of arms
reprender to scold
represa dam; stop
representación representation; imagination, supposition; appearance; acting (of play)
representar to represent; to depict, picture; to act (a play)
reprimenda reprimand
reprimir to repress
reprobación blame
reprobar (ue) to reproach
réprobo reprobate
reproducir to reproduce
repuesto recovered; re-established; retired, hidden
repugnar to dislike; to oppose
repulsa rebuff; refusal
reputar to repute; to consider
requebrar (ie) to pay compliments to; to court
requerir (ie) to require; to request
requiebro compliment
requilorio unnecessary trifle
requisito prerequisite, requisite
requisitoria (legal) requisition
res head of cattle; animal
resabio trace
resaltar to stand out
resbaladizo slippery
resbalar to slide, slip
resbalón slide
resbaloso slippery
rescatar to ransom
rescindir to cancel, annul
resentirse (ie, i) to become angry; to be offended; to be impaired
reserva caution; reserve
reservar to reserve

resfriado cold
resfriar to chill
resguardar to shelter
resguardo guard; customs guard; shelter; *a —— de* safe from
residir to reside
residuo residue; waste
resignación resignation; submission
resignar to resign
resistir to resist
resolución determination; *en —— in* short
resolver (ue) to solve; to turn; *——se* to make up one's mind
resollar (ue) to breathe heavily, take a breath
resonante echoing, resonant
resonar (ue) to resound, ring, rumble, make a noise
resoplido snort
resorte spring
respaldo back (of chair)
respecto: con —— a, —— de with respect to; *—— a* respecting, with respect to
respetar to respect
respeto respect
respetuoso respectful
respingo wincing
respirar to breathe
respiro breath, breathing; respite
resplandecer to shine, be resplendent
resplandeciente shining
resplandor glow, radiance
responder to answer
respondonzuelo saucy
responsabilidad responsibility
responso response (religious chant)
respuesta reply
resquebrajo (humorous mistake for requiebro) compliment
restablecer to re-establish; *——se* to recuperate, recover
restablecimiento recovery
restañar to staunch
restar to remain; to subtract
restauración restoration
restaurar to restore
resto rest; remnant; relic, bones (of saint)
restregar (ie) to rub
resucitar to resuscitate

resuelto resolved, determined, resolute
resultado result
resultar to result, turn out
resumen resumé, summary; *en —— in* brief
resumido summed up; *en resumidas cuentas* in brief
retaguardia rear guard
retahíla string; series
retador challenger
retama furze, broom
retar to challenge
retardar to put off
retardo delay
retazo piece, remnant, wisp; patch
retener to retain, hold back
reticencia reticence
retintín tinkling; sarcastic tone
retirada retreat
retirar to take back, take away; to set back; to put away; set aside; to withdraw; *——se* to retire, leave
retiro retirement, seclusion; retreat
retocar to touch up
retoñar to sprout
retoño sprout, scion
retoque touch
retorcerse (ue) to writhe
retórica rhetoric, empty words
retórico rhetorician
retorno return; renewal
retozar to frisk
retozón frisking, frisky
retraerse to withdraw, retire
retraso delay
retratar to portray
retrato portrait
retrechería evasion
retroceder to draw back, move back
retruécano play on words, pun
rétulo arch. for rótulo sign, placard
reuma rheumatism
reumático rheumatic
reunión gathering; group
reunir to bring together, collect; *——se* to come together, meet
revelación revelation
revelar to reveal
reventar (ie) to burst; to burst out with; to break open; *(slang)* to die

reventazón bursting
reventón popping
reverberar to reflect
reverdecer to renew
reverencia reverence; bow
reverendo reverent, revered; reverend; *——ísimo* Right Reverend
revés backhand blow; *al ——* on the contrary, on the other hand; contrariwise, backwards, the other way around; *del —— back* to front; inside out
revestir (i) to invest with; to clothe
revisar to look over
revista review; *pasar —— to* pass in review
reviva hurray!
revoco plaster
revolar (ue) to flutter, hover
revolcar (ue) to knock down; *——se* to writhe
revolver (ue) to resolve, stir, churn; to dig around; to look over (books, papers); *——se* to be upset; to be nauseated; to writhe
revoltijo confusion, haphazard mixture
revuelta deviation, digression
revuelto mixed together
revulsivo revulsory (medicine)
rezago remnant
rezar to pray
rezo prayer; praying
rezumar to ooze
Rhin Rhine
riachuelo dim. of río
ribera bank; shore
ribeteadora seamstress
ricacho aug. of rico
rico-hombre arch. nobleman
ridículo n. ridicule; *adj.* ridiculous
riego irrigation
rielar to sparkle, glisten
rienda rein; *—— suelta* free rein
riesgo risk
rifar to wrangle
rígido rigid, stiff, unbending
rigor rigor, harshness; *en —— or en —— de verdad* in strict truth; *de —— necessary, customary
rigoroso severe, rigorous, strict, harsh, unyielding

riguroso see *rigoroso*
rima rhyme
rimar to rhyme
rincón corner
rinconada corner
riña quarrel
riñón kidney; *plu.* small of back
riqueza wealth
risa laughter
risco crag
risotada laugh, chuckle
ristre rest for a lance
risueño smiling; cheerful
ritmo rhythm
rizar to ruffle; to curl
rizo curl
robador robber
robar to steal
roble oak
robo theft
robustez robustness, strength
robusto strong; stout
roca rock
roce contact
rociar to sprinkle
rocín nag; —— *de campo* traveling horse
rocinante nag
rocío dew
rodado dappled
rodar (ue) to roll; to pass; to tumble; to wander about; *echar a* —— to send rolling
rodear to surround; to turn around
rodela round shield
rodeo turn, twist; roundabout course, detour
rodilla knee; *de* ——*s* kneeling
rodillazo blow with knee
roer to gnaw
rogar (ue) to ask, beg; to pray, entreat
rojizo reddish
rolar to veer
rollizo roly-poly
romance ballad
romano Roman
romanticismo romanticism
romántico romanticist; romantic author
romantizar to romanticize
romero rosemary (plant); pilgrim
romper to break; to tear; to pierce; to open *or* begin (a statement)
rompimiento break; breach
roncar to snore
ronco hoarse
ronda avenue, boulevard; police patrol
rondar to prowl about; —— *la calle* to patrol the street; ——*le la calle a una mujer* to flirt with a lady from the street
rondeña *n.* popular Andalusian folk song and dance, named for the city of Ronda; *adj.* from Ronda
rondón: de —— straightaway
roña imperfection
roñoso miserable, wretched; dirty
ropa clothes
ropaje dress, clothing
Roque: vive —— ye gods!
roquero: castillo —— castle built on a crag
rosa rose; *rosa-enredadera* climbing rose
rosada rosy
rosal rose bush
rosario rosary; prayers
rosca twisted roll
rosquilla doughnut
rostro face
roto torn; broken; broken out; destroyed
rotundo round
rotura break; cut
rozar to rub (against), brush against, graze
rubí ruby
rubio blond; golden
rubor blush; shame
ruborizarse to blush
rucio gray (horse *or* donkey)
rudo severe; gross; rough, uncultured
rueca distaff
rueda wheel; slice
ruego plea, request; *a* ——*s de* at the request of
rufián ruffian
rufo *n.* ruffian; *adj.* redheaded
rugido roar
rugir to roar
ruido noise
ruidoso noisy
ruin base, vile
ruina ruin

ruindad baseness
ruinoso miserable; worthless
ruiseñor nightingale
rumbo course
rumboso *n.* swaggerer, showoff; *adj.* splendid, liberal
ruminante ruminant, animal that chews its cud
rumor noise
rumoroso murmuring
run run rumor, report
ruralizarse to return to the country
ruso Russian
rústico *n.* peasant; *adj.* rustic
ruta route
rutinario routine

S

sábana sheet
sabañón chilblain
saber to know; to taste; *n.* knowledge; —— *a gloria* to taste wonderful
sabidor wise, learned
sabiduría wisdom
sabiendas: a —— knowingly
sabio learned, wise
sable sabre; *reñir al* —— to fight with sabres
sabor taste, flavor, savor; *a mi* —— to my pleasure; *a* —— *de* in the light of
saborear to enjoy
sabroso savory, delicious
sacar to take out, bring out; to get; —— *en consecuencia* to come to the conclusion; —— *en limpio* to see clearly
sacerdocio priesthood
sacerdotal priestlike
sacerdote priest
sacerdotisa priestess
saciar to satiate, satisfy
saco sack
sacramento sacrament
sacre saker (a kind of hawk)
sacrificio sacrifice
sacrílego sacrilegious, unholy
sacristán sacristan
sacro holy
sacudida shock; shove
sacudimiento trembling
sacudir to shake; to brush off, shake off, free oneself from; to deliver (blows); to move (with vigor); to stir

saeta arrow

sagaz wise, sagacious

sagrado sacred

sahumerio incense; burning of incense

sainete a one-act play, realistic and humorous in nature

sal salt; grace; wit

sala room; living room

salado witty; vivacious; salted; pickled

salador one who pickles

salario salary; *a ——* on a fixed salary

salchicha sausage

saldar to pay up, liquidate

saleroso witty, clever

salicilato salicylate

salida departure; sally; outburst; exit, door opening upon; *—— del sol* sunrise

salir to leave, go *or* come out; to enter; to turn out, result; *——se con la suya* to get one's way

saliva saliva; *gastar ——* to talk

salmista psalmist

salmo psalm

salmorejo a sauce for rabbit

salón room, hall, salon, drawing room; social gathering

salpicar to splatter; to scatter

salpicón cold meat

salsa sauce

saltador jumping

salta-paredes wall climber; wild youth

saltar to jump, leap; to come off; *——le (a una) novio* to get a sweetheart; *——le a uno las lágrimas* to burst into tears

salteador highwayman

salto leap, bound, jump, start; *dar un ——* to jump; to make a hurried visit

salud health: salvation

saludable healthy; beneficial

saludar to greet; to salute

saludo greeting, salutation

salvado bran

salvaje savage, wild

salvar to save; to jump over, clear

salve hail!

salvo *adj.* safe, sure; *a —— de* safe from; *en ——* in safety;

sano y —— safe and sound; *prep.* except

salvoconducto pass, safe conduct

sanar to cure; to get well

sanción sanction, punishment

sandez absurdity

sandio foolish, inane

saneado free from loans *or* mortgages; guaranteed

sangrar to bleed

sangre blood; *¡qué ——!* what a mean disposition!

sangriento bloody

sanguinaria bloodroot

sanguinario sanguinary, bloody

sanguinoso blood-colored; sanguinary

sanidad health, healthiness

sano healthy, well; wholesome; sane

santero sanctimonious

santidad holiness, sanctity

santiguarse to cross oneself

santo *n.* saint; saint's day; *adj.* holy, saintly; *viernes ——* Good Friday

santuario sanctuary, shrine

saña wrath, rage, madness

sapo toad

saquear to ransack

sarao soirée, party

sardina sardine

sardónico sardonic

sargento sergeant

sarmiento vine stalk

sarna itch; keen desire

sartal string

sartén frying pan

sastre, -a tailor

Satanás Satan

satisfacción satisfaction, explanation

satisfacer to satisfy; to explain

saturnal saturnalia

saúco alder, elder (tree)

savia sap

sayal robe; sackcloth

sayo jerkin, doublet, smock

sayón jailor; hangman

sayuelo little smock

sazón season; time, occasion

sazonado seasoned; delicious

sazonar to season

sebo tallow; grease

seboso greasy

secar to dry; to dry up

sección section, department

seco dry; *a secas* simply; *—— de carnes* lean

secreto *n.* secret; secrecy; *adj.* secret, hidden, recondite; *de —— in secret*

secuestro confiscation

secundar to aid

seda silk

sedación calming

sedentario sedentary

sedicioso seditious, mutinous

sediento thirsty

sedosidad silkiness; softness

seducir to seduce; to entice, captivate

seductor *n.* seducer; *adj.* seductive

segar (ie) to reap; to cut

seguidamente successively; in an orderly way

seguidilla folk song and dance of Andalucía

seguido consecutive

seguridad sureness, security; certainty

seguro sure; safe; *n.* certainty; *de ——* certainly; *irse del ——* to leave the sure way; *sobre —— on sure ground*

selva forest

selvático rustic; of the forest

sellar to seal

sello seal

semana week; *entre ——* in the middle of the week

semblante face, countenance

sembrado sown field

sembradura sowing

sembrar to sow

semejante like, similar; such (a); *plu.* fellow men

semejanza likeness, similarity

semejar to resemble; to seem, appear

semiandrajo half rag; shabby clothes

semilla seed

seminario seminary, school

semita Semite, Semitic

semítico Semitic

sempiterno everlasting, eternal

senado senate

senadora senator's wife

senatorial of the senate *or* senator

sencillez simplicity

senda path

sendero path

sendo one apiece

senectud old age

seno hollow, cavity, recess; bosom, breast, chest; *plu.* bosom, chest

sensación sensation

sensibilidad sensitivity, sensitiveness; emotion; perception

sensible sensitive; perceptible, tangible

sensitivo sensitive

sensual sensual

sentar (ie) to seat; —*se* to sit down

sentencia sentence, verdict; meaning; wise saying

sentenciado n. condemned criminal; *adj.* condemned

sentenciar to sentence

sentido n. sense; meaning; *adj.* deeply felt, moving

sentimiento sentiment, feeling; pain, grief, mourning

sentir (ie) to feel; to feel sorry, regret; to perceive; to hear; *n.* feeling

seña sign; scar; *plu.* address; description; *¿qué señas?* what does he look like?; *por más señas* to give more details

señá popular for *señora*

señal sign

señaladamente especially, signally

señalar to point out, show; to mark, brand; to fix, assign

Señor Lord

señoría lordship, excellency

señorico dim. of *señor*

señorial noble, of the noble class

señoril of the master

señorío lordly estate; domain; upper class

séptimo seventh

sepulcral sepulchral

sepulcro sepulcher, tomb

sepultar to bury

sepultura grave, tomb

sequedad dryness, aridness; taciturnity

ser: ¿qué será de mí? what will become of me? *n.* being

seráfico angelic, seraphic

serafín seraph, angel

serena siren

serenar to calm

serenidad serenity, calm

sereno n. night watchman; *adj.* serene, calm; *al* —— in the open air

seriedad seriousness

sermón sermon

sermoncico dim. of *sermón*

sermonear to preach

serpear to bend, wind

serpentear to wind

serpiente serpent

serranilla mountain girl; poem about a mountain girl

serrano of the mountains

serreta nose piece (of bridle)

servicial helpful

servicio service; *estar de* —— to be on duty; —— *a domicilio* home delivery

servido pleased

servidor servant

servil servile, slavish

servilleta napkin

servir (i) to serve; to be of use; to do military service

sesera brain

seso brains, intelligence, mind, sense

sesudo "brainy"

severidad severity

severo severe

sibarítico sybaritical, epicurean, voluptuous

sibila sibyl, prophetess

sien temple, brow

sierra mountain range, mountains

siervo servant; serf

siesta nap after lunch, siesta; noonday heat

sigilo secrecy

siglo century; secular world

significado meaning

significante meaningful

signo sign, symbol

sílaba syllable

silbar to hiss; to whistle

silbante adj. whistling, hissing; *n.* scoffer

silbato whistle

silbido whistle; catcall

silbo whistle; whistling; whispering

silueta silhouette

silvestre wild

silla chair; saddle; —— *de caballo* saddle

silleta chair

sillón armchair

sima abyss

simbólico symbolical

simbolizar to symbolize

simetría symmetry

similar n. likeness; lookalike; *adj.* similar

simoníaco simoniacal; selfish

simpatía friendship, liking; charm

simpático pleasant, agreeable

simpatizar to be in harmony with

simpleza simpleness, foolishness

simplicidad foolish saying; stupidity

simplificar to simplify

simplilla naïve girl

simulacro imitation, representation

sinapismo poultice

sincerarse to justify oneself

sincero sincere; pure, uncontaminated

síncope fainting spell

sinfín great number, infinity

singular singular; strange, unusual, rare; —— *batalla arch.* single combat

singularizarse to set oneself apart

siniestro n. calamity; *adj.* sinister

sinnúmero multitude

sino n. fate

sinónimo synonymous

sinrazón unreasonable act; wrong

sintaxis syntax

sintetizar to synthesize, sum up

síntoma symptom

sinvergüenza shameless person

sinvergüenzonaza double aug. of *sinvergüenza*

siquiera even; if only, at least

Siracusa Syracuse

sirviente, -a servant

sisa filching

sisar to filch

sisona petty thief; maid who steals from the household money

sistema system

sitial chair, seat

so you—! (*used to reinforce an insult*); arch. under

soberano n. and adj. sovereign; *adj.* supreme; superb

soberbia pride, haughtiness, self-confidence

soberbio proud; noble; superb

sobón, -a over-indulgent

soboncita dim. of *sobona*

sobra excess; leaving, leftover; *de* —— unnecessary; only too well; thoroughly

sobrado too much, more than enough; splendid

sobrante excess, leftover, superfluous

sobrar to be left over; to be more than enough, be superfluous; to be abundant

sobre envelope; cover

sobrecogido overcome

sobredicho aforesaid

sobrehumano superhuman

sobremanera especially, extremely

sobremesa: de —— after dinner; table talk

sobrenatural supernatural

sobrenombre nickname; surname

sobreponerse to overcome, overpower; to control oneself

sobrepuesto one above the other

sobrepujar to surpass

sobresaltar to startle

sobresalto start; anxiety

sobreseer to suspend or drop (a lawsuit)

sobrevenir to come to pass, happen

sobrevivir to survive

sobriedad sobriety

sobrino nephew

socaliña trick

socarrón mischievous; joking; sly

socorrer to aid, help; to save

socorro help

soez dirty, vile

sofá sofa

sofisma fallacy

sofocación breathlessness

sofocado out of breath

sofocar to suffocate, stifle

soga rope

sojuzgar to subjugate

solana sun porch, solarium

solapa lapel

solapado sly

solar property, estate

solariego manorial, ancestral

solas: a —— alone

solaz solace; enjoyment

solazarse to amuse oneself

soldadesco soldierly

soldado soldier

soledad solitude; *plu.* lonely place

soledoso solitary, lonely

solejar sun gallery

solemnidad solemnity; solemn occasion

solene arch. for *solemne*

soler (ue) to be accustomed

solfear to sing; to drone out

solicitar to ask for, seek, solicit; to accost

solícito solicitous, anxious, diligent

solicitud solicitude; care; petition, request

soliloquio soliloquy

solitario solitary

solomillo filet mignon

solsticio solstice

soltar (ue) to loosen, let go of, set free; to come out (with); —— *el trapo (slang)* to start bawling

soltera unmarried woman

soltero n. bachelor; *adj.* unmarried

solterón aug. of *soltero* old bachelor

solterona aug. of *soltera* old maid, spinster

soltura ease, freedom

solventar to settle

sollozante sobbing

sollozar to sob

sollozo sob

sombra shade, shadow; ghost; *a la* —— in the shade or shadows

sombrío gloomy; shady, dark

somero superficial

someter to submit

somnolencia somnolence, stupor

son sound; tune; *en* —— *de* in the way of; as

sonable resonant, sonorous

sonámbulo sleepwalker

sonante resounding

sonar (ue) to sound, resound, ring; to rustle; —— *a* to sound like

sonatina sonatina

sonda probe

sondear to probe

soneto sonnet

sonido sound

sonoro sonorous, ringing

sonoroso sonorous, resounding

sonrisa smile

sonrojo shame

sonrosado rosy

sonsacar to pilfer

soñado imagined

soñador n. dreamer; *adj.* dreaming

soñar (ue) to dream

sopa soup; sop

sopista n. poor student; *adj.* student

soplar to blow; to breathe into; to inspire

soplo breath, puff; instant; bit; breeze

soponcio fainting spell

sopor stupor

soportar to bear, endure, tolerate

sorbo gulp

sordidez meanness

sórdido sordid

sordo deaf; dull (of sound)

sorprendente surprising

sorprender to surprise

sorpresa surprise

sortija (finger) ring

sortilegio sorcery

sosegado adj. calm

sosegar (ie) to calm, quiet; to repose; to be calm

sosiego n. calm

soslayo: de —— glancing

soso insipid; dull

sospecha suspicion

sospechar to suspect

sospechoso suspicious, doubtful

sospiro arch. for *suspiro*

sostén support

sostener to hold, hold up, support, sustain, keep up

sota jack (in cards)

sotabanco garret, attic

sotana cassock, priest's robe

sótano basement

sotita dim. of *sota*

soto grove

suave soft; gentle

suavidad gentleness; softness

suavizar to soften; to smooth

súbdito subject

subida ascent

subido high

subir to rise; to go up, climb,

mount; to raise, lift up; —— *de punto* to increase

súbito sudden; *de* —— suddenly

sublevar to cause to rebel

sublimado exalted

sublimar to elevate, exalt

sublime sublime

sublimidad loftiness

subsistir to exist; to last, subsist

substancioso substantial

subsuelo subsoil; *de* —— underhanded

subteniente second lieutenant

subterráneo *n.* basement; crypt; *adj.* subterranean

subyugar to subjugate

succión suction, drawing force

suceder to happen; ——*se* to happen one after the other, succeed each other

sucesivo next; *lo* —— the future

suceso event, happening; *arch.* success

sucesor successor

sucio dirty; base

sucumbir to succumb

sudado sweaty; soiled

sudar to sweat

sudor sweat; labor

sudoroso sweaty

suegra mother-in-law

suegro father-in-law

sueldo salary

suelo floor; lower part; ground, earth; country, land

suelto *adj.* loose; free; stray; unfastened; *n.* change (money)

sueño sleep; dream

suerte luck, fate; sort; manner; *de esta* —— in this way; *de* —— *que* in such a way that, in such a condition that, so that

suficiencia aptitude, ability; *expresión de* —— profound expression

sufridero bearable

sufrido long-suffering

sufrimiento suffering; sufferance

sufrir to suffer; to bear

sugerir (ie) to suggest

sugestión suggestion

suicida *n.* suicide; *adj.* suicidal

suicidio suicide

Suiza Switzerland

sujeción subjection

sujetar to subjugate, conquer; to seize, hold

sujeto *n.* individual, person; *adj.* fixed, fastened; subject

sulfonal sulphonal

sulfúreo sulphurous

suma sum; *en* —— in short

sumar to add

sumergir to submerge

suministrar to provide, supply

sumir to sink; to plunge; ——*se* to be sunk

sumiso submissive

sumo supreme, highest, greatest; *lo* —— the highest degree; at most

suntuario sumptuary, involved in luxury

superar to surpass

superficie surface

superfluidad superfluity, unnecessary things

superpuesto superimposed

superstición superstition

súpito sudden; impatient

suplantar to supplant

súplica supplication; appeal

suplicación entreaty

suplicante supplicating, begging

suplicar to supplicate, beg

suplicio suffering; punishment

suplir to supply; to supplement; to take part

suponer to suppose; *n.* supposition

suprasensible supersensible, beyond perception

suprimir to suppress

supuesto fictitious, assumed, supposed; *por* —— of course; —— *que* since, even if

surcar to furrow, plow

surco furrow

surgir to spring up, rise, arise; to appear suddenly

surtir to supply; —— *mal efecto* to have a bad effect

sus get up! go on! (to horse *or* dog)

suspender to suspend, discontinue; to hold back; to hold in suspense

suspensión distraction

suspenso astounded; distracted; in suspense; —— *de* hanging from

suspicacia distrust

suspirado longed for

suspirar to sigh

suspiretear to heave a sigh

suspiro sigh

sustancia substance, essence

sustancioso substantial; nutritious

sustentar to sustain, bear; to nourish; to maintain

sustento sustenance; support; food

sustituir to substitute

susto fright; *de* —— unexpectedly

sustraer to subtract; to remove

susurrar to whisper

susurro whisper, whispering; rustling

sutil subtle; slender, thin

sutileza subtlety; cunning

sutilizarse to be sublimated

T

tábano horsefly

taberna tavern

tabernero tavern keeper

tabernucha low tavern

tabique partition, wall

tabla plank, board; picture; —— *rasa* plank; —— *redonda* Round Table

tabladillo cot

tacañería miserliness

tacaño *n.* miser; *adj.* stingy, close-fisted

tacilla *dim.* of *taza*

taciturno taciturn

tacón heel

taconazo blow with heel; *dar* ——*s* to make a noise with one's heels

tacto touch; tact

tacha fault, bad point

tachar to find fault with; to accuse

tachuela tack

tafetán taffeta; scarf

tahur low gambler; *hecho un* —— gambling furiously

taimado sly, cunning

tajada slice; gash

tajar to slice, cut through; to divide, share

tajo blow (with edge of sword), cut; gorge; chopping block
tal cual just as
talabarte sword belt
tálamo wedding bed, couch
talante will, desire; *de buen —* good humoredly, willingly
talar to cut down; to destroy
talego bag, money sack
taleguillo dim. of *talego*
talente arch. for *talante* desire, wish, will
talento talent, cleverness
talla carving; figure, stature; hand (at cards); importance
tallar to carve; to deal (cards)
talle height; figure
taller workshop
tallo stalk, stem
tamaño n. size; *adj.* so great, so big
tambalearse to stagger
tambor drum; drummer
tamizado filtered, sifted
tangente tangent; in contact with, touching on
tantear to feel out, test
tanto n. bit; *adj.* so much, as much; *plu.* so many, as many; such and such; *en — que, entre — que* while; *por —* therefore, consequently
tañer to play (a musical instrument); to ring (a bell)
tapa cover
tapar to cover; to hide; to stop up
tapete table scarf; carpet
tapia wall
tapial wall
tapiz tapestry
tapizar to cover, hang with tapestry
tarasca shrew, slattern, termagant
taravilla chatterbox
tardanza delay
tardar to be long, delay
tarde late; too late; *de — en — rarely*, once in a long while
tardo slow; tardy
tarea task
tarima low platform; rough bed
tarjeta card
tarjetazo petition by card
tarro jar

tartamudear to stammer
tasa measure, limit
tatarabuelo great-great-grandfather, ancestor
taza cup; basin (of fountain)
tazón aug. of *taza*
té tea
tea torch
teatral theatrical, dramatic
teatro theater; stage
tecla key (of piano)
teclado keyboard
techo roof; ceiling; attic
teja tile; *de —s abajo* here below; *de —s arriba* in heaven
tejado roof
tejer to weave
tejido web; fabric
tela cloth; *— pintada de flores* flower print
telaraña spider web
telarañoso cobwebby
telón curtain
tema theme, subject; contention; obsession
temblar (ie) to tremble
temblor shaking, trembling
tembloroso trembling
temerario rash; daring
temeridad temerity, rashness
temible fearful
temido feared, dreaded
temor fear
temoroso fearful
tempestad storm
tempestuoso stormy
templado tempered; mild; tepid, lukewarm
templanza temperance
templar to temper; to moderate; to tune; to manipulate; *—se* to cool off
temple temper; disposition; harmony
templete little temple
templo temple
temporada season; period of time
temporal temporary; temporal
temprano adj. and *adv.* early
tenacidad tenacity
tenaz tenacious; stubborn; tight
tenaza (or plu.) pincers
tendal tent
tendencia tendency
tender (ie) to extend; to stretch, stretch out; *— el vuelo* to

fly; *— los ojos, la vista* to cast one's gaze; *— de* to hang with
tendero shopkeeper
tendido stretched; *paso —* long stride
tenebroso dark, shadowy, gloomy
tenedor, -a holder; *m.* fork; *— de libros* bookkeeper
tener to have; to hold; *—se* to hold on; to stop; *— de arch.* for *— que; — en mucho* to esteem highly; *— en poco* to scorn; *— entendido* to understand, believe; *— por* or *a* to consider as; *— por bien* to agree to; *— que ver con* to have to do with
tenería tannery
teniente lieutenant; *— coronel* lieutenant colonel
tenor tenor; manner
tentación temptation
tentador n. tempter; *adj.* tempting
tentar (ie) to touch, feel; to tempt
tenue tenuous
teñir (i) to dye, tint, stain
teologal theological
teología theology
teólogo theologian
teoría theory
teórico theoretical
terapéutica remedy, cure
tercero, -a go-between, intermediary; third floor (not counting the lowest floor or floors)
terciado crosswise
terciar to lower (a lance); to mediate; to act as a go-between; *— la capa* to fling the corner of the cape over the shoulder
tercio third; player; *arch.* regiment
terciopelo velvet
terco stubborn
término end, limit; term; manner; *primer — foreground*
ternejal bullying
ternera calf; veal
ternerita dim. of *ternera*
ternura tenderness
terrenal earthly, of the world

terreno n. terrain, territory, land; *adj.* earthly, worldly

terrero n. mark; *adj.* earthen

terrorífico terrifying

terruño region; earth

terso smooth

tertulia social gathering, circle; *estar de* —— to enjoy oneself

tesoro treasure; treasury

testador testator

testamentario executor

testamento will

testarudo stubborn

testigo witness; second (in duel)

testimonio testimony

tétrico gloomy

texto text

tez complexion

tibieza lukewarmness, tepidity

tibio tepid, cool

tiempo time; weather; proper moment; *a un* —— at the same time

tienda shop; tent

tiento examination (by feeling); staff; *a* —— groping; *con* —— cautiously, carefully

tierno tender; soft; *ojos* ——*s* crossed eyes

tieso stiff

tiesto flower-pot

tifoidea typhoid fever

tigre tiger

tijera (or *plu.*) scissors

tijerazo action of scissors, cutting action

tila tea of linden flowers

tildar to stigmatize, brand

tilín ding dong; tinkling noise; ting-a-ling; *hacerle a uno* —— to please someone very much, be a great favorite with someone

timbre bell; timbre, tone

timidez timidity

tímido timid

timo: dar el —— to cheat

tin tin tinkling noise

tinaja hogshead; jar

tiniebla shadow, darkness

tino judgment; tact

tinta ink; tint

tintero inkwell

tinto stained

tiña itch; desire

tío uncle; *(slang)* fellow, guy

tira ribbon

tirada aparte offprint

tiranía tyranny

tirano, -a n. tyrant; *adj.* tyrannical; evil

tirante adj. taut

tirantez tension

tirar to throw, throw away; to shoot; to draw; to deal (cards); —— *a* to tend towards; —— *de* to drag, pull on

tiritar to shiver

tiro shot

tirón jerk, pull

tiroteo shooting, gunfire, fusillade

tirria *(slang)* dislike, antagonism

tísico consumptive

tisú tissue, cloth

titánico gigantic, titanic

título title, heading; count; titled person

tiza chalk

tiznar to smudge, blacken with soot

tizne soot

toba tartar (of teeth)

toca headdress; bonnet

tocado n. headdress; *adj.* wearing (on the head)

tocador dressing table; dressing room

tocante a respecting

tocar to touch; to play (an instrument); to ring (a bell); to fall to one's lot; to be one's turn; to affect; —— *a* (plus an infinitive) to sound the call for, be at the point of; to reach

tocino bacon

todo: del —— completely; *with neg.* at all; *de* —— *en* —— completely; definitely

tolerar to tolerate, permit

tolondrón concussion, bump

toma dose

tomate tomato

tomillo thyme

tonel cask

tono tone; *a este* —— in this style, of this sort; *darse* —— to give oneself airs

tontear to play the fool

tontería foolishness

tontillo dim. of *tonto* my silly dear

tonto foolish, silly; stupid

topacio topaz

topar to bump; to come upon, meet; —— *con* to encounter; *topóme Dios con* God made me come upon; ——*se* to come upon

tope butt; attack

toque touch

tórax chest, thorax

torcaz: paloma —— ringdove

torcedor source of pain

torcer (ue) to twist; to turn aside; to warp; —— *el camino* to turn aside; ——*se* to turn about

tordo dapple gray

torero bull fighter

tormenta storm; tumult

tormento torment; suffering; torture

tornar to return; to turn; to change; to turn away; to turn back; —— *a* to do something again

tornasolado iridescent

tornátil well-turned

torneo tourney

torno arch. contour; *en* —— around; *en* —— *de* around

toro bull; *plu.* bull fight

torpe stupid, dull; disgraceful

torpeza stupidity; clumsiness

torre tower

torrente torrent, flood

torreón turret, tower

torrezno bacon

torso torso, upper part of the body

torta cake

tortícolis wry neck, stiffness of neck

tortilla cake, wafer

tórtola turtle-dove

tortolica dim. of *tórtola*

tortuoso winding, tortuous

tos cough

tosco rough, rude

toser to cough

tósigo poison

tostada (piece of) toast

tostado tanned

tostar (ue) to toast; to tan; to roast

tostón roasted chick-pea

total total; in short, when all is said and done

trabajado toilsome

trabajo work; hardship

trabajoso toilsome

trabar to bind; to seize, grasp; to form (friendship); *arch.* to blame; ——*se* to start

trabucar to mix up

trabuco blunderbuss

traductor translator

traer to bring; to have; —— *en boca* to bandy about

tráfago dealing, affair, business

tragar to swallow

trago swallow, draught

traguito *dim. of trago*

traición treachery; *a* —— treacherously

traidor *n.* traitor; *adj.* treacherous

trajeado clothed

traje suit; costume

trama woof (of cloth)

trámite step; channel

tramo flight (of stairs)

tramontar to set behind mountains (of the sun)

trampa trap; trick, deceit

tramposo *n.* cheat, swindler; *adj.* tricky, deceitful

trance peril; critical situation; *a todo* —— at any cost

tranco long stride

tranquilidad calm, peace

tranquilizar to calm

tranquilo tranquil, calm, quiet; easy

transacción compromise

transcribir to transcribe

transcurrir to pass

transcurso course

transeúnte transient, passer-by

transformar to transform

transfusión transfusion

transido exhausted

transigir to put up with; to compromise

tránsito passage; end, terminus; circulation

transitorio transitory, fleeting

translúcido translucent

transmisible transmittable

transmitir to transmit

transmutación change, transmutation

transparentado showing through

transparente transparent

transportar to transport, carry; ——*se* to be carried away, be in a transport

tranvía streetcar

trapera ragpicker

trapisonda subterfuge

trapisondista swindler, cheat

trapo rag, cloth

traqueteo shaking, jerking

tras behind, after; beyond; —— *de* behind

trascendencia great importance

trascendente transcendent; supernatural

trascordarse (ue) to forget

trascurrir to pass (of time)

trasegar (ie) to change bottles or casks (of wine)

trasero back

trasgo ghost

trashumante traveling; moving from one pasture to another (of sheep and cattle)

trashumar to take from one pasture to another

trasladar to transport; to transfer, move

traslado copy

traslúcido translucent

traslucir to show through

trasparencia transparency

traspasar to pass through, pierce; to set (of the sun)

trasplantar to transplant

trasponer to pass beyond; to traverse

traspontín mattress pad; *(slang)* buttocks

traste fret

trastienda apartment back of store; *fig.* intuition, foresight

trastornado upset; mad, unbalanced

trasto stuff; rubbish, trash; worthless fellow, good-for-nothing

trastornar to upset, agitate

trastorno upheaval, disorder

trasunto copy; likeness

tratable tractable

tratado treatise; chapter

tratamiento treatment

tratar to treat; to deal with; to discuss; —— *de* to try to; to discuss; —— *del género* to make purchases

trato manner, way of dealing with people, friendly intercourse; dealings; deal; treatment; pact

través: al —— through; *a* ——

de across; through; *de* —— sideways

travesía short cut, alley

travesura prank

travieso cute; lively, mischievous

trayecto distance; stretch

traza appearance; plan, scheme

trazar to trace; to plan; to write

trazo outline; profile

trebejar to toy, play

trecho distance; *a* ——*s* here and there

tregua truce

tremebundo awesome, frightful

tremendo tremendous, immense

trémulo tremulous

tren train; pomp, ostentation

trencilla *dim. of trenza*

trenza braid

trenzar to braid

trepar to climb, scramble up

tresillo a card game

tribu tribe

tribulación tribulation, affliction, suffering

tribunal court

tribuno orator

tributo tribute; tax

trigo wheat

trigueño medium dark

trillo threshing tool

trinar to trill; to become furious

trincar to break; to catch; to drink; to slap on

trino warbling, trill

tripas tripe; stomach; intestines, guts

tripería tripe market

tristura *arch.* sadness

triunfal triumphal

triunfar to triumph

triunfo triumph; triumphal parade

trocar (ue) to exchange, change

trocha trail

troje storehouse, barn

trompa trumpet; trunk (of elephant)

trompada *(slang)* blow

trompeta trumpet

tronado quarrelsome

tronar (ue) to thunder

tronco tree trunk

troncho stalk

tronera loophole

trono throne
tropa troops, soldiers
tropel troop, band
tropezar (ie) to stumble; to slip;
—— *con* to encounter
tropezón stumble; faux pas;
stumbling block; *dar* ——*es* to
stumble
tropiezo stumbling; slip
trotaconventos go-between
trote trot
trovador troubadour
Troya Troy
troyano Trojan
trozo fragment, piece
trueco exchange
trueno thunder; —— *gordo* de-
bacle; great scandal
trueque change, exchange
truhán scoundrel, knave
trujo arch. for *trajo*
truncar to cut off, truncate
tuerto wrong; one-eyed man
tul tulle, gauze-like cloth
tullido maimed, crippled
tumba tomb
tumbado sprawled
tumbar to knock down
tumbo tumble; *dar* ——*s* to
stagger
tumultuoso tumultuous
tunante rogue
tundir to clip
túnica robe
tuno rascal
tupido thick, dense
turba mob, crowd
turbación emotion; confusion,
embarrassment; disturbance
turbado perturbed, disturbed
turbar to disturb, stir up;
——*se* to become dizzy; to
become alarmed; to become
upset
turbio muddy; indistinct; *de*
—— *en* —— from dawn to
dusk
turbión squall, downpour
turco Turkish
túrdiga strip (of hide)
turno turn; *entrar en* —— to
take precedence
turrón nougat
turulato dumbfounded
tute a card game
tutear to use *tú*, speak famil-
iarly
tutelar adj. patron, tutelary

tutor guardian

U

ubre udder
uced arch. for *usted*
ufano proud; haughty
úlcera ulcer
último: por —— finally
ultrajar to insult
ultraje outrage; indignation
ultramarinos groceries
ultratumba: de —— after death,
in the afterlife
ulular to howl, ululate
umbral threshold
umbrío shady
umbroso shadowy, shady
unción extreme unction
unidad unit; unity
uniforme uniform
unir to unite, bring together,
join
unísono unison; *al* —— in unison
unitario unitarian
uña finger nail; claw; —— *de
vaca* hock of beef
urbanidad urbanity, courtly
manners
urbano adj. city
urbe n. city
urgencia urgency
urgir to be urgent
urna urn
urraca magpie
usar to use; to be accustomed;
to follow (a trade)
usarced arch. your grace
usía arch. you
uso use; custom; *a or al* ——
de in the manner of, in the
fashion of, according to custom
usufructo usufruct
usura usury; interest
usurero usurer
usurpar to usurp
utensilio utensil
útil useful
utilidad utility; pragmatism

V

v. gr. abbreviation for *verbi-
gratia* for example
vaca cow, beef
vacar to have a vacation

vaciar to empty
vacilación hesitance
vacilar to vacillate, hesitate; to
sway
vacío n. space, void; adj. empty,
void
vadera ford
vagabundo vagabond, good-for-
nothing
vagancia vagrancy; *andar de*
—— to live as a vagabond
vagar to wander
vago vague; wandering
vaguido dizzy spell
vahído dizzy spell, dizziness
vaho vapor, fume; breath
vaina sheath
vaivén coming and going; surge
vajilla set of dishes; plate
(dishes of gold *or* silver)
val vale, valley
vale (Latin) farewell
valentía valor; arrogance, boasting
valer to be worth; to be the
same as; to help; ——*se de*
to avail oneself of, make use
of; n. worth
valeroso valiant
valía worth
valiente brave
valioso valuable
valona ruff
valor worth; valor
valladar wall
vallado hedge
valle valley, vale
vanagloria conceit
vanidad vanity
vano vain; useless; light, gentle;
unreal, non-existent
vapor steam, vapor; mist
vaporcillo small steamboat
vaporoso vaporous, airy, ethe-
real; filmlike
vapuleo beating
vápulo beating
vaquera shepherd girl
vaqueta sole leather; *cara de*
—— a stern face
vara rod, staff, staff of authority; bridge (of nose); yard
(measure)
varear to whip
variar to change, vary
vario various, several; varied
varita dim. of *vara*
varón n. man; adj. male

varonil manly, masculine

vasallo vassal

vasar shelf (especially for glasses)

vasco Basque

vasija vessel

vaso glass; vase

vástago offspring

vecindad neighborhood; neighborly relations

vecino, -a n. neighbor; townsman; *adj.* neighboring, near

vedar to prohibit

vee, vees arch. for *ve, ves*

vega fertile lowland

veinteno arch. twentieth

vehemencia vehemence

vejación vexation, irritation

vejancona oldish woman

vejar to vex

vejestorio shriveled old man

vejete dim. of *viejo*

vejez old age; age, years

vejiga bladder; ice-bag

vela candle; sail; wakefulness; *en* —— sleeplessly; *estar en* —— to stay up, stay awake

velada evening festival, celebration

velador small table; *adj.* wakeful

veladura veiled or hidden quality

velar to watch (over), keep a vigil; to veil, hide

velarte fine broadcloth

velero sailing ship

veleta weather-vane

velo veil

velocidad velocity, speed

veloz swift

velloncito little fleece

vellorí inferior broadcloth

velludo velvet

vena vein

venablo javelin

vencedor, -a n. conqueror; *adj.* surpassing, overcoming

vencer to conquer; to surpass; to win

vencido due (of interest or payment)

vencimiento conquering; expiration; due date

venda bandage; blindfold

vendar to bandage

vendedor seller; sales person

vender to sell; to betray

vendimiador grape harvester

Venecia Venice

veneciano Venetian

veneno poison

venenoso poisonous

venerable venerable, revered

venerando venerable

venerar to venerate

venganza vengeance

vengar to avenge

vengativo vengeful, desirous of revenge

venia permission

venial corrupt; venial

venida coming; visit

venidero future

venir: —— a (*followed by infinitive*) to end by (*followed by present participle*); —— *en* to agree to; *lo por* —— the future

venta inn; sale, (action of) selling; *en* —— on sale

ventaja advantage

ventajoso advantageous, profitable

ventanal large window

ventana-verjel window filled with flowers

ventanero fond of looking out the window

ventanón large window

ventilado airy

ventilar to air

ventura good fortune; happiness; *por* —— by chance; *sin* —— luckless, unfortunate

venturoso felicitous, fortunate, happy

ver to see; to examine; —— *de* to see about; to try to; *tener que* —— to have to do

veracidad veracity, truthfulness

veras truths; serious things; *de* —— seriously

veraz truthful

verbena verbena

verbigracia for example

verbipotente powerful through speech

verbo word; verb; the Lord

verbosidad verboseness, prolixity

verdad: de —— really and truly

verdadero true; real

verde green; youthful

verdín mold, mildew

verdinegro greenish black

verdiñal green-skinned

verdoso greenish

verdugo hangman, executioner

verdugón welt

verdura verdure; foliage; *plu.* vegetables

vergonzante shamefaced; proud

vergonzoso shameful; bashful

vergüenza shame; bashfulness

vericueto rough path; short cut

verídico true; truthful; real

verificar to fulfill, accomplish, carry out; ——*se* to take place, happen

verja grating; gate

verjel flower garden

verosímil likely, credible

versado versed

verso line (of poetry); stanza; —— *heroico* heroic verse

vertedero dumping place

verter (ie) to shed; to pour

vertiente slope

vertiginoso dizzy, giddy

vértigo dizzy spell, light-headedness

vestido dress; garb, costume

vestidura clothing

vestiglo horrid monster

vestimenta vestment

vestir (i) to dress; to put on; *de más* —— more dressy

vestuario wardrobe; dressing room

veterano veteran

veterinaria veterinary medicine

vetusto old

vez: a la ——, *de una* —— at the same time; *a su* —— in his turn; *en* —— *de* instead of; *hacer las veces de* to serve as; *una* —— once, once in a while; *tal* —— perhaps

vía road; way; *por* —— *de* by way of; *hacer* —— to walk, travel

viaducto viaduct

vial path

vianda food

víbora snake

vibrar to vibrate; to brandish

vicario vicar

vicio vice

vicioso vicious, corrupt

víctima victim

víctor hurray (for)

victoria victory

vid grapevine

vida life; living; *ganarse la* —— to earn one's living; *en (tu)* —— never
vidriera window
vidrio glass; pane (of glass)
vidrioso of glass; fragile, delicate
viejecita little old woman
viento wind
vientre abdomen; belly
viga beam, girder, rafter
vigilancia vigilance
vigilante vigilant
vigilar to guard, watch over; to keep a vigil
vigilia night of wakefulness; fast; *plu.* long studies
vigor vigor, strength
vihuela guitar
vil vile
vileza vileness
villa city, town
villanaje peasant
villanía villainy, base deed
villano peasant, serf, churl; *adj.* baseborn
villanchón *aug.* of *villano*
vinagre vinegar
vínculo bond, tie
viña vineyard
violar to violate
violentarse to go against one's own desires
violento violent
violeta violet
virar to tack (a ship), turn
virgen virgin
Virgilio Virgil
virreinato viceroyalty
virrey viceroy
virtud virtue; power
virtuoso virtuous
viruelas smallpox
virus virus, germ
visaje grimace, face
víscera vital organ, viscera
visera visor
visión sight; vision; *ver* ——*es* to build castles in the air
visita visit; visitor; *de* —— on a visit, visiting
viso glimmer
vislumbrar to make out, see dimly, glimpse
víspera eve; *en* ——*s de* on the eve of
vista sight, view, gaze; appearance; *de* —— on watch; *estar*

a la —— to be obvious; *a* —— *de* in sight of
vistazo glance
visto: por lo —— apparently, obviously
vistoso brilliant, flashy, striking
vital *adj.* life, vital
vitalicio for life, lifelong
vitalidad vitality
vítor hurrah!
vitorear to cheer, shout
vitoria *arch.* for *victoria*
vituperar to vituperate
vituperio censure, blame
viuda widow
viudez widowhood; state of widow *or* widower
viudo widower
vivacidad vivacity, liveliness
vivaracho lively
vivaz keen, lively
víveres food, provisions
vivero nursery
vivez liveliness, keenness
viveza keenness, vividness
vivienda dwelling place
viviente living
vivificación vivification; enlivening
vivir to live; *vive Dios, viven los cielos* by heavens!; *viva* hurray (for)
vivo alive, living; spirited, lively; keen, intense; *al* —— vividly
vizcaíno Basque
vizconde viscount
voacé *arch.* for *usted*
vocablo word
vocación vocation, calling
vocear to shout
vocería clamor
vociferar to shout
volandas: en —— through the air; flying
volandero soaring
volar (ue) to fly, flutter
volatería flight
volcán volcano
volcánico volcanic
volcar (ue) to turn over
voltereta somersault; acrobatic feat; revolution
voluble voluble
volumen volume
volver (ue) to return; to turn; to carry back; —— *en sí* to come to one's senses; ——*se*

to turn around, turn back; to become; —— *sele* to become; —— *de comienzo* to begin over again; —— *a* (plus an infinitive) to do again
vomitar to vomit
voraz voracious
vos *arch.* for *os* or *vosotros*
votar to swear
voto vow; vote; opinion; curse, oath; —— *a* I swear (to)
voz voice; cry, shout; word; rumor; *a media* —— in a low tone; *a voces* loudly; *dar voces* to shout; —— *entera* firm voice
vuelco turn; leap
vuelo flight; *de* —— flying, in great haste
vuelta return; turn; *a la* —— *de* around (a corner); *con* —— *a* at the corner of; *dar la* —— to turn back; to return; *dar la* —— *a* to walk around; *dar media* —— to turn around; *dar una* —— to take a walk; to return; to change; *dar* ——*s* to walk back and forth; *dar* ——*s a* to turn over, think over; *de* —— back
vueso, -a *arch.* for *vuestro, -a*
vulgar ordinary, common
vulgo common people
vulnerado wounded

Y

y *arch.* there
ya already, now, soon; oh, yes; *ya . . . ya* now . . . now, either . . . or
yacente lying
yacer to lie
ya que although; if
yedra ivy
yegua mare
yelmo helmet
yerba grass; herb
yermo desert place; wild region
yerno son-in-law
yerro error
yerto rigid, stiff; motionless
yodoformo iodoform (medicine)
yugo yoke
yugular to cut the throat
yunque anvil

Z

zafio coarse; ignorant
zafiro sapphire
zaga: no irle en —— a uno, no quedarle en —— a uno not to remain behind someone; to be as good as *or* equal to someone; *a —— de, en —— de* pursuing, following
zagal shepherd; youth
zagala shepherdess; maiden
zaguán entrance hall
zahareño wild, untamed
zalacatón slice of bread
zalamería flattery
zalamero flattering; wheedling
zambullirse to dive

zampar to devour, gulp, 'wolf'
zancadilla tripping; *dar ——s* to trip
zancajo stride
zángano drone
zangoloteo shaking, rattling; hopping around
zanguango dunce
zapatería shoe shop
zapatero shoemaker
zarandear to shake
zarandeo 'whirl'; agitation
zarcillo earring
zarrapastroso ragged, slovenly
zarza bramble
zarzamora brambleberry
zinc zinc

zócalo base
zona zone; clime
zopenco dolt, blockhead
zorcico a folk song of the Basque country
zote dunce, fool
zozobra anxiety; foundering
zozobrar to sink (of ships); to ruin, destroy
zozobroso anxious, worried
zumaya barn owl
zumbar to buzz
zumo juice
zupia wine full of dregs
zurcido darning
zurdo left handed; poorly made
zurrón sack, knapsack

R